SCHMITT

ŒUVRES
DE
CHATEAUBRIAND

Les Natchez. — Poésies diverses.

PARIS
DUFOUR, MULAT et BOULANGER, LIBRAIRES-ÉDITEURS
QUAI MALAQUAIS, 21

1853

ŒUVRES

DE

CHATEAUBRIAND

IV

LAGNY. — TYPOGRAPHIE DE VIALAT ET C⁰

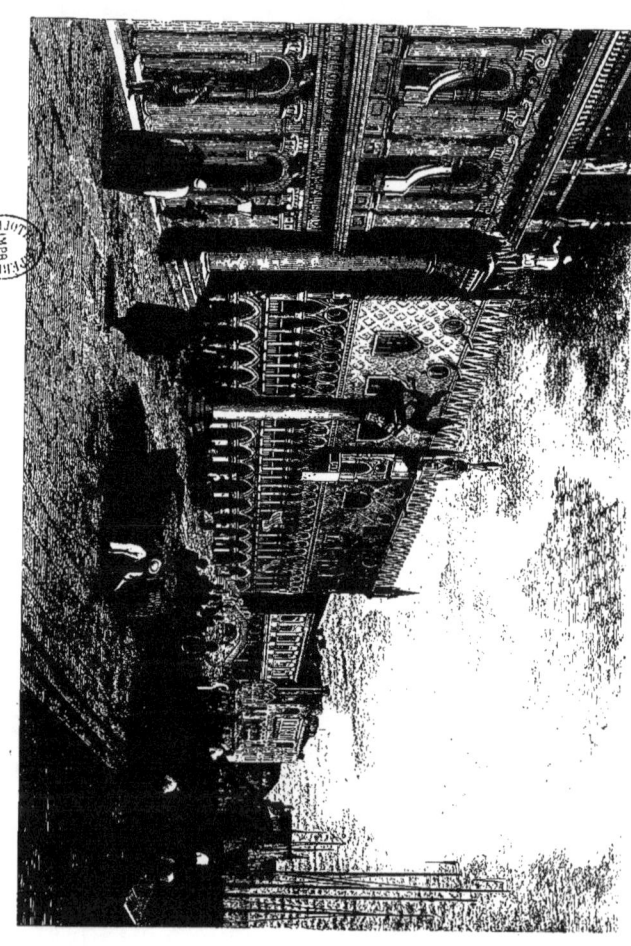

ŒUVRES
DE
CHATEAUBRIAND

Essai sur la Littérature anglaise

PARIS
DUFOUR, MULAT ET BOULANGER, ÉDITEURS
21, QUAI MALAQUAIS

1854

LES NATCHEZ.

PRÉFACE.

Lorsqu'en 1800 je quittai l'Angleterre pour rentrer en France sous un nom supposé, je n'osai me charger d'un trop gros bagage : je laissai la plupart de mes manuscrits à Londres. Parmi ces manuscrits se trouvait celui des *Natchez*, dont je n'apportais à Paris que *René*, *Atala*, et quelques descriptions de l'Amérique.

Quatorze années s'écoulèrent avant que les communications avec la Grande-Bretagne se rouvrissent. Je ne songeai guère à mes papiers dans le premier moment de la restauration ; et d'ailleurs comment les retrouver ? Ils étaient restés renfermés dans une malle, chez une Anglaise qui m'avait loué un petit appartement à Londres. J'avais oublié le nom de cette femme ; le nom de la rue et le numéro de la maison où j'avais demeuré étaient également sortis de ma mémoire.

Sur quelques renseignements vagues et même contradictoires, que je fis passer à Londres, MM. de Thuisy eurent la bonté de commencer des recherches ; ils les poursuivirent avec un zèle, une persévérance dont il y a très-peu d'exemples : je me plais ici à leur en témoigner publiquement ma reconnaissance.

Ils découvrirent d'abord avec une peine infinie la maison que j'avais habitée dans la partie ouest de Londres. Mais mon hôtesse était morte depuis plusieurs années, et l'on ne savait ce que ses enfants étaient devenus. D'indications en indications, de renseignements en renseignements, MM. de Thuisy, après bien des courses infructueuses, retrouvèrent enfin, dans un village à plusieurs milles de Londres, la famille de mon hôtesse.

Avait-elle gardé la malle d'un émigré, une malle remplie de vieux papiers à peu près indéchiffrables ? n'avait-elle point jeté au feu cet inutile ramas de manuscrits français ?

D'un autre côté, si mon nom sorti de son obscurité avait attiré dans les journaux de Londres l'attention des enfants de mon ancienne hôtesse, n'auraient-ils point voulu profiter de ces papiers, qui dès lors acquéraient une certaine valeur ?

Rien de tout cela n'était arrivé : les manuscrits avaient été conservés ; la malle n'avait pas même été ouverte. Une religieuse fidélité, dans une famille malheureuse, avait été gardée à un enfant du malheur. J'avais confié avec simplicité le produit des travaux d'une partie de ma vie à la probité d'un dépositaire étranger, et mon *trésor* m'était rendu avec la même simplicité. Je ne connais rien qui m'ait plus touché dans ma vie que la bonne foi et la loyauté de cette pauvre famille anglaise.

Voici comme je parlais des *Natchez* dans la Préface de la première édition d'*Atala* :

« J'étais encore très-jeune lorsque je conçus l'idée de faire l'*épopée de
« l'homme de la nature*, ou de peindre les mœurs des Sauvages, en les liant
« à quelque événement connu. Après la découverte de l'Amérique, je ne vis
« pas de sujet plus intéressant, surtout pour des Français, que le massacre
« de la colonie des Natchez à la Louisiane, en 1727. Toutes les tribus in-
« diennes conspirant, après deux siècles d'oppression, pour rendre la liberté
« au Nouveau-Monde, me parurent offrir un sujet presque aussi heureux que
« la conquête du Mexique. Je jetai quelques fragments de cet ouvrage sur le
« papier; mais je m'aperçus bientôt que je manquais des vraies couleurs, et
« que si je voulais faire une image semblable, il fallait, à l'exemple d'Homère,
« visiter les peuples que je voulais peindre.

« En 1789, je fis part à M. de Malesherbes du dessein que j'avais de passer
« en Amérique. Mais, désirant en même temps donner un but utile à mon
« voyage, je formai le dessein de découvrir par terre le *passage* tant cherché,
« et sur lequel Cook même avait laissé des doutes. Je partis ; je vis les soli-
« tudes américaines, et je revins avec des plans pour un second voyage, qui
« devait durer neuf ans. Je me proposais de traverser tout le continent de
« l'Amérique septentrionale, de remonter ensuite le long des côtes, au nord de
« la Californie, et de revenir par la baie d'Hudson, en tournant sous le pôle (1).
« M. de Malesherbes se chargea de présenter mes plans au gouvernement, et
« ce fut alors qu'il entendit les premiers fragments du petit ouvrage que je
« donne aujourd'hui au public. La révolution mit fin à tous mes projets.
« Couvert du sang de mon frère unique, de ma belle-sœur, de celui de l'il-
« lustre vieillard leur père; ayant vu ma mère et une autre sœur pleine de
« talents mourir des suites du traitement qu'elles avaient éprouvé dans les
« cachots, j'ai erré sur les terres étrangères...

« De tous mes manuscrits sur l'Amérique, je n'ai sauvé que quelques frag-
« ments, en particulier *Atala*, qui n'était elle-même qu'un épisode des
« *Natchez*. *Atala* a été écrite dans le désert, et sous les huttes des Sauvages.
« Je ne sais si le public goûtera cette histoire, qui sort de toutes les routes con-
« nues, et qui présente une nature et des mœurs tout à fait étrangères à
« l'Europe (2). »

(1) M. Mackenzie a depuis exécuté une partie de ce plan *.
(2) Préface de la première édition d'*Atala*.

* Le capitaine Franklin est entré dernièrement dans la mer Polaire vue par Hearne, et continue dans ce moment ses recherches

Dans le *Génie du Christianisme*, tome II des anciennes éditions, au chapitre du *Vague des Passions*, on lisait ces mots :

« Nous serait-il permis de donner aux lecteurs un épisode extrait, comme
« *Atala*, de nos anciens *Natchez* : c'est la vie de ce jeune René, à qui Chactas
« a raconté son histoire, etc. »

Enfin, dans la Préface générale de cette édition de mes Œuvres, j'ai déjà donné quelques renseignements sur les *Natchez*.

Un manuscrit dont j'ai pu tirer *Atala*, *René*, et plusieurs descriptions placées dans le *Génie du Christianisme*, n'est pas tout à fait stérile. Il se compose, comme je l'ai dit ailleurs (1), de deux mille trois cent quatre-vingt-trois pages in-folio. Ce premier manuscrit est écrit de suite, sans section ; tous les sujets y sont confondus, voyages, histoire naturelle, partie dramatique, etc. ; mais auprès de ce manuscrit d'un seul jet il en existe un autre partagé en livres, qui malheureusement n'est pas complet, et où j'avais commencé à établir l'ordre. Dans ce second travail non achevé, j'avais non-seulement procédé à la division de la matière, mais j'avais encore changé le genre de la composition, en la faisant passer du roman à l'épopée.

La révision, et même la simple lecture de cet immense manuscrit, a été un travail pénible : il a fallu mettre à part ce qui est voyage, à part ce qui est histoire naturelle, à part ce qui est drame ; il a fallu beaucoup rejeter et brûler encore davantage de ces compositions surabondantes. Un jeune homme qui entasse pêle-mêle ses idées, ses inventions, ses études, ses lectures, doit produire le chaos ; mais aussi dans ce chaos il y a une certaine fécondité qui tient à la puissance de l'âge, et qui diminue en avançant dans la vie.

Il m'est arrivé ce qui n'est peut-être jamais arrivé à un auteur : c'est de relire après trente années un manuscrit que j'avais totalement oublié. Je l'ai jugé comme j'aurais pu juger l'ouvrage d'un étranger : le vieil écrivain formé à son art, l'homme éclairé par la critique, l'homme d'un esprit calme et d'un sang rassis, a corrigé les essais d'un auteur inexpérimenté, abandonné aux caprices de son imagination.

J'avais pourtant un danger à craindre. En repassant le pinceau sur le tableau, je pouvais éteindre les couleurs ; une main plus sûre, mais moins rapide, courait risque de faire disparaître les traits moins corrects, mais aussi les touches plus vives de la jeunesse : il fallait conserver à la composition son indépendance, et pour ainsi dire sa fougue ; il fallait laisser l'écume au frein du jeune coursier. S'il y a dans les *Natchez* des choses que je ne hasarderais qu'en tremblant aujourd'hui, il y a aussi des choses que je n'écrirais plus, notamment la lettre de René dans le second volume.

Partout, dans cet immense tableau, des difficultés considérables se sont présentées au peintre : il n'était pas tout à fait aisé, par exemple, de mêler à des combats, à des dénombrements de troupes à la manière des anciens, de mêler, dis-je, des descriptions de batailles, de revues, de manœuvres, d'uniformes et d'armes modernes. Dans ces sujets mixtes, on marche constamment

(1) Avertissement des Œuvres complètes.

entre deux écueils, l'affectation ou la trivialité. Quant à l'impression générale qui résulte de la lecture des *Natchez*, c'est, si je ne me trompe, celle qu'on éprouve à la lecture de *René* et d'*Atala* : il est naturel que le tout ait de l'affinité avec la partie.

On peut lire dans Charlevoix (*Histoire de la Nouvelle-France*, tome IV, page 24) le fait historique qui sert de base à la composition des *Natchez*. C'est de l'action particulière, racontée par l'historien, que j'ai fait, en l'agrandissant, le sujet de mon ouvrage. Le lecteur verra ce que la fiction a ajouté à la vérité.

J'ai déjà dit qu'il existait deux manuscrits des *Natchez* : l'un divisé en livres, et qui ne va guère qu'à la moitié de l'ouvrage; l'autre qui contient le tout sans division, et avec tout le désordre de la matière. De là une singularité littéraire dans l'ouvrage tel que je le donne au public : le premier volume s'élève à la dignité de l'épopée, comme dans les *Martyrs;* le second volume descend à la narration ordinaire, comme dans *Atala* et dans *René*.

Pour arriver à l'unité du style, il eût fallu effacer du premier volume la couleur épique, ou l'étendre sur le second : or, dans l'un ou l'autre cas, je n'aurais plus reproduit avec fidélité le travail de ma jeunesse.

Ainsi donc, dans le premier volume des *Natchez* on trouvera le *merveilleux*, et le merveilleux de toutes les espèces : le merveilleux *chrétien*, le merveilleux *mythologique*, le merveilleux *indien*; on rencontrera des muses, des anges, des démons, des génies, des combats, des personnages allégoriques : la Renommée, le Temps, la Nuit, la Mort, l'Amitié. Ce volume offre des invocations, des sacrifices, des prodiges, des comparaisons multipliées, les unes courtes, les autres longues, à la façon d'Homère, et formant de petits tableaux.

Dans le second volume, le *merveilleux* disparaît, mais l'intrigue se complique, et les personnages se multiplient : quelques-uns d'entre eux sont pris jusque dans les rangs inférieurs de la société. Enfin le roman remplace le poëme, sans néanmoins descendre au-dessous du style de *René* et d'*Atala*, et en remontant quelquefois, par la nature du sujet, par celle des caractères et par la description des lieux, au ton de l'épopée.

Le premier volume contient la suite de l'histoire de Chactas et son voyage à Paris. L'intention de ce récit est de mettre en opposition les mœurs des peuples chasseurs, pêcheurs et pasteurs, avec les mœurs du peuple le plus policé de la terre. C'est à la fois la critique et l'éloge du siècle de Louis XIV, et un plaidoyer entre la civilisation et l'état de nature : on verra quel juge décide la question.

Pour faire passer sous les yeux de Chactas les hommes illustres du grand siècle, j'ai quelquefois été obligé de serrer les temps, de grouper ensemble des hommes qui n'ont pas vécu tout à fait ensemble, mais qui se sont succédé dans la suite d'un long règne. Personne ne me reprochera sans doute ces légers anachronismes, que je devais pourtant faire remarquer ici.

Je dis la même chose des événements que j'ai transportés et renfermés dans une période obligée, et qui s'étendent, historiquement, en deçà et au delà de cette période.

On ne me montrera, j'espère, pas plus de rigueur pour la critique des lois. La procédure criminelle cessa d'être publique en France sous François Ier, et les accusés n'avaient pas de défenseurs. Ainsi, quand Chactas assiste à la plaidoirie d'un jugement criminel, il y a anachronisme pour les lois : si j'avais besoin sur ce point d'une justification, je la trouverais dans Racine même. Dandin dit à Isabelle :

> Avez-vous jamais vu donner la question?
> ISABELLE.
> Non, et ne le verrai, que je crois, de ma vie.
> DANDIN.
> Venez ; je vous en veux faire passer l'envie.
> ISABELLE.
> Ah! monsieur, peut-on voir souffrir des malheureux !
> DANDIN.
> Bon ! cela fait toujours passer une heure ou deux.

Racine suppose qu'on voyait de son temps donner la question, et cela n'était pas : les juges, le greffier, le bourreau et ses garçons, assistaient seuls à la torture.

J'espère enfin qu'aucun véritable savant de nos jours ne s'offensera du récit d'une séance à l'Académie, et d'une innocente critique de la science sous Louis XIV, critique qui trouve d'ailleurs son contre-poids au *Souper chez Ninon*. Ils ne s'en offenseront pas davantage que les gens de robe ne se blesseront de ma relation d'une audience au Palais. Nos avocats, nobles défenseurs des libertés publiques, ne parlent plus comme le Petit-Jean des *Plaideurs*; et dans notre siècle, où la science a fait de si grands pas et créé tant de prodiges, la pédanterie est un ridicule complétement ignoré de nos illustres savants.

On trouve aussi dans le premier volume des *Natchez* un livre d'un *Ciel chrétien*, différent du *Ciel des Martyrs* : en le lisant j'ai cru éprouver un sentiment de l'infini qui m'a déterminé à conserver ce livre. Les idées de Platon y sont confondues avec les idées chrétiennes, et ce mélange ne m'a paru présenter rien de profane ou de bizarre.

Si on s'occupait encore de style, les jeunes écrivains pourraient apprendre, en comparant le premier volume des *Natchez* au second, par quels artifices on peut changer une composition littéraire, et la faire passer d'un genre à un autre. Mais nous sommes dans le siècle des faits, et ces études de mots paraîtraient sans doute oiseuses. Reste à savoir si le style n'est pas cependant un peu nécessaire pour faire vivre les faits : Voltaire n'a pas mal servi la renommée de Newton. L'histoire, qui punit et qui récompense, perdrait sa puissance si elle ne savait peindre : sans Tite-Live, qui se souviendrait du vieux Brutus? sans Tacite, qui penserait à Tibère? César a plaidé lui-même la cause de son immortalité dans ses Commentaires, et il l'a gagnée. Achille n'existe que par Homère. Otez de ce monde l'art d'écrire, il est probable que vous en ôterez la gloire. Cette gloire est peut-être une assez belle inutilité pour qu'il soit bon de la conserver, du moins encore quelque temps.

La description de l'Amérique *sauvage* appellerait naturellement le tableau de l'Amérique *policée*; mais ce tableau me paraîtrait mal placé dans la préface d'un ouvrage d'imagination. C'est dans le volume où se trouveront les souvenirs de mes voyages en Amérique, qu'après avoir peint les déserts je dirai ce qu'est devenu le Nouveau-Monde, et ce qu'il peut attendre de l'avenir. L'histoire ainsi fera suite à l'histoire, et les divers sujets ne seront pas confondus.

LIVRE PREMIER.

A l'ombre des forêts américaines, je veux chanter des airs de la solitude tels que n'en ont point encore entendu des oreilles mortelles; je veux raconter vos malheurs, ô Natchez! ô nation de la Louisiane! dont il ne reste plus que les souvenirs. Les infortunes d'un obscur habitant des bois auraient-elles moins de droits à nos pleurs que celles des autres hommes? et les mausolées des rois dans nos temples sont-ils plus touchants que le tombeau d'un Indien sous le chêne de sa patrie?

Et toi, flambeau des méditations, astre des nuits, sois pour moi l'astre du Pinde! marche devant mes pas, à travers les régions inconnues du Nouveau-Monde, pour me découvrir à ta lumière les secrets ravissants de ces déserts!

René, accompagné de ses guides, avait remonté le cours du Meschacébé; sa barque flottait au pied des trois collines dont le rideau dérobe aux regards le beau pays des enfants du Soleil. Il s'élance sur la rive, gravit la côte escarpée, et atteint le sommet le plus élevé des trois coteaux. Le grand village des Natchez se montrait à quelque distance dans une plaine parsemée de bocages de sassafras : çà et là erraient des Indiennes aussi légères que les biches avec lesquelles elles bondissaient; leur bras gauche était chargé d'une corbeille suspendue à une longue écorce de bouleau, elles cueillaient les fraises, dont l'incarnat teignait leurs doigts et les gazons d'alentour. René descend de la colline et s'avance vers le village. Les femmes s'arrêtaient à quelque distance pour voir passer les étrangers, et puis s'enfuyaient vers les bois : ainsi des colombes regardent le chasseur du haut d'une roche élevée, et s'envolent à son approche.

Les voyageurs arrivent aux premières cabanes du grand village; ils se présentent à la porte d'une de ces cabanes. Là une famille assemblée était assise sur des nattes de jonc; les hommes fumaient le calumet; les femmes filaient des nerfs de chevreuil. Des melons d'eau, des plakmines sèches, et des pommes de mai étaient posés sur des feuilles de vigne-vierge au milieu du cercle : un nœud de bambou servait pour boire l'eau d'érable.

Les voyageurs s'arrêtèrent sur le seuil et dirent : « Nous sommes venus. » Et le chef de la famille répondit : « Vous êtes venus, c'est bien. » Après quoi chaque voyageur s'assit sur une natte et partagea le festin sans parler. Quand cela fut fait, un des interprètes éleva la voix et dit : « Où est le Soleil (1)? » Le chef répondit : « Absent. » Et le silence recommença.

Une jeune fille parut à l'entrée de la cabane. Sa taille haute, fine et déliée,

(1) Le *Soleil*, le Grand-Chef, ou l'empereur des Natchez.

tenait à la fois de l'élégance du palmier et de la faiblesse du roseau. Quelque chose de souffrant et de rêveur se mêlait à ses grâces presque divines. Les Indiens, pour peindre la tristesse et la beauté de Céluta, disaient qu'elle avait le regard de la Nuit et le sourire de l'Aurore. Ce n'était point encore une femme malheureuse, mais une femme destinée à le devenir. On aurait été tenté de presser cette admirable créature dans ses bras, si l'on n'eût craint de sentir palpiter un cœur dévoué d'avance aux chagrins de la vie.

Céluta entre en rougissant dans la cabane, passe devant les étrangers, se penche à l'oreille de la matrone du lieu, lui dit quelques mots à voix basse et se retire. Sa robe blanche d'écorce de mûrier ondoyait légèrement derrière elle, et ses deux talons de rose en relevaient le bord à chaque pas. L'air demeura embaumé sur les traces de l'Indienne du parfum des fleurs de magnolia qui couronnaient sa tête : telle parut Héro aux fêtes d'Abydos; telle Vénus se fit connaître, dans les bois de Carthage, à sa démarche et à l'odeur d'ambroisie qu'exhalait sa chevelure.

Cependant les guides achèvent leur repas, se lèvent et disent : « Nous nous en allons. » Et le chef indien répond : « Allez où le veulent les génies. » Et ils sortent avec René sans qu'on leur demande quels soins le ciel leur a commis.

Ils passent au milieu du grand village, dont les cabanes carrées supportaient un toit arrondi en dôme. Ces toits de chaume de maïs entrelacé de feuilles s'appuyaient sur des murs recouverts en dedans et en dehors de nattes fort minces. A l'extrémité du village les voyageurs arrivèrent sur une place irrégulière que formaient la cabane du Grand-Chef des Natchez et celle de sa plus proche parente, la *Femme-Chef* (1).

Le concours d'Indiens de tous les âges animait ces lieux. La nuit était survenue, mais des flambeaux de cèdre allumés de toutes parts jetaient une vive clarté sur la mobilité du tableau. Des vieillards fumaient leurs calumets, en s'entretenant des choses du passé; des mères allaitaient leurs enfants, ou les suspendaient dans leurs berceaux aux branches des tamarins; plus loin de jeunes garçons, les bras attachés ensemble, s'essayaient à qui supporterait plus longtemps l'ardeur d'un charbon enflammé; les guerriers jouaient à la balle avec des raquettes garnies de peaux de serpents, d'autres guerriers avaient de vives contentions aux jeux des pailles et des osselets; un plus grand nombre exécutait la danse de la guerre ou celle du buffle, tandis que des musiciens frappaient avec une seule baguette une sorte de tambour, soufflaient dans une conque sauvage, ou tiraient des sons d'un os de chevreuil percé à quatre trous, comme le fifre aimé du soldat.

C'était l'heure où les fleurs de l'hibiscus commencent à s'entr'ouvrir dans les savanes, et où les tortues du fleuve viennent déposer leurs œufs dans les sables. Les étrangers avaient déjà passé sur la place des jeux tout le temps qu'un enfant indien met à parcourir une cabane, quand, pour essayer sa marche, sa mère lui présente la mamelle, et se retire en souriant devant lui. On vit alors paraître un vieillard. Le ciel avait voulu l'éprouver : ses yeux ne voyaient

---

(1) Le fils de cette femme héritait de la royauté

plus la lumière du jour. Il cheminait tout courbé, s'appuyant d'un côté sur le bras d'une jeune femme, de l'autre sur un bâton de chêne.

Le patriarche du désert se promenait au milieu de la foule charmée; les sachems même paraissaient saisis de respect, et faisaient, en le suivant, un cortége de siècles au vénérable homme qui jetait tant d'éclat et attirait tant d'amour sur le vieil âge.

René et ses guides l'ayant salué à la manière de l'Europe, le Sauvage averti s'inclina à son tour devant eux; et prenant la parole dans leur langue maternelle, il leur dit : « Étrangers, j'ignorais votre présence parmi nous. « Je suis fâché que mes yeux ne puissent vous voir; j'aimais autrefois à con- « templer mes hôtes et à lire sur leurs fronts s'ils étaient aimés du ciel. » Il se tourna ensuite vers la foule qu'il entendait autour de lui : « Natchez, comment « avez-vous laissé ces Français si longtemps seuls? Êtes-vous assurés que vous « ne serez jamais voyageurs loin de votre terre natale? Sachez que toutes les fois « qu'il arrive parmi vous un étranger, vous devez, un pied nu dans le fleuve et « une main tendue sur les eaux, faire un sacrifice au Meschacébé, car l'étran- « ger est aimé du Grand-Esprit. »

Près du lieu où parlait ainsi le vieillard se voyait un catalpa au tronc noueux, aux rameaux étendus et chargés de fleurs : le vieillard ordonne à sa fille de l'y conduire. Il s'assied au pied de l'arbre avec René et les guides. Des enfants montés sur les branches du catalpa éclairaient avec des flambeaux la scène au-dessous d'eux. Frappés de la lueur rougeâtre des torches, le vieil arbre et le vieil homme se prêtaient mutuellement une beauté religieuse; l'un et l'autre portaient les marques des rigueurs du ciel, et pourtant ils fleurissaient encore après avoir été frappés de la foudre.

Le frère d'Amélie ne se lassait point d'admirer le sachem. Chactas (c'était son nom) ressemblait aux héros représentés par ces bustes antiques qui expriment le repos dans le génie, et qui semblent naturellement aveugles. La paix des passions éteintes se mêlait, sur le front de Chactas, à cette sérénité remarquable chez les hommes qui ont perdu la vue; soit qu'en étant privés de la lumière terrestre nous commercions plus intimement avec celle des cieux, soit que l'ombre où vivent les aveugles ait un calme qui s'étende sur l'âme; de même que la nuit est plus silencieuse que le jour.

Le sachem, prenant le calumet de paix chargé de feuilles odorantes du laurier de montagne, poussa la première vapeur vers le ciel, la seconde vers la terre, et la troisième autour de l'horizon. Ensuite il le présente aux étrangers. Alors le frère d'Amélie dit : « Vieillard! puisse le ciel te bénir dans tes enfants! « Es-tu le pasteur de ce peuple qui t'environne! permets-moi de me ranger « parmi ton troupeau. »

— « Étranger, repartit le sage des bois, je ne suis qu'un simple sachem, fils « d'Outalissi. On me nomme Chactas, parce qu'on prétend que ma voix a « quelque douceur; ce qui peut provenir de la crainte que j'ai du Grand- « Esprit. Si nous te recevons comme un fils, nous ne devons point en retirer « de louanges. Depuis longtemps nous sommes amis d'Ononthio (1) dont le

(1) Le gouverneur français.

« Soleil (1) habite de l'autre côté du lac sans rivage (2). Les vieillards de ton
« pays ont discouru avec les vieillards du mien, et mené dans leur temps la
« danse des forts, car nos aïeux étaient une race puissante. Que sommes-nous
« auprès de nos aïeux? Moi-même qui te parle, j'ai habité jadis parmi tes pères :
« je n'étais pas courbé vers la terre comme aujourd'hui, et mon nom retentis-
« sait dans les forêts. J'ai contracté une grande dette envers la France. Si l'on
« me trouve quelque sagesse, c'est à un Français que je la dois ; ce sont ses
« leçons qui ont germé dans mon cœur : les paroles de l'homme, selon les
« voies du Grand-Esprit, sont des graines fines, que les brises de la fécondité
« dispersent dans mille climats, où elles se développent en pur maïs ou en
« fruits délicieux. Mes os, ô mon fils, reposeraient mollement dans la cabane
« de la mort, si je pouvais, avant de descendre à la contrée des âmes, prouver
« ma reconnaissance par quelque service rendu aux compatriotes de mon
« ancien hôte du pays des blancs. »

En achevant de prononcer ces mots, le Nestor des Natchez se couvrit la tête
de son manteau, et parut se perdre dans quelque grand souvenir. La beauté
de ce vieillard, l'éloge d'un homme policé prononcé au milieu du désert par un
Sauvage, le titre de fils donné à un étranger, cette coutume naïve des peuples
de la nature, de traiter de parents tous les hommes, touchaient profondément René.

Chactas, après quelques moments de silence, reprit ainsi la parole :
« Étranger du pays de l'Aurore, si je t'ai bien compris, il me semble que tu es
« venu pour habiter les forêts où le soleil se couche. Tu fais là une entreprise
« périlleuse, il n'est pas aussi aisé que tu le penses d'errer par les sentiers
« du chevreuil. Il faut que les manitous du malheur t'aient donné des songes
« bien funestes, pour t'avoir conduit à une pareille résolution. Raconte-nous
« ton histoire, jeune étranger : je juge par la fraîcheur de ta voix, et en tou-
« chant tes bras, je vois par leur souplesse que tu dois être dans l'âge des pas-
« sions. Tu trouveras ici des cœurs qui pourront compatir à tes souffrances.
« Plusieurs des sachems qui nous écoutent connaissent la langue et les mœurs
« de ton pays ; tu dois apercevoir aussi, dans la foule, des blancs, tes com-
« patriotes du fort Rosalie, qui seront charmés d'entendre parler de leur pays. »

Le frère d'Amélie répondit d'une voix troublée : « Indien, ma vie est sans
« aventures, et le cœur de René ne se raconte point. »

Ces paroles brusques furent suivies d'un profond silence : les regards du
frère d'Amélie étincelaient d'un feu sombre ; les pensées s'amoncelaient et s'entr'ouvraient sur son front comme des nuages ; ses cheveux avaient une légère
agitation sur ses tempes. Mille sentiments confus régnaient dans la multitude :
les uns prenaient l'étranger pour un insensé, les autres pour un génie revêtu de
la forme humaine.

Chactas, étendant la main dans l'ombre, prit celle de René. « Étranger,
« lui dit-il, pardonne à ma prière indiscrète : les vieillards sont curieux ; ils
« aiment à écouter des histoires pour avoir le plaisir de faire des leçons. »

Sortant de l'amertume de ses pensées, et ramené au sentiment de sa nouvelle

(1) Le roi de France. — (2) La mer.

existence, René supplia Chactas de le faire admettre au nombre des guerriers natchez, et de l'adopter lui-même pour son fils.

« Tu trouveras une natte dans ma cabane, répondit le sachem, et mes vieux
« ans s'en réjouiront. Mais le Soleil est absent; tu ne peux être adopté qu'après
« son retour. Mon hôte, réfléchis bien au parti que tu veux prendre. Trou-
« veras-tu dans nos savanes le repos que tu viens y chercher? Es-tu certain
« de ne jamais nourrir dans ton cœur les regrets de la patrie? Tout se réduit
« souvent, pour le voyageur, à échanger dans la terre étrangère des illusions
« contre des souvenirs. L'homme entretient dans son sein un désir de bonheur
« qui ne se détruit ni se réalise; il y a dans nos bois une plante dont la fleur
« se forme et ne s'épanouit jamais : c'est l'espérance. »

Ainsi parlait le sachem : mêlant la force à la douceur, il ressemblait à ces vieux chênes où les abeilles ont caché leur miel.

Chactas se lève à l'aide du bras de sa fille. Le frère d'Amélie suit le sachem, que la foule empressée reconduit à sa cabane. Les guides retournèrent au fort Rosalie.

Cependant René était entré sous le toit de son hôte, qu'ombrageaient quatre superbes tulipiers. On fait chauffer une eau pure dans un vase de pierre noire, pour laver les pieds du frère d'Amélie. Chactas sacrifie aux manitous protecteurs des étrangers; il brûle en leur honneur des feuilles de saule : le saule est agréable aux génies des voyageurs, parce qu'il croît au bord des fleuves, emblème d'une vie errante. Après ceci Chactas présenta à René la calebasse de l'hospitalité, où six générations avaient bu l'eau d'érable. Elle était couronnée d'hyacinthes bleues qui répandaient une bonne odeur. Deux Indiens, célèbres par leur esprit ingénieux, avaient crayonné sur ses flancs dorés l'histoire d'un voyageur égaré dans les bois. René, après avoir mouillé ses lèvres dans la coupe fragile, la rendit aux mains tremblantes du patron de la solitude. Le calumet de paix, dont le fourneau était fait d'une pierre rouge, fut de nouveau présenté au frère d'Amélie. On lui servit en même temps deux jeunes ramiers qui, nourris de baies de génévrier par leur mère, étaient un mets digne de la table d'un roi. Le repas achevé, une jeune fille aux bras nus parut devant l'étranger et, dansant la chanson de l'hospitalité, elle disait :

« Salut, hôte du Grand-Esprit! salut, ô le plus sacré des hommes! Nous
« avons du maïs et une couche pour toi : salut, hôte du Grand-Esprit! salut,
« ô le plus sacré des hommes! » La jeune fille prit l'étranger par la main, le conduisit à la peau d'ours qui devait lui servir de lit, et puis elle se retira auprès de ses parents. René s'étendit sur la couche du chasseur, et dormit son premier sommeil chez les Natchez.

Tandis que la nation du Soleil s'occupe encore de jeux et de fêtes, une fatale destinée précipite de toutes parts les événements. Abandonnant les champs fertilisés par les sueurs de leurs aïeux, de jeunes hommes, plantes étrangères arrachées au doux sol de la France, viennent en foule peupler de leur fructueux exil le fort qui gourmande le Meschacébé, et qui fait redire à ses bords le nom charmant de Rosalie. Perrier, qui gouverne à la Nouvelle-Orléans les vastes champs de la Louisiane, Perrier ordonne à Chépar, vaillant capitaine des

Français aux Natchez, de faire le dénombrement de ses soldats, afin de porter ensuite, si telle était la nécessité, le soc ou la bêche jusque dans les tombeaux des Indiens. Chépar commande aussitôt à ses bataillons de se déployer à la première aurore sur les bords du fleuve.

A peine les rayons du matin avaient jailli du sein des mers Atlantiques, que le bruit des tambours et les fanfares des trompettes font tressaillir le guerrier dans sa tente assoupi. Le désert s'épouvante et secoue sa chevelure de forêts; la terreur pénètre au fond de ses demeures, qui, depuis la naissance du monde, ne répétaient que les soupirs des vents, le bramement des cerfs et le chant des oiseaux.

A ce signal, le démon des combats, le sanguinaire Areskoui (1) et les autres esprits des ombres poussent un cri de joie. L'ange du Dieu des armées répond leurs menaces en frappant sa lance d'or sur son bouclier de diamant : telles sont les rumeurs de l'Océan lorsque les fleuves américains, enflant leurs urnes, fondent tous ensemble sur leur vieux père : l'Océan, fracassant ses vagues entre les rochers, étincelle; il se soulève indigné, se précipite sur ses fils, et les frappant de son trident, les repousse dans leur lit fangeux. Le soldat français entend ces bruits; il se réveille, comme le cheval de bataille qui dresse l'oreille au frémissement de l'airain, ouvre ses narines fumantes, remplit l'air de ses grêles hennissements, mord les barreaux de sa crèche, qu'il couvre d'écume, et décèle dans toutes ses allures l'impatience, le courage, la grâce et la légèreté.

Un mouvement général se manifeste dans le camp et dans le fort. Les fantassins courent aux faisceaux d'armes; les cavaliers voltigent déjà sur leurs coursiers; on entend le bruit des chaînes et les roulements de la pesante artillerie. Partout brille l'acier, partout flottent les drapeaux de la France : drapeaux immortels couverts de cicatrices comme des guerriers vieillis dans les combats. Bientôt l'armée se déroule le long du Meschacébé. Le chœur des instruments de Bellone anime de ses airs triomphants tous ces braves, tandis que l'on voit s'agiter en cadence le bonnet du grenadier, qui, reposé sur ses armes, bat la mesure avec une gaieté qui inspire la terreur.

Fille de Mnémosyne à la longue mémoire! âme poétique des trépieds de Delphes et des colombes de Dodone, déesse qui chantez autour du sarcophage d'Homère sur quelque grève inconnue de la mer Égée, vous qui, non loin de l'antique Parthénope, faites naître le laurier du tombeau de Virgile : Muse! daignez quitter un moment tous ces morts harmonieux et leurs vivantes poussières; abandonnez les rivages de l'Ausonie, les ondes du Sperchius et les champs où fut Troie; venez m'animer de votre divin souffle : que je puisse nommer les capitaines et les bataillons de ce peuple indompté dont les exploits fatigueraient même, ô Calliope! votre poitrine immortelle!

Au centre de l'armée paraissait ce bataillon vêtu d'azur, qui lance les foudres de Bellone : c'est lui qui, dans presque tous les combats, détermine la fortune à suivre la France; instruit dans les sciences les plus sublimes, il fait servir le génie à couronner la victoire. Nulle nation ne peut se vanter d'une pareille

---

(1) Génie ou dieu de la guerre chez les Sauvages.

troupe. Folard la commande, l'impassible Folard, qui peut, dans les plus grands dangers, mesurer la courbe du boulet ou de la bombe, indiquer la colline dont il faut se saisir, tracer et résoudre sur l'arène sanglante, au milieu des feux et de la mort, les figures et les problèmes de Pythagore.

L'infanterie, blanche et légère comme la neige, se forme rapidement devant les lentes machines qui vomissent le fer et la flamme. Marseille, dont les galères remontent l'antique Égyptus; Lorient, qui fait voguer ses vaisseaux jusque dans les mers de la Taprobane; la Touraine, si délicieuse par ses fruits; la Flandre aux plaines ensanglantées; Lyon la romaine; Strasbourg la germanique; Toulouse, si célèbre par ses troubadours; Reims, où les rois vont chercher leur couronne; Paris, où ils viennent la porter : toutes les villes, toutes les provinces, tous les fleuves des Gaules, ont donné ces fameux soldats à l'Amérique.

Leurs armes ne sont plus l'épée ou l'angon; ils ne se parent plus du large bracha et des colliers d'or; ils portent un tube enflammé, surmonté du glaive de Bayonne; leur vêtement est celui du lis; symbole de l'honneur virginal de la France.

Divisée en cinquante compagnies, cinquante capitaines choisis commandent cette infanterie formidable. Là se montrent et l'infatigable Toustain, qui naquit aux plaines de la Bauce, où les moissons roulent en nappes d'or; et le prompt Armagnac, qui fut plongé en naissant dans ce fleuve dont les ondes inspirent le courage et les saillies; et le patient Tourville, nourri dans les vallées herbues où dansent des paysannes à la haute coiffure et au corset de soie. Mais qui pourrait nommer tant d'illustres guerriers : Beaumanoir, sorti des rochers de l'Armorique; Causans, que sa tendre mère mit au jour au bord de la fontaine de Laure; d'Aumale, qui goûta le vin d'Aï avant le lait de sa nourrice; Saint-Aulaire de Nîmes, élevé sous un portique romain; et Gauthier de Paris, dont la jeunesse enchantée coula parmi les roses de Fontenay, les chênes de Senar, les jardins de Chantilly, de Versailles et d'Ermenonville.

Parmi ces vaillants capitaines, on distingue surtout le jeune d'Artaguette à la beauté de son visage, à l'air d'humanité et de douceur qui tempère l'intrépidité de son regard. Il suit le drapeau de l'honneur, et brûle de verser son sang pour la France; mais il déteste les injustices, et plus d'une fois, dans les conseils de la guerre, il a défendu les malheureux Indiens contre la cupidité de leurs oppresseurs.

A la gauche de l'infanterie s'étendent les lestes escadrons de ces espèces de centaures au vêtement vert, dont le casque est surmonté d'un dragon. On voit sur leurs têtes se mouvoir leurs aigrettes de crin, qu'agitent les mouvements du coursier retenu avec peine dans le rang de ses compagnons. Ces cavaliers enfoncent leurs jambes dans un cuir noirci, dépouille du buffle sauvage; un long sabre rebondit sur leur cuisse, lorsque balayant la terre avec les flancs de leur coursier, ils fondent, le pistolet à la main, sur l'ennemi. Selon les hasards de Bellone, on les voit quitter leurs chevaux à la crinière dorée, combattre à pied sur la montagne, s'élancer de nouveau sur leurs coursiers, descendre et remonter encore. Ces guerriers ont presque tous vu le jour non loin de ce fleuve où le soleil mûrit un vin léger propre à éteindre la soif du soldat dans l'ardeur de la bataille; ils obéissent à la voix du brillant Villars.

A l'aile opposée du corps de l'armée paraît, immobile, la pesante cavalerie, dont le vêtement, d'un sombre azur, est ranimé par un pli brillant emprunté du voile de l'Aurore. Les glands, d'un or filé et tordu, sautent en étincelant sur les épaules des guerriers, au trot mesuré de leurs chevaux. Ces guerriers couvrent leurs fronts du chapeau gaulois, dont le triangle bizarre est orné d'une rose blanche qu'attacha souvent la main d'une vierge timide, et que surmonte de sa cime légère un gracieux faisceau de plumes. C'était vous, intrépide Nemours, qui meniez ces fameux chevaux aux combats.

Mais pourrais-je oublier cette phalange qui, placée derrière toute l'armée, devait la défendre des surprises de l'ennemi? Sacré bataillon de laboureurs, vous étiez descendus des rochers de l'Helvétie, vêtus de la pourpre de Mars, la pique dont vos aïeux percèrent les tyrans est encore dans vos mains rustiques : au milieu du désordre des camps et de la corruption du nouvel âge vous gardez vos vertus premières. Le souvenir de vos demeures champêtres vous poursuit; ce n'est qu'à regret que vous vous trouvez exilés sur de lointains rivages, et l'on craint de vous faire entendre ces airs de la patrie qui vous rappellent vos pères, vos mères, vos frères, vos sœurs, et le mugissement des troupeaux sur vos montagnes.

D'Erlach tient sous sa discipline ces enfants de Guillaume Tell; il descend d'un de ces Suisses qui teignirent de leur sang, auprès de Henri III, les lis abandonnés. Heureux si, sur les degrés du Louvre, les fils de ces étrangers ne renouvellent point leur sacrifice !

Enfin le Canadien Henry dirige à l'avant-garde cette troupe de Français demi-sauvages, enfants sans soucis des forêts du Nouveau-Monde. Ces chasseurs, assemblés pêle-mêle à la tête de l'armée, portent pour tout vêtement une tunique de lin qu'une ceinture rapproche de leurs flancs : une corne de chevreuil, renfermant le plomb et le salpêtre, s'attache par un cordon, en forme de baudrier, sur leur poitrine ; une courte carabine rayée se suspend comme un carquois à leurs épaules : rarement ils manquent leur but, et poursuivent les hommes dans les bois comme les daims et les cerfs. Rivaux des peuples du désert, ils en ont pris les goûts, les mœurs et la liberté; ils savent découvrir les traces d'un ennemi, lui tendre des embûches, ou le forcer dans sa retraite. En vain les pandoures, qui les accompagnent sur leurs petits chevaux de race tartare; en vain ces cavaliers du Danube, aux longs pantalons, aux vestes fourrées flottant en arrière, au bonnet oriental, aux moustaches retroussées, veulent devancer les coureurs canadiens : moins rapide est l'hirondelle effleurant les ondes, moins léger le duvet du roseau qu'emporte un tourbillon.

Les troupes ainsi rassemblées bordaient les rives du fleuve, lorsque, monté sur une cavale blanche, élevée vagabonde dans les savanes mexicaines, voici venir Chépar au milieu d'un cortége de guerriers.

Né sous la tente des Luxembourg et des Catinat, le vieux capitaine ne voyait la société que dans les armes; le monde pour lui était un camp. Inutilement il avait traversé les mers, sa vue restait circonscrite au cercle qu'elle avait jadis embrassé, et l'Amérique sauvage ne reproduisait à ses yeux que l'Europe civilisée : ainsi le ver laborieux, qui ourdit la plus belle trame, ne connaît cependant que sa voûte d'or, et ne peut étendre ses regards sur la nature.

Le chef s'avance, et s'arrête bientôt à quelques pas du front des guerriers : les roulements des tambours se font entendre, les capitaines courent à leur poste, les soldats s'affermissent dans leurs rangs. Au second signal, la ligne se fixe et devient immobile, semblable alors au mur d'une cité au-dessus duquel flottent les drapeaux de Mars.

Les tambours se taisent, une voix s'élève, et va se répétant le long des bataillons, de chef en chef, comme d'écho en écho. Mille tubes enlevés de la terre frappent ensemble l'épaule du fantassin; les cavaliers tirent leurs sabres, dont l'acier, réfléchissant les rayons du soleil, mêle ses éclairs aux triples ondes de feu des baïonnettes : ainsi durant une nuit d'hiver brille une solitude où des tribus canadiennes célèbrent la fête de leurs génies; réunies sur la surface solide d'un fleuve, elles dansent à la lueur des pins allumés de toutes parts; les cataractes enchaînées, les montagnes de neige, les forêts de cristal, se revêtent de splendeur, tandis que les Sauvages croient voir les esprits du nord voguer dans leurs canots aériens, avec des pagaies de flammes, sur l'aurore mouvante de Borée.

Cependant les rangs de l'armée s'entr'ouvrent, et présentent au commandant des allées régulières : il les parcourt avec lenteur, examinant les guerriers soumis à ses ordres, comme un jardinier se promène entre les files des jeunes arbres dont sa main affermit les racines et dirige les rameaux.

Aussitôt que la revue est finie, Chépar veut que les capitaines exercent les troupes aux jeux de Mars. L'ordre est donné; le coup de baguette retentit. Soudain vous eussiez vu le soldat tendre et porter en avant le pied gauche, avec l'assurance et la fermeté d'un Hercule. L'armée entière s'ébranle; ses pas égaux mesurent la marche que frappent les tambours. Les jambes noircies des soldats ouvrent et ferment une longue avenue, en se croisant comme les ciseaux d'une jeune fille qui découpe d'ingénieux ouvrages. Par intervalles, les caisses d'airain, que recouvre la peau de l'onagre, se taisent au signe du géant qui les guide; alors mille instruments, fils d'Éole, animent les forêts, tandis que les cymbales du nègre se choquent dans l'air et tournent comme deux soleils.

Rien de plus merveilleux et de plus terrible à la fois, que de voir ces légions marcher au son de la musique, comme si elles ouvraient les danses de quelque fête : nul ne peut les regarder sans se sentir possédé de la fureur des combats, sans brûler de partager leur gloire et leurs périls. Les fantassins s'appuient et tournent sur leurs ailes de cavalerie comme sur deux pôles; tantôt ils s'arrêtent, ébranlent la solitude par de pesantes décharges, ou par un feu successif qui remonte et redescend le long de la ligne comme les orbes d'un serpent; tantôt ils baissent tous à la fois la pointe de la baïonnette, si fatale dans des mains françaises : coucher leurs armes à terre, les reprendre, les lancer à leur épaule, les présenter en salut, les charger ou se reposer sur elles, ce n'est pas la durée d'un moment pour ces enfants de la Victoire.

A cet exercice des armes succèdent de savantes manœuvres. Tour à tour l'armée s'allonge et se resserre, tour à tour s'avance et se retire : ici elle se creuse comme la corbeille de Flore; là elle s'enfle comme les contours d'une urne de Corinthe : le Méandre se replie moins de fois sur lui-même, la danse d'Ariadne gravée sur le bouclier d'Achille avait moins d'erreur que les labyrinthes tracés sur la plaine par ces disciples de Mars. Leurs capitaines font prendre aux bataillons toutes les figures de l'art d'Uranie : ainsi des enfants étendent des soies légères sur leurs doigts légers ; sans confondre ou briser le dédale fragile, ils le déploient en étoile, le dessinent en croix, le forment en cercle, et l'entr'ouvrent doucement sous la forme d'un berceau.

Les Indiens assemblés admiraient ces jeux, qui leur cachaient des tempêtes.

LIVRE DEUXIÈME.

Satan, planant dans les airs, au-dessus de l'Amérique, jetait un regard désespéré sur cette partie de la terre, où le Sauveur le poursuit comme le soleil qui, s'avançant des portes de l'Orient, chasse devant lui les ténèbres : le Chili, le Pérou, le Mexique, la Californie, reconnaissent déjà les lois de l'Évangile ; d'autres colonies chrétiennes couvrent les rivages de l'Atlantique, et des missionnaires ont enseigné le vrai Dieu aux Sauvages des déserts. Satan, rempli de projets de vengeance, va aux enfers rassembler le conseil des démons.

Il déroule, devant ses compagnons de douleurs, le tableau de ce qu'il a fait pour perdre la race humaine, pour partager le monde créé avec le Créateur, pour opposer le mal au bien sur la terre, et, au delà de la terre, l'enfer au ciel. Il propose aux légions maudites un dernier combat ; il veut armer toutes les nations idolâtres du nouveau continent, il veut unir toutes ces nations dans un vaste complot, afin d'exterminer les chrétiens.

C'est au milieu des Natchez qu'il aperçoit les passions propres à seconder son entreprise. « Dieux de l'Amérique, s'écrie-t-il, anges tombés avec moi, vous
« qui vous faites adorer sous la forme d'un serpent ; vous que l'on invoque
« comme les génies des castors et des ours ; vous qui, sous le nom de manitous,
« remplissez les songes, inspirez les craintes ou entretenez les espérances des
« peuples barbares ; vous qui murmurez dans les vents, qui mugissez dans les
« cataractes, qui présidez au silence ou à la terreur des forêts, allez défendre
« vos autels. Répandez les illusions et les ténèbres ; soufflez de toute part la
« discorde, la jalousie, l'amour, la haine, la vengeance. Mêlez-vous aux con-
« seils et aux jeux des Natchez ; que tout devienne prodige chez des hommes où
« tout est fêtes et combats. Je vous donnerai mes ordres : soyez attentifs à les
« exécuter. »

Il dit, et le Tartare pousse un rugissement de joie, qui fut entendu dans les forêts du Nouveau-Monde. Areskoui, démon de la guerre ; Athaënsic, qui excite à la vengeance ; le génie des fatales amours, mille autres puissances infernales se lèvent à la fois pour seconder les desseins du prince des ténèbres. Celui-ci va chercher sur la terre le démon de la renommée, qui n'avait point assisté au conseil infernal.

Le soleil ne faisait que de paraître à l'horizon lorsque le frère d'Amélie ouvrit les yeux dans la demeure d'un Sauvage. L'écorce qui servait de porte à la hutte avait été roulée et relevée sur le toit. Enveloppé dans son manteau, René se trouvait couché sur sa natte de manière que sa tête était placée à l'ouverture de la cabane. Les premiers objets qui s'offrirent à sa vue, en sortant d'un profond sommeil, furent la vaste coupole d'un ciel bleu où volaient quelques oiseaux, et la cime des tulipiers qui frémissaient au souffle des brises du matin. Des écureuils se jouaient dans les branches de ces beaux arbres, et des perruches sifflaient sous leurs feuilles satinées. Le visage tourné vers le dôme azuré, le jeune étranger enfonçait ses regards dans ce dôme qui lui paraissait d'une immense profondeur et transparent comme le verre. Un sentiment confus de bonheur, trop inconnu à René, reposait au fond de son âme, en même temps que le frère d'Amélie croyait sentir son sang rafraîchi descendre de son cœur dans ses veines, et par un long détour remonter à sa source : telle l'antiquité nous peint des ruisseaux de lait s'égarant au sein de la terre, lorsque les hommes avaient leur innocence, et que le soleil de l'âge d'or se levait aux chants d'un peuple de pasteurs.

Un mouvement dans la cabane tira le voyageur de sa rêverie : il aperçut alors le patriarche des Sauvages assis sur une natte de roseau. Auprès du foyer, Saséga, laborieuse matrone, faisait infuser des dentelles de Loghetto avec des écorces de pin rouge, qui donnent une pourpre éclatante. Dans un lieu retiré, la nièce de Chactas empennait des flèches avec des plumes de faucon. Céluta, son amie, qui l'était venue visiter, semblait l'aider dans son travail; mais sa main arrêtée sur l'ouvrage, annonçait que d'autres sentiments occupaient son cœur.

Le frère d'Amélie s'était endormi l'homme de la société, il se réveillait l'homme de la nature. Le ciel était sur sa tête ; comme le dais de sa couche ; des courtines de feuillages et de fleurs semblaient pendre de ce dais superbe; des vents soufflaient la fraîcheur et la santé ; des hommes libres, des femmes pures, entouraient la couche du jeune homme. Il se serait volontiers touché pour s'assurer de son existence, pour se convaincre qu'autour de lui tout n'était pas illusion. Tel fut le réveil du guerrier aimé d'Armide, lorsque l'enchanteresse trouvant son ennemi plongé dans le sommeil, l'emporta sur une nue et le déposa dans les bocages des îles Fortunées.

René se lève, sort, se plonge dans l'onde voisine, respire l'odeur des sassafras et des liquidambras, salue la lumière de l'orient, les flots du Meschacébé, les savanes et les forêts, et rentre dans la cabane.

Cependant les femmes souriaient des manières de l'étranger ; c'était de ce sourire de femmes qui ne blesse point. Céluta fut chargée d'apprêter le repas de l'hôte de Chactas : elle prit de la farine de maïs, qu'elle pétrit avec de l'eau de fontaine ; elle en forma un gâteau qu'elle présenta à la flamme, en le soutenant avec une pierre. Elle fit ensuite bouillir de l'eau dans un vase en forme de corbeille ; elle versa cette eau sur la poudre de la racine de smilax : ce mélange, exposé à l'air, se changea en une gelée rose d'un goût délicieux. Alors Céluta retira le pain du foyer et l'offrit au frère d'Amélie : elle lui servit en même temps, avec la gelée nouvelle, un rayon de miel et de l'eau d'érable.

Ayant fini ces choses avec un grand zèle, elle se tint debout fort agitée devant l'étranger. Celui-ci, enseigné par Chactas, se leva, imposa les deux mains en signe de deuil sur la tête de l'Indienne, car elle avait perdu son père et sa mère, et elle n'avait plus pour soutien que son frère Outougamiz. La famille poussa les trois cris de douleur, appelés cris de veuve : Céluta retourna à son ouvrage; René commença son repas du matin.

Alors Céluta, chargée d'amuser le guerrier blanc, se mit à chanter. Elle disait :

« Voici le plaqueminier; sous ce plaqueminier il y a un gazon ; sous ce
« gazon repose une femme. Moi qui pleure sous le plaqueminier, je m'appelle Céluta :
« je suis fille de la femme qui repose sous le gazon; elle était ma mère.

« Ma mère me dit en mourant : Travaille; sois fidèle à ton époux quand tu
« l'auras trouvé; s'il est heureux, sois humble et timide; n'approche de lui
« que lorsqu'il te dira : Viens, mes lèvres veulent parler aux tiennes.

« S'il est infortuné, sois prodigue de tes caresses ; que ton âme environne la
« sienne, que ta chair soit insensible aux vents et aux douleurs. Moi, qui
« m'appelle Céluta, je pleure maintenant sous le plaqueminier; je suis la fille
« de la femme qui repose sous le gazon. »

L'Indienne, en chantant ces paroles, tremblait, et des larmes coulaient comme des perles le long de ses joues : elle ne savait pourquoi, à la vue du frère d'Amélie, elle se souvenait des derniers conseils de sa mère. René sentait lui-même ses yeux humides. La famille partageait l'émotion de Céluta ; et toute la cabane pleurait de regret, d'amour et de vertu. Tel fut le repas du matin.

A peine cette scène était terminée qu'un guerrier parut : il apportait une hache en présent à l'étranger, pour qu'il se bâtît une cabane. Il conduisait en même temps une vierge plus belle et plus jeune que Chryséis, afin que le nouveau fils de Chactas commençât un lit dans le désert. Céluta baissa la tête dans son sein ; Chactas, averti de ce qui se passait, devina le reste. Alors, d'une voix courroucée : « Veut-on faire un affront à Chactas? Le guerrier adopté par moi « ne doit pas être traité comme un étranger. »

Consterné à cette réprimande du vieillard, l'envoyé frappa des mains et s'écria : « René adopté par Chactas ne doit pas être regardé comme un « étranger. »

Cependant Chactas conseilla au frère d'Amélie de faire un présent à Mila, dans la crainte d'offenser une famille puissante qui comptait plus de trente tombeaux. René obéit : il ouvrit une cassette de bois de papaya; il en tira un collier de porcelaine : ce collier était monté sur un fil de la racine du tremble, appelé l'arbre du refus, parce que la liane se dessèche autour de son tronc. René faisait ces choses par le conseil de Chactas ; il donna le collier à Mila, à peine âgée de quatorze ans, en lui disant : « Heureux votre père et votre mère! plus heu« reux celui qui sera votre époux ! » Mila jeta le collier à terre.

La paix descendit sur la cabane le reste de la journée; Céluta retourna chez son frère Outougamiz, Mila, chez ses parents, et Chactas alla converser avec les sachems.

Le soir on se rassembla sous les tulipiers : la famille prit un repas sur l'herbe semée de verveine empourprée et de ruelles d'or. Le chant monotone du willpoor-will, le bourdonnement du colibri, le cri des dindes sauvages, les soupirs de la nonpareille, le sifflement de l'oiseau moqueur, le sourd mugissement des crocodiles dans les glaïeuls, formaient l'inexprimable symphonie de ce banquet.

Échappés du royaume des ombres, et descendant sans bruit à la clarté des étoiles, les songes venaient se reposer sur le toit des Sauvages. C'était l'heure où le cyclope européen rallume la fournaise dont la flamme se dilate ou se concentre aux mouvements des larges soufflets. Tout à coup un cri retentit; réveillées en sursaut dans la cabane, les femmes se dressent sur leur couche; Chactas prête l'oreille; une Indienne soulève l'écorce de la porte, et ces mots se pressent sur ses lèvres : « Les méchants manitous sont déchaînés : sortez! sortez! » La famille se précipite sous les tulipiers.

La nuit régnait : des nuages brisés ressemblaient, dans leur désordre sur le firmament, aux ébauches d'un peintre dont le pinceau se serait essayé au hasard sur une toile azurée. Des langues de feu livides et mouvantes léchaient la voûte du ciel. Soudain ces feux s'éteignent : on entend quelque chose de terrible passer dans l'obscurité; et du fond des forêts s'élève une voix qui n'a rien de l'homme.

Dans ce moment un guerrier se présente à la porte de la cabane : il adresse à Chactas ces paroles précipitées : « Le conseil de la nation s'assemble; les blancs
« se préparent à lever la hache contre nous; il leur est arrivé de nouveaux
« soldats. D'une autre part le trouble est dans la nation : la Femme-Chef,
« mère du jeune Soleil, est en proie aux mauvais génies; Ondouré paraît pos-
« sédé d'une passion funeste. Le grand prêtre parle d'oracles et de songes; on
« murmure sourdement contre le Français que vous voulez faire adopter.
« Vous êtes témoin des prodiges de la nuit : hâtez-vous de vous rendre au conseil.»

En achevant ces mots, le messager poursuit sa route et va réveiller Adario. Chactas rentre dans sa cabane : il suspend à son épaule gauche son manteau de peau de martre; il demande son bâton d'hycorie (1) surmonté d'une tête de vautour. Miscoue avait coupé ce bâton dans sa vieillesse; il l'avait laissé en héritage à son fils Outalissi, et celui-ci à son fils Chactas, qui, appuyé sur ce sceptre héréditaire, donnait des leçons de sagesse aux jeunes chasseurs réunis au carrefour des forêts. Un Indien complètement armé vient chercher Chactas et le conduit au conseil.

Tous les sachems avaient déjà pris leur place : les guerriers étaient rangés derrière eux; les matrones ayant à leur tête la Femme-Chef, mère de l'héritier de la couronne, occupaient les siéges qui leur étaient réservés, et au-dessous d'elles s'asseyaient les prêtres.

Adario, chef de la tribu de la Tortue, se lève : inaccessible à la crainte, insensible à l'espérance, ce sachem se distingue par un ardent amour de la patrie; implacable ennemi des Européens, qui avaient massacré son père, mais les abhorrant encore plus comme tyrans de son pays, il parlait incessamment contre eux dans les conseils. Quoiqu'il révérât Chactas, et qu'il se plût à confesser la supériorité du sachem aveugle, il était cependant presque toujours d'un avis opposé à celui de son vieil ami.

(1) Espèce de noyer.

Les bras pendants et immobiles, les regards attachés à la terre, il prononça ce discours :

« Sachems, matrones, guerriers des quatre tribus, écoutez:

« Déjà l'aloès avait fleuri deux fois, depuis que Ferdinand de Soto, l'Espa-
« gnol, était tombé sous la massue de nos ancêtres; déjà nous étions allés com-
« battre les tyrans loin de nos bords, lorsque le Meschacébé raconta à nos
« vieillards qu'une nation étrangère descendait de ses sources. Ce peuple
« n'était point de la race superbe des guerriers de feu (1). Sa gaieté, sa bra-
« voure, son amour des forêts et de nos usages, le faisaient chérir. Nos cabanes
« eurent pitié de sa misère et donnèrent à La Salle (2) tout ce qu'elles pou-
« vaient lui offrir.

« Bientôt la nation légère aborde de toutes parts sur nos rives : d'Iberville,
« le dompteur des flots, fixe ses guerriers au centre même de notre pays. Je
« m'opposai à cet établissement; mais vous attachâtes le grand canot de l'étranger
« aux buissons, ensuite aux arbres, puis aux rochers, enfin à la grande mon-
« tagne, et vous asseyant sur la chaîne qui liait le canot des blancs à nos
« fleuves, vous ne voulûtes plus faire qu'un peuple avec le peuple de l'Aurore.

« Vous savez, ô sachems! quelle fut la récompense de votre hospitalité!
« Vous prîtes les armes, mais trop prompts à les quitter, vous rallumâtes le
« calumet de paix. Hommes imprudents! la fumée de la servitude et celle
« de l'indépendance pouvaient-elles sortir du même calumet? Il faut une tête
« plus forte que celle de l'esclave pour n'être point troublée par le parfum
« de la liberté.

« A peine avez-vous enterré la hache (3), à peine, vous reposant sur la foi
« des colliers (4), commencez-vous à éclaircir la chaîne d'union, que, par la
« plus noire des perfidies, le chef actuel des Français veut vous attaquer sur
« vos nattes. La biche n'a pas changé plus de fois de parure que je n'ai de
« doigts à cette main mutilée en défendant mon père, depuis que les derniers
« attentats des blancs ont souillé nos savanes. Et nous hésitons encore!

« Peut-être, enfants du Soleil, peut-être comptez-vous changer de désert,
« abandonner à vos oppresseurs la terre de la patrie? Mais où voulez-vous
« porter vos pas? Au couchant, au levant, vers l'étoile immobile (5), vers ces
« régions où le génie du jour s'assied sur la natte de feu (6), partout sont les
« ennemis de votre race. Ils ne sont plus, ces temps où vous pouviez disposer
« de toutes les solitudes, où tous les fleuves coulaient pour vous seuls. Vos
« tyrans ont demandé de nouveaux satellites; ils méditent une nouvelle in-
« vasion de nos foyers. Mais notre jeunesse est florissante et nombreuse ; n'at-
« tendons pas qu'on vienne nous surprendre et nous égorger comme des
« femmes. Mon sang se rallume dans mes veines, ma hache brûle à ma
« ceinture. Natchez! soyez dignes de vos pères, et le vieil Adario vous conduit
« dès aujourd'hui aux batailles sanglantes. Puissent les fleuves rouler à la
« grande eau les cadavres des ennemis de ma patrie! Puissiez-vous, ô terre

(1) Les Espagnols. — (2) Il descendit le premier le Mississipi. — (3) Faire la paix. — (4) Lettres, contrats, traités, etc.
— (5) Le nord. — (6) Le midi.

« trop généreuse des chairs rouges, étouffer dans votre sein le froment em-
« poisonné qu'y jeta la main de la servitude! Puissent ces moissons impies,
« épandues sur la poussière de nos aïeux, ne porter sur leur tige que les se-
« mences de la tombe! »

Ainsi parle Adario. Les guerriers, les matrones, les vieillards même, troublés par sa mâle éloquence, s'agitent comme le blé dans le boisseau bruyant qui le verse à la meule rapide. Ondouré se lève au milieu de l'assemblée.

Le Grand-Chef des Natchez, bien qu'il fût encore d'une force étonnante, touchait aux dernières limites de la vieillesse; sa plus proche parente, la violente Akansie, était mère du jeune fils qui devait hériter du rang suprême : ainsi l'avait réglé la loi de l'État. Akansie nourrissait au fond de son cœur une passion criminelle pour Ondouré, un des principaux guerriers de la nation; mais Ondouré, au lieu de répondre à l'amour d'Akansie, brûlait pour Céluta, dont le cœur commençait à incliner vers l'étranger, hôte du vénérable Chactas.

Dévoré d'ambition et d'amour, ayant contracté tous les vices des blancs, qu'il détestait, mais dont il avait l'adresse de se faire passer pour l'ami, Ondouré avait pris la résolution de se taire dans le conseil, afin de se ménager, comme à son ordinaire, entre les deux partis; mais son amour pour Céluta et sa jalousie naissante contre René l'entraînèrent à prononcer ces paroles :
« Pères de la patrie, qu'attendons-nous? Le grand Adario ne nous a-t-il pas
« tracé la route? Je ne vois ici que le sage Chactas qui puisse s'opposer à la
« levée de la hache (1). Mais enfin le vénérable fils d'Outalissi montre un trop
« grand penchant pour les étrangers. Fallait-il qu'il introduisît encore parmi
« nous cet hôte dont l'arrivée a été marquée par des signes funestes? Chactas,
« cette lumière des peuples, sentira bientôt que sa générosité l'emporte au delà
« des bornes de la prudence : il sera le premier à renier ce fils adoptif, à le sa-
« crifier, s'il le faut, à la patrie. »

Comme autrefois une bacchante que l'esprit du dieu avait saisie, courait échevelée sur les montagnes qu'elle faisait retentir de ses hurlements, la jalouse mère du jeune Soleil se sent transportée de fureur à ces paroles d'Ondouré : elle y découvre la passion de ce guerrier pour une rivale. Ses joues pâlissent, ses regards lancent des éclairs sur l'homme dont elle est méprisée : tous ses membres sont agités comme dans une fièvre ardente. Elle veut parler, et les mots manquent à ses pensées. Que va-t-elle dire? que va-t-elle proposer au conseil? La guerre ou la paix? Exigera-t-elle la mort ou le bannissement de l'étranger qui augmente l'amour d'Ondouré pour la fille de Tabamica? Demandera-t-elle, au contraire, l'adoption du nouveau fils de Chactas, afin de désoler, par la présence de René, l'ingrat qui la dédaigne, afin de lui faire éprouver une partie des tourments qu'elle endure? Ces paroles tombent de ses lèvres décolorées et tremblantes :

« Vieillards insensés! n'avez-vous point songé au danger de la présence des
« Européens parmi nous? Avez-vous des secrets pour rendre le sein des femmes
« aussi froid que le vôtre? Lorsque la vierge trompée sera comme le poisson

(1) La guerre

« que le filet a jeté palpitant sur le sable aride ; lorsque l'épouse aura trahi l'é-
« poux de sa couche ; lorsque la mère, oubliant son fils, suivra éperdue dans
« les forêts le guerrier qui l'entraîne, vous reconnaîtrez, mais trop tard, votre
« imprudence. Réveillez-vous de l'assoupissement de vos années ! Oui, il faut
« du sang aujourd'hui ! La guerre ! il faut du sang ! les manitous l'ordonnent !
« un feu dévorant coule dans tous les cœurs. Ne consultez point les entrailles
« de l'ours sacré : les vœux, les prières, les autels, sont inutiles à nos maux ! »

Elle dit : sa couronne de plumes et de fleurs tombe de sa tête. Comme un pavot frappé des rayons du soleil se penche vers la terre, et laisse échapper de sa tige les gouttes amères du sommeil : ainsi la femme jalouse, dévorée par les feux de l'amour, baisse son front, dont la mort semble épancher des sueurs glacées. La confusion règne dans l'assemblée ; une épaisse fumée, répandue par les esprits du mal, remplit la salle de ténèbres ; on entend les cris des matrones, les mouvements des guerriers, la voix des vieillards. Ainsi, dans un atelier, des ouvriers préparent les laines d'Albion ou de l'Ibérie : ceux-ci battent les toisons poudreuses, ceux-là les transforment en de merveilleux tissus : plusieurs les plongent dans la pourpre de Tyr ou dans l'azur de l'Indostan : mais si quelque main mal assurée vient à répandre sur la flamme la liqueur des cuves brûlantes, une vapeur s'élève avec un sifflement dans les salles, et des clameurs sortent de cette soudaine nuit.

Toutes les espérances se tournaient vers Chactas ; lui seul pouvait rétablir le calme ; il annonce par un signe qu'il va se faire entendre. L'assemblée devient immobile et muette, et l'orateur, qui n'a pas encore parlé, semble déjà faire porter aux passions les chaînes de sa paisible éloquence.

Il se lève : sa tête couronnée de cheveux argentés, un peu balancée par la vieillesse et par d'attendrissants souvenirs, ressemble à l'étoile du soir, qui paraît trembler avant de se plonger dans les flots de l'Océan. Adressant son discours à son ami Adario, Chactas s'exprime de la sorte :

« Mon frère l'Aigle, vos paroles ont l'abondance des grandes eaux ; et les
« cyprès de la savane sont enracinés moins fortement que vous sur les tom-
« beaux de nos pères. Je sais aussi les injustices des blancs ; mon cœur s'en est
« affligé. Mais sommes-nous certains que nous n'avons rien à nous reprocher
« nous-mêmes ? Avons-nous fait tout ce que nous avons pu pour demeurer li-
« bres ? Est-ce avec des mains pures que nous prétendons lever la hache d'Ares-
« koui ? Mes enfants, car mon âge et mon amour pour vous me permettent de
« vous donner ce nom, je déplore la perte de l'innocente simplicité qui faisait
« la beauté de nos cabanes. Qu'auraient dit nos pères, s'ils avaient découvert
« dans une matrone les signes qui viennent de troubler le conseil ? Femme,
« portez ailleurs l'égarement de vos esprits ; ne venez point au milieu des sa-
« chems, avec le souffle de vos passions, tirer des plaintes du feuillage flétri
« des vieux chênes.

« Et toi, jeune chef, qui as osé prendre la parole avant les vieillards,
« crois-tu donc tromper Chactas ? Tremble que je ne dévoile ton âme, aussi
« creuse que le rocher où se renferme l'ours du Labrador !

« Préparons-nous aux jeux d'Areskoui ; exerçons notre jeunesse, faisons

« des alliances avec de puissants voisins ; mais auparavant prenons les sentiers
« de la paix : renouons la chaîne d'alliance avec Chépar; qu'il parle dans la
« vérité de son cœur, qu'il dise dans quel dessein il rassemble ses guerriers.
« Mettons les manitous équitables de notre côté ; et si nous sommes enfin forcés
« à lever la hache, nous combattrons avec l'assurance de la victoire ou d'une
« mort sainte, la plus belle et la plus certaine des délivrances. J'ai dit. »

Chactas jette un collier bleu, symbole de paix, au milieu de l'assemblée, et se rassied. Tous les guerriers étaient émus : « Quelle expérience ! disaient les uns ; quelle douceur et quelle autorité ! disaient les autres. Jamais on ne retrouvera un tel sachem. Il sait la langue de toutes les forêts ; il connaît tous les tombeaux qui servent de limites aux peuples, tous les fleuves qui séparent les nations. Nos pères ont été plus heureux que nous : ils ont passé leur vie avec sa sagesse ; nous, nous ne le verrons que mourir. » Ainsi parlaient les guerriers.

L'avis de Chactas fut adopté : quatre députés portant le calumet de paix furent envoyés au fort Rosalie. Mais Areskoui, fidèle aux ordres de Satan, riant d'un rire farouche, suivait à quelque distance les messagers de paix avec la Trahison, la Peur, la Fuite, les Douleurs et la Mort.

Cependant le prince des enfers était arrivé aux extrémités du monde, sous le pôle dont l'intrépide Cook mesura la circonférence à travers les vents et les tempêtes. Là, au milieu des terres australes qu'une barrière de glaces dérobe à la curiosité des hommes, s'élève une montagne qui surpasse en hauteur les sommets les plus élevés des Andes dans le Nouveau-Monde, ou du Thibet dans l'antique Asie.

Sur cette montagne est bâti un palais, ouvrage des puissances infernales. Ce palais a mille portiques d'airain ; les moindres bruits viennent frapper les dômes de cet édifice, dont le silence n'a jamais franchi le seuil.

Au centre du monument est une voûte tournée en spirale, comme une conque, et faite de sorte que tous les sons qui pénètrent dans le palais y aboutissent : mais par un effet du génie de l'architecte des mensonges, la plupart de ces sons se trouvent faussement reproduits; souvent une légère rumeur s'enfle et gronde en entrant par la voie préparée aux éclats du tonnerre, tandis que les roulements de la foudre expirent, en passant par les routes sinueuses destinées aux faibles bruits.

C'est là que, l'oreille placée à l'ouverture de cet immense écho, est assis sur un trône retentissant un démon, la Renommée. Cette puissance, fille de Satan et de l'Orgueil, naquit autrefois pour annoncer le mal : avant le jour où Lucifer leva l'étendard contre le Tout-Puissant, la Renommée était inconnue. Si un monde venait à s'animer ou à s'éteindre ; si l'Éternel avait tiré un univers du néant, ou replongé un de ses ouvrages dans le chaos ; s'il avait jeté des soleils dans l'espace, créé un nouvel ordre de Séraphins, essayé la bonté d'une lumière, toutes ces choses étaient aussitôt connues dans le ciel, par un sentiment intimes d'admiration et d'amour, par le chant mystérieux de la céleste Jérusalem. Mais après la rébellion des mauvais anges, la Renommée usurpa la place de cette intuition divine. Bientôt précipitée aux enfers, ce fut elle qui publia dans l'abîme la naissance de notre globe, et qui porta l'ennemi de Dieu à tenter la chute de l'homme. Elle vint sur la terre avec la Mort, et dès ce moment elle établit sa demeure sur la montagne, où elle entend et répète confusément ce qui se passe sur la terre, aux enfers et dans les cieux.

Satan, arrivé au palais, pénètre jusqu'au lieu où veillait la Renommée.

« Ma fille, lui dit-il, est-ce ainsi que tu me sers? peux-tu ignorer les pro-
« jets que je médite? Toi seule n'as point paru dans l'assemblée des puissances
« infernales. Cependant, fille ingrate, pour qui travaillé-je en ce moment,
« si ce n'est pour toi? Quel est l'ange que j'ai aimé plus tendrement que je
« ne t'aime? Lorsque l'Orgueil, mon premier amour, te donna naissance, je
« te pris sur mes genoux, je te prodiguai les caresses d'un père. Hâte-toi donc
« de me prouver que tu n'as pas rompu les liens qui nous unissent. Viens,
« suis-moi; le temps presse; il faut que tu parles, il faut que tu répètes ce que
« je t'apprendrai; ton silence peut mettre en danger mon empire. »

Le démon de la renommée souriant au prince des ténèbres, lui répond d'une voix éclatante :

« O mon père ! je n'ai pas rompu les liens qui nous unissent. J'ai entendu
« les bruits répandus par toi chez les Natchez ; j'ai vu avec transport les grandes
« choses que tu prépares ; mais il me venait dans ce moment d'autres bruits
« de la terre : j'étais occupée à redire au monde la gloire d'un monarque de
« l'Europe (1). Ces Français m'accablent de leurs merveilles ; il me faudrait
« des siècles pour les entendre et les raconter. Cependant je suis prête à te
« suivre, et j'abandonne tout pour servir tes desseins. »

En achevant ces mots, la Renommée descend de son trône : de toutes les voûtes, de tous les dômes, de tous les souterrains du palais ébranlé, s'échappent des sons confus et discordants : tels sont les rugissements d'un troupeau de lions, lorsque, la gueule enflammée, la langue pendante, ils élèvent la voix durant une sécheresse dans l'aridité des sables africains.

Satan et la Renommée sortent du sonore édifice, s'abattent comme deux aigles au pied de la montagne, où la Nuit leur amène un char. Ils y montent. La Renommée saisit les rênes qui flottaient embarrassées dans les ailes des deux coursiers : démon fantastique, dans les ténèbres elle ressemble à un géant; à la lumière elle n'est plus qu'un pygmée. L'Étonnement la précède, l'Envie la suit de près, et l'Admiration l'accompagne de loin.

Le couple pervers franchit ces mers inexplorées qui s'étendent entre la coupole de glace et ces terres que n'avaient point encore nommées les Cook et les La Pérouse. La Renommée, dirigeant ses coursiers sur la Croix du sud, tourne le dos à ces constellations australes qu'un œil humain ne vit jamais; puis, par le conseil de Satan, de peur d'être aperçue de l'ange qui garde l'Asie, au lieu de remonter l'océan Pacifique, elle descend vers l'orient, pour voler sur la plaine humide qui sépare l'Afrique du nouveau continent. Elle ne voit point Otaïti avec ses palmiers, ses chants, ses chœurs, ses danses, et ses peuples qui recommen-

(1) Louis XIV.

çaient la Grèce. Plus rapide que la pensée, le char double le cap où un océan, si longtemps ignoré, livre d'éternels combats aux mers de l'ancien monde.

Satan et la Renommée laissent loin derrière eux les flammes qui s'élèvent des terres Magellaniques; phare lugubre qu'aucune main n'allume, et qui brûle sans gardien, au bord d'une mer sans navigateur. Ils vous saluèrent, ruines fumantes de Rio-Janeiro, monuments de ta valeur, ô mon fameux compatriote!

Satan frappe de sa lance les coursiers haletants, et bientôt il a passé ce promontoire qui reçut jadis une colonie des Carthaginois. L'Amazone découvre son immense embouchure, ces flots que La Condamine, conduit par la céleste Uranie, visita dans sa docte course, et que Humboldt devait illustrer.

A l'instant même, le char traverse la ligne que le soleil brûle de ses feux, entre dans l'autre hémisphère, et laisse sur la gauche la triste Cayenne, que l'avenir a marquée pour l'exil et la douleur. Les deux puissances infernales, en perdant de vue cette terre qui les fait sourire, volent au-dessus des îles des Caraïbes, et se trouvent engagées dans l'archipel du golfe Mexicain. La montueuse Martinique, qui n'était point encore soumise à la valeur française; la Dominique, conquise par les Anglais, disparaissent sous les roues du char. Saint-Domingue, qui depuis s'enivra de richesses, de sang et de liberté; Saint-Domingue, dont les destinées devaient être si extraordinaires, se montrait alors en partie sauvage, tel que les intrépides flibustiers l'avaient laissé en héritage à la France. Et toi, île de San-Salvador, à jamais célèbre entre toutes les îles! tu fus découverte par l'œil de la Renommée, bien qu'une ingrate obscurité ait succédé à ta gloire. Élevant la tête entre tes sœurs de Bahama, ce fut toi qui souris la première à Colomb; ce fut toi qui vis descendre de ses vaisseaux l'immortel Génois, comme le fils aîné de l'Océan; ce fut sur tes rivages que se visitèrent les peuples de l'Occident et de l'Aurore, qu'ils se saluèrent mutuellement du nom d'hommes! Tes rochers retentissaient du bruit d'une musique guerrière annonçant cette grande alliance, tandis que Colomb tombait à genoux, et baisait cette terre, autre moitié de l'héritage des fils d'Adam.

A peine la Renommée a-t-elle quitté San-Salvador, qu'elle aborde à l'isthme des Florides: elle arrête le char, s'élance avec l'archange sur les grèves dont la mer se retire. Satan promène un moment ses regards sur les forêts, comme s'il apercevait déjà dans ces solitudes des peuples destinés à changer la face du monde. La Renommée jette un nuage sur son char, étend ses ailes, donne une main à son compagnon: tous deux, renfermés dans un globe de feu, s'élèvent à une hauteur démesurée, et retombent au bord du Meschacébé. Là, Satan quitte sa trompeuse fille pour voler à d'autres desseins, tandis qu'elle se hâte d'exécuter les ordres de son père.

Elle prend la démarche et la contenance d'un vieillard, afin de donner un plus grand air de vérité à ses paroles. Sa tête se dépouille, son corps se courbe sur un arc détendu qu'elle tient à la main en guise de bâton; ses traits ressemblent parfaitement à ceux du sachem Ondaga, un des plus sages hommes des Natchez. Ainsi transformé, le démon indiscret va frappant de cabane en cabane, racontant le doux penchant de Céluta pour René, et ajoutant toujours quelque circonstance qui éveille la curiosité, la haine, l'envie ou l'amour. La jalouse mère du jeune Soleil, Akansie, pousse un cri de joie à ces bruits semés par la Renommée, car elle espérait qu'ainsi rejeté de Céluta, Ondouré reviendrait peut-être à l'amante qu'il avait dédaignée, mais le faux vieillard ajoute aussitôt qu'Ondouré est tombé dans le plus violent désespoir, et qu'il menace les jours de l'étranger.

Ces dernières paroles glacent le cœur d'Akansie. La femme infortunée s'écrie : « Sors de ma cabane, ô le plus imprudent des vieillards ! Va continuer ailleurs « tes récits insensés. Puissent les sachems faire de toi un exemple mémorable, « et t'arracher cette langue qui distille le poison ! »

En prononçant ces mots, Akansie, nouvelle Médée, se sent prête à déchirer ses enfants et à plonger un poignard dans le cœur de sa rivale.

La Renommée quitte la Femme-Chef, et va chercher Ondouré. Elle le trouva derrière sa cabane, travaillant dans la forêt à la construction d'un canot d'écorce de bouleau ; fragile nacelle destinée à flotter sur le sein des lacs, comme le cygne, dont elle imitait la blancheur et la forme.

La Renommée s'avance vers le guerrier, et examine d'abord en silence son ouvrage. Contempteur de la vieillesse et des lois, Ondouré dit au faux Ondaga, en le regardant d'un air moqueur : « Tu ferais mieux, sachem, d'aller causer « avec les autres hommes dont l'âge a affaibli la raison, et rendu les pensées « semblables à celles des matrones. Tu sais que j'aime peu les cheveux blancs et « les longs propos. Éloigne-toi donc, de peur qu'en bâtissant ce canot je ne te « fasse sentir, sans le vouloir, la pesanteur de mon bras. Je t'étendrais à terre « comme un if qui n'a plus que l'écorce, et que le vent traverse dans sa course.
— « Mon fils, semblable au terrible Areskoui (1), répondit le rusé vieillard, « je ne m'étonne pas des propos odieux que tu viens de tenir à un père de la « patrie : la colère doit être dans ton cœur, et la vengeance, agiter les panaches « de ta chevelure. Lorsque la perfide Endaë, plus belle que l'étoile qui ne marche « pas (2), rejeta autrefois mes présents pour recevoir ceux de Mengade, mon « cœur brûla de la fureur qui possède aujourd'hui le tien. Je méconnus mon « père lui-même, et, dans l'égarement de ma raison, je levai mon toma-« hawk (3) sur celle qui m'avait porté dans son sein, et qui m'avait donné « un nom parmi les hommes. Mais Athaënsic (4) plongea bientôt ma flèche « dans le cœur de mon rival, et Endaë fut le prix de ma victoire. Malgré le « poids des neiges (5), ma mémoire a conservé fidèlement le souvenir de cette « aventure, comme les colliers (6) gardent les actions des aïeux. Je pardonne « à l'impudence de tes paroles. »

A peine la Renommée achevait ce perfide discours, que le fer dont Ondouré était armé échappe à sa main. Les yeux du Sauvage se fixent, une écume sanglante paraît et disparaît sur ses lèvres ; il pâlit, et ses bras raidis s'agitent à ses côtés. Soudain recouvrant ses sens, il bondit comme un torrent du haut d'un roc, et disparaît.

---

(1) Génie de la guerre. — (2) L'étoile polaire. — (3) Massue. — (4) Génie de la vengeance. — (5) Années. — (6) Traités, contrats, lettres, etc.

Alors le démon de la renommée reprenant sa forme, s'élève triomphant dans les airs : trois fois il remplit de son souffle une trompette dont les sons aigus déchirent les oreilles. En même temps Satan envoie à Ondouré l'Injure et la Vengeance : la première le devance, en répandant des calomnies qui, comme une huile empoisonnée, souillent ce qu'elles ont touché ; la seconde le suit, enveloppée dans un manteau de sang. Le prince des ténèbres veut qu'une division éclatante sépare à jamais René et Ondouré, et devienne le premier anneau d'une longue chaîne de malheurs. Cependant Ondouré ne sent pas encore pour Céluta tous les feux d'amour qui le brûleront dans la suite, et qui l'exciteront à tous les crimes ; mais son orgueil et son ambition sont à la fois blessés ; il ne respire que vengeance. Il va exhalant son dépit en paroles insultantes.

« Quel est donc ce fils de l'étranger qui prétend m'enlever la femme de mon
« choix? Lui donne-t-on, comme à moi, la première place dans les festins, et
« la portion la plus honorable de la victime? Où sont les chevelures des enne-
« mis qu'il a enlevées? Vile chair blanche qui n'as ni père ni mère, qu'aucune
« cabane ne réclame! Lâche guerrier, à qui je ferai porter le jupon d'écorce
« de la vieille femme, et que je formerai à filer le nerf de chevreuil! »

Ainsi parlait ce chef, environné d'une légion d'esprits qui remplissaient son âme de mille pensées funestes. Lorsque l'automne a mûri les vergers, on voit des hommes agrestes, montés sur l'arbre cher à la Neustrie, abattre avec de longues perches la pomme vermeille, tandis que les jeunes filles et les jeunes laboureurs ramassent pêle-mêle, dans une corbeille, les fruits dont le jus doit troubler la raison : ainsi les anges du mal jettent ensemble leurs dons enivrants dans le sein d'Ondouré. Jalousie insensée! L'amour ne pouvait entrer dans le cœur du frère d'Amélie : Céluta aimait seule. Ces passions, de tous côtés non partagées, ne promettaient que des malheurs sans ressource et sans terme.

LIVRE TROISIÈME.

Le départ de Chactas pour le conseil avait laissé René à la solitude. Il sortait et rentrait dans la cabane, suivait un sentier dans le désert, ou regardait le fleuve couler. Un bois de cyprès avait attiré sa vue. Perdu quelque temps dans l'épaisseur des ombres, il se trouva tout à coup auprès de l'habitation de Céluta. Devant la hutte s'élevaient quelques gordonias qui étalaient l'or et l'azur dans leurs feuilles vieillies, la verdure dans leurs jeunes rameaux, et la blancheur dans leurs fleurs de neige. Des copalmes se mêlaient à ces arbustes, et des azaléas formaient un buisson de corail à leurs racines.

Conduit par le chemin derrière ce bocage, le frère d'Amélie jeta les yeux dans la cabane, où il aperçut Céluta : ainsi, après son naufrage ; le fils de Laërte regardait, à travers les branches de la forêt, Nausicaa, semblable à la tige du palmier de Délos.

La fille des Natchez était assise sur une natte ; elle traçait, en fil de pourpre, sur une peau d'orignal, les guerres des Natchez contre les Siminoles. On voyait

Chactas au moment d'être brûlé dans le cadre de feu, et délivré par Atala. Profondément occupée, Céluta se penchait sur son ouvrage : ses cheveux, semblables à la fleur d'hyacinthe, se partageaient sur son cou, et tombaient des deux côtés de son sein comme un voile. Lorsqu'elle venait à tirer en arrière un long fil, en déployant lentement son bras nu, les Grâces étaient moins charmantes.

Non loin de Céluta, Outougamiz était assis sur des herbes parfumées, sculptant une pagaie. On retrouvait le frère dans la sœur, avec cette différence qu'il y avait dans les traits du premier plus de naïveté, dans les traits de la seconde plus d'innocence. Égale candeur, égale simplicité, sortait de leurs cœurs par leurs bouches : tels, sur un même tronc, dans une vallée du Nouveau-Monde, croissent deux érables de sexe différent ; et cependant, le chasseur qui les voit du haut de la colline les reconnaît pour frère et sœur à leur air de famille, et au langage que leur fait parler la brise du désert.

Le frère d'Amélie était le chasseur qui contemplait le couple solitaire ; et bien qu'il ne comprît pas ses paroles, il les écoutait pourtant, car les deux orphelins échangeaient alors de doux propos.

Génie des forêts à la voix naïve, génie accoutumé à ces entretiens ignorés de l'Europe, qui font à la fois pleurer et sourire, refuseriez-vous de murmurer ceux-ci à mon oreille ?

« Je ne veux plus voir dormir les jeunes hommes, disait la fille des Nat-
« chez. Mon frère, quand tu dors sur ta natte, ton sommeil est un baume ra-
« fraîchissant pour moi : est-ce que les hommes blancs n'ont pas le même
« repos ? »

Outougamiz répondit : « Ma sœur, demandez cela aux vieillards. »

Céluta repartit : « Il m'a semblé voir le manitou de la beauté qui ouvrait et
« fermait tour à tour les lèvres du guerrier blanc, pendant son sommeil, chez
« Chactas. »

« Un esprit, dit Outougamiz, m'est apparu dans mes songes. Je n'ai pu voir
« son visage, car sa tête était voilée. Cet esprit m'a dit : Le grand jeune
« homme blanc porte la moitié de ton cœur. »

Ainsi parlaient les deux innocentes créatures ; leur tendresse fraternelle enchantait et attristait à la fois le frère d'Amélie. Il fit un mouvement, et Céluta, levant la tête, découvrit l'étranger à travers la feuillée. La pudeur monta au front de la fille des Natchez, et ses joues se colorèrent : ainsi un lis blanc, dont on a trempé le pied dans la sève purpurine d'une plante américaine, se peint en une seule nuit de la couleur brillante, et étonne au matin l'empire de Flore par sa prodigieuse beauté.

A demi caché dans les guirlandes du buisson, René contemplait Céluta, qui lui souriait du même air que la divine Io souriait au maître des dieux, lorsqu'on ne voyait que la tête de l'immortel dans la nue. Enfin, la fille de Tabamica ouvrit ses lèvres comme celles de la persuasion, et d'une voix dont les inflexions ressemblaient aux accents de la linotte bleue : « Mon frère, voilà
« le fils de Chactas. »

Outougamiz, le plus léger des chasseurs, se lève, court à l'étranger, le prend par la main, et le conduit dans sa cabane de bois d'ilicium, dont les meubles réflétaient l'éclat des essences qui les avaient embaumés. Il le fait asseoir sur la dépouille d'un ours longtemps la terreur du pays des Esquimaux; lui-même il s'assied à ses côtés en lui disant : « Enfant de l'Aurore, les étrangers et les « pauvres viennent du Grand-Esprit. »

Céluta, dans la couche de laquelle aucun guerrier n'avait dormi, essaya de continuer son ouvrage; mais ses yeux ne voyaient plus que des erreurs sans issue dans les méandres de ses broderies.

Il est une coutume parmi ces peuples de la nature, coutume que l'on trouvait autrefois chez les Hellènes : tout guerrier se choisit un ami. Le nœud, une fois formé, est indissoluble; il résiste au malheur et à la prospérité. Chaque homme devient double et vit de deux âmes; si l'un des deux amis s'éteint, l'autre ne tarde pas à disparaître. Ainsi ces mêmes forêts américaines nourrissent des serpents à deux têtes, dont l'union se fait par le milieu, c'est-à-dire par le cœur : si quelque voyageur écrase l'un des deux chefs de la mystérieuse créature, la partie morte reste attachée à la partie vivante, et bientôt le symbole de l'amitié périt.

Trop jeune encore lorsqu'il perdit son père, le frère de Céluta n'avait point fait le choix d'un ami. Il résolut d'unir sa destinée à celle du fils adoptif de Chactas; il saisit donc la main de l'étranger, et lui dit : « Je veux être ton ami. » René ne comprit point ce mot, mais il répéta dans la langue de son hôte le mot *ami*. Plein de joie, Outougamiz se lève, prend une flèche, un collier de porcelaine (1), et fait signe à René et à Céluta de le suivre.

Non loin de la cabane habitée, on voyait une autre cabane déserte dans laquelle Outougamiz était né; un ruisseau en baignait le toit tombé et les débris épars. Le jeune Indien y pénètre avec son hôte; Céluta, comme une femme appelée en témoignage devant un juge, demeure debout à quelque distance du lieu marqué par son frère. Outougamiz, parvenu au milieu des ruines, prend une contenance solennelle; il donne à tenir à René un bout de la flèche dont l'autre bout repose dans sa main. Élevant la voix et attestant le ciel et la terre :

« Fils de l'étranger, dit-il, je me confie à toi sur mon berceau, et je mourrai
« sur ta tombe. Nous n'aurons plus qu'une natte pour le jour, qu'une peau
« d'ours pour la nuit. Dans les batailles, je serai à tes côtés. Si je te survis, je
« donnerai à manger à ton esprit, et après plusieurs soleils passés en festins
« ou en combats, tu me prépareras à ton tour une fête dans le pays des âmes.
« Les amis de mon pays sont des castors qui bâtissent en commun. Souvent ils
« frappent leurs tomahawks (2) ensemble, et quand ils se trouvent ennuyés
« de la vie, ils se soulagent avec leur poignard.

« Reçois ce collier; vingt graines rouges marquent le nombre de mes
« neiges (3), les dix-sept graines blanches qui les suivent indiquent les neiges
« de Céluta, témoin de notre engagement; neuf graines violettes disent que c'est
« dans la neuvième lune, ou la lune des chasseurs, que nous nous sommes

---

(1) Sorte de coquillage. — (2) Massues. — (3) Années.

« juré amitié; trois graines noires succèdent aux graines violettes; elles dési-
« gnent le nombre des nuits que cette lune a déjà brillé. J'ai dit. »

Outougamiz cessa de parler, et des larmes tombèrent de ses paupières. Comme les premiers rayons du soleil descendent sur une terre fraîchement labourée et humectée de la rosée de la nuit, ainsi l'amitié du jeune Natchez pénétra dans l'âme attendrie de René. A la vivacité du frère de Céluta, au mot d'ami souvent répété, au choix extraordinaire du lieu, René comprit qu'il s'agissait de quelque chose de grand et d'auguste; il s'écria à son tour : « Quel « que soit ce que tu me proposes, homme sauvage, je te jure de l'accomplir; « j'accepte les présents que tu me fais. » Et le frère d'Amélie presse sur son sein le frère de Céluta. Jamais cœur plus calme, jamais cœur plus troublé ne s'étaient approchés l'un de l'autre.

Après ce pacte, les deux amis échangèrent les manitous de l'amitié. Outougamiz donna à René le bois d'un élan, qui tombant chaque année, chaque année se relève avec une branche de plus, comme l'amitié qui doit s'accroître en vieillissant. René fit présent à Outougamiz d'une chaîne d'or. Le Sauvage la saisit d'une main empressée, parla tout bas à la chaîne, car il l'animait de ses sentiments, et la suspendit sur sa poitrine, jurant qu'il ne la quitterait qu'avec la vie; serment trop fidèlement gardé! Comme un arbre consacré dans une forêt à quelque divinité, et dont les rameaux sont chargés de saintes reliques, mais qui va bientôt tomber sous la cognée du bûcheron, ainsi parut Outougamiz portant à son cou l'offrande de l'amitié.

Les deux amis plongèrent leurs pieds nus dans le ruisseau de la cabane, pour marquer que désormais ils étaient deux pèlerins devant finir l'un avec l'autre leur voyage.

Dans la fontaine qui donnait naissance au ruisseau, Outougamiz puisa une eau pure où Céluta mouilla ses lèvres, afin de se payer de son témoignage, et de participer à l'amitié qui venait de naître dans l'âme des deux nouveaux frères.

René, Outougamiz et Céluta errèrent ensuite dans la forêt; Outougamiz s'appuyait sur le bras de René; Céluta les suivait. Outougamiz tournait souvent la tête pour la regarder, et autant de fois il rencontrait les yeux de l'Indienne, où l'on voyait sourire des larmes. Comme trois vertus habitant la même âme, ainsi passaient dans ce lieu ces trois modèles d'amitié, d'amour et de noblesse. Bientôt le frère et la sœur chantèrent la chanson de l'amitié; ils disaient :

« Nous attaquerons avec le même fer l'ours sur le tronc des pins; nous
« écarterons avec le même rameau l'insecte des savanes : nos paroles secrètes
« seront entendues dans la cime des arbres.

« Si vous êtes dans un désert, c'est mon ami qui en fait le charme; si vous
« dansez dans l'assemblée des peuples, c'est encore mon ami qui cause vos
« plaisirs.

« Mon ami et moi nous avons tressé nos cœurs comme des lianes: ces lianes
« fleuriront et se dessécheront ensemble. »

Tels étaient les chants du couple fraternel. Le soleil, dans ce moment, vint toucher de ses derniers rayons les gazons de la forêt : les roseaux, les buissons, les chênes s'animèrent; chaque fontaine soupirait ce que l'amitié a de plus doux, chaque arbre en parlait le langage, chaque oiseau en chantait les délices. Mais René était le génie du malheur égaré dans ces retraites enchantées.

Rentrés dans la cabane, on servit le festin de l'amitié : c'étaient des fruits entourés de fleurs. Les deux amis s'apprenaient à prononcer dans leur langue les noms de père, de mère, de sœur, d'épouse. Outougamiz voulut que sa sœur s'occupât d'un vêtement indien pour l'homme blanc. Céluta déroule aussitôt un ruban de lin; elle invite René à se lever, et appuie une main tremblante sur l'épaule du fils de Chactas, en laissant pendre le ruban jusqu'à terre. Mais lorsque, passant le ruban sous les bras de René, elle approcha son sein si près de celui du jeune homme, qu'il en ressentit la chaleur sur sa poitrine; lorsque, levant sur le frère d'Amélie des yeux qui brillaient timidement à travers ses longues paupières; lorsque, s'efforçant de prononcer quelques mots, les mots vinrent expirer sur ses lèvres, elle trouva l'épreuve trop forte et n'acheva point l'ouvrage de l'amitié.

Douce journée! votre souvenir ne s'effaça de la cabane des Natchez que quand les cœurs que vous aviez attendris cessèrent de battre. Pour apprécier vos délices, il faut avoir élevé comme moi sa pensée vers le ciel du fond des solitudes du Nouveau-Monde.

Cependant les quatre guerriers portant le calumet de paix étaient arrivés au fort Rosalie. Chépar a rassemblé le conseil où se trouvent avec les principaux habitants de la colonie les capitaines de l'armée. Un riche traficant se lève, prend la parole, et, après avoir traité les Indiens de sujets rebelles, il veut que les députés des Natchez soient repoussés, et que l'on s'empare des terres les plus fertiles.

Le père Souël se lève à son tour. Une grande doctrine, une vaste érudition, un esprit capable des plus hautes sciences, distinguaient ce missionnaire : charitable comme Jésus-Christ, humble comme ce divin Maître, il ne cherchait à convertir les âmes au Seigneur que par des actes de bienfaisance et par l'exemple d'une bonne vie; pacifique envers les autres, il aspirait ardemment au martyre.

Il ne devait point rester au fort Rosalie, son ancienne résidence : la palme des confesseurs qu'il demandait au Roi de gloire lui devait être accordée à la mission des Yazous. C'était pour la dernière fois qu'il plaidait la cause de ses néophytes natchez.

Toujours vêtu d'un habit de voyage, le père Souël avait l'air d'un pèlerin qui ne fait qu'un séjour passager sur la terre, et qui va bientôt retourner à sa patrie céleste : lorsqu'il ouvrit la bouche, un silence profond régna dans le conseil.

Le saint orateur remonta, dans son discours, jusqu'à la découverte de l'Amérique; il traça le tableau des crimes commis par les Européens au Nouveau-Monde. De là, passant à l'histoire de la Louisiane, il fit un magnifique éloge de Chactas, qu'il peignit comme un homme d'une vertu digne des anciens sages du paganisme. Il nomma avec estime Adario, et invita le conseil à se défier d'Ondouré. Exhortant les Français à la modération et à la justice, il conclut ainsi :

« J'espère que notre commandant et cette assemblée voudront bien pardon-
« ner à un religieux d'avoir osé expliquer sa pensée. A Dieu ne plaise qu'il ait

« parlé dans un esprit d'orgueil. Ayons, pour l'amour de Jésus-Christ, notre
« doux Seigneur, quelque pitié des pauvres idolâtres : tâchons, en nous mon-
« trant vrais chrétiens, de les appeler à la lumière de l'Évangile. Plus ils sont
« misérables et dépourvus des biens de la vie, plus nous devons plaindre leur
« faiblesse. Missionnaire du Dieu de paix dans ces déserts, puissé-je vivre et
« mourir en semant la parole de l'Agneau ! Puisse mon sang servir au main-
« tien de la concorde ! mais à tous n'est pas réservée une si grande bénédic-
« tion ; à moi n'appartient pas d'aspirer à la gloire des Brébeuf et des Jogues,
« morts pour la foi en Amérique. »

Le père Souël s'inclina devant le commandant, et reprit sa place. O véritable religion ! que tes délices sont puissantes sur les cœurs ! que ta raison est adorable ! que ta philosophie est haute et profonde ! Dans celle des hommes, il manque toujours quelque chose ; dans la tienne tout est surabondant. Le conseil, touché des paroles du missionnaire, croyait sentir les inspirations de la miséricorde de Dieu.

Le démon de l'or envoyé par Satan, craignit l'effet du discours du père Souël, en voyant les âmes s'attendrir à la voix du juste. Cet esprit infernal, à la tête chauve, aux lèvres minces et serrées, au corps diaphane, au cœur sans pitié, à l'esprit toujours plein de nombres, au regard avide et inquiet, aux manières défiantes et cachées, cet esprit souffle sa concupiscence sur le conseil. Aussitôt les sentiments généreux s'éteignent. Robert, Salency, Artagnan veulent répliquer au religieux : Fébriano obtient la parole.

Né parmi les Francs sur les côtes de la Barbarie, cet aventurier, chrétien dans son enfance, ensuite parjure à l'Évangile, fut, dans l'ordre des seyahs, disciple zélé du Coran. Jeté en Europe par un coup de la fortune, entré dans la carrière des armes, trop noble pour lui, il est redevenu extérieurement chrétien mais il continue à détester les serviteurs du vrai Dieu, et à observer en secret les abominables lois du faux prophète. Chépar l'a rencontré dans les camps, et le traître, moitié moine, moitié soldat, a pris sur le loyal militaire l'ascendant que la bassesse exerce sur les caractères impérieux, et la finesse sur les esprits bornés. Fébriano dispose presque toujours de la volonté de Chépar, qui croit suivre ses propres résolutions, lorsqu'il ne fait qu'obéir aux inspirations de Fébriano. Ce vagabond était, du reste, un de ces scélérats vulgaires qui ne peuvent briller au rang des grands infâmes, et qui meurent oubliés dans la portion obscure du crime. Jouet d'Ondouré, dont il recevait les présents, il en avait les vices sans en avoir le génie. Rencontré par le frère d'Amélie à la Nouvelle-Orléans, traité par lui avec hauteur dans une contention passagère, Fébriano nourrissait déjà contre René un sentiment de haine et de jalousie. Le renégat élève ainsi la voix contre le pasteur de l'Évangile :

« Les moines se devraient tenir dans leur couvent ou avec les femmes, et
« laisser à l'épée le soin de l'épée. Le brave commandant saura bien ce qu'il
« doit faire, et sa sagesse n'a pas besoin de nos conseils. Les Natchez sont des
« rebelles qui refusent de céder leurs terres aux sujets du roi. Qu'on me charge
« de l'expédition, je réponds d'amener ici enchaînés, et cet insolent Adario,
« et ce vieux Chactas qui reçoit dans ce moment même un homme dont on

« ignore la famille et les desseins, un homme qui pourrait n'être que l'envoyé
« de quelque puissance ennemie. »

De bruyants éclats de rire et de longs applaudissements couvrirent ce discours : les habitants de la colonie portaient aux nues l'éloquence de Fébriano. Le père Souël, sans changer de contenance, soutint le mépris des hommes, comme il aurait reçu leurs caresses. Mais, indigné de l'affront fait au missionnaire, d'Artaguette rompt le silence qu'il avait gardé jusqu'alors.

A jamais cher à la France, à jamais cher à l'Amérique qui le vit tomber avec tant de gloire, ce jeune capitaine offrait en lui la loyauté des anciens jours et l'aménité des mœurs du nouvel âge. Placé entre son inclination et son devoir, il était malheureux aux Natchez; car, avec une âme bien née, il n'avait cependant point ce caractère vigoureusement épris du beau, qui nous précipite dans le parti où nous croyons l'apercevoir. D'Artaguette aurait été l'ennemi des extrêmes, s'il avait pu être l'ennemi de quelque chose : il ne blâmait et ne louait rien absolument ; il cherchait à amener tous les hommes à une tolérance mutuelle de leurs faiblesses; il croyait que les sentiments de nos cœurs et les convenances de notre état se devaient céder tour à tour. C'est ainsi qu'en aimant les Sauvages, il se trouva toute sa vie engagé contre eux : tel un fleuve plein d'abondance et de limpidité, mais dont le cours n'est pas assez rapide, tourne à chaque pas dans la plaine; repoussé par les moindres obstacles, il est sans cesse obligé de remonter contre le penchant de son onde.

« Ornement de notre ancienne patrie dans cette France nouvelle, dit d'Ar-
« taguette, s'adressant au père Souël, vous n'avez pas besoin d'un défenseur
« tel que moi. Je supplie le commandant de prendre le temps nécessaire pour
« peser les ordres qu'il a reçus du gouverneur général; je le supplie d'accepter
« le calumet de paix des Sauvages. Le vénérable missionnaire, rempli de sa-
« gesse et d'expérience, ne peut avoir fait des objections tout à fait indignes
« d'être examinées. Il ne m'appartient point de juger les deux premiers sachems
« des Natchez, encore moins ce jeune voyageur qui ne devait guère s'attendre
« à trouver son nom mêlé à nos débats : il me semble téméraire de hasarder
« légèrement une opinion sur l'honneur d'un homme, surtout quand cet homme
« est Français. »

La noble simplicité avec laquelle d'Artaguette prononça ce peu de paroles charma le conseil sans le convaincre. On attendait avec inquiétude la décision du commandant. Incapable de la moindre bassesse, plein de probité et d'honneur, Chépar commettait cependant une foule d'injustices qui ne sortaient point de la droiture de son cœur, mais de la faiblesse de sa tête. Il blâma Fébriano d'avoir violé l'ordre et la discipline en parlant avant son supérieur, le capitaine d'Artaguette; mais il reprocha à celui-ci sa tiédeur et sa modération.

« Ce n'était pas ainsi, s'écria-t-il, qu'on servait à Malplaquet et à Denain,
« lorsque j'enlevai un drapeau à l'ennemi, et que je reçus un coup de feu dans
« la poitrine. Les vieillards auraient été bien étonnés de tous ces beaux discours
« de la jeunesse actuelle; les Marlborough, qu'avaient élevés les Turenne,
« auraient eu bon marché d'une armée d'orateurs, et n'auraient pas acheté si
« cher leurs victoires. »

Chépar s'emporta contre les chefs des Sauvages, soutint qu'Ondouré était le seul Indien attaché aux Français, quel que fût d'ailleurs le dernier discours prononcé par cet Indien, discours que Chépar prenait pour une ruse d'Ondouré. Le commandant menaça de sa surveillance et de sa colère ces Européens sans aveu qui venaient, disait-il, s'établir au Nouveau-Monde. Mais enfin les ordres du gouverneur de la Louisiane n'étaient pas assez précis pour établir immédiatement la colonie sur les terres des Natchez : Chépar donc consentit à recevoir le calumet de paix, et à prolonger les trêves.

C'était ainsi que la fatalité attachée aux pas de René le poursuivait au delà des mers : à peine avait-il dormi deux fois sous le toit d'un Sauvage, que les passions et les préjugés commençaient à se soulever contre lui chez les Français et chez les Indiens. Les esprits de ténèbres profitaient du malheur du frère d'Amélie, pour étendre ce malheur sur tout ce qui environnait la victime : poussant Ondouré à la tentative d'un premier forfait, ils grossirent le germe des divisions.

Lorsqu'un sanglier, la terreur des forêts, a découvert une laie avec son amant sauvage, excité par l'amour, le monstre hérisse ses soies, creuse la terre avec la double corne de son pied, et, blessant de ses défenses le tronc des hêtres, se cache pour fondre sur son rival : ainsi Ondouré, transporté de jalousie par le récit de la Renommée, cherche et trouve le lieu écarté qui doit lui livrer l'Européen dont les maléfices ont déjà troublé le cœur de Céluta.

Entre la cabane de Chactas et celle d'Outougamiz s'élevait un bocage de smilax qui répandait une ombre noire sur la terre; les chênes verts dont il était surmonté en augmentaient les ténèbres. Le frère d'Amélie, revenant de prêter le serment de l'amitié, s'était assis auprès d'une source qui coulait parmi ce bois ainsi que l'Arabe accablé par la chaleur du jour s'arrête au puits du chameau René s'était reposé sur la mousse qui bordait la fontaine. Soudain un cri perce les airs : c'était ce cri de guerre des Sauvages, dont il est impossible de peindre l'horreur, cri que la victime n'entend presque jamais, car elle est frappée de la hache au moment même; tel le boulet suit la lumière; tel le cri du fils de Pélée retentit aux rives du Simoïs, lorsque le héros, la tête surmontée d'une flamme, s'avança pour sauver le corps de Patrocle; les bataillons se renversèrent, les chevaux effrayés prirent la fuite, et douze des premiers Troyens tombèrent dans l'éternelle nuit.

C'en était fait des jours du frère d'Amélie, si les esprits attachés à ses pas ne l'avaient eux-mêmes sauvé du coup fatal, afin que sa vie prolongée devînt encore plus malheureuse, plus propre à servir les desseins de l'enfer. Docile aux ordres de Satan, la Nuit, toujours cachée dans ces lieux, détourna elle-même la hache qui, sifflant à l'oreille de René, alla s'enfoncer dans le tronc d'un arbre.

A cette attaque imprévue, René se lève. Furieux d'avoir manqué le but, Ondouré se précipite, le poignard à la main, sur le frère d'Amélie, et le blesse au-dessous du sein. Le sang s'élance en jet de pourpre, comme la liqueur de Bacchus jaillit sous le fer dont une troupe de joyeux vignerons a percé un vaste tonneau.

René saisit la main meurtrière, et veut en arracher le poignard; Ondouré résiste, jette son bras gauche autour du frère d'Amélie, essaie de l'ébranler et de le précipiter à terre. Les deux guerriers se poussent et se repoussent, se dégagent et se reprennent, font mille efforts, l'un pour dominer son adversaire, l'autre pour conserver son avantage. Leurs mains s'entrelacent sur le poignard que celui-ci veut garder, que celui-là veut saisir. Tantôt ils se penchent en arrière, et tâchent par de mutuelles secousses de s'arracher l'arme fatale; tantôt ils cherchent à s'en rendre maîtres, en la faisant tourner comme le rayon de la roue d'un char, afin de se contraindre à lâcher prise par la douleur. Leurs mains tordues s'ouvrent et changent adroitement de place sur la longueur du poignard; leur genou droit plie, leur jambe gauche s'étend en arrière, leur corps se penche sur un côté, leurs têtes se touchent et mêlent leurs chevelures en désordre.

Tout à coup se redressant, les adversaires s'approchent poitrine contre poitrine, front contre front : leurs bras tendus s'élèvent au-dessus de leurs têtes, et leurs muscles se dessinent comme ceux d'Hercule et d'Antée. Dans cette lutte, leur haleine devient courte et bruyante; ils se couvrent de poussière, de sang et de sueur : de leurs corps meurtris s'élève une fumée comme cette vapeur d'été que le soir fait sortir d'un champ brûlé par le soleil.

Sur les rivages du Nil ou dans les fleuves des Florides, deux crocodiles se disputent au printemps une femelle brillante : les rivaux s'élancent des bords opposés du fleuve, et se joignent au milieu. De leurs bras, ils se saisissent; ils ouvrent des gueules effroyables; leurs dents se heurtent avec un craquement horrible; leurs écailles se choquent comme les armures de deux guerriers; le sang coule de leurs mâchoires écumantes, et jaillit en gerbes de leurs naseaux brûlants : ils poussent de sourds mugissements semblables au bruit lointain du tonnerre. Le fleuve, qu'ils frappent de leur queue, mugit autour de leurs flancs comme autour d'un vaisseau battu par la tempête. Tantôt ils s'abîment dans des gouffres sans fond, et continuent leur lutte au voisinage des enfers; un impur limon s'élève sur les eaux; tantôt ils remontent à la surface des vagues, se chargent avec une furie redoublée, s'enfoncent de nouveau dans les ondes, reparaissent, plongent, reviennent, replongent, et semblent vouloir éterniser leur épouvantable combat : tels se pressent les deux guerriers, tels ils s'étouffent dans leurs bras serrés par les nœuds de la colère. Le lierre s'unit moins étroitement à l'ormeau, le serpent au serpent, la jeune sœur au cou d'une sœur chérie, l'enfant altéré à la mamelle de sa mère. La rage des deux guerriers monte à son comble. Le frère d'Amélie combat en silence son rival, qui lui résiste en poussant des cris. René, plus agile, a la bravoure du Français; Ondouré, plus robuste, a la férocité du Sauvage.

L'Éternel n'avait point encore pesé dans ses balances d'or la destinée de ces guerriers; la victoire demeurait incertaine. Mais enfin le frère d'Amélie rassemble toutes ses forces, porte une main à la gorge du Natchez, soulève ses pieds avec les siens, lui fait perdre à la fois l'air et la terre, le pousse d'une poitrine vigoureuse, l'abat comme un pin, et tombe avec lui. En vain Ondouré se débat : René le tient sous ses genoux et le menace de la mort avec le poignard arraché à une main déloyale. Déjà généreux par la victoire, le frère d'Amélie sent sa colère expirer : un pêcher couvert de ses fleurs, au milieu des plaines de l'Arménie, cache un moment sa beauté dans un tourbillon de vent, mais il reparaît avec toutes ses grâces lorsque le tourbillon est passé, et le front de l'arbre charmant sourit immobile dans la sérénité des airs : ainsi René reprend sa douceur et son calme. Il se relève, et tendant la main au Sauvage : « Malheureux, « lui dit-il, que t'ai-je fait ? » René s'éloigne, et laisse Ondouré livré non à ses remords, mais au désespoir d'avoir été vaincu et désarmé.

LIVRE QUATRIÈME.

L'ange protecteur de l'Amérique, qui montait vers le soleil, avait découvert le voyage de Satan et du démon de la Renommée : à cette vue, poussant un soupir, il précipite le mouvement de ses ailes. Déjà il a laissé derrière lui les planètes les plus éloignées de l'œil du monde ; il traverse ces deux globes que les hommes, plongés dans les ténèbres de l'idolâtrie, profanèrent par les noms de Mercure et de Vénus. Il entre ensuite dans ces régions où se forment les couleurs du soleil couchant et de l'aurore ; il nage dans des mers d'or et de pourpre ; et sans en être ébloui, les regards fixés sur l'astre du jour, il surgit à son orbite immense.

Uriel l'aperçoit ; après l'avoir salué du salut majestueux des anges, il lui dit :

« Esprit diligent, que le Créateur a placé à la garde d'une des plus belles
« parties de la terre, je connais le sujet qui vous amène : tandis que vous re-
« montiez jusqu'à moi, l'ange de la Croix, du sud, descendait sur ce soleil,
« pour m'apprendre qu'il avait vu Satan et sa compagne s'élancer du pôle du
« midi. J'aurais déjà communiqué cette nouvelle aux archanges des soleils les
« plus reculés, si je n'avais aperçu deux illustres voyageuses qui viennent comme
« vous de la terre et qui bientôt arriveront à nous : elles continueront ensuite
« leur route vers les tabernacles éternels. Reposez-vous donc en les attendant
« ici ; il n'y a point d'ange qui ne soit effrayé de la course à travers l'infini : les
« deux saintes pourront se charger de votre message ; elles témoigneront de
« votre vigilance, et vous redescendrez au poste où vous rappelle l'audace du
« prince des ténèbres. »

L'ange de l'Amérique répondit : « Uriel, ce n'est pas sans raison que l'on
« vous loue dans les parvis célestes : vos paroles sont véritablement pleines de
« sagesse, et les yeux dont vous êtes couvert ne vous laissent rien ignorer.
« Vous daignerez donc rendre compte de mon zèle ? vous savez que les flèches
« du Très-Haut sont terribles, et qu'elles dévorent les coupables. Puisque les
« deux patronnes des Français s'élèvent aux sanctuaires sublimes, dans le
« même dessein qui m'a conduit à l'astre dont vous dirigez le cours, je vais re-
« tourner à la terre. J'aurai peut-être à livrer des combats, car Satan semble
« avoir pris une force nouvelle. »

Uriel repartit : « Ne craignez point cet archange ; le crime est toujours faible,
« et Dieu vous enverra sa victoire. Votre empressement est digne d'éloges, mais
« vous pouvez vous arrêter un moment pour délasser vos ailes. »

En parlant ainsi, l'ange du soleil présenta à celui de l'Amérique une coupe de diamant, pleine d'une liqueur inconnue; ils y mouillèrent leurs lèvres, et les dernières gouttes du nectar, tombées en rosée sur la terre, y firent naître une moisson de fleurs.

L'ange de l'Amérique, regardant les champs du soleil, dit à Uriel : « Brû-
« lant Chérubin, si toutefois ma curiosité n'est point déplacée, et qu'il soit per-
« mis à un ange de mon rang de connaître de tels secrets, ce qu'on dit de l'astre
« auquel vous présidez est-il vrai, ou n'est-ce qu'un bruit né de l'ignorance hu-
« maine? »

Uriel, avec un sourire paisible:

« Esprit rempli de prudence, votre curiosité n'a rien d'indiscret, puisque
« vous n'avez pour but que de glorifier l'œuvre du Père, cette œuvre que le
« Fils conserve et que l'Esprit vivifie. Je puis aisément vous satisfaire.

« Non, cet astre qui sert de marchepied à l'Éternel ne fut point formé comme
« se le figurent les hommes. Lorsque la création sortit du néant à la parole
« éternelle, et que le ciel eut célébré le soir et le matin du premier jour, la
« clarté émanée du Saint des saints faisait seule la lumière du monde.

« Mais cette lumière, toute tempérée qu'elle pouvait être, trop forte encore
« pour l'univers, menaçait de le consumer. Emmanuel pria Jéhovah de re-
« ployer se rayons, et de n'en laisser échapper qu'un seul. Le Fils prit ce rayon
« dans sa main, le rompit, et du brisement s'échappa une goutte de feu que
« le Fils nomma Soleil.

« Alors brilla dans les cieux ce luminaire qui lie les planètes autour de lui,
« par les fils invisibles qu'il tire sans interruption de son sein inépuisable. Je
« reçus l'ordre de m'asseoir à son foyer, moins pour veiller à la marche des
« sphères que pour empêcher leur destruction : car, lorsque Jéhovah, rentré
« dans la profondeur de son immensité, appelle à lui ses deux autres princi-
« pes, lorsqu'il enfante avec eux ces pensées qui donnent la vie à des millions
« d'âmes et de mondes, dans ces moments de conception du Père, il sort de
« tels feux du tabernacle, que tout ce est qui créé serait dévoré. Placé au centre
« du soleil, je me hâte d'étendre mes ailes et de les interposer entre la création
« et l'effusion brûlante, afin de prévenir l'embrasement des globes. L'ombre de
« mes ailes forme dans l'astre du jour ces taches que les hommes découvrent,
« et que, dans leur science vaine, ils ont diversement expliquées. »

Ainsi s'entretenaient les deux anges, et cependant Catherine des Bois et Geneviève touchaient au disque du soleil.

Peuple guerrier et plein de génie, Français! c'est sans doute un esprit puissant, un conquérant fameux qui protége du haut du ciel votre double empire? Non! c'est une bergère en Europe, une fille sauvage en Amérique! Geneviève du hameau de Nanterre, et vous Catherine des bois canadiens, étendez à jamais votre houlette et votre crosse de hêtre sur ma patrie; conservez-lui cette naïveté, ces grâces naturelles qu'elle tient sans doute de ses patronnes!

Née d'une mère chrétienne et d'un père idolâtre, sous le toit d'écorce d'une famille indienne, Catherine, élevée dans la religion de sa mère, annonça dès son enfance que l'époux céleste l'avait réservée pour ses chastes embrassements.

A peine avait-elle accompli quatre lustres, qu'elle fut appelée dans ces domaines incorruptibles, où les anges célèbrent incessamment les noces de ces femmes qui ont divorcé avec la terre pour s'unir au ciel. Les vertus de Catherine resplendirent après sa mort; Dieu couvrit son tombeau de miracles riches et éclatants, en proportion de la pauvreté et de l'obscurité de la sainte ici-bas. Elle fut publiquement honorée comme patronne du Canada; on lui rendit un culte au bord d'une fontaine, sous le nom de la *Bonne Catherine des Bois*. Cette vierge ne cesse de veiller au salut de la Nouvelle-France et de s'intéresser aux habitants du désert. Elle revenait alors du séjour des hommes avec Geneviève.

Les patronnes des fils de saint Louis s'étaient alarmées des malheurs dont Satan menaçait l'empire français en Amérique : un même mouvement de charité les emportait aux célestes habitacles pour implorer la miséricorde de Marie. Tristes autant que des substances spirituelles peuvent ressentir notre douleur, elles versaient ces larmes intérieures dont Dieu a fait présent à ses élus; elles éprouvaient cette sorte de pitié que l'ange ressent pour l'homme, et qui, loin de troubler la pacifique Jérusalem, ne fait qu'ajouter aux félicités qu'on y goûte.

Geneviève porte encore dans sa main sa houlette garnie de guirlandes de lierre; mais cette houlette est plus brillante que le sceptre d'un monarque de l'Orient. Les roses qui couronnent le front de la fille des Gaules ne sont plus les roses fugitives dont la bergère se parait aux champs de Lutèce; ce sont ces roses qui ne se fanent jamais, et qui croissent dans les campagnes merveilleuses, sur les pas de l'Agneau sans tache. Geneviève, une nue blanche forme ton vêtement; des cheveux d'un or fluide accompagnent divinement ta tête : à travers ton immortalité on reconnaît les grâces pleines d'amour, les charmes indicibles d'une vierge française !

Plus simple encore que la patronne de la France policée, est peut-être la patronne de la France sauvage. Catherine brille de cet éclat qui apparut en elle lorsqu'elle eut cessé d'exister. Les fidèles accourus à sa couche de mort lui virent prendre une couleur vermeille, une beauté inconnue qui inspirait le goût de la vertu et le désir d'être saint. Catherine retient, avec la transparence de son corps glorieux, la tunique indienne et la crosse du labour : fille de la solitude, elle aime celui qui se retira au désert avant de s'immoler au salut des hommes.

Ainsi voyagent ensemble les deux saintes : l'une, qui sauva Paris d'Attila; Geneviève, qui précéda le premier des rois très-chrétiens; qui, dans une longue suite de siècles, opposa l'obscurité et la vertu de ses cendres à toutes les pompes et à toutes les calamités de la monarchie de Clovis : l'autre, qui ne devança sur la terre que de peu d'années le dernier des rois très-chrétiens (1); Catherine, qui ne sait que l'histoire de quelques apôtres de la Nouvelle-France, semblables à ceux que vit la pastourelle de Nanterre, lorsque l'Évangile pénétra dans les vieilles Gaules.

Les épouses du Seigneur se chargèrent du message de l'ange de l'Amérique, qui se précipita aussitôt sur la terre, tandis qu'elles continuèrent leur route vers le firmament.

---

(1) Ceci est dit par emphase de la mort de Louis XVI. J'écrivais un an après la mort du roi-martyr.

Dans un champ du soleil, dans des prairies dont le sol semble être de calcédoine, d'onyx et de saphir, sont rangés les chars subtils de l'âme, chars qui se meuvent d'eux-mêmes, et qui sont faits de la même matière que les étoiles (1). Les deux saintes se placent l'une a après de l'autre sur un de ces chars. Elles quittent l'astre de la lumière, s'élèvent par un mouvement plus rapide que la pensée, et voient bientôt le soleil suspendu au-dessous d'elles dans les espaces, comme une étoile imperceptible.

Elles suivent la route tracée en losange de lumière par les esprits des justes qui, dégagés des chaînes du corps, s'envolent au séjour des joies éternelles. Sur cette route passaient et repassaient des âmes délivrées, ainsi qu'une multitude d'anges. Ces anges descendaient vers les mondes pour exécuter les ordres du Très-Haut, ou remontaient à lui, chargés des prières et des vœux des mortels.

Bientôt les saintes arrivent à cette terre qui s'étend au-dessous de la région des étoiles, et d'où l'on découvre le soleil, la lune et les planètes tels qu'ils sont en réalité, sans le milieu grossier de l'air qui les déguise aux yeux des hommes. Douze bandes de différente couleur (2) composent cette terre épurée, dont la nôtre est le sédiment matériel : l'une de ces bandes est d'un pourpre étincelant ; l'autre, d'un vif azur ; une troisième, d'un blanc de neige. Ces couleurs surpassent en éclat celles de notre peinture, qui n'en sont que les ombres.

Catherine et Geneviève traversent cette zone sans s'arrêter, et bientôt elles entendent cette harmonie des sphères que l'oreille ne saurait saisir, et qui ne parvient qu'au sens intérieur de l'âme. Elles entrent dans la région des étoiles, qu'elles voient comme autant de soleils, avec leurs systèmes de planètes tributaires. Grandeur de Dieu ! qui pourra te comprendre ? Déjà les saintes s'approchent de ces premiers mondes placés à des distances que la balle poussée par le salpêtre mettrait des millions d'années à franchir; et cependant les deux vierges ne sont que sur les plus lointaines limites du royaume de Jéhovah, et des soleils après des soleils émergent de l'immensité, et des créations inconnues succèdent à des créations plus inconnues encore !

Un homme qui, pour comprendre l'infini, se plaçant en imagination au milieu des espaces, chercherait à se représenter l'étendue suivie de l'étendue, des régions qui ne commencent et ne finissent en aucun lieu; cet homme, saisi de vertiges, détournerait sa pensée d'une entreprise si vaine : tels seraient mes inutiles efforts, si j'essayais de tracer la route que parcouraient Geneviève et Catherine. Tantôt elles s'ouvrent une voie au travers des sables d'étoiles; tantôt elles coupent les cercles ignorés où les comètes promènent leurs pas vagabonds. Les deux saintes croient avoir fait des progrès, et elle ne touchent encore qu'à l'essieu commun de tous les univers créés (3).

Cet axe d'or vivant et immortel voit tourner tous les mondes autour de lui dans des révolutions cadencées. A distance égale, le long de cet axe, sont assis trois esprits sévères : le premier est l'ange du passé ; le second, l'ange du présent; le troisième, l'ange de l'avenir. Ce sont ces trois puissances qui laissent tomber le temps sur la terre, car le temps n'entre point dans le ciel et n'en

(1) Platon. — (2) *Idem.* — (3) *Idem.*

descend point. Trois anges inférieurs, semblables aux fabuleuses Sirènes pour la beauté de la voix, se tiennent aux pieds de ces trois premiers anges et chantent de toutes leurs forces. Le son que rend l'essieu d'or du monde, en tournant sur lui-même, accompagne leurs hymnes. Ce concert forme cette triple voix du temps qui raconte le passé, le présent et l'avenir, et que des sages ont quelquefois entendue sur la terre, en approchant l'oreille d'un tombeau durant le silence des nuits.

Le char subtil de l'âme vole encore : les épouses de Jésus-Christ abordent à ces globes où se pressent les âmes des hommes que l'Éternel créa par sa seconde idée, après avoir pensé les anges (1). Dieu forma à la fois tous les exemplaires des âmes humaines, et les distribua dans diverses demeures, où ils attendent le moment qui les doit unir à des corps terrestres. La création fut une et entière. Dieu n'admet point de succession pour produire.

Les chastes pèlerines furent émues au spectacle de ces âmes égales en innocence qui devaient devenir inégales par le péché; les unes restant immaculées, les autres portant la marque des clous avec lesquels les passions les attacheraient un jour au sang et à la chair (2).

Par delà ces globes où sommeillent les âmes qui n'ont point encore subi la vie mortelle, se creuse la vallée où elles doivent revenir pour être jugées, après leur passage sur la terre. Les saintes aperçoivent dans la formidable Josaphat le cheval pâle monté par la Mort, les sauterelles au visage d'homme, aux dents de lion, aux ailes bruyantes comme un chariot de bataille. Là, paraissent les sept anges avec les sept coupes pleines de la colère de Dieu; là, se tient la femme assise sur la bête de couleur écarlate, au front de laquelle est écrit *mystère*. Le puits de l'abîme fume à l'une des extrémités de la vallée, et l'ange du jugement approchant peu à peu la trompette de ses lèvres, semble prêt à la remplir du souffle qui doit dire aux morts : « *Levez-vous!* »

En sortant de la mystique vallée, Geneviève et Catherine entrèrent enfin dans ces régions où commencent les joies du ciel. Ces joies ne sont pas, comme les nôtres, sujettes à fatiguer et à rassasier le cœur; elles nourrissent, au contraire, dans celui qui les goûte, une soif insatiable de les goûter encore.

A mesure que les patronnes de la France approchent du séjour de la Divinité, la clarté et la félicité redoublent. Aussitôt qu'elles découvrent les murs de la Jérusalem céleste, elles descendent du char et se prosternent comme des pèlerines aux champs de la Judée, lorsque, dans la splendeur du midi, Sion se montre tout à coup à leur foi ardente. Geneviève et Catherine se relèvent, et glissant dans un air qui n'est point un air, mais qu'il faut appeler de ce nom pour se faire comprendre, elles entrent par la porte de l'Orient. Au même instant le bienheureux Las Casas et les martyrs canadiens, Brébeuf et Jogues, se pressent sur les pas de Catherine. Toujours brûlés de charité pour les Indiens, ils ne cessent de veiller à leur salut. Par un effet de la gloire de Dieu, plus ces confesseurs ont souffert de leurs ingrats néophytes, plus ils les

---

(1) Doctrine de quelques Pères de l'Église.
(2) Plusieurs Pères de l'Église ont soutenu ces doctrines, qui ne sont pas ici règle de foi, mais matière de poésie.

chérissent. Las Casas, adressant la parole à la patronne de la France nouvelle:
« Servante du Seigneur, quelque péril menacerait-il nos frères des terres
« américaines? La tristesse de votre visage, et celle qui respire sur le front de
« Geneviève, me feraient craindre un malheur. Nous avons été occupés à
« chanter la création d'un monde, et je n'ai pu descendre aux régions sub-
« lunaires. »

— « Protecteur des cabanes, répondit Catherine, votre bonté ne s'est point
« en vain alarmée. Satan a déchaîné l'enfer sur l'Amérique: les Français et
« leurs frères sauvages sont menacés. L'ange gardien du Nouveau-Monde s'est
« vu forcé de monter vers Uriel pour l'instruire des attentats des esprits per-
« vers. Je viens, chargée de son message avec la vierge de la Seine, sup-
« plier Marie d'intercéder auprès du Rédempteur. Prélat, et vous, confesseurs
« de la foi, joignez-vous à nous: implorons la miséricorde divine. »

Tandis que la fille des torrents parlait de la sorte, les saints, les anges, les
archanges, les séraphins et les chérubins, rassemblés autour d'elles, ressen-
taient une religieuse douleur. Las Casas, et les missionnaires canadiens, tout
resplendissants de leurs plaies, se réunissent aux deux illustres femmes. Voici
venir le saint roi Louis, la palme à la main, qui se met à la tête des enfants de
la France, et dirige les suppliants vers les tabernacles de Marie. Ils s'avancent
au milieu des chœurs célestes, à travers les champs qu'habitent à jamais les
hommes qui ont pratiqué la vertu.

Les eaux, les arbres, les fleurs de ces champs inconnus, n'ont rien qui ressemble aux nôtres, hors les noms: c'est le charme de la verdure, de la solitude, de la fraîcheur de nos bois, et pourtant ce n'est pas cela; c'est quelque
chose qui n'a qu'une existence insaisissable.

Une musique qu'on entend partout, et qui n'est nulle part, ne cesse jamais
dans ces lieux: tantôt ce sont des murmures comme ceux d'une harpe éolienne
que la faible haleine du zéphyr effleure pendant une nuit de printemps; tantôt
l'oreille d'un mortel croirait ouïr les plaintes d'une harmonica divine, ces vi-
brations qui n'ont rien de terrestre, et qui nagent dans la moyenne région de
l'air. Des voix, des modulations brillantes sortent tout à coup du fond des forêts célestes; puis, dispersés par le souffle des esprits, ces accents semblent
avoir expiré. Mais bientôt une mélodie confuse se révèle dans le lointain; et
l'on distingue ou les sons veloutés d'un cor sonné par un ange, ou l'hymne
d'un séraphin qui chante les grandeurs de Dieu au bord du fleuve de vie.

Un jour grossier, comme ici-bas, n'éclaire point ces régions; mais une molle
clarté, tombant sans bruit sur les terres mystiques, s'y fond pour ainsi dire
comme une neige, s'insinue dans tous les objets, les fait briller de la lumière
la plus suave, leur donne à la vue une douceur parfaite. L'éther, si subtil,
serait encore trop matériel pour ces lieux: l'air qu'on y respire est l'amour
divin lui-même; cet air est comme une sorte de mélodie visible qui remplit à
la fois de splendeur et de concerts toutes les blanches campagnes des âmes.

Les passions, filles du temps, n'entrent point dans l'immortel Éden. Quiconque, apprenant de bonne heure à méditer et à mourir, s'est retiré au tombeau, pur des infirmités du corps, s'envole au séjour de vie. Délivré de ses

craintes, de son ignorance, de ses tristesses, cette âme, dans des ravissements infinis, contemple à jamais ce qui est vrai, divin, immuable et au-dessus de l'opinion : toutefois, si elle n'a plus les passions du monde, elle conserve le sentiment de ses tendresses. Serait-il de véritable bonheur sans le souvenir des personnes qui nous furent chères, sans l'espoir de les voir se réunir à nous? Dieu, source d'amour, a laissé aux prédestinés toute la sensibilité de leur cœur, en ôtant seulement à cette sensibilité ce qu'elle peut avoir de faible : les plus heureux, comme les plus grands saints, sont ceux qui ont le plus aimé.

Ainsi s'écoulent rapidement les siècles des siècles. Les élus existent, pensent, et voient tout en Dieu : la félicité dont cette union les remplit est délectable. A la source de la vraie science, ils y puisent à longs traits, et pénètrent dans les artifices de la sagesse. Quel spectacle merveilleux! et que l'éternité même, passée dans de telles extases, doit être courte !

Les secrets les plus cachés et les plus sublimes de la nature sont découverts à ces hommes de vertu. Ils connaissent les causes du mouvement de l'abîme et de la vie des mers; ils voient l'or se filtrer dans les entrailles de la terre; ils suivent la circulation de la sève dans les canaux des plantes; et l'hysope et le cèdre ne peuvent dérober à l'œil du saint la navette qui croise la trame de leurs feuilles, et le tissu de leur écorce.

Mais que dis-je! ce ne sont point de si curieux secrets qui occupent uniquement les bienheureux : Jéhovah leur donne d'autres joies et d'autres spectacles. Ils embrassent de leurs regards les cercles sur lesquels roulent les astres divers; ils connaissent la loi qui gouverne les globes, qui les chasse ou les attire ; ils découvrent les chaînes qui retiennent ces globes, et reviennent aboutir à la main de Dieu; chaînes que son doigt pourrait rompre avec la facilité de l'ouvrier qui brise une soie. Les élus voient les comètes accourir aux pieds du Très-Haut, recevoir ses ordres et partir avec des yeux rougis et une chevelure flamboyante, pour fracasser quelque monde. O Paradis! ton chantre ne peut suffire à peindre tes grandeurs! O Vertu! prête-moi tes ailes pour atteindre à ces régions de béatitude! Déserts, et vous, rochers, venez à moi! prenez-moi dans votre sein, afin que, nourri loin de la corruption des hommes, je puisse, au sortir de cette misérable vie, monter au séjour de l'éternelle science et de la souveraine beauté!

Dans les régions de la grâce et de l'amour, le saint roi, et les saintes patronnes de la France, vont chercher le trône de Marie. Un chant séraphique leur annonce le lieu où réside la Vierge qui renferma dans son flanc celui que l'univers ne peut contenir. Ils découvrent dans une crèche resplendissante, au milieu des anges en adoration au milieu d'un nuage d'encens et de fleurs, la libératrice du monde, ornée des sept dons du Saint-Esprit. Seule de tous les justes, Marie a conservé un corps. Une tendre compassion pour les hommes, dont elle fut la fille, une patience, une douceur sans égale, rayonnent sur le front de la mère du Sauveur.

Geneviève, Catherine, Louis, roi dans le ciel comme sur la terre, le bienheureux Las Casas, les saints martyrs de la Nouvelle-France, s'avancent au milieu de la foule céleste qui, s'entr'ouvrant sur leur passage, les laisse approcher du trône de Marie; ils s'y prosternent. Catherine :

« Mère d'Emmanuel! seconde Ève, reine dont je suis la plus indigne des
« servantes, prenez pitié d'un peuple prêt à périr. Le serpent dont vous avez
« écrasé la tête est retourné au monde pour persécuter les hommes, et surtout
« l'empire nouveau de saint Louis. O Marie! recevez les humbles vœux de la
« fille d'une nouvelle Église, de la première vierge consacrée au bord du tor-
« rent! écoutez la prière de cette autre vierge et de ces saints, profondément
« humiliés à vos pieds ! »

Divine mère de Dieu, vous ouvrîtes vos lèvres : un parfum délicieux remplit l'immensité du ciel. Telles furent vos paroles :

« Vierges du désert, charitables patronnes des deux Frances, saint roi, mi-
« séricordieux prélat, et vous, courageux martyrs, vos prières ont trouvé grâce
« à mon oreille : je vais monter au trône de mon fils. »

Elle dit et part comme une colombe qui prend son vol. Ses yeux sont levés vers le séjour du Christ, ses bras sont déployés en signe d'oraison, ses cheveux flottent, portés par des faces de chérubins d'une beauté incomparable. Les plis de la tunique dont elle se revêtait sur la terre enveloppent ses pieds, qui se découvrent à travers le voile immortalisé. Les vierges et les saints, tombés à genoux, regardent, éblouis, son ascension : Gabriel précède la consolatrice des affligés, en chantant la salutation que les échos sacrés répètent. Moins ravissant était dans l'antiquité ce mode de musique, expression du charme d'un ciel où le génie de la Grèce se mariait à la beauté de l'Asie.

Marie approche du calvaire immatériel : l'aspect du paradis commence à prendre une majesté plus terrible. Là, aucun saint, quelle que soit l'élévation de son bonheur et de ses vertus, ne peut paraître ; là, les anges, les archanges, les trônes, les dominations, les séraphins, n'osent errer : les seuls chérubins, premiers nés des esprits, peuvent supporter l'ardeur du sanctuaire où réside Emmanuel. Dans ces abîmes flottent des visions comme celle qui réveilla Job au milieu de la nuit, et qui fit hérisser le poil de sa chair. Les unes ont quatre têtes et quatre ailes, les autres ne sont qu'une main, la main qui saisit Ézéchiel par les cheveux, ou qui traça les mots inexplicables au festin de Balthazar. Ces lieux sont obscurs à force de lumière, et le foudre à trois pointes les sillonne.

Un rideau, dont celui qui dérobait l'arche aux regards des Hébreux fut l'image, sépare les régions inférieures du ciel de ces régions sublimes ; toute la puissance réunie des hommes et des anges n'en pourrait soulever un pli ; la garde en est confiée à quatre chérubins armés d'épées flamboyantes. A peine ces ministres du Très-Haut ont aperçu la fille de David, qu'ils s'inclinent et la Charité ouvre sans effort le rideau de l'éternité. Le Sauveur apparaît à Marie : il est assis sur une tombe immortelle à travers laquelle il communique avec les hommes.

Marie, saisie d'un saint respect, touche à cet autel de l'Agneau ; elle y présente ses vœux et ceux de la terre, que le Christ à son tour va porter aux pieds du Père tout-puissant. Qui pourrait redire l'entretien de Marie et d'Emmanuel? Si la femme a pour son enfant des expressions si divines, qu'étaient-ce que les paroles de la mère d'un Dieu, d'une mère qui avait vu mourir son fils sur la croix, et qui le retrouvait vivant d'une vie éternelle? Que devaient être aussi les paroles d'un fils et d'un Dieu? Quel amour filial! quels embrassements maternels? Un seul moment d'une pareille félicité suffirait pour anéantir dans l'excès du bonheur tous les mondes.

Le Christ sort de son trône, avec un labarum de feu qui se forme soudainement dans sa main; sa mère reste au sanctuaire de la Croix. Marie elle-même ne pourrait entrer dans ces profondeurs du Père, où le Fils et l'Esprit se plongent. Dans le tabernacle le plus secret du Saint des saints, sont les trois idées existantes d'elles-mêmes, exemplaires incréés de toutes les choses créées. Par un mystère inexplicable, le chaos se tient caché derrière Jéhovah. Lorsque Jéhovah veut former quelque monde, il appelle devant lui une petite partie de la matière, laissant le reste derrière lui, car la matière s'animerait à la fois si elle était exposée aux regards de Dieu.

Une voix unique fait retentir éternellement une parole unique autour du Saint des saints. Que dit-elle?

LIVRE CINQUIÈME.

L'Éternel révéla à son Fils bien-aimé ses desseins sur l'Amérique : il préparait au genre humain, dans cette partie du monde, une rénovation d'existence. L'homme, s'éclairant par des lumières toujours croissantes et jamais perdues, devait retrouver cette sublimité première d'où le péché originel l'avait fait descendre; sublimité dont l'esprit humain était redevenu capable, en vertu de la rédemption du Christ. Cependant le Souverain du ciel permet à Satan un moment de triomphe, pour l'expiation de quelques fautes particulières. L'enfer, profitant de la liberté laissée à sa rage, saisit et fait naître toutes les occasions du mal.

Le bruit du combat d'Ondouré et du frère d'Amélie s'était répandu chez les Natchez. Akansie, qui n'y voyait qu'une preuve de plus de l'amour d'Ondouré pour Céluta, éprouvait de nouvelles angoisses. Le parti des Sauvages nourris dans les sentiments d'Adario demandait pourquoi l'on recevait ces étrangers, instruments de trouble et de servitude; les Indiens qui s'attachaient à Chactas louaient, au contraire, le courage et la générosité de leur nouvel hôte. Quant au frère d'Amélie, qui ne trouvait ni dans les sentiments de son cœur, ni dans sa conduite, les motifs de l'inimitié d'Ondouré, il ne pouvait comprendre ce qui avait porté ce Sauvage à tenter un homicide. Si Ondouré aimait Céluta, René n'était point son rival : toute pensée d'hymen était odieuse au frère d'Amélie; à peine s'était-il aperçu de la passion naissante de la sœur d'Outougamiz.

Cependant le retour du Grand-Chef des Natchez était annoncé : on entendit retentir le son d'une conque. « Guerrier blanc, dit Chactas à son hôte, voici le « Soleil : prête-moi l'appui de ton bras, et allons nous ranger sur le passage « du chef. » Aussitôt le sachem et René, dont la blessure n'était que légère, s'avancent avec la foule.

Bientôt on aperçoit le grand prêtre et les deux lévites, maîtres de cérémonies du temple du Soleil : ils étaient enveloppés de robes blanches; le premier portait sur la tête un hibou empaillé. Ces sacrificateurs affectaient une démarche grave; ils tenaient les yeux attachés à terre, et murmuraient un hymne sacré. Chactas apprit à René que le principal jongleur était un prêtre avide et crédule, qui pouvait devenir dangereux, à l'instigation de quelques hommes plus méchants que lui.

Après les lévites s'avançait un vieillard que ne distinguait aucune marque extérieure. « Quel est, demanda le frère d'Amélie à son hôte, quel est le sachem
« qui marche derrière les prêtres, et dont la contenance est affable et sereine? »

« Mon fils, répondit Chactas, c'est le Soleil : il est cher aux Natchez par le
« sacrifice qu'il a fait à sa patrie des prérogatives de ses aïeux. C'est un homme
« d'une douceur inaltérable, d'une patience que rien ne peut troubler, d'une
« force presque surnaturelle à supporter la douleur. Il a lassé le temps lui-
« même, car il est au moment d'accomplir sa centième année. J'ai eu le bon-
« heur de contribuer avec lui et Adario à la révolution qui nous a rendu l'in-
« dépendance. Les Natchez veulent bien nous regarder comme leurs trois chefs,
« ou plutôt comme leurs pères. »

A la suite du Soleil venait une femme qui conduisait par la main son jeune fils. René fut frappé des traits de cette femme, sur lesquels la nature avait répandu une expression alarmante de passion et de faiblesse. Le frère d'Amélie la désigna au sachem.

« Elle se nomme Akansie, répondit Chactas : nous l'appelons la Femme-Chef :
« c'est la plus proche parente du Soleil, et c'est son fils, à l'exclusion du fils même
« du Soleil, qui doit occuper un jour la place de Grand-Chef des Natchez : la
« succession au pouvoir a lieu, parmi nous, en ligne féminine.

« Hélas! mon fils, ajouta Chactas, nous autres, habitants des bois, nous ne
« sommes pas plus à l'abri des passions que les hommes de ton pays. Akansie
« nourrit pour Ondouré, qui la dédaigne et la trahit, un amour criminel :
« Ondouré aime Céluta, cette Indienne qui prépara ton premier repas du ma-
« tin, et qui est la sœur de ce naïf Sauvage dont l'amitié t'a été jurée sur les
« débris d'une cabane; Céluta a toujours repoussé le cœur et la main d'On-
« douré. Tu as déjà éprouvé jusqu'où peuvent aller les transports de la jalousie.
« Si jamais Ondouré s'attachait à Akansie, il est impossible de calculer les maux
« que produirait une pareille union. »

Immédiatement après la Femme-Chef marchaient les capitaines de guerre. L'un d'eux ayant touché en passant l'épaule de Chactas, René demanda à son père adoptif quel était ce sachem au visage maigre, dont l'air rigide formait un si grand contraste avec l'air de bonté des autres vieillards.

« C'est le grand Adario, répondit Chactas, l'ami de mon enfance et de ma
« vieillesse. Il a pour la liberté un amour qui lui ferait sacrifier sa femme, ses
« enfants et lui-même. Nous avons combattu ensemble dans presque toutes les
« forêts. Il y a cinquante ans que nous nous estimons, quoique nous soyons
« presque toujours en opposition d'idées et de desseins. Je suis le rocher, il est
« la plante marine qui s'est attachée à mes flancs : les flots de la tempête ont

« miné nos racines ; nous roulerons bientôt ensemble dans l'abîme sur lequel
« nous nous penchons tous deux. Adario est l'oncle de Céluta, et lui sert de
« père. »

Lorsque les chefs de guerre furent passés, on vit paraître les deux officiers commis au règlement des traités, et l'édile, chargé de veiller aux travaux publics. Cet édile songeait à se retirer, et Ondouré convoitait sa place. Cette place, la première de l'État après celle du Grand-Chef, donnait le droit de régence dans la minorité des Soleils. Une troupe de guerriers, appelés Allouez, qui jadis composaient la garde du Soleil, fermait le cortége ; mais ces guerriers, dispersés dans les tribus, n'existaient plus comme un corps distinct et séparé.

Le Grand-Chef, accompagné de la foule, s'étant arrêté sur la place publique, Chactas se fit conduire vers lui, en poussant trois cris. Il dit alors au Soleil qu'un Français demandait à être adopté par une des tribus des Natchez. Le Grand-Chef répondit : « C'est bien, » et Chactas se retira en poussant trois autres cris un peu différents des premiers. Le frère d'Amélie apprit que l'on traiterait de son adoption dans trois jours.

Il employa ces jours à porter de cabane en cabane les présents d'usage : les uns les reçurent, les autres les refusèrent, selon qu'ils se prononçaient pour ou contre l'adoption de l'étranger. Quand René se présenta chez les parents de Mila, la petite Indienne lui dit : « Tu n'as pas voulu que je fusse ta femme, je ne
« veux pas être ta sœur ; va-t'en. » La famille accepta les dons que l'enfant était fâchée de refuser.

René offrit à Céluta un voile de mousseline qu'elle promit, en baissant les yeux, de garder le reste de sa vie : elle voulait dire qu'elle le conserverait pour le jour de son mariage ; mais aucune parole d'amour ne sortait de la bouche du frère d'Amélie. Céluta demanda timidement des nouvelles de la blessure de René, et Outougamiz, charmé de la valeur du compagnon qu'il s'était choisi, portait avec orgueil la chaîne d'or qui le liait à la destinée de l'homme blanc.

Le jour de l'adoption étant arrivé, elle fut accordée sur la demande de Chactas, malgré l'opposition d'Ondouré. La honte d'une défaite avait changé en haine implacable, dans le cœur de cet homme, un sentiment de jalousie. Aussi impudent que perfide, ce Sauvage s'osait montrer après son attentat. Les lois, chez les Indiens, ne recherchent point l'homicide : la vengeance de ce crime est abandonnée aux familles ; or René n'avait point de famille.

Le renouvellement des trêves rendit l'adoption de René plus facile ; mais le prince des ténèbres fit jaillir de cette solennité une nouvelle source de discorde. Au moment où l'adoption fut proclamée à la porte du temple, le jongleur, dévoué à la puissance d'Akansie, et gagné par les présents d'Ondouré, annonça que le serpent sacré avait disparu sur l'autel. La foule se retira consternée : l'adoption du nouveau fils de Chactas fut déclarée désagréable aux génies, et de mauvais augure pour la prospérité de la nation.

En ramenant la saison des chasses, l'automne suspendit quelque temps l'effet de ces craintes superstitieuses, et de ces machinations infernales. Chactas, quoique aveugle, est désigné maître de la grande chasse du castor, à cause de son expérience et du respect que les peuples lui portaient. Il part avec les jeunes guerriers. René, admis dans la tribu de l'Aigle, et accompagné d'Outougamiz, est au nombre des chasseurs. Les pirogues remontent le Meschacébé et entrent dans le lit de l'Ohio. Pendant le cours d'une navigation solitaire, René interroge Chactas sur ses voyages au pays des blancs, et lui demande le récit de ses aventures : le sachem consent à le satisfaire. Assis auprès du frère d'Amélie, à la poupe de la barque indienne, le vieillard raconte son séjour chez Lopez, sa captivité chez les Siminoles, ses amours avec Atala, sa délivrance, sa fuite, l'orage, la rencontre du père Aubry, et la mort de la fille de Lopez (1).

« Après avoir quitté le pieux solitaire et les cendres d'Atala, continua Chactas, je traversai des régions immenses sans savoir où j'allais : tous les chemins étaient bons à ma douleur, et peu m'importait de vivre.

« Un jour, au lever du soleil, je découvris un parti d'Indiens qui m'eut bientôt entouré. Juge, ô René! de ma surprise, en reconnaissant parmi ces guerriers de la nation iroquoise, Adario, compagnon des jeux de mon enfance. Il était allé apprendre l'art d'Areskoui (2) chez les belliqueux Canadiens, anciens alliés des Natchez.

« Je m'informai avec empressement des nouvelles de ma mère; j'appris qu'elle avait succombé à ses chagrins, et que ses amis lui avaient fait les dons du sommeil. Je résolus de suivre l'exemple d'Adario, de me mettre à l'école des combats chez les Cinq-Nations (3). Mon cœur était animé du désir de mêler la gloire à mes regrets; je brûlais de confondre les souvenirs de la fille de Lopez avec une action digne de sa mémoire. Déjà je comptais plusieurs neiges, et je n'avais fait aucun bien. Si le Grand-Esprit m'eût appelé alors à son tribunal, comment lui aurais-je présenté le collier de ma vie, où je n'avais pas attaché une seule perle?

« Lorsque nous entrâmes dans les forêts du Canada, l'oiseau de rizière était prêt à partir pour le couchant, et les cygnes arrivaient des régions du nord. Je fus adopté par une des nations iroquoises. Adario et moi nous fîmes le serment d'amitié : notre cri de guerre était le nom d'Atala, de cette vierge tombée dans le lac de la Nuit, comme ces colombes du pays des Agniers, qui se précipitent, au coucher du soleil, dans une fontaine où elles disparaissent.

« Nous nous engageâmes, sur le bâton de nos pères, à faire nos efforts pour rendre la liberté à notre patrie, après avoir étudié les gouvernements des nations.

« Je me livrai, dans l'intervalle des combats, à l'étude des langues iroquoises ou yendates, en même temps que j'apprenais la langue polie ou la langue des traités, c'est-à-dire la langue algonquine, dont les Indiens du Nord se servent pour communiquer d'une nation à l'autre. Je m'étais approché de l'ami du père Aubry, du père Lamberville, missionnaire chez les Iroquois. Aidé de lui, je parvins à entendre et à parler facilement la langue française, et je m'instruisis dans l'art des colliers (4) des blancs.

« Le religieux me racontait souvent les souffrances de ce Dieu qui s'est dévoué pour le salut du monde. Ces enseignements me plaisaient, car ils rappe-

---

(1) Voyez *Atala*. — (2) Génie de la guerre. — (3) Les Iroquois. — (4) L'art d'écrire, de lire, etc.

laient tous les intérêts de ma vie, le père Aubry et Atala. La raison des hommes est si faible, qu'elle n'est souvent que la raison de leurs passions. Poursuivi de mes souvenirs, je cherchais à me sauver au sanctuaire de la miséricorde, comme le prisonnier racheté des flammes se réfugie à la cabane de paix.

« On commençait à m'aimer chez les peuples ; mon nom reposait agréablement sur les lèvres des sachems. J'avais fait quelque bruit dans les combats : c'est une malheureuse nécessité de s'habituer à la vue du sang ; et ce qu'il y a de plus triste encore, diverses qualités dépendent de celle qui fait un guerrier. Il est difficile d'être compté comme homme avant d'avoir porté les armes.

« Je vis pourtant avec horreur les supplices réservés aux victimes du sort des combats. En mémoire d'Atala, je donnai la vie et la liberté à des guerriers arrêtés de ma propre main. Et moi aussi j'avais été prisonnier, loin de la douce lumière de ma patrie !

« J'eus le bonheur d'arracher ainsi à la mort quelques Français. Ononthio (1) me fit offrir en échange les dons de l'amitié ; il me proposait même une hache de capitaine parmi ses soldats. Mais comme ses paroles étaient celles du secret, et qu'il y joignait des sollicitations peu justes, je priai les présents de retourner vers les richesses d'Ononthio.

« Le printemps s'était renouvelé autant de fois qu'il y a d'œufs dans le nid de la fauvette, ou d'étoiles à la constellation des chasseurs, depuis que j'habitais chez les nations iroquoises. Elles avaient fumé le calumet de paix avec les Français. Cette paix fut bientôt rompue : Athaënsic (2) balaya les feuilles qui commençaient à couvrir les chemins de la guerre, et fit croître l'herbe dans les sentiers du commerce.

« Après divers succès on proposa une suspension d'armes ; des députés furent envoyés par les Iroquois au fort Catarakoui. J'étais du nombre de ces guerriers, et je leur servais d'interprète. A peine entrés dans le fort nous fûmes enveloppés par des soldats. Nous réclamâmes la protection du calumet de paix : le chef qui nous arrêta nous répondit que nous étions des traîtres, qu'il avait ordre d'Ononthio de nous embarquer pour Kanata (3), d'où nous serions menés en esclavage au pays des Français. On nous enleva nos haches et nos flèches, on nous serra les bras et les pieds avec des chaînes : nous fûmes jetés dans des pirogues qui nous conduisirent au port de Québec, par le fleuve Hochelaga (4). De Kanata un large canot nous porta au delà des grandes eaux, à la contrée des mille villages, dans la terre où tu es né.

« Les cabanes (5) où nous abordâmes sont bâties sous un ciel délicieux, au fond d'un lac intérieur (6), où Michabou, dieu des eaux, ne lève point deux fois le jour son front vert couronné de cheveux blancs, comme sur les rives canadiennes.

« Nous fûmes reçus aux acclamations de la foule. L'amas des cabanes, des grands canots et des hommes, tout ce spectacle, si différent de celui de nos so-

---

(1) Nom que les Sauvages donnaient à tous les gouverneurs du Canada. Il signifie la *grande montagne*. Ainsi Ononthio-Denonville, Ononthio-Frontenac, etc. — (2) Génie de la vengeance. — (3) Québec. — (4) Le fleuve Saint-Laurent. — (5) Marseille. — (6) La Méditerranée.

litudes, confondit d'abord nos idées. Je ne commençai à voir quelque chose de distinct que lorsque nous eûmes été conduits à la hutte de l'esclavage (1).

« Peut-être, mon jeune ami, seras-tu étonné qu'après avoir été traité de la sorte, je conserve encore pour ton pays de l'attachement. Outre les raisons que je t'en donnerai bientôt, l'expérience de la vie m'a appris que les tyrans et les victimes sont presque également à plaindre, que le crime est plus souvent commis par ignorance que par méchanceté. Enfin, une chose me paraît encore certaine : le Grand-Esprit, qui mêle le bien et le mal dans sa justice, a quelquefois rendu amer le souvenir des bienfaits, et toujours doux celui des persécutions. On aime facilement son ennemi, surtout s'il nous a donné occasion de vertu ou de renommée. Tu me pardonneras ces réflexions : les vieillards sont sujets à allonger leurs propos. »

René répondit : « Chactas, si les discours que tu vas me faire sont aussi beaux
« que ceux que tu m'as déjà faits, le soleil pourrait finir et recommencer son tour
« avant que je fusse las de t'écouter. Continue à répandre dans ton récit cette
« raison tendre, cette douce chaleur des souvenirs qui pénètrent mon cœur.
« Quelle idée de la société dut avoir un Sauvage aux galères ! »

Chactas reprit le récit de ses aventures. Ses paroles étaient toutes naïves; il y mêla une sorte d'aimable enjouement; on eût dit que par une délicatesse digne des grâces d'Athènes, ce Sauvage cherchait à rendre sa voix ingénue, pour adoucir aux oreilles de René l'histoire de l'injustice des Français.

« Une forte résolution de mourir, dit-il, m'empêcha d'abord de sentir trop vivement mon malheur dans la hutte de l'esclavage : trois jours entiers nous chantâmes notre chanson de mort, moi et les autres chefs. Jusqu'alors je m'étais cru la prudence d'un sachem, et pourtant, loin d'enseigner les autres, je reçus des leçons de sagesse.

« Un Français, mon frère des chaînes, s'était rendu coupable d'une action qui l'avait fait condamner au tribunal de tes vieillards. Jeune encore, Honfroy prenait légèrement la vie. Charmé de m'entendre parler sa langue, il me racontait ses aventures; il me disait : « Chactas, tu es un Sauvage, et je suis un homme ci-
« vilisé. Vraisemblablement tu es un honnête homme et moi je suis un scé-
« lérat. N'est-il pas singulier que tu arrives exprès de l'Amérique pour être
« mon compagnon de boulet en Europe, pour montrer la liberté et la servitude,
« le vice et la vertu, accouplés au même joug? Voilà, mon cher Iroquois, ce
« que c'est que la société. N'est-ce pas une très-belle chose? mais prends cou-
« rage et ne t'étonne de rien : qui sait si un jour je ne serai point assis sur un
« trône? ne t'alarme pas trop d'être appareillé avec un criminel au char de la
« vie : la journée est courte ; et la mort viendra vite nous dételer. »

« Je n'ai jamais été si étonné qu'en entendant parler cet homme : il y avait dans son insouciance une espèce d'horrible raison qui me confondait. Quelle est, disais-je en moi-même, cette étrange nation où les insensés semblent avoir étudié la sagesse, où les scélérats supportent la douleur comme ils goûteraient le plaisir? Honfroy m'engagea à lui ouvrir mon cœur : il me fit sentir qu'il y

(1) Les bagnes.

avait lâcheté à se laisser vaincre du chagrin. Ce malheureux me persuada : je consentis à vivre, et j'engageai les autres chefs à suivre mon exemple.

« Le soir, après le travail, mes compagnons s'assemblaient autour de moi, et me demandaient des histoires de mon pays. Je leur disais comment nous poursuivions les élans dans nos forêts, comment nous plaisions à errer dans la solitude avec nos femmes et nos enfants. A ces peintures de la liberté, je voyais des pleurs couler sur toutes les mains enchaînées. Les galériens me racontaient à leur tour les diverses causes du châtiment qu'ils éprouvaient. Il m'arriva à ce sujet une chose bizarre : je m'imaginai que ces malfaiteurs devaient être les véritables honnêtes gens de la société, puisqu'ils me semblaient punis pour des choses que nous faisons tous les jours sans crime dans nos bois.

« Cependant, notre vêtement et notre langage excitaient la curiosité. Les premiers guerriers et les principales matrones nous venaient voir : lorsque nous étions au travail, ils nous apportaient des fruits et nous les donnaient en retirant la main. Le chef des esclaves nous montrait pour quelque argent ; l'homme était offert en spectacle à l'homme.

« Nous n'étions pas sans consolations. Le Grand-Chef de la prière du village (1) nous visitait : ce digne pasteur, qui me rappelait le père Aubry, nous amenait quelquefois ses parents.

« Chactas, me disait-il, voilà ma mère ! figure-toi que c'est la femme qui t'a
« nourri et qui t'a porté dans la peau d'ours, comme nous l'apprennent nos
« missionnaires. » A ce souvenir de ma famille et des coutumes de mon pays, mon cœur était noyé d'amertume et de plaisir. Ce prêtre charitable nous laissait toujours, en nous quittant, des pleurs pour effacer les maux de la veille, des espérances pour nous conduire à travers les maux du lendemain.

« Le chef de la hutte des chaînes, dans la vue de prolonger notre existence, utile à ses intérêts, nous permettait quelquefois de nous promener avec lui au bord de la mer.

« Un soir, j'errais ainsi sur les grèves : mes yeux, parcourant l'étendue des flots, tâchaient de découvrir dans le lointain les côtes de ma patrie. Je me figurais que ces flots avaient baigné les rives américaines. Dans l'illusion de ma douleur, la mer me semblait murmurer des plaintes comme celles des arbres de mes forêts ; alors je lui racontais mon malheur afin qu'elle le redît à son tour aux tombeaux de mes pères.

« Le gardien, occupé avec d'autres guerriers, oublia de me ramener à mes chaînes. Des millions d'étoiles percèrent la voûte céleste, et la lune s'avança dans le firmament. Je découvris à sa lumière un vieillard assis sur un rocher. Les flots calmés expiraient aux pieds de ce vieillard, comme aux pieds de leur maître. Je le pris pour Michabou, génie des eaux : je m'allais retirer, lorsqu'un soupir apporté à mon oreille m'apprit que le dieu était un homme.

« Cet homme, de son côté, m'aperçut : la vue de mon vêtement natchez lui fit faire un mouvement de surprise et de frayeur : « Que vois-je ! s'écria-t-il,
« l'ombre d'un Sauvage des Florides ? Qui es-tu ? Viens-tu chercher Lopez ?

(1) L'évêque de Marseille.

« — Lopez! » répétai-je en poussant un cri. Je m'approche du père d'Atala ; je crois le reconnaître. Il me regarde avec le même étonnement, la même hésitation ; il me tend à demi les bras ; il me parle de nouveau. C'est sa voix ! sa voix même ! Erreur ou vérité, je me précipite dans les bras de mon vieil ami, je le serre sur mon cœur ; je baigne son visage de mes larmes. Lopez, hors de lui, doutait encore de la réalité. « Je suis Chactas, lui disais-je, Chactas, ce jeune
« Natchez que vous comblâtes de vos bienfaits à Saint-Augustin, et qui vous
« quitta avec tant d'ingratitude ! » A ces derniers mots, je fus obligé de soutenir le vieillard prêt à s'évanouir ; et pourtant il me pressait encore de ses mains devenues tremblantes par l'âge et le chagrin.

« L'effusion de ces premiers transports passée, après avoir ranimé mon ancien hôte, je lui dis : « Lopez, quels semblables et funestes génies président à
« nos destinées ? quelle infortune t'amène comme moi sur ces bords ? que tu
« es malheureux dans tes enfants ! Pourras-tu croire que j'ai creusé le tombeau
« de ta fille, de ta fille qui devait être mon épouse !

— « Que me dis-tu ? » répondit le vieillard.

— « J'ai aimé Atala, m'écriai-je, la fille de cette Floridienne que tu as ai-
« mée. » Ici ma voix, étouffée dans mes larmes, s'éteignit. Mille souvenirs m'accablèrent : c'étaient la patrie, l'amour, la liberté, les déserts perdus !

« Lopez, qui me comprenait à peine, me pria de m'expliquer. Je lui fis succinctement le récit de mes aventures. Il en fut touché, il admira et pleura cette fille qu'il n'avait point connue ! Il s'étendit en longs regrets sur le bonheur que nous eussions pu goûter réunis dans une cabane, au fond de quelque solitude.

« Mais, mon fils, ajouta-t-il, la volonté de Dieu s'est opposée à nos desseins ;
« c'est à nous de nous soumettre. A peine m'aviez-vous quitté à Saint-Augus-
« tin, que des méchants m'accusèrent : des colons puissants à qui j'avais enlevé
« quelques Indiens esclaves en les rachetant à un prix élevé, se joignirent à
« mes ennemis. Le gouverneur, qui était au nombre de ces derniers, nous fit
« saisir moi et ma sœur : on nous transporta à Mexico, où nous comparûmes
« au tribunal de l'inquisition. Nous fûmes acquittés, mais après plusieurs an-
« nées de prison, durant lesquelles ma sœur mourut. On me permit alors de
« retourner à Saint-Augustin. Mes biens avaient été vendus. J'attendis quelque
« temps dans l'espoir d'obtenir justice : l'iniquité prévalut. Je me décidai à
« abandonner cette terre de persécution.

« Je m'embarquai pour les vieilles Espagnes : comme je mettais le pied au
« rivage, j'appris que mes ennemis, redoutant mes plaintes, avaient obtenu
« contre moi un ordre d'exil. Je remontai sur le vaisseau, et je me réfugiai dans
« la Provence. Le prélat de Marseille m'accueillit avec bonté : ses secours ont
« soutenu ma vie. J'ai fait autrefois la charité, et maintenant je suis nourri
« du pain des pauvres. Mais j'approche du moment de la délivrance éternelle,
« et Dieu, j'espère, me fera part de son froment. »

« Comme Lopez finissait de parler, le guerrier qui surveillait ma servitude revint, et m'ordonna de le suivre. Le sachem espagnol me voulut accompagner, mais son habit n'était pas celui d'un possesseur de grande cabane, et le guide repoussa l'indigent étranger. « Rocher insensible, m'écriai-je, les esprits

« vengeurs de l'hospitalité violée vous frapperont pour votre dureté. Ce sachem
« est un suppliant comme moi parmi votre peuple; il y a plus : c'est un vieil-
« lard et un infortuné. Ce n'est pas ainsi que je vous traiterais, si vous veniez
« dans le pays des chevreuils : je vous présenterais le calumet de paix ; je fu-
« merais avec vous, je vous offrirais une peau d'ours et du maïs : le Grand-
« Esprit veut que l'on traite de la sorte les étrangers. »

« A ces paroles, le guerrier des cités se prit à rire : j'aurais tiré de ce méchant une vengeance soudaine, mais songeant que j'exposais Lopez, j'apaisai le bouillonnement de mon cœur. Lopez, à son tour, dans la crainte de m'attirer quelque mauvais traitement, s'éloigna, promettant de me venir voir. Je regagnai la natte du malheur, sur laquelle sont assis presque tous les hommes.

« Lopez et le Grand-Chef de la prière accoururent le lendemain : je formai avec eux et mes compagnons sauvages une petite société libre et vertueuse au milieu de la servitude et du vice, comme ces cocotiers chargés de fruits et de lait, qui croissent ensemble sur un écueil aride, au milieu des flots mexicains. Les autres esclaves assistaient à nos discours : plusieurs commencèrent à régler leurs âmes, qu'ils avaient laissées jusqu'alors dans un affreux abandon. Bientôt, par la patience, par la confession de nos erreurs, par la puissance des prières, nous enchantâmes nos fers. C'est de cette façon, me disait le ministre des chrétiens, que d'anciens esclaves avaient racheté autrefois leur liberté, en répétant à leurs maîtres les compositions d'un homme divin, et des chants aimés du ciel.

« Du village où nous étions, on nous transporta à un autre village (1), où nous fûmes employés aux travaux d'un port : on nous ramena ensuite à notre première demeure. Le mérite de nos souffrances supportées avec humilité monta vers le Grand-Esprit : celui que vous appelez le Seigneur plaça ce mérite auprès de nos fautes; ainsi me l'a conté le prêtre instruit des choses merveilleuses. Comme une veuve indienne, pleine d'équité, met dans ses balances le reste des richesses de son époux et l'objet offert en échange par l'Européen : elle égalise les deux poids dans toute la sincérité de son cœur, ne voulant ni nuire à ses enfants, ni à l'étranger qui se confie en elle; de même le Juge suprême pesa l'offense et la réparation : celle-ci l'emporta aux yeux de sa miséricorde. Dans ce moment même je vis venir Lopez, tenant un collier (2) qu'il me montrait de loin, en criant : « Vous êtes libre ! » Je m'empresse de déployer le collier; il était marqué du sceau d'Ononthio-Frontenac, chef du Canada avant Ononthio-Denonville. Les premières branches du collier s'exprimaient ainsi :

« Le Soleil (3) de la grande nation des Français a désapprouvé la conduite
« d'Ononthio-Denonville. Le chef de tous les chefs a su que son fils Chactas,
« qui lui avait renvoyé plusieurs de ses enfants dans le Canada, était retenu
« dans la hutte de l'esclavage. Ononthio-Denonville est rappelé. Moi, ton père
« Ononthio-Frontenac, je retourne au Canada ; je t'y ramènerai avec tes com-
« pagnons. Hâte-toi de venir me trouver au grand village, où je t'attends
« pour te présenter au Soleil. Essuie les pleurs de tes yeux : le calumet de paix
« ne sera plus violé, et la natte du sang sera lavée avec l'eau du fleuve. »

(1) Toulon. — (2) Une lettre. — (3) Louis XIV.

« Je fis à haute voix l'explication du collier aux chefs sauvages; à l'instant même un guerrier détacha nos fers. Aussitôt que nous sentîmes nos pieds dégagés des entraves, nous présentâmes en sacrifice au Grand-Esprit un pain de tabac, que nous jetâmes dans la mer, après avoir coupé l'offrande en douze parties.

« Le chef de la prière nous donna l'hospitalité, et nous reçûmes, avec de l'or, des vêtements nouveaux, faits à la façon de notre pays.

« Dès que l'esprit du jour eut attelé le soleil à son traîneau de flamme, on nous conduisit à la hutte roulante (1) qui nous devait emporter : Lopez et le chef de la prière nous accompagnaient. Longtemps, à la porte de la cabane mobile, je tins serré contre mon cœur le père d'Atala ; je lui disais :

« Lopez ! faut-il que je vous quitte encore, que je vous quitte lorsque vous
« êtes malheureux ? Suivez votre fils : venez parmi vos Indiens planter votre
« bienfaisante vie, dans le sol de ma cabane. Là, vous ne serez point méprisé
« parce que vous êtes pauvre : je chasserai pour votre repas, vous serez honoré
« comme un génie. Si mes prières trouvent votre cœur fermé, si vous craignez
« de vous exposer aux fatigues d'un long voyage, je resterai avec vous : j'ap-
« prendrai les arts des blancs, je vous mettrai par mon travail au-dessus de
« l'indigence. Qui vous fermera les yeux? qui cueillera le dernier jour de votre
« vieillesse ? Souffrez que la main d'un fils vous présente au moins la coupe
« de la mort : d'autres l'agiteraient peut-être, et vous la feraient boire troublée. »

« Sage et indulgent Lopez, vous me répondîtes : « Vous n'avez jamais
« été ingrat envers moi ; quand vous me quittâtes à Saint-Augustin, vous
« suiviez le penchant naturel à tous les hommes ; loin de vous rien reprocher,
« je vous admirai. Dans ce moment vous seriez coupable en demeurant sur ces
« bords : Dieu a enrichi votre âme des plus beaux dons de l'adversité ; vous
« devez ces richesses à votre patrie. Que si je refuse de vous suivre, ne croyez
« pas que ce soit faute de vous aimer ; mais je serais un trop vieux voyageur.
« Il faut que chacun accomplisse les ordres de la Providence : vous dormirez
« auprès des os de vos pères : moi je dois mourir ici. La charité partagera ma
« dépouille ; les enfants de l'étranger viendront jouer autour de ma tombe,
« et l'effaceront sous leurs pas. Aucune épouse, aucun fils, aucune sœur, au-
« cune mère ne s'arrêtera à ma pierre funèbre, visitée seulement du malheu-
« reux, et sur laquelle passera le sentier du pèlerin. »

« Et Lopez m'inondait de ses larmes, comme un jardinier arrose l'arbrisseau qu'il a planté. Le chef de la prière voulant prévenir une plus longue faiblesse nous cria : « A quoi pensez-vous ? où est donc votre courage ? » Il me jette dans la hutte roulante, en ferme brusquement la porte, et fait un geste de la main. A ce signal le guide du traîneau pousse ses coursiers, qui s'agitaient dans leurs traits et blanchissaient le frein d'écume : frappant de leurs seize pieds d'airain le pavé sonore, ils partent suivis des quatre ailes bruyantes de la cabane mobile, qui roulent avec des étincelles de feu. Les édifices fuient des deux côtés ; nous franchissons des portes qui s'ébranlent à notre passage, et bientôt le traîneau, lancé dans une longue carrière, glisse comme une pirogue sur la surface unie d'un fleuve. »

(1) Carrosse.

LIVRE SIXIÈME.

« La force de mon âme resta longtemps abattue par la tendresse de mes adieux à Lopez. Le génie de la renommée nous avait devancés : durant tout le voyage, nous reçûmes l'hospitalité dans des huttes que le Soleil avait fait préparer pour nous. Notre simplicité en conclut que ces hommes que nous voyions étaient les esclaves du Soleil, que ces champs cultivés que nous traversions étaient des pays conquis, labourés par les vaincus pour les vainqueurs qui, sans doute, fumaient tranquillement sur leur natte, et que nous allions trouver au grand village. Cette idée nous donna un mépris profond pour les peuples qui nous environnaient; nous brûlions d'arriver à la résidence des vrais Français, ou des guerriers libres.

« Nous fûmes étrangement surpris en entrant au grand village (1) : les chemins (2) étaient sales et étroits; nous remarquâmes des huttes de commerce (3) et des troupeaux de serfs comme dans les rues de la France. On nous conduisit chez notre père Ononthio-Frontenac. La cabane était pleine de guerriers qu'Ononthio nous dit être de ses amis. Il nous avertit que nous irions, dès le lendemain, à un autre village (4), où nous allumerions le feu du conseil avec le chef des chefs. Après avoir pris le repas de l'hospitalité, nous nous retirâmes dans une des chambres de la cabane, où nous dormîmes sur des peaux d'ours.

« Le soleil éclairait les travaux de l'homme civilisé et les loisirs du Sauvage, lorsque nous partîmes du grand village. Des coursiers couverts de fumée nous traînèrent à la hutte (5) du chef des chefs, en moins de temps qu'un sachem plein d'expérience, et l'oracle de sa nation, met à juger un différend qui s'élève entre deux mères de famille.

« A travers une foule de gardes, nous fûmes conduits jusqu'au père des Français. Surpris de l'air d'esclavage que je remarquais autour de moi, je disais sans cesse à Ononthio : « Où est donc la nation des guerriers libres ? » Nous trouvâmes le Soleil assis comme un génie, sur je ne sais quoi qu'on appelait un trône, et qui brillait de toutes parts. Il tenait en main un petit bâton avec lequel il jugeait les peuples. Ononthio nous présenta à ce Grand-Chef en disant :

« Sire, les sujets de Votre Majesté..... (6) »

« Je me tournai vers les chefs des Cinq-Nations, et leur expliquai la parole d'Ononthio. Ils me répondirent: « C'est faux ; » et ils s'assirent à terre, les jambes croisées. Alors, m'adressant au premier sachem :

« Puissant Soleil, lui dis-je, toi dont les bras s'étendent jusqu'au milieu
« de la terre ! Ononthio vient de prononcer une parole qu'un génie ennemi
« lui aura sans doute inspirée : mais toi qu'Athaënsic (7) n'a pas privé de
« sens, tu es trop prudent pour te persuader que nous soyons tes esclaves. »

(1) Paris. — (2) Les rues. — (3) Les boutiques. — (4) Versailles. — (5) Château de Versailles. — (6) Louis XIV. (7) La vengeance.

« A ces paroles, qui sortaient ingénument de mes lèvres, il se fit un mouvement dans la hutte. Je continuai mon discours :

« Chef des chefs, tu nous as retenus dans la hutte de la servitude par la
« plus indigne trahison. Si tu étais venu chanter la chanson de paix chez nos
« vieillards, nous aurions respecté en toi les manitous vengeurs des traités.
« Cependant la grandeur de notre âme veut que nous t'excusions, car le sou-
« verain Esprit ôte et donne la raison comme il lui plaît, et il n'y a rien de
« plus insensé et de plus misérable qu'un homme abandonné à lui-même. En-
« terrons donc la hache dont le manche est teint de sang. Éclaircissons la
« chaîne d'amitié, et puisse notre union durer autant que la terre et le soleil!
« J'ai dit. »

« En achevant ces mots, je voulus présenter le calumet de paix au Soleil; mais sans doute quelque génie frappa ce chef de ses traits invisibles, car la pâleur étendit son bandeau blanc sur son front : on se hâte de nous emmener dans une autre partie de la cabane.

« Là, nous fûmes entourés d'une foule curieuse : les jeunes hommes surtout nous souriaient avec complaisance; plusieurs me serrèrent secrètement la main.

« Trois héros s'approchèrent de nous; le premier paraissait rassasié de jours, et cependant on l'aurait pris pour l'immortel vieillard des foudres, tant il traînait après lui de grandeur. A peine pouvait-on soutenir l'éclat de ses regards : l'âme brillante, ingénieuse et guerrière de la France respirait tout entière dans cet homme.

« Le second cachait, sous des sourcils épais et un air indécis, une expression extraordinaire de vertu et de courage; on sentait qu'il pouvait être le rival du premier héros, et le frein de sa fortune.

« Le troisième guerrier, beaucoup plus jeune que les deux autres, portait la modération sur ses lèvres et la sagesse sur son front. Sa physionomie était fine; son œil, observateur; sa parole, tranquille. Le premier de ces guerriers achevait ses jours de gloire dans une superbe cabane, parmi les bois et les eaux jaillissantes, avec neuf vierges célestes qu'on nomma les Muses; le second ne quittait le grand village que pour habiter les camps; le troisième vivait retiré dans un petit héritage non loin d'un temple où il se promenait souvent autour des tombeaux.

« J'invitai ces trois enfants des batailles à venir chanter au milieu du sang notre chanson de guerre; l'aîné des fils d'Areskoui (1) sourit, le second s'éloigna, le troisième fit un mouvement d'horreur (2).

« Ononthio me fit observer plus loin des guerriers qui causaient ensemble avec chaleur. « Voilà, me dit-il, trois hommes que la France peut opposer à
« l'Europe combinée. Quel feu dans le plus jeune des trois! quelle impétuosité
« dans sa parole! Il s'efforce de convaincre ce sachem inflexible qui l'écoute,
« qu'on doit faire servir les galères de la mer intérieure sur les flots de
« l'Océan. Ce fils illustre d'un père encore plus fameux fait sourire le troisième

---

(1) Génie de la guerre. — (2) Condé, Turenne et Catinat.

« guerrier, qui ne veut pas décider entre les deux autres, et s'excuse en disant
« qu'il ignore les arts de Michabou (1); il ne tient que d'Areskoui le secret des
« ceintures inexpugnables dont il environne les cités (2). »

« Dans ce moment un jeune héros s'avança vers le guerrier au regard sévère (3); il lui présenta un collier (4) de suppliant. Le fils altier de la montagne jeta les yeux sur le collier, et le rendit durement au héros, avec les paroles du refus. Le jeune homme rougit et sortit, en jetant sur la cabane un regard qui me fit frémir, car il me sembla qu'il avait imploré le génie des vengeances (5).

« Je fus distrait de ces pensées par un grand bruit qui se fit à une porte. Entrent aussitôt deux guerriers qui se tenaient en riant sous le bras. Leur taille arrondie annonçait les fils heureux de la joie; leurs pas étaient un peu chancelants; leur haleine était encore parfumée des esprits du plus excellent jus de feu (6). Leurs vêtements flottaient négligés comme au sortir d'un long festin; leur visage était tout empreint des poudres chères au conseil des sachems (7). Je ne sais quoi de brave, de populaire, de spirituel, d'insouciant, de libéral jusqu'à la prodigalité, était répandu sur leur personne; ils avaient l'air de ne rien voir avec un cœur ennemi, de se divertir des hommes, de penser peu aux dieux, et de rire de la mort. On les eût pris pour des jumeaux qu'Areskoui (8) aurait eus d'une mortelle après la victoire, ou pour les fils illégitimes de quelque roi fameux; ils mêlaient à la noblesse des hautes destinées de leur père ce que l'amour et une plus humble condition ont de gracieux et de fortuné (9).

« A peine ces enfants joufflus des vendanges avaient-ils posé un pied mal assuré dans la cabane, que deux autres guerriers coururent se joindre à eux. Un de ces derniers avait reçu en naissant un coup fatal de la main d'un génie, mais c'était l'enfant des bons succès (10); l'autre ressemblait parfaitement à un génie sauveur (11). Je l'avais vu arrêter par le bras le jeune homme qui était sorti de la grande cabane après le refus du guerrier hautain (12).

« Ainsi réunis, ces quatre guerriers allaient parcourant la hutte, réjouissant les cœurs par leurs agréables propos : ils ne dédaignèrent pas de causer avec un Sauvage. Les deux frères me demandèrent si les banquets étaient longs et excellents dans mes forêts, et si l'on sommeillait beaucoup d'heures sur la peau d'ours. Je tâchai de faire honneur à mes bois, et de mettre dans ma réponse la gaieté qui respirait sur les lèvres de ces hommes. Un esprit me favorisa, car ils parurent contents, et me voulurent montrer eux-mêmes la somptuosité de la hutte du Soleil.

« Nous parcourûmes d'immenses galeries dont les voûtes étaient habitées par des génies, et dont les murs étaient couverts d'or, d'eau glacée (13), et de merveilleuses peintures. Les guerriers blancs désirèrent savoir ce que je pensais de ces raretés.

(1) Génie des eaux. — (2) Seignelay, fils de Colbert, Louvois et Vauban. — (3) Louvois. — (4) Un placet, une lettre. — (5) Le prince Eugène. — (6) Du vin. — (7) Du tabac. — (8) Génie de la guerre. — (9) Les deux Vendôme, petits-fils de Henri IV, par Gabrielle. — (10) Luxembourg. — (11) Villars. — (12) Louvois refusa un régiment au prince Eugène, et celui-ci passa au service de l'empereur. — (13) Des glaces.

« Mes hôtes, répondis-je, je vous dirai la vérité, telle que les manitous me
« l'inspirent, dans toute la droiture de mon cœur : vous me semblez très à
« plaindre et fort misérables ; jamais je n'ai tant regretté la cabane de mon
« père Outalissi, ce guerrier honoré des nations comme un génie. Ce palais
« dont vous vous enorgueillissez a-t-il été bâti par l'ordre des esprits? N'a-t-il
« coûté ni sueurs ni larmes? Ses fondements sont-ils jetés dans la sagesse, seul
« terrain solide? Il faut une vertu magnifique pour oser habiter la magnifi-
« cence de ces lieux : le vice serait hideux sous ces dômes. A la pesanteur de
« l'air que je respire, à je ne sais quoi de glacé dans cet air, à quelque chose
« de sinistre et de mortel que j'aperçois sous le voile des sourires, il me semble
« que cette hutte est la hutte de l'esclavage, des soucis, de l'ingratitude et de
« la mort. N'entendez-vous pas une voix douloureuse qui sort de ces murs,
« comme s'ils étaient l'écho où se viennent répéter les soupirs des peuples? Ah!
« qu'il serait grand ici le bruit des pleurs, si jamais il commençait à se faire
« entendre! Un tel édifice tombé ne serait point rebâti, tandis que ma hutte se
« peut relever plus belle en moins d'une journée. Qui sait si les colonnes de
« mes chênes ne verdiront point encore à la porte de ma cabane, lorsque les
« piliers de marbre de ce palais seront prosternés dans la poudre? »

« C'est ainsi, ô René! qu'un ignorant Sauvage de la Nouvelle-France de-
visait avec les plus grands hommes de ta vieille patrie, sous le règne du plus
grand roi, au milieu des pompes de Versailles. Nous quittâmes les galeries, et
nous descendîmes dans les jardins au milieu du fracas des armes.

« Dans ces jardins, malgré les préjugés de ma natte, je fus vraiment frappé
d'étonnement : la façade entière du palais semblable à une immense ville, cent
degrés de marbre blanc conduisant à des bocages d'orangers, des eaux jaillissantes au milieu des statues et des parterres, des grottes, séjour des esprits célestes ; des bois où les premiers héros, les plus belles femmes, les esprits les
plus divins erraient en méditant les triples merveilles de la guerre, de l'amour
et du génie : tout ce spectacle enfin saisit fortement mon âme. Je commençai à
entrevoir une grande nation où je n'avais aperçu que des esclaves, et pour la
première fois je rougis de ma superbe du désert.

« Nous nous avançâmes parmi les bronzes, les marbres, les eaux et les
ombrages : chaque flot, contraint de sortir de la terre, apportait un génie à la
surface des bassins. Ces génies variaient selon leur puissance : les uns étaient
armés de tridents, les autres sonnaient des conques recourbées ; ceux-ci étaient
montés sur des chars, ceux-là vomissaient l'onde en tourbillon. Mes compagnons
s'étant écartés, je m'assis au bord d'un bain solitaire. La rêverie vint planer
autour de moi ; elle secouait sur mes cheveux les songes et les souvenirs : elle
m'envoya la plus douce des tristesses du cœur, celle de la patrie absente.

« Nous abandonnâmes enfin la hutte des rois, et la Nuit, marchant devant
nous avec la fraîcheur, nous reconduisit au grand village.

« Lorsque les dons du sommeil eurent réparé mes forces, Ononthio me tint
ce discours : « Chactas fils d'Outalissi, vous vous plaignez que vous n'avez point
« encore vu les guerriers libres, et vous me demandez sans cesse où ils sont :
« je vous les veux faire connaître. Un esclave va vous conduire aux cabanes

« où s'assemblent diverses espèces de sachems : allez et instruisez-vous, car
« on apprend beaucoup par l'étude des mœurs étrangères. Un homme qui n'est
« point sorti de son pays ne connaît pas la moitié de la vie. Quant aux autres
« chefs, vos compagnons, comme ils n'entendent pas la langue de la terre des
« chairs blanches, ils préféreront sans doute rester sur la natte, à fumer leur
« calumet et à parler de leur pays. »

« Il dit. Plein de joie, je sors avec mon guide : comme un aigle qui demande sa pâture, je m'élance plein de la faim de la sagesse. Nous arrivons à une cabane (1) où étaient assemblés des hommes vénérables.

« J'entrai avec un profond respect dans le conseil, et je fus d'autant plus satisfait, qu'on ne parut faire aucune attention à moi. Je remerciai les génies, et je me dis : « Voici enfin la nation française. C'est comme nos sachems ! » Je pris une pipe consacrée à la paix, et je m'apprêtai à répondre à ce qu'on allait sans doute me demander touchant les mœurs, les usages et les lois des chairs rouges. Je prêtai attentivement l'oreille, et je promis le sacrifice d'un ours à Michabou (2), s'il voulait m'envoyer la prudence pour faire honneur à mon pays.

« Par le Grand-Lièvre (3), ô mon fils ! je fus dans la dernière confusion, quand je m'aperçus que je n'entendais pas un mot de ce que disaient les divins sachems. Je m'en pris d'abord à quelque manitou, ennemi de ma gloire et de mes forêts : je m'allais retirer plein de honte, lorsque l'un des vieillards, se tournant vers moi, dit gravement : « Cet homme est rouge, non par nature,
« car il a la peau blanche comme l'Européen. » Un autre soutint que la nature m'avait donné une peau rouge, un troisième fut d'avis de m'adresser des questions ; mais un quatrième s'y opposa, disant que, d'après la conformation extérieure de ma tête, il était impossible que je comprisse ce qu'on me demanderait.

« Pensant, dans la simplicité de mon cœur, que les sachems se divertissaient, je me pris à rire. « Voyez, » s'écria celui qui avait énoncé la dernière opinion,
« je vous l'avais dit ! Je serais assez porté à croire, à en juger par ses longues
« oreilles, que le Canadien est l'espèce mitoyenne entre l'homme et le singe. » Ici s'éleva une dispute violente sur la forme de mes oreilles. « Mais voyons, » dit enfin un des vieillards qui avait l'air plus réfléchi que les autres : « il ne se
« faut pas laisser aller à des préventions. »

« Alors le sachem s'approcha de moi avec des précautions qu'il crut nécessaires, et me dit : « Mon ami, qu'avez-vous trouvé de mieux dans ce
« pays-ci ? »

« Charmé de comprendre enfin quelque chose à tous ces discours, je répondis :
« Sachem, on voit bien à votre âge que les génies vous ont accordé une grande
« sagesse : les mots qui viennent de sortir de votre bouche prouvent que je ne
« me suis pas trompé. Je n'ai pas encore acquis beaucoup d'expérience, et je
« pourrais être un de vos fils : quand je quittai les rives du Meschacébé, les
« magnolias avaient fleuri dix-sept fois, et il y a dix neiges que je pleure la
« hutte de ma mère. Cependant, tout ignorant que je suis, je vous dirai la vé-
« rité. Jusqu'à présent je n'ai point encore vu votre nation ; ainsi je ne saurais

(1) Le Louvre. — (2) Génie des eaux. — (3) Divinité souveraine des chasseurs.

« vous parler des guerriers libres ; mais voici ce que j'ai trouvé de mieux parmi « vos esclaves : les huttes de commerce (1) où l'on expose la chair des victimes, « me semblent bien entendues et parfaitement utiles. »

« A cette réponse, un rire qui ne finissait point bouleversa l'assemblée : mon conducteur me fit sortir, priant les sachems d'excuser la stupidité d'un Sauvage. Comme je traversais la hutte, j'entendis argumenter sur mes ongles, et ordonner de noter aux colliers (2) ce conseil, comme un des meilleurs de la lune dans laquelle on était alors.

« De cette assemblée, nous nous rendîmes à celle des sachems appelés juges. J'étais triste, en songeant à mon aventure, et je rougissais de n'avoir pas plus d'esprit. Arrivé dans une île (3) au milieu du grand village, je traversai des huttes obscures et désertes, et je parvins au lieu (4) où résidait le conseil. De vénérables sachems, vêtus de longues robes rouges et noires, écoutaient un orateur qui parlait d'une voix claire et perçante : « Voici, dis-je intérieure-« ment, les vrais sachems ; les autres, je le vois à présent, ne sont que des « sorciers et des jongleurs. »

« Je me plaçai dans le rang des spectateurs avec mon guide, et m'adressant à mon voisin : « Vaillant fils de la France, lui dis-je, cet orateur à la voix de « cigale parle sans doute pour ou contre la guerre, ce fléau des peuples ? Quelle « est, je te supplie de me le dire, l'injustice dont il se plaint avec tant de vé-« hémence ? »

« L'étranger, me regardant avec un sourire, me répondit : « Mon cher Sau-« vage, il s'agit bien de la guerre ici ! De la guerre, oui, à ce misérable que tu « vois, et qui sera sans doute étranglé pour avoir eu la faiblesse de confesser « dans les tourments un crime dont il n'y a d'autre preuve que l'aveu arraché « à ses douleurs. »

« Je conjurai mon conducteur de me ramener à la hutte d'Ononthio, puisqu'on s'amusait partout de ma simplicité.

« Nous retournions en effet chez mon hôte, lorsqu'en passant devant la cabane des prières (5), nous vîmes la foule rassemblée aux portes : mon guide m'apprit qu'il y avait dans cette cabane une fête de la Mort. Je me sentis un violent désir d'entrer dans ce lieu saint : nous y pénétrâmes par une ouverture secrète. On se taisait alors pour écouter un génie dont le souffle animait des trompettes d'airain (6) : ce génie cessa bientôt de murmurer. Les colonnes de l'édifice, enveloppées d'étoffes noires, auraient versé à leurs pieds une obscurité impénétrable, si l'éclat de mille torches n'eût dissipé cette obscurité. Au milieu du sanctuaire, que bordaient des chefs de la prière (7), s'élevait le simulacre d'un cercueil. L'autel et les statues des hommes protecteurs de la patrie se cachaient pareillement sous les crêpes funèbres. Ce que le grand village et la cabane du Soleil contenaient de plus puissant et de plus beau était rangé en silence dans les bancs de la nef.

---

(1) Boutiques de charcutier et de boucher. Les Sauvages amenés à Paris, sous Louis XIV, ne furent frappés que de l'état des viandes de boucherie. — (2) Registres, livres, contrats, lettres, en général toute sorte d'écrits. — (3) La Cité. — (4) Le Palais de Justice. — (5) Une église. — (6) L'orgue. — (7) Les prêtres.

« Tous les regards étaient attachés sur un orateur vêtu de blanc au milieu de ce deuil, et qui, debout, dans une galerie suspendue (1), les yeux fermés, les mains croisées sur sa poitrine, s'apprêtait à commencer un discours : il semblait perdu dans les profondeurs du ciel. Tout à coup ses yeux s'ouvrent, ses mains s'étendent, sa voix, interprète de la mort, remplit les voûtes du temple, comme la voix même du Grand-Esprit (2). Avec quelle joie je m'aperçus que j'entendais parfaitement le chef de la prière! Il me semblait parler la langue de mon pays, tant les sentiments qu'il exprimait étaient naturels à mon cœur!

« Je m'aurais voulu jeter aux pieds de ce sacrificateur, pour le prier de parler un jour sur ma tombe, afin de réjouir mon esprit dans la contrée des âmes; mais lorsque je vins à songer à mon peu de vertu, je n'osai demander une telle faveur : le murmure du vent et du torrent est la seule éloquence qui convient au monument d'un Sauvage.

« Je ne sortis point de la cabane de la prière sans avoir invoqué le Dieu de la fille de Lopez. Revenu chez Ononthio, je lui fis part des fruits de ma journée; je lui racontai surtout les paroles de l'orateur de la mort. Il me répondit :

« Chactas, connais la nature humaine : ce grand homme qui t'a enchanté
« n'a pu se défendre d'être importuné d'une autre renommée que la sienne :
« pour quelques mots mal interprétés, il partage maintenant la cour et la ville,
« et persécute un ami (3).

« Tu verras bien d'autres contradictions parmi nous. Mais tu ne serais pas
« aussi sage que ton père, fils d'Outalissi, si tu nous jugeais d'après ces fai-
« blesses. »

« Ainsi me parlait Ononthio, qui avait vécu bien des neiges (4). Les choses qu'il venait de me dire m'occupèrent dans le silence de ma nuit. Aussitôt que la mère du jour, la fraîche Aurore, eut monté sur l'horizon avec le jeune soleil, son fils, suspendu à ses épaules dans des langes de pourpre, nous secouâmes de nos paupières les vapeurs du sommeil. Par ordre d'Ononthio, nous jetâmes autour de nous nos plus beaux manteaux de castors, nous couvrîmes nos pieds de mocassines merveilleusement brodées, et nous ombrageâmes de plumes nos cheveux relevés avec art : nous devions accompagner notre hôte à la fête que le Grand-Chef préparait dans des bois, non loin des bords de la Seine.

« Vers l'heure où l'Indienne chasse avec un rameau les mouches qui bourdonnent autour du berceau de son fils, nous partons; nous arrivons bientôt au séjour des manitous et des génies (5). Ononthio nous place sur une estrade élevée.

« Le chef des chefs paraît couvert de pierreries : il était monté sur un cheval plus blanc qu'un rayon de la lune, et plus léger que le vent. Il passe sous des portiques semblables à ceux de nos forêts : cent héros l'accompagnent vêtus comme les anciens guerriers de la France.

« Une barrière tombe : les héros s'avancent; un char immense et tout d'or les suit. Quatre Siècles, quatre Saisons, les Heures du jour et de la nuit marchent à côté de ce char. On se livre des combats qui nous ravissent.

« La nuit enveloppe le ciel; les courses cessent, mille flambeaux s'allument

---

(1) La chaire. — (2) Bossuet. — (3) Fénelon. — (4) Années. — (5) Fêtes de Louis XIV.

dans les bosquets. Tout à coup une montagne brillante de clarté s'élève du fond d'un antre obscur; un génie et sa compagne sont debout sur sa cime : ils en descendent et couvrent des raretés de la terre et de l'onde une table de cristal. Des femmes éblouissantes de beauté viennent s'asseoir au banquet, et sont servies par des nymphes et des amours.

« Un amphithéâtre sort du sein de la terre, et étale sur ses gradins des chœurs harmonieux qui font retentir mille instruments. A un signal la scène s'évanouit; quatre riches cabanes, chargées des dons du commerce et des arts, remplacent les premiers prodiges. Ononthio me fait observer les personnages qui distribuent les présents de la munificence royale.

« Voyez-vous, me dit-il, cette femme si belle, mais d'un port un peu altier (1),
« qui préside à l'une des quatre cabanes avec le fils d'un roi? Un nuage est sur
« son front : c'est un astre qui se retire devant cette autre beauté, au regard
« plus doux mais plein d'art, qui tient la seconde cabane avec ce jeune prince (2).
« Si le Grand-Chef avait voulu être heureux parmi les femmes, il n'eût écouté
« ni l'une ni l'autre de ces beautés, et l'âme la plus tendre ne se consumerait
« pas aujourd'hui dans une solitude chrétienne (3). »

« Tandis que j'écoutais ces paroles, je remarquai plusieurs autres femmes que je désignai à Ononthio. Il me répondit :

« Les Grâces mêmes ont arrangé les colliers (4) que cette matrone envoie à
« sa fille chérie : quant à ces trois autres fleurs qui balancent ensemble leurs
« tiges, l'une se plaît au bord des ruisseaux (5), l'autre aime à parer le sein des
« princesses infortunées (6), et la troisième offre ses parfums à l'amitié (7). Voilà
« plus loin deux palmiers illustres par leur race, mais ils n'ont pas la grâce des
« trois fleurs, et ne sont ornés que de colliers politiques (8). Chactas, quand ce
« talent dans les femmes se trouve réuni au génie dans les hommes, c'est ce
« qui établit la supériorité d'un peuple. Trois fois favorisées du ciel les nations
« où la muse prend soin d'aplanir les sentiers de la vie, les nations chez les-
« quelles règne assez d'urbanité pour adoucir les mœurs, pas assez pour les
« corrompre! »

« Durant ce discours, la voix de deux hommes se fit entendre derrière nous. Le plus jeune disait au plus âgé : « Je ne m'étonne pas que vous soyez surpris « de cette institution de la chambre ardente : nous sommes, en tous genres, au « temps des choses extraordinaires. Si l'on pouvait parler du *masque de fer*.... » Ici la voix du guerrier devint sourde comme le bruit d'une eau qui tombe sous des racines, au fond d'une vallée pleine de mousse.

« Je tournai la tête, et j'aperçus un guerrier que je reconnus pour étranger à son vêtement : il portait une coiffure de pourpre. Ononthio, qui vit ma surprise, se hâta de me dire : « Fils de la terre des chasseurs, tu te trouves dans
« le pays des enchantements. Le guerrier qui nous a interrompus par ses pro-
« pos est lui-même ici une merveille : c'est un roi (9) venu de la ville de
« marbre, pour humilier son peuple aux pieds du Soleil des Français. »

---

(1) Madame de Montespan. — (2) Madame de Maintenon. — (3) Madame de La Vallière. — (4) Lettres de madame de Sévigné. — (5) Madame Deshoulières. — (6) Madame de La Fayette. — (7) Madame Lambert. — (8) Mémoires de mademoiselle de Montpensier et de MADAME, seconde femme du frère de Louis XIV. — (9) Le doge de Gênes.

« A peine Ononthio s'était exprimé de la sorte, que la terreur saisit toute l'assemblée : le chef des chefs se troubla aux paroles secrètes que lui porta un héraut. Tandis que des cris retentissaient au loin, le silence et l'inquiétude étaient sur toutes les lèvres et sur tous les fronts; un castor, qui a entendu des pas au bord de son lac, suspend les coups dont il battait le ciment de ses digues, et prête au bruit une oreille alarmée. Après quelques moments, les plaintes s'évanouirent, et le calme revint dans la fête. Je demandai à Ononthio la cause de cet accident; il hésita avant de répondre. Voici quelles furent ses paroles :

« C'est une imprudence causée par une troupe de guerriers, qui a passé trop
« près de ce lieu en escortant des bannis. »

« Je répliquai : « Ils ont donc commis des crimes? A leurs gémissements, je
« les aurais pris pour des infortunés, plutôt que pour des hommes haïs du
« Grand-Esprit à cause de leurs injustices : il y a dans la douleur un accent au-
« quel on ne se peut tromper. D'ailleurs, ils me semblaient bien nombreux,
« ces hommes : y aurait-il tant de cœurs amis du mal? »

« Ononthio repartit : « On compte plusieurs milliers de Français ainsi con-
« damnés à l'exil; on les bannit, parce qu'ils veulent adorer Dieu à des autels
« nouvellement élevés (1). »

— « Ainsi, m'écriai-je, c'est la voix de plusieurs milliers de Français mal-
« heureux que je viens d'entendre au milieu de cette pompe française. O na-
« tion incompréhensible! d'une main vous faites des libations au manitou des
« joies, de l'autre vous arrachez vos frères à leur foyer ! vous les forcez d'aban-
« donner, avec toutes sortes de misères, leurs génies domestiques! »

— « Chactas ! Chactas ! s'écria vivement Ononthio, on ne parle point de cela
« ici. »

« Je me tus; mais le reste des jeux me parut empoisonné : incapable de fixer mes pensées sur les mœurs et les lois des Européens, je regrettai amèrement ma cabane et mes déserts.

« Nous nous retrouvâmes avec délices chez Ononthio. Heureux, me disais-je en cédant au sommeil, heureux ceux qui ont un arc, une peau de castor, et un ami!

« Le lendemain, vers la première veille de la nuit, Ononthio me fit monter avec lui sur son traîneau, et nous arrivâmes au portique d'une longue cabane (2) qu'inondaient les flots des peuples. Par d'étroits passages, éclairés à la lueur de feux renfermés dans des verres, nous pénétrons jusqu'à une petite hutte (3) tapissée de pourpre, dont une esclave nous ouvrit la porte.

« A l'instant je découvre une salle où quatre rangs de cabanes, semblables à celles où j'entrais, étaient suspendus aux contours de l'édifice : des femmes d'une grande beauté, des héros à la longue chevelure et chargés de vêtements d'or, brillaient dans les cabanes à la clarté des lustres. Au-dessous de nous, au fond d'un abîme, d'autres guerriers debout et pressés ondulaient comme les vagues de la mer. Un bruit confus sortait de la foule; de temps en temps des voix, des cris plus distincts se faisaient entendre, et quelques fils de l'harmonie,

(1) Les protestants, Révocation de l'édit de Nantes, dragonnades. — (2) Un théâtre. — (3) Une loge.

rangés au bas d'un large rideau, exécutaient des airs tristes qu'on n'écoutait pas.

« Tandis que je contemplais ces choses si nouvelles pour moi, tandis qu'Ononthio et ses amis étudiaient dans mes yeux les sensations d'un Sauvage, un sifflement tel que celui des perruches dans nos bois part d'un lieu inconnu : le rideau se replie dans les airs comme le voile de la Nuit, touché par la main du Jour.

« Une cabane soutenue par des colonnes se découvre à mes regards. La musique se tait; un profond silence règne dans l'assemblée. Deux guerriers, l'un jeune, l'autre déjà atteint par la vieillesse, s'avancent sous les portiques. René, je ne suis qu'un Sauvage ; mes organes grossiers ne peuvent sentir toute la mélodie d'une langue parlée par le peuple le plus poli de l'univers; mais, malgré ma rudesse native, je ne saurais te dire quelle fut mon émotion lorsque les deux héros vinrent à ouvrir leurs lèvres au milieu de la hutte muette. Je crus entendre la musique du ciel : c'était quelque chose qui ressemblait à des airs divins, et cependant ce n'était point un véritable chant; c'était je ne sais quoi qui tenait le milieu entre le chant et la parole. J'avais ouï la voix des vierges de la solitude durant le calme des nuits; plus d'une fois j'avais prêté l'oreille aux brises de la lune, lorsqu'elles réveillent dans les bois les génies de l'harmonie ; mais ces sons me parurent sans charmes auprès de ceux que j'écoutais alors.

« Mon saisissement ne fit qu'augmenter à mesure que la scène se déroula. O Atala! quel tableau de la passion, source de toutes nos infortunes! Vaincu par mes souvenirs, par la vérité des peintures (1), par la poésie des accents, les larmes descendirent en torrent de mes yeux : mon désordre devint si grand, qu'il troubla la cabane entière.

« Lorsque le rideau retombé eut fait disparaître ces merveilles, la plus jeune habitante (2) d'une hutte voisine de la nôtre me dit : « Mon cher Huron, je
« suis charmée de toi, et je te veux avoir ce soir à souper, avec celui que tu
« appelles ton père. » Ononthio me prit à part, et me raconta que cette femme gracieuse était une célèbre ikouessen (3), chez laquelle se réunissait la véritable nation française. Ravi de la proposition, je répondis à l'ikouessen : « Amante
« du plaisir, tes lèvres sont trop aimables pour recevoir un refus. Tu excuseras
« seulement ma simplicité, parce que je viens des grandes forêts. »

« Dans ce moment la toile s'enleva de nouveau. Je fus plus étonné du second spectacle que je ne l'avais peut-être été du premier, mais je le compris moins. Les passions que vous appelez tragiques sont communes à tous les peuples, et peuvent être entendues d'un Natchez et d'un Français; les pleurs sont partout les mêmes, mais les ris diffèrent selon les temps et les pays.

« Les jeux finis, l'ikouessen s'enveloppa dans un voile, et me forçant, avec la folâtrerie des Amours, à lui donner la main, nous descendîmes les degrés de la hutte, où se pressait une foule de spectateurs : Ononthio nous suivait. L'Indien ne sait point rougir; je ne me sentis aucun embarras, et je remarquai qu'on avait l'air d'applaudir à la naïve hauteur de ma contenance.

---

(1) Phèdre. — (2) Ninon. — (3) Courtisane.

« Nous montons sur un traîneau au milieu des armes protectrices, des torches flamboyantes, et des cris des esclaves qui faisaient retentir les voûtes du nom pompeux de leurs maîtres. Comme le char de la Nuit, roulent les cabanes mobiles : l'enfant du commerce, retiré dans la paix de ses foyers, entend frémir les vitrages de sa hutte, et sent trembler sous lui la couche nuptiale. Nous arrivons chez la divinité des plaisirs. S'élançant du traîneau rapide auquel ils étaient suspendus, des esclaves nous en ouvrent les portes : nous descendons sous un vestibule de marbre orné d'orangers et de fleurs. Nous pénétrons dans des cabanes voluptueuses, aux lambris de bois d'ébène gravés en paysages d'or. Partout brûlaient les trésors dérobés (1) aux filles des rochers et des vieux chênes. La véritable nation française (car je l'avais reconnue au premier coup d'œil) était déjà établie aux foyers de l'ikouessen. Un ton d'égalité, une franchise semblable à celle des Sauvages, régnaient parmi les guerriers.

« J'adressai ma prière à l'Amour hospitalier, manitou de cette cabane ; et me mêlant à la foule, je me trouvai pour la première fois aussi à l'aise que si j'eusse été dans le conseil des Natchez.

« Les guerriers étaient rassemblés en divers groupes, comme des faisceaux de maïs plantés dans le champ des peuples. Chacun enseignait son voisin, et était enseigné par lui : tour à tour les propos étaient graves comme ceux des vieillards, fugitifs comme ceux des jeunes filles. Ces hommes, capables de grandes choses, ne dédaignaient pas les agréables causeries ; ils répandaient au dehors la surabondance de leurs pensées ; ils formaient de discours légers un entretien aimable et varié : dans un atelier européen, des ouvriers aux bras robustes filent le métal flexible qui réunit les diverses parties de la beauté ; l'un en aiguise la pointe, l'autre en polit la longueur, un troisième y attache l'anneau qui fixe le nuage transparent sur le sein de la vierge, ou le ruban sur sa tête.

« Abandonné à moi-même, j'errais de groupe en groupe, charmé de ce que j'entendais, car je comprenais toutes les paroles : on ne montrait aucune surprise de ma façon étrangère.

« Tandis que je promenais mes pas à travers la foule, j'aperçus, dans un coin, un homme qui ne conversait avec personne, et qui paraissait profondément occupé. J'allai droit à lui. « Chasseur, lui dis-je, je te souhaite un ciel « bleu, beaucoup de chevreuils et un manteau de castor. De quel désert es-tu ? « car, je le vois bien, tu viens comme moi d'une forêt. »

« Le héros, qui eut l'air de se réveiller, me regarda, et me répondit : « Oui, je viens d'une forêt.

« Je ne dormirai point sous de riches lambris ;
« Mais voit-on que le somme en perde de son prix ?
« En est-il moins profond et moins plein de délices ?
« Je lui voue au désert de nouveaux sacrifices. »

— « Je l'avais bien deviné, m'écriai-je ; ton apparence est simple, mais

(1) La cire.

« tu es excellent. Y a-t-il rien de moins brillant que le castor, le rossignol et
« l'abeille? »

« Comme j'achevais de prononcer ces mots, un guerrier au regard pénétrant
s'approcha de nous, mettant un doigt sur sa bouche. «Je parie, dit-il, que nos
« deux Sauvages sont charmés l'un de l'autre. »

« En même temps il passa son bras sous le mien et m'entraîna dans une autre
partie de la cabane. « Laissons-nous donc tout seul cet enfant des bois? » lui
dis-je. « Oh! répliqua mon conducteur, il se suffit à lui-même : il ne parle pas
« d'ailleurs le langage des hommes, et n'entend que celui des dieux, des
« lions, des hirondelles et des colombes (1). »

« Nous traversions la foule : un des plus beaux Français que j'aie jamais
vus, s'appuyant sur les bras de deux de ses amis, nous accosta. Mon guide lui
dit : « Quel chef-d'œuvre vous nous avez donné ! vous avez vu les transports
dans lesquels il a jeté ce Sauvage. — J'avoue, repartit le guerrier, que c'est un
« des succès qui m'ont le plus flatté dans ma vie. — Et cependant, dit un de
« ses deux amis d'un ton sévère, vous eussiez mieux fait de ne pas tant céder
« au goût du siècle, de retrancher votre Aricie, au risque de perdre cette scène
« qui a ravi cet Iroquois. »

« Le second ami du guerrier le voulut défendre. «Voilà vos faiblesses, s'é-
« cria le premier; voilà comme vous êtes descendu du Misanthrope au sac dans
« lequel vous enveloppez votre Scapin ! » A ce propos j'allais à mon tour m'é-
crier : « Sont-ce là les hommes aimés du ciel dont j'ai entendu les chants? »
Mais les trois amis s'éloignèrent (2), et je me retrouvai seul avec mon guide.

« Il me conduisit à l'autre extrémité de la cabane, et me fit asseoir près de
lui sur une natte de soie. De là, promenant ses yeux sur la foule tantôt en
mouvement, tantôt immobile, il me dit : « Chactas, je te veux faire connaître
les caractères des personnages que tu vois ici ; ils te donneront une idée de ce
« siècle et de ma patrie.

« Remarque d'abord ces guerriers qui sont nonchalamment étendus sur
« cette demi-couche d'édredon. Ce sont des enfants des Jeux et des Ris ; ils
« tiennent l'immortalité de leur naissance, car bien qu'ils te paraissent déjà
« vieux, ils sont toujours jeunes comme les Grâces, leurs mères. Retirés loin
« du bruit dans un faubourg paisible, ils passent leurs jours assis à des ban-
« quets. Les tempes ornées de lierre, et le front couronné de fleurs, ils mêlent
« à des vins parfumés l'eau d'une source que les hommes nomment Hippo-
« crène, et les dieux, Castalie. Toutefois tu te tromperais, Chactas, si tu pre-
« nais ces hommes pour des efféminés sans courage. Nul guerrier n'est peut-
« être moins qu'eux attaché à la vie ; ils la briseraient avec la même insouciance
« que les vases fragiles qu'ils s'amusent quelquefois à fracasser dans les festins. »

« Émerveillé de la fine peinture de mon curieux démonstrateur, je regardais avec intérêt ces hommes (3) qui présentaient un caractère inconnu chez
les Sauvages ; mais mon hôte m'arracha à ces réflexions pour me faire observer
une espèce d'ermite qui causait avec l'ikouessen. « Il a été prêtre, me dit-il; il

---

(1) La Fontaine. — (2) Racine, Molière et Boileau. — (3) La société du Marais, Chaulieu, La Fare, etc.

« va devenir roi, et avant qu'il s'ennuie de son second bandeau, il vit ici en
« simple jongleur (1). Quant à cet autre guerrier si vieux, dont les pieds sont
« supportés par un coussin de velours, c'est un étranger nouvellement arrivé.
« Son père conduisit un monarque à l'échafaud, et mit sur sa tête la couronne
« qu'il avait abattue (2). Richard, plus sage qu'Olivier, a préféré le repos à
« l'agitation d'une vie éclatante : rentré dans l'état obscur de ses aïeux, il n'es-
« time la gloire de son père qu'autant qu'il la compte au nombre de ses plaisirs. »

— « Par Michabou (3), m'écriai-je, voici un étrange mélange! il ne manquait
« ici qu'un Sauvage comme moi. » Mon exclamation fit rire l'observateur des
hommes, qui me répondit : « Tu es loin, mon cher Chactas, d'avoir tout vu :
« quelle que soit ton envie de connaître, on la peut aisément rassasier. Ces
« quatre hommes appuyés contre cette table d'albâtre sont les quatre artistes
« qui ont créé les merveilles de Versailles : l'un en a élevé les colonnes, l'autre
« en a dessiné les jardins, le troisième en a sculpté les statues, le quatrième en
« a peint les tableaux (4).

« Regarde assis à leurs pieds, sur ces tapis d'Orient, ces hommes au visage
« bronzé et aux robes de soie : ils sont venus des portes de l'Aurore comme toi
« de celles du Couchant, eux pour être ambassadeurs à notre cour (5), toi pour
« servir sur nos galères; mais eux et toi pour payer également un tribut à notre
« génie, et faire de ce siècle un siècle à jamais miraculeux.

« Du reste, ces Sauvages de l'Inde sont plus heureux aujourd'hui que ceux
« de la Louisiane, car ils trouvent du moins ici à parler le langage de leur pa-
« trie. Ces guerriers blancs, qui s'entretiennent avec eux, sont des voyageurs
« qui ont recueilli les simples des montagnes, ou les débris de l'antiquité (6).

« Ces autres hommes, resserrés dans l'embrasure de cette fenêtre, sont des
« savants que la munificence de notre roi a été chercher jusque dans une terre
« ennemie, pour les combler de bienfaits. Les lettres qu'ils tiennent à la main,
« et qu'ils parcourent avec tant d'intérêt, sont la correspondance de plusieurs
« sachems qui, bien que nés dans des pays divers, forment, en Europe, une
« illustre république dont Paris est le centre. Par ces lettres ils s'apprennent
« mutuellement leurs découvertes : l'un d'entre eux, au moment où je te
« parle, vient de trouver le vrai système de la nature, et un autre lui fait pas-
« ser en réponse ses calculs sur l'infini (7).

« Non loin de ces étrangers, tu peux remarquer un homme qui raisonne
« avec une grande force : c'est un fameux sachem de ceux que nous appelons
« philosophes. Albion est sa patrie; mais depuis quelque temps il s'est exilé
« sur les rives bataves, d'où il est venu rendre hommage à la France (8).

« Eh bien! continua notre hôte, que penses-tu maintenant de notre nation?
« Trouves-tu ici assez d'hommes et de choses extraordinaires? Des prélats aussi
« différents de talent que de principes, des gens de lettres remarquables par le
« contraste de leur génie, des bureaux de beaux esprits en guerre, des filles

---

(1) Casimir, roi de Pologne. — (2) Olivier Cromwell. — (3) Génie des eaux. — (4) Mansard, Le Nôtre, Couston, Le Brun. — (5) Ambassadeurs de Siam. — (6) Tournefort, Boucher, Gerbillon, Chardin, etc. — (7) Newton, Leibnitz. — (8) Locke.

« de la volupté intriguant avec des moines auprès du trône, des courtisans se
« disputant leurs dépouilles mutuelles, des généraux divisés, des magistrats
« qui ne s'entendent pas, des ordonnances admirables, mais transgressées;
« la loi, proclamée souveraine, mais toujours suspendue par la dictature royale;
« un homme envoyé aux galères pour un temps, mais y demeurant toute sa vie;
« la propriété déclarée inviolable, mais confisquée par le bon plaisir du maître;
« tous les citoyens libres d'aller où ils veulent et de dire ce qu'ils pensent, sous
« la réserve d'être arrêtés s'il plaît au roi, et d'être envoyés au gibet en témoi-
« gnage de la liberté des opinions; enfin, des édifices élevés, des manufac-
« tures formées, des colonies fondées, la marine créée, l'Europe à demi subju-
« guée, une partie de la nation chassant une autre partie de cette nation : tel
« est ce siècle dont tu vois l'abrégé dans cette salle; siècle qui, malgré ses er-
« reurs, restera modèle de gloire; siècle dont on ne sentira bien la grandeur
« que lorsqu'on le prétendra surpasser. »

« En achevant ces mots, mon instructeur me quitta pour aller ailleurs observer les hommes : il ne me parut pas une des moindres raretés du siècle qu'il
venait de peindre (1).

« Des esclaves annoncèrent le banquet aux conviés. Des tables couvertes de
fleurs, de fruits et d'oiseaux, nous offrirent leurs élégantes richesses. Le vin
était excellent, la gaieté, véritable, et les propos, aussi fins que ceux des Hurons.
La volage ikouessen, qui m'avait donné un siége à sa droite, se raillait de moi
et me disait : « Parle-moi donc de tes forêts. Je voudrais savoir si en Huronie
« il y a, comme parmi nous, de grandes dames qui veulent faire enfermer au
« couvent de pauvres jeunes filles, parce que ces jeunes filles prétendent jouir
« de leur liberté. Oh! c'est un beau pays que le tien, où l'on dit ce que l'on
« pense au Grand-Chef, et où chacun fait ce qu'il a envie de faire! Ici c'est
« précisément le contraire : tout le monde est obligé de mentir au Soleil, et de
« se soumettre à la volonté de son voisin : c'est pour cela que tout va chez nous
« à merveille. »

« Cette femme ajouta beaucoup d'autres propos où, sous l'apparence de la
frivolité, je découvris des pensées très-graves. On joua gracieusement sur la
réponse que j'avais faite aux sorciers de la grande hutte, et que l'ikouessen
disait être admirable. « Mais, ajouta-t-elle, je veux savoir à mon tour ce que
« tu as trouvé de plus sensé parmi nous. Comme je ne t'ai parlé ni de ta peau,
« ni de tes oreilles, j'espère que tu me feras une autre réponse que celle qui
« t'a perdu dans l'esprit de nos philosophes. »

— « Mousse blanche des chênes qui sers à la couche des héros, répondis-je,
« les galériens et les femmes comme toi me semblent avoir toute la sagesse de
« la nation. »

« Ce mot fit rire la table hospitalière, et la coupe de la liberté fut vidée en
l'honneur de Chactas.

« Alors les génies des amours dérobèrent la conversation et la tournèrent sur
un sujet trop aimable. Le souvenir de la fille de Lopez remua les secrets de mon

sein et le fit palpiter. Un convive remarqua que si la passion crée des tempêtes, l'âge les vient bientôt calmer, et que l'on recouvre en peu de temps la tranquillité d'âme où l'on était avant d'avoir perdu la paix de l'enfance. Les guerriers applaudirent à cette observation : je répondis :

« Je ne puis trouver le calme, dont on jouit après l'orage, semblable à ce« lui qui a précédé cet orage : le voyageur qui n'est pas parti, n'est pas le
« voyageur revenu ; le bûcher qui n'a point encore été allumé, n'est pas le bû« cher éteint. L'innocence et la raison sont deux arbres plantés aux extrémités
« de la vie : à leurs pieds, il est vrai, on trouve également le repos ; mais
« l'arbre de l'innocence est chargé de parfums, de boutons de fleurs, de jeune
« verdure ; l'arbre de la raison n'est qu'un vieux chêne séché sur sa tige, dé« pouillé de son ombrage par la foudre et les vents du ciel. »

« C'était ainsi que nous devisions à ce festin : je t'en ai fait le détail minutieux, car c'est là qu'ayant aperçu les hommes à leur plus haut point de civilisation, je te les devais peindre avec une scrupuleuse exactitude. Les choses de la société et de la nature, présentées dans leur extrême opposition, te fourniront le moyen de peser, avec le moins d'erreurs possible, le bien et le mal des deux états.

« Nous étions prêts à quitter les tables, lorsqu'on apporta à notre magicienne un berceau couronné de fleurs : il renfermait un enfant du voisinage, qui réclamait, disait la nourrice, les présents de naissance. L'ikouessen connaissait les parents du nouveau-né : elle le prit dans ses bras, lui trouva un air malicieux (1), et promit de lui donner un jour des grains de porcelaines (2) pour acheter des colliers (3).

LIVRE SEPTIÈME.

« Le lendemain de ce jour si complétement employé, je me résolus de chercher moi-même la nation française, et d'essayer si je ne la rencontrerais pas mieux seul qu'à l'aide d'un conducteur.

« Je sortis sans guide, vers la première moitié du matin. Après avoir parcouru des chemins étroits et tortueux, j'arrivai à un pont, où je saluai un roi bienfaisant que portait un cheval de bronze (4). De là, remontant le cours du fleuve aux eaux blanches, dans lequel les femmes lavaient des tuniques de lin, je parvins à la place du sang (5). Une grande foule s'y trouvait rassemblée : on me dit qu'on allait attacher une victime à la machine qu'on me montra, et sur laquelle j'aperçus le génie de la mort (6) sous la forme d'un homme.

« Persuadé qu'il s'agissait de l'exécution d'un prisonnier de guerre, je m'assis pour entendre chanter ce prisonnier et pour l'encourager à souffrir les tourments comme un Indien. Je dis à l'un de mes voisins qui paraissait fort

(1) Voltaire. — (2) De l'argent. — (3) Des livres. — (4) Le Pont-Neuf et la statue de Henri IV. — (5) La Grève. — (6) Le bourreau.

touché : « Fils de l'humanité, ce guerrier a-t-il été pris en combattant avec cou-
« rage, ou bien est-ce un enfant des faibles, que l'homicide Areskoui (1) a
« saisi dans sa fuite ! »

« Le guerrier me répondit : «Ce n'est point un soldat qui va cesser de vivre;
« c'est un chef de la prière (2), qui, banni de la France pour des opinions reli-
« gieuses, n'a pu supporter les chagrins de l'exil. Vaincu par le sentiment qui
« subjugue tous les hommes, il est revenu déguisé dans son pays : le jour il
« se tenait caché dans un souterrain, la nuit il errait autour du champ pater-
« nel, à la clarté des astres qui présidèrent à sa naissance. Quelques misérables
« l'ont reconnu dans ces promenades où il respirait en secret l'air de sa patrie;
« ils l'ont dénoncé : la loi le condamne à mort pour avoir rompu son ban. »

« Le guerrier se tut, et je vis un vieillard s'avancer au milieu de la foule. Arrivé aux piliers de sang, ce vieillard dépouilla sa robe, se mit à genoux, et adora. Ensuite, mettant un pied assuré sur le premier barreau de l'échelle, et s'élevant d'échelon en échelon, il semblait monter vers le ciel. Ses cheveux blancs flottaient sur son cou ridé et bruni par l'âge; on voyait sa vieille poitrine à nu, qui respirait tranquillement sous sa tunique entr'ouverte : il jeta un dernier regard sur la France, et la mort le lia par la cime comme une gerbe moissonnée.

« Je me levai dans le trouble de mes sens, qui ne m'avait pas d'abord permis de me dérober à l'abominable spectacle. Je m'écriai : « Remenez-moi à mes dé-
« serts ! reconduisez-moi dans mes forêts ! » et je m'éloignai à grands pas. Longtemps j'errai à l'aventure tout en pleurs, et comme hors de moi-même. Mais enfin la lassitude du corps parvint à distraire les fatigues de l'âme; et, me trouvant aussi harassé qu'un chasseur qui a poursuivi un cerf agile, je fus contraint de demander quelque part les dons de l'hospitalité.

« Je heurte à la porte d'une très-belle cabane; un esclave vient m'ouvrir : « Que veux-tu? » me dit-il brusquement. «Va dire à ton maître, répondis-je,
« qu'un guerrier des chairs rouges veut boire avec lui la coupe du banquet. » L'esclave se prit à rire, et referma la porte.

« Cette épreuve ne me découragea point. A quelque distance, dans une petite voie écartée, une habitation assez semblable à nos huttes s'offrit à mes regards. Je me présente sur le seuil de cette demeure. J'aperçois au fond d'une case obscure un guerrier demi-nu, une femme et trois enfants; j'augurai bien de mes hôtes lorsque je vis qu'ils restaient tranquilles à mon aspect comme des Indiens. J'entre dans la cabane, je m'assieds au foyer dont je salue le manitou domestique, et, prenant dans mes bras le plus jeune des trois enfants, ces douces lumières de leur mère, j'entonne la chanson du suppliant.

« Quand cela fut fait, je dis en français : « J'ai faim, » et le guerrier me répondit : « Tu as faim? » ce qui me fit penser qu'il avait été voyageur chez les peuples de la solitude. Il se leva, prit un gâteau de maïs noir et me le donna : je ne le pus manger, car je vis la mère répandre une larme, et les enfants dévorer des yeux le pain que je portais à ma bouche. Je le distribuai à leur in-

(¹) Génie de la guerre. — (²) Un ministre protestant.

nocence, et je dis au guerrier leur père : « Les mânes des ours n'ont donc pas
« été apaisés par des sacrifices la neige (1) dernière, puisque la chasse n'a pas
« été bonne et que tes enfants ont faim ? — Faim ! répondit mon hôte, oui !
« Pour nous autres, misérables, cette faim dure toute notre vie. »

« Je repartis : « Il y a sans doute quelque autre guerrier dont le soleil a re-
« gardé les érables, et dont les flèches ont été plus favorisées du grand Castor :
« il te fera part de son abondance. » L'homme sourit amèrement, ce qui me
fit juger que j'avais dit une chose peu sage.

« Une veuve qui, du lit désert où elle est couchée, voit les toiles de l'insecte
suspendues sur sa tête, se plaint de l'abandon de sa cabane ; ainsi la laborieuse
matrone, dont je recevais l'hospitalité, adressa les paroles de l'injure à son époux,
en l'accusant d'oisiveté. Le guerrier frappa rudement son épouse : je me hâ-
tai d'étendre le calumet de paix entre mes hôtes, et d'apaiser la colère qui
monte du cœur au visage en nuage de sang. J'eus alors pour la première fois
l'idée de la dégradation européenne dans toute sa laideur. Je vis l'homme
abruti par la misère, au milieu d'une famille affamée, ne jouissant point des
avantages de la société, et ayant perdu ceux de la nature.

« Je me levai ; je mis un grain d'or dans la main du guerrier, je l'invitai à
venir s'asseoir avec sa famille dans ma cabane. « Ah ! » s'écria mon hôte tout
ému, « quoique vous ne soyez qu'un Iroquois, on voit bien que vous êtes un
« roi des Sauvages. — Je ne suis point un roi, » répondis-je en me hâtant de
quitter cette cabane où j'avais trouvé quelques vertus primitives poussant encore faiblement au milieu des vices de la civilisation : le bouquet de romarin que
nos chefs décédés emportent avec eux au tombeau prend quelquefois racine sur
l'argile même de l'homme, et végète jusque dans la main des morts.

« J'avoue qu'après de telles expériences, je fus prêt à renoncer à mes études,
à retourner chez Ononthio. En vain je cherchais ta nation et des mœurs, et je
ne trouvais ni les secondes ni la première. La nature me semblait renversée ; je
ne la découvrais, dans la société, que comme ces objets dont on voit les images
inverties dans les eaux. Génie propice, qui arrêtâtes mes pas, qui m'engageâtes
à continuer mes recherches, puissiez-vous, en récompense des faveurs que
vous m'avez faites, puissiez-vous approcher le plus près du Grand-Esprit ! Sans
vous, sans votre conseil, je ne serais pas ce que je suis, je n'aurais pas connu
un homme qui m'a réconcilié avec les hommes, et de qui mes cheveux blancs
tiennent le peu de sagesse qui les couronne.

« Je marchais le cœur serré, la tête baissée, lorsque la voix de deux esclaves,
qui causaient à la porte d'une cabane, me tira de ma rêverie. Mon premier
mouvement fut de m'éloigner ; mais, frappé de l'air d'honnêteté des deux
esclaves, je me sentis disposé à faire une dernière tentative. Je m'avançai donc,
et, m'adressant au plus vieux des serviteurs : « Va, lui dis-je, apprends à ton
« maître qu'un guerrier étranger a faim. »

« L'esclave me regarda avec étonnement, mais je ne vis point l'impudence
et la bassesse dans ses regards. Sans me répondre il entra précipitamment dans

(1) Année.

les cours de la cabane, et, revenant quelques moments après tout hors d'haleine, il me dit : « Seigneur Sauvage, mon maître vous prie de lui faire l'honneur « d'entrer. » Je suivis aussitôt le bon esclave.

« Nous montons les degrés de marbre qui circulaient autour d'une rampe de bronze. Nous traversons plusieurs huttes où régnait, avec la paix, une demi-lumière, et nous arrivons enfin à une cabane pleine de colliers (1). Là, je vis un homme occupé à tracer sur des feuilles les signes de ses pensées. Il était assez maigre et d'une taille élevée : un air de bonté intelligente était répandu sur son visage; l'expression de ses yeux ne se saurait décrire : c'était un mélange de génie et de tendresse, une beauté, je ne sais laquelle, que jamais peintre n'a pu exprimer. Ainsi me le raconta depuis Ononthio.

« Chactas, me dit l'homme en se levant aussitôt qu'il m'aperçut, nous ne « sommes déjà plus des étrangers l'un à l'autre. Un de mes parents, qui a prêché « notre sainte religion en Amérique, se hâta de m'écrire lorsque vous fûtes si « injustement arrêté. Je sollicitai, de concert avec le gouverneur du Canada, « votre délivrance, et nous avons eu le bonheur de l'obtenir. Je vous ai vu de-« puis à Versailles, et, d'après le portrait qu'on m'a fait de vous, il me serait « difficile de vous méconnaître. Je vous avouerai d'ailleurs que la manière dont « vous venez, par hasard, de me faire demander l'hospitalité, m'a singulière-« ment touché; car, ajouta-t-il avec un léger sourire, je suis moi-même un « peu Sauvage. »

— « Serais-tu, m'écriai-je aussitôt, ce généreux chef de la prière qui s'est « intéressé à ma liberté et à celle de mes frères? Puisse le Grand-Esprit te ré-« compenser ! Je ne t'ai vu encore qu'un moment, mais je sens que je t'aime « et te respecte déjà comme un sachem. »

« Mon hôte, me prenant par la main, me fit asseoir avec lui auprès d'une table. On servit le pain et le vin, la force de l'homme. Les esclaves s'étant retirés pleins de vénération pour leur maître, je commençai à échanger les paroles de la confiance avec le serviteur des autels.

« Chactas, me dit-il, nous sommes nés dans des pays bien éloignés l'un de « l'autre, mais croyez-vous qu'il y ait entre les hommes de grandes différences « de vertus et conséquemment de bonheur?

« Je lui répondis : « Mon père, à te parler sans détour, je crois les hommes « de ton pays plus malheureux que ceux du mien. Ils s'enorgueillissent de « leurs arts et rient de notre ignorance; mais si toute la vie se borne à quelques « jours, qu'importe que nous ayons accompli le voyage dans un petit canot « d'écorce, ou sur une grande pirogue chargée de lianes et de machines? Le « canot même est préférable, car il voyage sur le fleuve le long de la terre où « il peut trouver mille abris : la pirogue européenne voyage sur un lac orageux « où les ports sont rares, les écueils fréquents, et où souvent on ne peut jeter « l'ancre, à cause de la profondeur de l'abîme.

« Les arts ne font donc rien à la félicité de la vie, et c'est là pourtant le seul « point où vous paraissez l'emporter sur nous. J'ai été ce matin témoin d'un

---

(1) De livres, de papiers, etc. Une bibliothèque.

« spectacle exécrable, qui seul déciderait la question en faveur de mes bois. Je
« viens de frapper à la porte du riche et à celle du pauvre : les esclaves du
« riche m'ont repoussé ; le pauvre n'est lui-même qu'un esclave.

« Jusqu'à présent j'avais eu la simplicité de croire que je n'avais point
« encore vu ta nation ; ma dernière course m'a donné d'autres idées. Je com-
« mence à entrevoir que ce mélange odieux de rangs et de fortunes, d'opu-
« lence extraordinaire et de privations excessives, de crime impuni et d'inno-
« cence sacrifiée, forme en Europe ce qu'on appelle la société. Il n'en est pas
« de même parmi nous : entre dans les huttes des Iroquois, tu ne trouveras ni
« grands, ni petits, ni riches, ni pauvres ; partout le repos du cœur et la li-
« berté de l'homme. » Ici je fis le mieux qu'il me fut possible la peinture de
notre bonheur, et je finis, comme à l'ordinaire, par inviter mon hôte à se faire
Sauvage.

« Il m'avait écouté avec la plus grande attention : le tableau de notre félicité
le toucha : « Mon enfant, me dit-il, je me confirme dans ma première pensée :
« les hommes de tous les pays, quand ils ont le cœur pur, se ressemblent, car
« c'est Dieu alors qui parle en eux, Dieu qui est toujours le même. Le vice seul
« établit entre nous des différences hideuses : la beauté n'est qu'une ; il y a
« mille laideurs. Si jamais je trace le tableau d'une vie heureuse et sauvage,
« j'emploierai les couleurs sous lesquelles vous me la venez de peindre.

« Mais, Chactas, je crains que dans vos opinions vous n'apportiez un peu de
« préjugés, car les Indiens en ont comme les autres hommes. Il arrive un
« temps où le genre humain, trop multiplié, ne peut plus exister par la chasse :
« il faut alors avoir recours à la culture. La culture entraîne des lois, les lois,
« des abus. Serait-il raisonnable de dire qu'il ne faut point de lois, parce qu'il
« y a des abus ? Serait-il sensé de supposer que Dieu a rendu la condition so-
« ciale la pire de toutes, lorsque cette condition paraît être l'état universel des
« hommes ?

« Ce qui vous blesse, sincère Sauvage, ce sont nos travaux, l'inégalité de
« nos rangs, enfin cette violation du droit naturel, qui fait que vous nous re-
« gardez comme des esclaves infiniment malheureux : ainsi votre mépris pour
« nous tombe en partie sur nos souffrances. Mais, mon fils, s'il existait une fé-
« licité relative dont vous n'avez ni ne pouvez avoir aucune idée ; si le labou-
« reur à son sillon, l'artisan dans son atelier, goûtaient des biens supérieurs à
« ceux que vous trouvez dans vos forêts, il faudrait donc retrancher d'abord de
« votre mépris tout ce que vous donnez de ce mépris à nos prétendues misères.

« Comment vous expliquerai-je ensuite ce sixième sens où les cinq autres
« viennent se confondre, le sens des beaux-arts ? Les arts nous rapprochent de
« la Divinité ; ils nous font entrevoir une perfection au-dessus de la nature, et
« qui n'existe que dans notre intelligence. Si vous m'objectiez que les jouissances
« dont je parle sont vraisemblablement inconnues de la classe indigente de nos
« villes, je vous répondrais qu'il est d'autres plaisirs sociaux accordés à tous :
« ces plaisirs sont ceux du cœur.

« Chez vous, les attachements de la famille ne sont fondés que sur des rap-
« ports intéressés de secours accordés et rendus : chez nous, la société change

« ces rapports en sentiments. On s'aime pour s'aimer; on commerce d'âmes;
« on arrive au bout de sa carrière à travers une vie pleine d'amour. Est-il un
« labeur pénible à celui qui travaille pour un père, une mère, un frère, une
« sœur? Non, Chactas, il n'en est point; et, tout considéré, il me semble que
« l'on peut tirer de la civilisation autant de bonheur que de l'état sauvage. L'or
« n'existe pas toujours sous sa forme primitive, tel qu'on le trouve dans les mines
« de votre Amérique : souvent il est façonné, filé, fondu en mille manières;
« mais c'est toujours de l'or.

« La condition politique qui nous courbe vers la terre, qui oblige l'un à se
« sacrifier à l'autre, qui fait des pauvres et des riches, qui semble, en un mot,
« dégrader l'homme, est précisément ce qui l'élève : la générosité, la pitié cé-
« leste, l'amour véritable, le courage dans l'adversité, toutes ces choses divines
« sont nées de cette condition politique. Le citoyen charitable qui va chercher,
« pour la secourir, l'humanité souffrante dans les lieux où elle se cache, peut-
« il être un objet de mépris? Le prêtre vertueux qui naguère trempait vos fers
« de ses larmes sera-t-il frappé de vos dédains? L'homme qui, pendant de
« longues années, a lutté contre le malheur, qui a supporté sans se plaindre
« toutes les sortes de misères, est-il moins admirable dans sa force que le pri-
« sonnier sauvage, dont le mépris se réduit à braver quelques heures de tour-
« ments?

« Si les vertus sont des émanations du Tout-Puissant; si elles sont nécessai-
« rement plus nombreuses dans l'ordre social que dans l'ordre naturel, l'état
« de société, qui nous rapproche davantage de la Divinité, est donc un état
« supérieur à celui de nature.

« Il est parmi nous d'ardents amis de leur patrie, des cœurs nobles et dé-
« sintéressés, des courages magnanimes, des âmes capables d'atteindre à ce
« qu'il y a de plus grand. Songeons, quand nous voyons un misérable, non à
« ses haillons, non à son air humilié et timide, mais aux sacrifices qu'il fait,
« aux vertus quotidiennes qu'il est obligé de reprendre chaque matin avec ses
« pauvres vêtements, pour affronter les tempêtes de la journée! Alors, loin de
« le regarder comme un être vil, vous lui porterez respect. Et s'il existait dans
« la société un homme qui en possédât les vertus sans en avoir les vices, se-
« rait-ce à cet homme que vous oseriez comparer le Sauvage? En paraissant
« tous les deux au tribunal du Dieu des chrétiens, du Dieu véritable, quelle
« serait la sentence du juge? Toi, dirait-il au Sauvage, tu ne fis point de mal,
« mais tu ne fis point de bien. Qu'il passe à ma droite, celui qui vêtit l'orphelin,
« qui protégea la veuve, qui réchauffa le vieillard, qui donna à manger au
« Lazare, car c'est ainsi que j'en agis, lorsque j'habitais entre les hommes (1). »

« Ici le chef de la prière cessa de se faire entendre. Le miel distillait de ses
lèvres; l'air se calmait autour de lui à mesure qu'il parlait. Ce qu'il faisait
éprouver n'était pas des transports, mais une succession de sentiments paisibles
et ineffables. Il y avait dans son discours je ne sais quelle tranquille harmonie,

---

(1) J'avais pris autrefois quelque chose de ce dernier paragraphe pour le transporter dans un morceau littéraire, sur un voyage de M. de Humboldt, que l'on peut voir dans les Mélanges littéraires. Je n'ai pas cru devoir retrancher cette vingtaine de lignes dans le récit de Chactas : elles se trouvent ici à leur véritable place.

je ne sais quelle douce lenteur, je ne sais quelle longueur de grâces, qu'aucune expression ne peut rendre. Saisi de respect et d'amour, je me jetai aux pieds de ce bon génie.

« Mon père, lui dis-je, tu viens de faire de moi un nouvel homme. Les objets
« s'offrent à mes yeux sous des rapports qui m'étaient auparavant inconnus.
« O le plus vénérable des sachems! chaste et pure hermine des vieux chênes,
« que ne puis-je t'emmener dans mes forêts! Mais, je le sens, tu n'es pas fait
« pour habiter parmi des Sauvages; ta place est chez un peuple où l'on peut
« admirer ton génie et jouir de tes vertus. Je vais bientôt rentrer dans les dé-
« serts du Nouveau-Monde; je vais reprendre la vie errante de l'Indien; après
« avoir conversé avec ce qu'il y a de plus sublime dans la société, je vais en-
« tendre les paroles de ce qu'il y a de plus simple dans la nature : mais quels
« que soient les lieux où le Grand-Esprit conduise mes pas, sous l'arbre, au bord
« du fleuve, sur le rocher, je rappellerai tes leçons, et je tâcherai de devenir
« sage de ta sagesse. »

— « Mon fils, me répondit mon hôte en me relevant, chaque homme se doit
« à sa patrie : mon devoir me retient sur ces bords pour y faire le peu de bien
« dont je suis capable; le vôtre est de retourner dans votre pays. Dieu se sert
« souvent de l'adversité comme d'un marchepied pour nous élever; il a permis
« contre vous une injustice afin de vous rendre meilleur. Partez, Chactas; allez
« retrouver votre cabane. Moins heureux que vous, je suis enchaîné dans un
« palais. Si je vous ai inspiré quelque estime, répandez-la sur ma nation, de
« même que je chéris la vôtre; devenez parmi vos compatriotes le protecteur
« des Français. N'oubliez pas que, tous tant que nous sommes, nous méritons
« plus de pitié que de mépris. Dieu a fait l'homme comme un épi de blé; sa
« tige est fragile et se tourmente au moindre souffle, mais son grain est
« excellent.

« Souvenez-vous enfin, Chactas, que, si les habitants de votre pays ne sont
« encore qu'à la base de l'échelle sociale, les Français sont loin d'être arrivés
« au sommet : dans la progression des lumières croissantes, nous paraîtrons
« nous-mêmes des Barbares à nos arrière-neveux. Ne vous irritez donc point
« contre cette civilisation qui appartient à notre nature, contre une civilisation
« qui, peut-être un jour, envahissant vos forêts, les remplira d'un peuple où la
« liberté de l'homme policé s'unira à l'indépendance de l'homme sauvage. »

« Le chef de la prière se leva; nous marchâmes lentement vers la porte.
« Je ne suis pas ici chez moi, me dit-il; je retourne au palais d'un prince dont
« l'éducation me fut confiée. Si je puis vous être utile, ne craignez pas de vous
« adresser à mon zèle; mais vous autres Sauvages, vous avez peu de chose à
« demander aux rois. »

« Je répondis : « Ta bonté m'enhardit; je laisse en France un père qui lan-
« guit dans l'adversité. Demande son nom à toutes les infortunes soulagées,
« elles te diront qu'il s'appelle Lopez. »

« A ces paroles, que je prononçai d'une voix altérée, un génie porta les larmes que j'avais aux yeux dans ceux de mon hôte. Cet hôte, plein de bonté, m'apprit que le chef de la prière qui visitait mes chaînes à Marseille lui avait raconté les traverses de mon ami et les liens qui m'unissaient à cet Espagnol ; que déjà Lopez était à l'abri de l'indigence, et qu'il retournerait bientôt riche et heureux dans sa vieille patrie. On avait même adouci le sort d'Honfroy, mon compagnon de boulet.

« Ces mots inondèrent mon cœur d'un torrent de joie, et la vivacité de ma reconnaissance m'ôta la force de l'exprimer. Cependant l'homme miséricordieux avait tiré un cordon qui correspondait à un écho d'airain ; à la voix de cet écho, les esclaves accoururent, et nous conduisirent aux degrés de marbre. Là, je dis un dernier adieu au pasteur des peuples ; je pleurais comme un Européen. Je brisai mon calumet en signe de deuil, et j'entonnai à demi-voix le chant de l'absence : « Bénissez cette cabane hospitalière, ô génie des fleuves « errants ! que l'herbe ne couvre jamais le sentier qui mène à ses portes, jour et « nuit ouvertes au voyageur ! »

« Tandis que ma voix attendrie résonnait sous le vestibule, le prêtre, les yeux levés vers le ciel, offrait à Dieu sa prière. Les serviteurs tombèrent à genoux et reçurent la bénédiction que le sacrificateur pacifique répandit sur moi. Alors, dans un grand désordre, je descendis précipitamment les degrés. Parvenu au dernier marbre, je levai la tête et j'aperçus mon hôte (1) qui, penché sur les fleurs de bronze, me suivait complaisamment de ses regards : bientôt il se retira comme s'il se sentait trop ému. Je restai quelque temps immobile dans l'espérance de le revoir, mais le retentissement des portes que j'entendis se fermer m'avertit qu'il était temps de m'arracher de ce lieu. Dans la cour et sous les péristyles, une foule indigente attendait les bienfaits du maître charitable : je joignis mes vœux à ceux que faisaient pour lui tant d'infortunés, et je sortis de cette cabane, plein de reconnaissance, d'admiration et d'amour.

« Ononthio reçut enfin l'ordre de son départ et du nôtre. Nous quittâmes Paris pour nous rendre à un golfe du lac sans rivages (2). Comme notre traîneau passait sur un pont d'où l'on découvrait la file prolongée des cabanes du grand village, je m'écriai : « Adieu, terre des palais et des arts ! adieu ! terre « sacrée où j'aurais voulu passer ma vie, si les tombeaux de mes ancêtres ne « s'élevaient loin d'ici ! »

« Je me laissai retomber au fond du traîneau. Oui, mon fils, j'éprouvai de vifs regrets en quittant la France. Il y a quelque chose dans l'air de ton pays que l'on ne sent point ailleurs, et qui ferait oublier à un Sauvage même ses foyers paternels.

« Nous fîmes un voyage charmant jusqu'au port où nous attendaient les vaisseaux. Nous roulâmes d'abord sur des chaussées bordées d'arbres à perte de vue, ensuite nous descendîmes au bord d'un fleuve (3) qui coulait dans un vallon enchanté. On ne voyait que des laboureurs qui creusaient des sillons ou des bergers qui paissaient des troupeaux. Là, le vigneron effeuillait le cep sur une colline pierreuse ; ici, le cultivateur appuyait les branches du pommier trop chargé ; plus loin, des paysannes chassaient devant elles l'âne pares-

(1) Fénelon. — (2) La mer. — (3) La Loire.

seux qui portait le lait et les fruits à la ville, tandis que des barques, traînées par de forts chevaux, rebroussaient le cours du fleuve. Des étrangers, des gens de guerre, des commerçants, allaient et venaient sur toutes les voies publiques. Les coteaux étaient couronnés de riants villages ou de châteaux solitaires. Les tours des cités apparaissaient dans les lointains; des fumées s'élevaient du milieu des arbres : on voyait se dérouler la brillante écharpe des campagnes, toute diaprée de l'azur des fleuves, de l'or des moissons, de la pourpre des vignes, et de la verdure des prés et des bois.

« Ononthio me disait : « Tu vois ici, Chactas, l'excuse des fêtes de Ver-
« sailles : dans toute l'étendue de la France, c'est la même richesse; les tra-
« vaux seulement et les paysages, diffèrent, car ce royaume renferme dans
« son sein tout ce qui peut servir aux besoins ou aux délices de la vie. L'at-
« tention que l'œil du maître donne à l'agriculture s'étend sur les autres parties
« de l'État. Nous avons été chercher jusque dans les pays étrangers les hommes
« qui pouvaient faire fleurir le commerce et les manufactures. Ce roi qui t'a
« paru si superbe, si occupé de ses plaisirs, travaille laborieusement avec ses
« sachems; il entre jusque dans les moindres détails. Le plus petit citoyen
« lui peut soumettre des plans et obtenir audience de lui : de la même main
« qu'il protège les arts et fait céder l'Europe à nos armes, il corrige les lois et
« introduit l'unité dans nos coutumes.

« Il est trois choses que les ennemis de ce siècle lui reprochent : le faste
« des monuments et des fêtes, l'excès des impôts, l'injustice des guerres.

« Quant à nos fêtes, ce n'est pas aux Français à en faire un crime à leur
« souverain : elles sont dans nos mœurs, et elles ont contribué à imprimer à
« notre âge cette grandeur que le temps n'effacera point. Nous sommes de-
« venus la première nation du monde par nos édifices et par nos jeux, comme
« le furent jadis par les mêmes pompes, les habitants d'un pays appelé la
« Grèce.

« Le reproche relatif à l'accroissement de l'impôt n'a aucun fondement
« raisonnable : nul royaume ne paie moins à son gouvernement, en pro-
« portion de sa fertilité, que la France.

« Il est malheureux qu'on ne puisse aussi facilement nous justifier du reproche
« fait à notre ambition. Mais, belliqueux Sauvage, tu le sais, est-il beaucoup de
« guerres dont les motifs soient équitables? Louis a révélé à la France le secret
« de ses forces; il a prouvé qu'elle se peut rire des ligues de l'Europe jalouse.
« Après tout, les étrangers, qui cherchent à rabaisser notre gloire, doivent
« cependant ce qu'ils sont à notre génie. Louis est moins le législateur de
« la France que celui de l'Europe. Descendez sur les rivages d'Albion, péné-
« trez dans les forêts de la Germanie, franchissez les Alpes ou les Pyrénées,
« partout vous reconnaîtrez qu'on a suivi nos édits pour la justice, nos règle-
« ments pour la marine, nos ordonnances pour l'armée, nos institutions
« pour la police des chemins et des villes : jusqu'à nos mœurs et nos habits,
« tout a été servilement copié. Telle nation qui, dans son orgueil, se vante
« aujourd'hui de ses établissements publics, en a emprunté l'idée à notre
« nation. Vous ne pouvez faire un pas chez les étrangers sans retrouver la

« France mutilée : Louis est venu après des siècles de barbarie, et il a créé le
« monde civilisé. »

« Après six jours de voyage nous arrivâmes au bord de la grande eau salée. Nous passâmes une lune entière à attendre des vents favorables. Je contemplai avec étonnement ce port (1) qui venait d'être construit dans le lac qui marche (2), de même que j'avais vu cet autre (3) port du lac immobile (4) auquel le manitou de la nécessité m'avait contraint de travailler. Je visitai les arsenaux et les bassins; je n'eus pas moins de sujet d'admirer le génie de ta nation dans ces arts nouveaux pour elle, que dans ceux où depuis longtemps elle était exercée. Une activité générale régnait dans le port et dans la ville : on voyait sortir des vaisseaux qui emportaient des colonies aux extrémités du monde, en même temps que des flottes rapportaient à la France les richesses des terres les plus éloignées. Un matelot embrassait sa mère sur la grève, au retour d'une longue course ; un autre recevait en s'embarquant les adieux de sa femme. Onze mille guerriers des troupes d'Areskoui (5), cent soixante-six mille enfants des mers, mille jeunes fils de vieux marins, instruits dans les hautes sciences de Michabou (6), cent quatre-vingt-dix-huit monstres nageants (7) qui vomissaient des feux par soixante bouches, trente galères dont je dois me souvenir, vous rendaient alors les dominateurs des flots, comme vous étiez les maîtres de la terre.

« Enfin le Grand-Esprit envoya le vent du milieu du jour qui nous était favorable : l'ordre du départ est proclamé ; on s'embarque en tumulte. De petits canots nous portent aux grands navires; nous arrivons sous leurs flancs; nous y demeurons quelque temps balancés par la lame grossie : nous montons sur les machines flottantes à l'aide de cordes qu'on nous jette. A peine avons-nous atteint le bord que nos matelots, comme des oiseaux de la tempête, se répandent sur les vergues. La foudre (8), sortant du vaisseau d'Ononthio, donne le signal au reste de la flotte : tous les vaisseaux, avec de longs efforts, arrachent leur pied (9) d'airain des vases tenaces. La double serre ne s'est pas plutôt déprise de la chevelure de l'abîme qu'un mouvement se fait sentir dans le corps entier du vaisseau. Les bâtiments se couvrent de leurs voiles: les plus basses, déployées dans toute leur largeur, s'arrondissent comme de vastes cylindres; les plus élevées, comprimées dans leur milieu, ressemblent aux mamelles gonflées d'une jeune mère. Le pavillon sans tache de la France se déroule sur les haleines harmonieuses du matin. Alors de la flotte épandue s'élève un chœur qui salue par trois cris d'amour les rivages de la patrie. A ce dernier signal, nos coursiers marins déploient leurs dernières ailes, s'animent d'un souffle plus impétueux, et, s'excitant mutuellement dans la carrière, ils labourent à grand bruit le champ des mers.

« Les transports de la joie ne descendirent point dans mon cœur à ce départ de la contrée des mille cabanes. J'avais perdu Atala; je quittais Lopez; le pays des belliqueuses nations du Canada n'était pas celui qui m'avait vu naître :

---

(1) Rochefort. — (2) L'Océan. — (3) Toulon. — (4) La Méditerranée. — (5) Génie de la guerre. — (6) Génie de la mer. — (7) Vaisseaux de guerre. — (8) Le canon. — (9) L'ancre.

DÉPART DE BETHLÉEM.

sorti presque enfant de la terre des sassafras, que retrouverais-je dans la hutte de mes aïeux, si jamais les génies bienfaisants me permettaient de rentrer sous son écorce?

« La scène imposante que j'avais sous les yeux servait à nourrir ma mélancolie: je ne pouvais me rassasier du spectacle de l'Océan. Ma retraite favorite, lorsque je voulais méditer durant le jour, était la cabane grillée (1) du grand mât de notre navire, où je montais et m'asseyais, dominant les vagues au-dessous de moi. La nuit, renfermé dans ma couche étroite, je prêtais l'oreille au bruit de l'eau qui coulait le long du bord : je n'avais qu'à déployer le bras pour atteindre de mon lit à mon cercueil.

« Cependant le cristal des eaux que nous avaient donné les rochers de la France commençait à s'altérer. On résolut d'aborder aux îles non loin desquelles les vaisseaux se trouvaient alors. Nous saluons les génies de ces terres propices; nous laissons derrière nous Fayal enivrée de ses vins, Tercère aux moissons parfumées, Santa-Cruz qui ignore les forêts, et Pico dont la tête porte une chevelure de feu. Comme une troupe de colombes passagères, notre flotte vient ployer ses ailes sous les rivages de la plus solitaire des filles de l'Océan.

« Quelques marins étant descendus à terre, je les suivis; tandis qu'ils s'arrêtaient au bord d'une source, je m'égarai sur les grèves et je parvins à l'entrée d'un bois de figuiers sauvages : la mer se brisait en gémissant à leurs pieds, et dans leurs cimes on entendait le sifflement aride du vent du nord. Saisi de je ne sais quelle horreur, je pénètre dans l'épaisseur de ce bois, à travers les sables blancs et les joncs stériles. Arrivé à l'extrémité opposée, mes yeux découvrent une statue portée sur un cheval de bronze : de sa main droite elle montrait les régions du couchant (2).

« J'approche de ce monument extraordinaire. Sur sa base baignée de l'écume des flots étaient gravés des caractères inconnus : la mousse et le salpêtre des mers rongeaient la surface du bronze antique; l'alcyon perché sur le casque du colosse y jetait, par intervalle, des voix langoureuses; des coquillages se collaient aux flancs et aux crins du coursier, et lorsqu'on approchait l'oreille de ses naseaux ouverts, on croyait ouïr des rumeurs confuses. Je ne sais si jamais rien de plus étonnant s'est présenté à la vue et à l'imagination d'un mortel.

« Quel dieu ou quel homme éleva ce monument? quel siècle, quelle nation le plaça sur ces rivages? qu'enseigne-t-il par sa main déployée? Veut-il prédire quelque grande révolution sur le globe, laquelle viendra de l'Occident? Est-ce le génie même de ces mers qui garde son empire et menace quiconque oserait y pénétrer?

« A l'aspect de ce monument, qui m'annonçait un noir océan de siècles écoulés, je sentis l'impuissance et la rapidité des jours de l'homme. Tout nous échappe dans le passé et dans l'avenir; sortis du néant pour arriver au tombeau, à peine connaissons-nous le moment de notre existence.

« Je m'empressai de retourner aux vaisseaux, et de raconter à Ononthio la

---

(1) La hune. — (2) Tradition historique.

découverte que j'avais faite. Il se préparait à visiter avec moi cette merveille, mais une tempête s'éleva, et la flotte fut obligée de gagner la haute mer.

« Bientôt cette flotte est dispersée. Demeuré seul et chassé par le souffle du midi, notre vaisseau, pendant douze nuits entières, vole sur les vagues troublées. Nous arrivons dans ces parages où Michabou fait paître ses innombrables troupeaux (1). Une brume froide et humide enveloppe la mer et le ciel ; les flots glapissent dans les ténèbres : un bourdonnement continu sort des cordages du vaisseau, dont toutes les voiles sont ployées ; la lame couvre et découvre sans cesse le pont inondé ; des feux sinistres voltigent sur les vergues, et, en dépit de nos efforts, la houle qui grossit nous pousse sur l'île des Esquimaux (2).

« J'avais, ô mon fils, été coupable d'un souhait téméraire : j'avais appelé de mes vœux le spectacle d'une tempête. Qu'il est insensé celui qui désire être témoin de la colère des génies ! Déjà nous avions été le jouet des mers, autant de jours qu'un étranger peut en passer dans une cabane, avant que son hôte lui demande le nom de ses aïeux : le soleil avait disparu pour la sixième fois. La nuit était horrible : j'étais couché dans mon hamac agité ; je prêtais l'oreille aux coups des vagues qui ébranlaient la structure du vaisseau : tout à coup j'entends courir sur le pont, et des paquets de cordages tomber ; j'éprouve en même temps le mouvement que l'on ressent lorsqu'un vaisseau vire de bord. Le couvercle de l'entre-pont s'ouvre et une voix appelle le capitaine. Cette voix solitaire, au milieu de la nuit et de la tempête, avait quelque chose qui faisait frémir. Je me dresse sur ma couche ; il me semble ouïr des marins discutant le gisement d'une terre que l'on avait en vue. Je monte sur le pont : Ononthio et les passagers s'y trouvaient déjà rassemblés.

« En mettant la tête hors de l'entre-pont, je fus frappé d'un spectacle affreux, mais sublime. A la lueur de la lune, qui sortait de temps en temps des nuages, on découvrait sur les deux bords du navire, à travers une brume jaune et immobile, des côtes sauvages. La mer élevait ses flots comme des monts dans le canal où nous étions engouffrés. Tantôt les vagues se couvraient d'écume et d'étincelles ; tantôt elles n'offraient plus qu'une surface huileuse, marbrée de taches noires, cuivrées ou verdâtres, selon la couleur des bas-fonds sur lesquels elles mugissaient : quelquefois une lame monstrueuse venait roulant sur elle-même sans se briser, comme une mer qui envahirait les flots d'une autre mer. Pendant un moment le bruit de l'abîme et celui des vents étaient confondus ; le moment d'après, on distinguait le fracas des courants, le sifflement des récifs, la triste voix de la lame lointaine. De la concavité du bâtiment sortaient des bruits qui faisaient battre le cœur au plus intrépide. La proue du navire coupait la masse épaisse des vagues avec un froissement affreux, et, au gouvernail, des torrents d'eau s'écoulaient en tourbillonnant comme au débouché d'une écluse. Au milieu de ce fracas, rien n'était peut-être plus alarmant qu'un murmure sourd, pareil à celui d'un vase qui se remplit.

« Cependant des cartes, des compas, des instruments de toutes les sortes, étaient étendus à nos pieds. Chacun parlait diversement de cette terre où était

(1) Le banc de Terre-Neuve. — (2) Terre-Neuve.

assis sur un écueil le génie du naufrage. Le pilote déclara que le naufrage était inévitable. Alors l'aumônier du vaisseau lut à haute voix la prière qui porte, dans un tourbillon, l'âme du marin au Dieu des tempêtes. Je remarquai que des passagers allaient chercher ce qu'ils avaient de plus précieux, pour le sauver : l'espérance est comme la montagne Bleue dans les Florides : de ses hauts sommets le chasseur découvre un pays enchanté, et il oublie les précipices qui l'en séparent. Moi et les autres chefs sauvages, nous prîmes un poignard pour nous défendre, et un fer tranchant pour couper un arc et tailler une flèche. Hors la vie qu'avions-nous à perdre? Le flot qui nous jetait sur une côte inhabitée nous rendait à notre bonheur : l'homme nu saluait le désert et rentrait en possession de son empire.

« Il plut à la souveraine Sagesse de sauver le vaisseau ; mais la même vague qui le poussa hors des écueils emporta l'un de ses mâts et me jeta dans l'abîme : j'y tombai comme un oiseau de mer qui se précipite sur sa proie. En un clin d'œil le vaisseau, chassé par les vents, parut à une immense distance de moi; il ne pouvait s'arrêter sans s'exposer une seconde fois au naufrage, et il fut contraint de m'abandonner. Perdant tout espoir de le rejoindre, je commençai à nager vers la côte éloignée. »

LIVRE HUITIÈME.

« Les premiers pas du matin s'étaient imprimés en taches rougeâtres dans les nuages de la tempête, lorsque, couvert de l'écume des flots, j'abordai au rivage. Courant sur les limons verdis, tout hérissés des pyramides de l'insecte des sables, je me dérobe à la fureur du génie des eaux. A quelque distance s'offrait une grotte dont l'entrée était fermée par des framboisiers. J'écarte les broussailles et pénètre sous la voûte du rocher, où je fus agréablement surpris d'entendre couler une fontaine. Je puisai de l'eau dans le creux de ma main, et faisant une libation : « Qui que tu sois, m'écriai-je, manitou de cette grotte,
« ne repousse pas un suppliant que le Grand-Esprit a jeté sur tes rivages; que
« cette malédiction du ciel ne t'irrite pas contre un infortuné. Si jamais je re-
« vois la terre des sassafras, je te sacrifierai deux jeunes corbeaux dont les
« ailes seront plus noires que celles de la nuit. »

« Après cette prière, je me couchai sur des branches de pin : épuisé de fatigue je m'endormis aux soupirs du Sommeil, qui baignait ses membres délicats dans l'eau de la fontaine.

« A l'heure où le fils des cités, couvert d'un riche manteau, se livre aux joies d'un festin servi par la main de l'abondance, je me réveillai dans ma grotte solitaire. En proie aux attaques de la faim, je me lève : comme un élan échappé à la flèche du chasseur croit bientôt retourner à ses forêts ; près de rentrer sous leur ombrage, il rencontre une autre troupe de guerriers qui l'écartent avec des cris, et le poursuivent de nouveau sur les montagnes : ainsi j'étais éloigné de ma patrie par les traits de la fortune.

« A l'instant où je sortais de la grotte, un ours blanc se présente pour y entrer ; je recule quelques pas et tire mon poignard. Le monstre, poussant un mugissement, me menace de ses serres énormes, de son museau noirci et de ses yeux sanglants : il se lève et me saisit dans ses bras comme un lutteur qui cherche à renverser son adversaire. Son haleine me brûle le visage ; la faim de ses dents est prête à se rassasier de ma chair ; il m'étouffe dans ses embrassements ; aussi facilement qu'ils ouvrent un coquillage au bord de la mer, ses ongles vont séparer mes épaules. J'invoque le manitou de mes pères, et, de la main qui me reste libre, je plonge mon poignard dans le cœur de mon ennemi. Les bras du monstre se relâchent ; il abandonne sa proie, s'affaisse, roule à terre, expire.

« Plein de joie, j'assemble des mousses et des racines à l'entrée de ma grotte : deux cailloux me donnent le feu ; j'allume un bûcher dont la flamme et la fumée s'élèvent au-dessus des bois. Je dépouille la victime ; je la mets en pièces ; je brûle les filets de la langue et les portions consacrées aux génies : je prends soin de ne point briser les os, et je fais rôtir les morceaux les plus succulents. Je m'assieds sur des pierres polies par la douce lime des eaux ; je commence un repas avec l'hostie de la destinée, avec des cressons piquants et des mousses de roches aussi tendres que les entrailles d'un jeune chevreuil. La solitude de la terre et de la mer était assise à ma table : je découvrais à l'horizon, non sans une sorte d'agréable tristesse, les voiles du vaisseau où j'avais fait naufrage.

« L'abondance ayant chassé la faim, et la nuit étant revenue sur la terre, je me retirai de nouveau au fond de l'antre, avec la fourrure du monstre que j'avais terrassé. Je remerciai le Grand-Esprit qui m'avait fait Sauvage, et qui me donnait dans ce moment tant d'avantage sur l'homme policé. Mes pieds étaient rapides ; mon bras, vigoureux ; ma vie, habituée aux déserts : un génie ami des enfants, le Sommeil, fils de l'Innocence et de la Nuit, ferma mes yeux, et je bus le frais sumac du Meschacébé dans la coupe dorée des songes.

« Les sifflements du courlis et le cri de la barnacle, perchée sur les framboisiers de la grotte, m'annoncèrent le retour du matin : je sors. Je suspends par des racines de fraisiers les restes de la victime à mes épaules ; j'arme mon bras d'une branche de pin ; je me fais une ceinture de joncs où je place mon poignard, et, comme un lion marin, je m'avance le long des flots.

« Pendant mon séjour chez les Cinq-Nations iroquoises, le commerce et la guerre m'avaient conduit chez les Esquimaux, et j'avais appris quelque chose de la langue de ce peuple. Je savais que l'île (1) de mon naufrage s'approchait, dans la région de l'étoile immobile (2), des côtes du Labrador : je cherchai donc à remonter vers ce détroit.

« Je marchai autant de nuits qu'une jeune femme qui n'a point encore nourri de premier né reste dans le doute sur le fruit que son sein a conçu : craignant de tromper son époux, elle ne confie ses tendres espérances qu'à sa mère ; mais aux défaillances de cette femme, annonces mystérieuses de l'homme ; à

---

(1) Terre-Neuve. — (2) Étoile polaire

son secret, qui éclate dans ses regards, le père devine son bonheur, et, tombant à genoux, offre au Grand-Esprit son fils à naître.

« Je traversai des vallées de pierres revêtues de mousse, et au fond desquelles coulaient des torrents d'eau demi-glacée : des bouquets de framboisiers, quelques bouleaux, une multitude d'étangs salés couverts de toutes sortes d'oiseaux de mer, variaient la tristesse de la scène. Ces oiseaux me procuraient une abondante nourriture, et des fraises, des oseilles, des racines, ajoutaient à la délicatesse de mes banquets.

« Déjà mes pas étaient arrivés au détroit des tempêtes. Les côtes du Labrador se montraient quelquefois par delà les flots au coucher et au lever du soleil. Dans l'espoir de rencontrer quelque navigateur, je cheminais le long des grèves; mais lorsque j'avais franchi des caps orageux, je n'apercevais qu'une suite de promontoires aussi solitaires que les premiers.

« Un jour j'étais assis sous un pin : les flots étaient devant moi; je m'entretenais avec les vents de la mer et les tombeaux de mes ancêtres. Une brise froide s'élève des régions du nord, et un reflet lumineux voltige sous la voûte du ciel. Je découvre une montagne de glace flottante; poussée par le vent, elle s'approche de la rive. Manitou du foyer de ma cabane! dites quel fut mon étonnement lorsqu'une voix, sortant de l'écueil mobile, vint frapper mon oreille. Cette voix chantait ces paroles dans la langue des Esquimaux :

« Salut, esprit des tempêtes, salut, ô le plus beau des fils de l'Océan !

« Descends de ta colline où l'importun soleil ne luit jamais; descends, char-
« mante Élina ! Embarquons-nous sur cette glace. Les courants nous emportent
« en pleine mer; les loups marins viennent se livrer à l'amour sur la même glace
« que nous.

« Sois-moi propice, esprit des tempêtes, ô le plus beau des fils de l'Océan !

« Élina, je darderai pour toi la baleine; je te ferai un bandeau pour ga-
« rantir tes beaux yeux de l'éclat des neiges; je te creuserai une demeure sous
« la terre pour y habiter avec un feu de mousse; je te donnerai trente tuniques
« impénétrables aux eaux de la mer. Viens sur le sommet de notre rocher flot-
« tant. Nos amours y seront enchaînées par les vents, au milieu des nuages et
« de l'écume des flots.

« Salut, esprit des tempêtes, ô le plus beau des fils de l'Océan ! »

« Tel était ce chant extraordinaire. Couvrant mes yeux de ma main et jetant dans les flots une partie de mon vêtement, je m'écriai : « Divinité de cette mer « dont je viens d'entendre la voix, soyez-moi propice; favorisez mon retour. » Aucune réponse ne sortit de la montagne qui vint s'échouer sur les sables à quelque distance du lieu où j'étais assis.

« J'en vis bientôt descendre un homme et une femme vêtus de peaux de loups marins. Aux caresses qu'ils prodiguaient à un enfant, je les reconnus pour mari et femme. Ainsi l'a voulu le Grand-Esprit; le bonheur est de tous les peuples et de tous les climats : le misérable Esquimau, sur son écueil de glace, est aussi heureux que le monarque européen sur son trône; c'est le même instinct qui fait palpiter le cœur des mères et des amantes dans les neiges du Labrador et sur le duvet des cygnes de la Seine.

« Je dirige mes pas vers la femme, dans l'espérance que l'homme accourrait au secours de son épouse et de son enfant. L'esprit qui m'inspira cette pensée ne trompa point mon attente. Le guerrier s'avance vers moi avec fureur : il était armé d'un javelot surmonté d'une dent de vache marine : ses yeux sanglants étincelaient derrière ses ingénieuses lunettes; sa barbe rousse, se joignant à ses cheveux noirs, lui donnait un air affreux. J'évite les premiers coups de mon adversaire, et m'élançant sur lui je le terrasse.

« Élina, arrêtée à quelque distance, faisait éclater les signes de la plus vive douleur; ses genoux fléchirent; elle tomba sur le rocher. Comme le pois fragile qui s'élève autour de la gerbe de maïs, sa fleur délicate se marie au blé robuste, et joint ainsi la grâce à la vie utile de son époux; mais si la pierre tranchante de l'Indienne vient à moissonner l'épi, l'humble pois, qu'une tige amie ne soutient plus, s'affaisse, et couvre de ses grappes fanées le sol qui l'a vu naître : ainsi la jeune Sauvage était tombée sur la terre. Elle tenait embrassé son fils, tendre fleur de son sein.

« Je rassure l'Esquimau vaincu : je le caresse en passant la main sur ses bras, comme un chasseur encourage l'animal fidèle qui le guide au fond des bois; l'Esquimau se relève à demi, et presse mes genoux, en signe de reconnaissance et de faiblesse. Dans cette attitude, il n'avait rien de rampant à la manière de l'Europe : c'était l'homme obéissant à la nécessité.

« La femme revient de son évanouissement. Je l'appelle; elle fait un pas vers nous, fuit, revient et toujours resserrant le cercle, s'approche de plus en plus de son maître et de son mari. Bientôt elle met les mains à terre et s'avance ainsi jusqu'à mes pieds. Je prends l'enfant qu'elle portait sur son dos; je lui prodigue des caresses : ces caresses apprivoisèrent tellement la mère de l'enfant qu'elle se mit à bondir de joie à mes côtés. Lorsqu'un guerrier emporte dans ses bras un chevreau qu'il a trouvé sur la montagne, la mère, traînant ses longues mamelles, et surmontant sa frayeur, suit avec de doux bêlements le ravisseur qu'elle semble craindre d'irriter contre le jeune hôte des forêts.

« Aussitôt que l'Esquimau eut reconnu mon droit de force, il devint aussi soumis qu'il s'était montré intraitable. Je descendis la côte avec mes deux nouveaux sujets, et je leur fis entendre que je voulais passer au Labrador.

« L'Esquimau va prendre sur le rocher de glace des peaux de loup marin que je n'avais pas aperçues; il les étend avec des barbes de baleine; il en forme un long canot; il recouvre ce canot d'une peau élastique. Il se place au milieu de cette espèce d'outre, et m'y fait entrer avec sa femme et son enfant : refermant alors la peau autour de ses reins, semblable à Michabou lui-même, il gourmande les mers.

« Un traineau parti du grand village de tes pères, au moment où nous quittâmes l'île du naufrage, n'aurait atteint le palais de tes rois qu'après notre arrivée aux rivages du Labrador. C'était l'heure où les coquillages des grèves s'entr'ouvrent au soleil, et la saison où les cerfs commencent à changer de parure. Les génies me préparaient encore une nouvelle destinée : je commandais, j'allais servir.

« Nous ne tardâmes pas à rencontrer un parti d'Esquimaux. Ces guerriers, sans s'informer des arbres de mon pays, ni du nom de ma mère, me chargèrent de l'attirail de leurs pêches, et me contraignirent d'entrer dans un grand canot. Ils armèrent mon bras d'une rame, comme si depuis longtemps leurs manitous eussent été en alliance avec les miens, et nous remontâmes le long des rochers du Labrador.

« Les deux époux, naguère mes esclaves, s'étaient embarqués avec nous ; ils ne me donnèrent pas la moindre marque de pitié ou de reconnaissance : ils avaient cédé à mon pouvoir ; ils trouvaient tout simple que je subisse le leur : au plus fort l'empire, au plus faible l'obéissance.

« Je me résignai à mon sort.

« Nous arrivâmes à une contrée où le soleil ne se couchait plus. Pâle et élargi, cet astre tournait tristement autour d'un ciel glacé ; de rares animaux erraient sur des montagnes inconnues. D'un côté s'étendaient des champs de glace contre lesquels se brisait une mer décolorée ; de l'autre, s'élevait une terre hâve et nue qui n'offrait qu'une morne succession de baies solitaires et de caps décharnés. Nous cherchions quelquefois un asile dans des trous de rochers, d'où les aigles marins s'envolaient avec de grands cris. J'écoutais alors le bruit des vents répétés par les échos de la caverne, et le gémissement des glaces qui se fendaient sur la rive.

« Et cependant, mon jeune ami, il est quelquefois un charme à ces régions désolées. Rien ne te peut donner une idée du moment où le soleil, touchant la terre, semblait rester immobile, et remontait ensuite dans le ciel, au lieu de descendre sous l'horizon. Les monts revêtus de neige, les vallées tapissées de la mousse blanche que broutent les rennes, les mers couvertes de baleines et semées de glaces flottantes ; toute cette scène, éclairée comme à la fois par les feux du couchant et par la lumière de l'aurore, brillait des plus tendres et des plus riches couleurs : on ne savait si on assistait à la création ou à la fin du monde. Un petit oiseau, semblable à celui qui chante la nuit dans tes bois, faisait entendre un ramage plaintif. L'amour amenait alors le sauvage Esquimau sur le rocher où l'attendait sa compagne : ces noces de l'homme aux dernières bornes de la terre n'étaient ni sans pompe ni sans félicité.

« Mais bientôt à une clarté perpétuelle succéda une nuit sans fin. Un soir le soleil se coucha et ne se leva plus. Une aurore stérile, qui n'enfanta point l'astre du jour, parut dans le septentrion. Nous marchions à la lueur du météore dont les flammes mouvantes et livides s'attachaient à la voûte du ciel comme à une surface onctueuse.

« Les neiges descendirent ; les daims, les carribous, les oiseaux même disparurent : on voyait tous ces animaux passer et retourner vers le midi : rien n'était triste comme cette migration qui laissait l'homme seul. Quelques coups de foudre qui se prolongeaient dans des solitudes où aucun être animé ne les pouvait entendre, semblèrent séparer les deux scènes de la vie et de la mort. La mer fixa ses flots ; tout mouvement cessa, et au bruit des glaces brisées succéda un silence universel.

« Aussitôt mes hôtes s'occupèrent à bâtir des cabanes de neige : elles se composaient de deux ou trois chambres qui communiquaient ensemble par des espèces de portes abaissées. Une lampe de pierre, remplie d'huile de baleine, et dont la mèche était faite d'une mousse séchée, servait à la fois à nous réchauffer et à cuire la chair des veaux marins. La voûte de ces grottes sans air fondait en gouttes glacées; on ne pouvait vivre qu'en se pressant les uns contre les autres, et en s'abstenant, pour ainsi dire, de respirer. Mais la faim nous forçait encore de sortir de ces sépulcres de frimas: il fallait aller aux dernières limites de la mer gelée épier les troupeaux de Michabou.

« Mes hôtes avaient alors des joies si sauvages, que j'en étais moi-même épouvanté. Après une longue abstinence, avions-nous dardé un phoque, on le traînait sur la glace : la matrone la plus expérimentée montait sur l'animal palpitant, lui ouvrait la poitrine, lui arrachait le foie, et en buvait l'huile avec avidité. Tous les hommes, tous les enfants se jetaient sur la proie, la déchiraient avec les dents, dévoraient les chairs crues; les chiens, accourus au banquet, en partageaient les restes, et léchaient le visage ensanglanté des enfants. Le guerrier vainqueur du monstre recevait une part de la victime plus grande que celle des autres ; et lorsque, gonflé de nourriture, il ne se pouvait plus repaître, sa femme, en signe d'amour, le forçait encore d'avaler d'horribles lambeaux qu'elle lui enfonçait dans la bouche. Il y avait loin de là, René, à ma visite au palais de tes rois, et au souper chez l'élégante ikouessen.

« Un chef des Esquimaux vint à mourir ; on le laissa auprès de nous, dans une des chambres de la hutte où l'humidité causée par les lampes amena la dissolution du corps. Les ossements humains, ceux des dogues et les débris des poissons, étaient jetés à la porte de nos cabanes ; l'été, fondant le tombeau de glace qui croissait autour de ces dépouilles, les laissait pêle-mêle sur la terre.

« Un jour nous vîmes arriver sur un traîneau, que tiraient six chiens à longs poils, une famille alliée à celle dont j'étais l'esclave. Cette famille retourna bientôt après aux lieux d'où elle était venue ; mon maître l'accompagna et m'ordonna de le suivre.

« La tribu d'Esquimaux chez laquelle nous arrivâmes n'habitait point, comme la nôtre, dans des cabanes de neige ; elle s'était retirée dans une grotte dont on fermait l'ouverture avec une pierre. Comme on voit, au commencement de la lune voyageuse, des corneilles se réunir en bataillons dans quelque vallée, ou comme des fourmis se retirent sous une racine de chêne, ainsi cette nombreuse tribu d'Esquimaux était réfugiée dans le souterrain.

« Je fis le tour de la salle, pour chercher quelques vieillards qui sont la mémoire des peuples : le Grand-Esprit lui-même doit sa science à son éternité. Je remarquai un homme âgé, dont la tête était enveloppée dans la dépouille d'une bête sauvage. Je le saluai en lui disant : « Mon père ! » Ensuite j'ajoutai :
« Tu as beaucoup honoré tes parents, car je vois que le ciel t'a accordé une
« longue vie. En faveur de mon respect pour tes aïeux, permets-moi de m'as-
« seoir sur la natte à tes côtés. Si je savais où une douce mort a déposé les os
« de tes pères, je te les aurais apportés pour te réjouir. »

« Le vieillard souleva son bonnet de peau d'ours, et me regarda quelque temps en méditant sa réponse. Non, le bruit des ailes de la cigogne qui s'élève d'un bocage de magnolias dans le ciel des Florides est moins délicieux à l'oreille d'une vierge, que ne le furent pour moi les paroles de cet homme, lorsque je retrouvai sur ses lèvres, dans l'antre des affreux Esquimaux, le langage du prêtre divin des bords de la Seine.

« Je suis fils de la France, me dit le vieillard : lorsque nous enlevâmes aux
« enfants d'Albion les forts bâtis aux confins du Labrador, je suivais le brave
« d'Iberville. Ma tendresse pour une jeune fille des mers me retint dans ces ré-
« gions désolées, où j'ai adopté les mœurs et la vie des aïeux de celle que j'aimais. »

« Tels que dans les puits des savanes d'Atala on voit sortir des canaux souterrains l'habitant des ondes, brillant étranger que l'amour a égaré loin de sa patrie, ainsi, ô Grand-Esprit! tu te plais à conduire les hommes par des chemins qui ne sont connus que de ta providence. René, on trouve les guerriers de ton pays chez tous les peuples : les plus civilisés des hommes, ils en deviennent, quand ils le veulent, les plus barbares. Ils ne cherchent point à nous policer, nous autres Sauvages; ils trouvent plus aisé de se faire Sauvages comme nous. La solitude n'a point de chasseurs plus adroits, de combattants plus intrépides; on les a vus supporter les tourments du cadre de feu (1) avec la fortitude des Indiens mêmes, et malheureusement devenir aussi cruels que leurs bourreaux. Serait-ce que le dernier degré de la civilisation touche à la nature? Serait-ce que le Français possède une sorte de génie universel qui le rend propre à toutes les vies, à tous les climats? Voilà ce que pourrait seule décider la sagesse du père Aubry, ou du chef de la prière (2) qui corrigea l'orgueil de mon ignorance.

« Je passai la saison des neiges dans la société du vieillard demi-sauvage, à m'instruire de tout ce qui regardait les lois ou plutôt les mœurs des peuples au milieu desquels j'habitais.

« L'hiver finissait; la lune avait regardé trois mois, du haut des airs, les flots fixes et muets qui ne réfléchissaient point son image. Une pâle aurore se glissa dans les régions du midi, et s'évanouit : elle revint, s'agrandit et se colora. Un Esquimau, envoyé à la découverte, nous apprit, un matin, que le soleil allait paraître; nous sortîmes en foule du souterrain pour saluer le père de la vie. L'astre se montra un moment à l'horizon, mais il se replongea soudain dans la nuit, comme un juste qui, élevant sa tête rayonnante du séjour des morts, se recoucherait dans son tombeau à la vue de la désolation de la terre : nous poussâmes un cri de joie et de deuil.

« Le soleil parcourut peu à peu un plus long chemin dans le ciel. Des brouillards couvrirent la terre et la mer. La surface solide des fleuves se détacha des rivages; on entendit pour premier bruit le cri d'un oiseau; ensuite quelques ruisseaux murmurèrent : les vents retrouvèrent la voix. Enfin les nuages amassés dans les airs crevèrent de toutes parts. Des cataractes d'une eau troublée se précipitèrent des montagnes; des monceaux de neige tombèrent avec fracas des rocs escarpés : le vieil Océan, réveillé au fond de ses abîmes, rompit ses chaînes, secoua sa tête hérissée de glaçons, et, vomissant les flots renfermés dans sa vaste poitrine, répandit sur ses rivages les marées mugissantes.

---

(1) Les tourments que l'on fait subir aux prisonniers de guerre. — (2) Fénelon.

« A ce signal les pêcheurs du Labrador quittèrent leur caverne et se dispersèrent : chaque couple retourna à sa solitude pour bâtir son nouveau nid et chanter ses nouvelles amours. Et moi, me dérobant par la fuite à mon maître, je m'avançai vers les régions du midi et du couchant, dans l'espoir de rencontrer les sources de mon fleuve natal.

« Après avoir traversé d'immenses déserts et vécu quelques années chez des hordes errantes, j'arrivai chez les Sioux, hommes chéris des génies pour leur hospitalité, leur justice, leur piété et pour la douceur de leurs mœurs.

« Ces peuples habitent des prairies entre les eaux du Missouri et du Meschacébé, sans chef et sans loi; ils paissent de nombreux troupeaux dans les savanes.

« Aussitôt qu'ils apprirent l'arrivée d'un étranger, ils accoururent et se disputèrent le bonheur de me recevoir. Nadoué, qui comptait six garçons et un grand nombre de gendres, obtint la préférence; on déclara qu'il la méritait comme le plus juste des Sioux et le plus heureux par sa couche. Je fus introduit dans une tente de peaux de buffle, ouverte de tous côtés, supportée par quatre piquets, et dressée au bord d'un courant d'eau. Les autres tentes, sous lesquelles on apercevait les joyeuses familles, étaient distribuées çà et là dans les plaines.

« Après que les femmes eurent lavé mes pieds, on me servit de la crème de noix et des gâteaux de malomines. Mon hôte ayant fait des libations de lait et d'eau de fontaine au paisible Tébée, génie pastoral de ces peuples, conduisit mes pas à un lit d'herbe, recouvert de la toison d'une chèvre. Accablé de lassitude, je m'endormis au bruit des vœux de la famille hospitalière, aux chants des pasteurs, et aux rayons du soleil couchant, qui, passant horizontalement sous la tente, fermèrent avec leurs baguettes d'or mes paupières appesanties.

« Le lendemain je me préparai à quitter mes hôtes; mais il me fut impossible de m'arracher à leurs sollicitations. Chaque famille me voulut donner une fête. Il fallut raconter mon histoire, que l'on ne se lassait point d'entendre et de me faire répéter.

« De toutes les nations que j'ai visitées, celle-ci m'a paru la plus heureuse : ni misérable comme le pêcheur du Labrador, ni cruel comme le chasseur du Canada, ni esclave comme jadis le Natchez, ni corrompu comme l'Européen, le Sioux réunit tout ce qui est désirable chez l'homme sauvage et chez l'homme policé. Ses mœurs sont douces comme les plantes dont il se nourrit; il fuit les hivers, et, s'attachant au printemps, il conduit ses troupeaux de prairie en prairie : ainsi la voyageuse des nuits, la lune, semble garder dans les plaines du ciel les nuages qu'elle mène avec elle; ainsi l'hirondelle suit les fleurs et les beaux jours; ainsi la jeune fille, dans ses gracieuses chimères, laisse errer ses pensées de rivages en rivages et de félicités en félicités.

« Je pressais mon hôte de me permettre de retourner à la cabane de mes aïeux. Un matin, au lever du soleil, je fus étonné de voir tous les pasteurs rassemblés. Nadoué se présente à moi avec deux de ses fils, et me conduit au milieu des anciens : ils étaient assis en cercle à l'ombre d'un petit bocage d'où l'on découvrait toute la plaine. Les jeunes gens se tenaient debout autour de leurs pères.

« Nadoué prit la parole et me dit : « Chactas, la sagesse de nos vieillards a
« examiné ce qu'il y avait de mieux pour la nation des Sioux. Nous avons vu

« que le manitou de nos foyers n'allait point avec nous aux batailles, et qu'il
« nous livrait à l'ennemi, car nous ignorons les arts de la guerre. Or, vous
« avez le cœur droit; l'expérience des hommes a rempli votre âme d'excel-
« lentes choses : soyez notre chef, défendez-nous ; régnez avec la justice. Nous
« quitterons pour vous les coutumes des anciens jours; nous cesserons de for-
« mer des familles isolées ; nous deviendrons un peuple : par là vous acquerrez
« une gloire immortelle.

« Or voici ce que nous ferons : vous choisirez la plus belle des filles des Sioux.
« Chaque famille vous offrira quatre génisses de trois ans avec un fort taureau,
« sept chèvres pleines, cinquante autres donnant déjà une grande abondance
« de lait, et six chiens rapides qui pressent également les chevreuils, les cerfs et
« toutes les bêtes fauves. Nous joindrons à ces dons quarante toisons de buffles
« noirs pour couvrir votre tente. En voyant vos grandes richesses, nul ne
« pourra s'empêcher de vous réputer heureux. Que les génies vous gardent de
« rejeter notre prière ! Votre père n'est plus; votre mère dort avec lui. Vous ne
« serez qu'un étranger dans votre patrie. Si nous allions vous maudire dans
« notre douleur, vous savez que le Grand-Esprit accomplit les malédictions
« prononcées par les hommes simples. Soyez donc touché de notre peine et en-
« tendez nos paroles. »

« Frappé des flèches invisibles d'un génie, je demeurai muet au milieu de
l'assemblée. Rompant enfin le silence, je répondis : « O Nadoué, que les
« peuples honorent ! je vous dirai la vérité toute pure. Je prends à témoin les
« manitous hospitaliers du foyer où je reçus un asile, que la parole du men-
« songe n'a jamais souillé mes lèvres : vous voyez si je suis touché. Sioux des
« savanes ! jamais l'accueil que j'ai reçu de vous ne sortira de ma mémoire.
« Les présents que vous m'offrez ne pourraient être rejetés par aucun homme
« qui aurait quelque sens ; mais je suis un infortuné condamné à errer sur la
« terre. Quel charme la royauté m'offrirait-elle ? Craignez d'ailleurs de vous
« donner un maître; un jour vous vous repentiriez d'avoir abandonné la li-
« berté. Si d'injustes ennemis vous attaquent, implorez le ciel, il vous sauvera,
« car vos mœurs sont saintes.

« O Sioux ! puisqu'il est vrai que je vous ai inspiré quelque pitié, ne retenez
« plus mes pas; conduisez-moi aux rives du Meschacébé ; donnez-moi un canot
« de cyprès : que je descende à la terre des sassafras. Je ne suis point un mé-
« chant que les génies ont puni pour ses crimes; vous n'avez point à craindre
« la colère du Grand-Esprit en favorisant mon retour. Mes songes, mes veilles,
« mon repos, sont tout remplis des images d'une patrie que je pleure sans cesse.
« Je suis le plus misérable des chevreuils des bois ; ne fermez pas l'oreille à mes
« plaintes. »

« Les bergers furent attendris : le Grand-Esprit les avait faits compatissants.
Quand le murmure de la foule eut cessé, Nadoué me dit : « Les hommes sont
« touchés de vos paroles, et les génies le sont aussi. Nous vous accordons la
« pirogue du retour. Mais contractons d'abord l'alliance : rassemblons des pierres
« pour en faire un haut lieu, et mangeons dessus. »

« Or cela fut fait comme il avait été dit : le manitou de Nadoué, celui des

Sioux, celui des Natchez, reçurent le sacrifice. L'alliance accomplie et trouvée parfaitement belle par les pasteurs, je marchai avec eux pendant six jours pour arriver au Meschacébé; mon cœur tressaillait en approchant. Du plus loin que je découvris le fleuve, je me mis à courir vers lui; je m'y élançai comme un poisson qui, échappé du filet, retombe plein de joie dans les flots. Je m'écriai en portant à ma bouche l'eau sacrée :

« Te voilà donc enfin, ô fleuve qui coules dans le pays de Chactas! fleuve
« où mes parents me plongèrent en venant au monde! fleuve où je me jouais
« dans mon enfance avec mes jeunes compagnons! fleuve qui baignes la ca-
« bane de mon père et l'arbre sous lequel je fus nourri! Oui, je te reconnais!
« Voilà les osiers pliants qui croissent dans ton lit aux Natchez, et que j'avais
« accoutumé de tresser en corbeilles; voilà les roseaux dont les nœuds me
« servaient de coupe. C'est bien encore le goût et la douceur de ton onde, et
« cette couleur qui ressemble à celle du lait de nos troupeaux. »

« Ainsi je parlais dans mon transport, et les délices de la patrie coulaient déjà dans mon cœur. Les Sioux, doués de simplicité et de justice, se réjouissaient de mon bonheur. J'embrassai Nadoué et ses fils; je souhaitai toutes sortes de dons à mes hôtes, et entrant dans ma pirogue chargée de présents, je m'abandonnai au cours du Meschacébé. Les Sioux rangés sur la rive me saluaient du geste et de la voix; moi-même je les regardais en faisant des signes d'adieu, et priant les génies d'accorder leur faveur à cette nation innocente. Nous continuâmes de nous donner des marques d'amour jusqu'au détour d'un promontoire qui me déroba à la vue des pasteurs; mais j'entendais encore le son de leurs voix affaiblies, que les brises dispersaient sur les eaux, le long des rivages du fleuve.

« Maintenant chaque heure me rapprochait de ce champ paternel dont j'étais absent depuis tant de neiges. J'en étais sorti sans expérience, dans ma dix-septième lune des fleurs; j'allais y rentrer dans ma trente-troisième feuille tombée, et plein de la triste connaissance des hommes. Que d'aventures éprouvées! que de régions parcourues! que de peuples les pas de mes malheurs avaient visités! Ces réflexions roulaient dans mon esprit, et le courant entraînait ma nacelle.

« Je franchis l'embouchure du Missouri. Je vis à l'orient le désert des Casquias et des Tamarouas qui vivent dans les républiques unies; au confluent de l'Ohio, fils de la montagne Alleghany et du fleuve Monhongoballa, j'aperçus le pays des Chéroquois qui sèment comme l'Européen, et des Wabaches, toujours en guerre avec les Illinois. Plus loin je passai la rivière Blanche fréquentée des crocodiles, et l'Akensas qui se joint au Meschacébé par la rive occidentale. Je remarquai à ma gauche la contrée des Chicassas venus du midi et celle des Yazous coureurs des montagnes; à ma droite je laissai les Sélonis et les Panimas qui boivent les eaux du ciel et vivent sous des lataniers. Enfin je découvris la cime des hauts magnolias qui couronnent le village des Natchez. Mes yeux se troublèrent, mon cœur flotta dans mon sein : je tombai sans mouvement au fond de ma pirogue qui, poussée par la main du fleuve, alla s'échouer sur la rive.

« Bocages de la mort, qui couvrirez bientôt de votre ombre les cendres du vieux Chactas! chênes antiques, mes contemporains de solitude! vous savez quelles furent mes pensées, quand, revenu de l'atteinte du génie de la patrie, je me trouvai assis au pied d'un arbre et livré à une foule curieuse qui s'empressait autour de moi. Je regardais le ciel, la terre, le fleuve, les Sauvages, sans pouvoir ni parler, ni déclarer les transports de mon âme. Mais lorsqu'un des inconnus vint à prononcer quelques mots en natchez, alors, soulagé et tout en pleurs, je serre dans mes bras ma terre natale, j'y colle mes lèvres comme un amant à celles d'une amante; puis me relevant:

« Ce sont donc là les Natchez! Manitou de mes malheurs, ne me trompez-vous point encore? Est-ce la langue de mon pays que je viens d'entendre? « Mon oreille ne m'a-t-elle point déçu? »

« Je touchais les mains, le visage, le vêtement de mes frères. Je dis à la troupe étonnée : « Mes amis, mes chers amis, parlez, répétez ces mots que je « n'ai point oubliés! Parlez, que je retrouve dans votre bouche les doux ac- « cents de la patrie! O langage chéri des génies! langage dans lequel j'appris « à prononcer le nom de mon père, et que j'entendais lorsque je reposais encore « dans le sein maternel? »

« Les Natchez ne pouvaient revenir de leur surprise : au désordre de mes sens ils se persuadèrent que j'étais un homme possédé d'Athaënsic, pour quelque crime commis dans un pays lointain ; ils songeaient déjà à m'écarter, comme un sacrilége, du bois du temple et des bocages de la mort.

« La foule grossissait. Tout à coup un cri s'élève ; je pousse moi-même un cri en reconnaissant les chefs compagnons de mon esclavage dans ta patrie, et, en m'élançant dans leurs bras, nous mêlons nos pleurs d'amitié et de joie... « Chactas! Chactas ! » C'est tout ce qu'ils peuvent dire dans leur attendrissement. Mille voix répètent : « Chactas! Chactas! Génies immortels, est-ce là le « fils d'Outalissi, ce Chactas que nous n'avons point connu, et qu'on disait « enseveli au sein des flots? »

« Telles étaient les acclamations. On entendait un bruit confus semblable aux échos des vagues dans les rochers. Mes amis m'apprirent qu'arrivés à Québec sur le vaisseau, après mon naufrage, ils retournèrent d'abord chez les Iroquois, d'où ils vinrent, après trois ans, conter mes malheurs à mes parents et à mon pays. Leur récit achevé, ils me conduisirent au temple du Soleil, où je suspendis mes vêtements en offrande. De là, après m'être purifié et avant d'avoir pris aucune nourriture, je me rendis au bocage de la mort pour saluer les cendres de mes aïeux. Les vieillards m'y vinrent trouver, car la nouvelle de mon retour avait déjà volé de cabane en cabane. Plusieurs d'entre eux me reconnurent à ma ressemblance avec mon père. L'un disait : « Voilà les che- « veux d'Outalissi. » Un autre : « C'est son regard et sa voix. » Un troisième : « C'est sa démarche; mais il diffère de son aïeul par sa taille, qui est plus « élevée. »

« Les hommes de mon âge accouraient aussi, et, à l'aide de circonstances reproduites à ma mémoire, ils me rappelaient les jours de notre jeunesse; alors je retrouvais sur leurs visages des traits qui ne m'étaient point inconnus. Les matrones et les jeunes femmes ne pouvaient rassasier leur curiosité : elles m'apportaient toutes sortes de présents.

« La sœur de ma mère existait encore, mais elle était mourante : mes amis me conduisirent auprès d'elle. Lorsqu'elle entendit prononcer mon nom, elle fit un effort pour me regarder ; elle me reconnut, me tendit la main, leva les yeux au ciel avec un sourire, et accomplit sa destinée. Je me retirai l'âme en proie aux plus tristes pressentiments en voyant mon retour marqué par la mort du dernier parent que j'eusse au monde.

« Mes compagnons d'esclavage me menèrent à leur hutte d'écorce ; j'y passai la nuit avec eux. Nous y racontâmes sur la peau d'ours beaucoup de choses tirées du fond du cœur, de ces choses que l'on dit à un ami échappé d'un grand danger.

« Le lendemain, après avoir salué la lumière, les arbres, les rochers, le fleuve et toute la patrie, je désirai rentrer dans la cabane de mon père. Je la trouvai telle que l'avaient mise la solitude et les années : un magnolia s'élevait au milieu, et ses branches passaient à travers le toit ; les murs crevassés étaient recouverts de mousse, et un lierre embrassait le contour de la porte de ses mains noires et chevelues.

« Je m'assis au pied du magnolia, et je m'entretins avec la foule de mes souvenirs. « Peut-être, me disais-je, selon ma religion du désert, est-ce ma « mère elle-même qui est revenue dans sa cabane, sous la forme de ce bel « arbre ! » Ensuite je caressais le tronc de ce suppliant réfugié au foyer de mes ancêtres, et qui s'en était fait le génie domestique pendant l'ingrate absence des amis de ma famille. J'aimais à retrouver pour successeur sous mon toit héréditaire, non les fils indifférents des hommes, mais une paisible génération d'arbres et de fleurs : la conformité des destinées, qui semblait exister entre moi et le magnolia demeuré seul debout parmi ces ruines, m'attendrissait. N'était-ce pas aussi une rose de magnolia que j'avais donnée à la fille de Lopez, et qu'elle emporta dans la tombe ?

« Plein de ces pensées qui font le charme intérieur de l'âme, je songeais à rétablir ma hutte, à consacrer le magnolia à la mémoire d'Atala, lorsque j'entendis quelque bruit. Un sachem, aussi vieux que la terre, se présente sous les lierres de la porte : une barbe épaisse ombrageait son menton ; sa poitrine était hérissée d'un long poil semblable aux herbes qui croissent dans le lit des fleuves ; il s'appuyait sur un roseau ; une ceinture de joncs pressait ses reins ; une couronne de fleurs de marais ornait sa tête, un manteau de loutre et de castor flottait suspendu à ses épaules ; il paraissait sortir du fleuve, car l'eau ruisselait de ses vêtements, de sa barbe et de ses cheveux.

« Je n'ai jamais su si ce vieillard était en effet quelque antique sachem, quelque prêtre instruit de l'avenir et habitant une île du Meschacébé, ou si ce n'était pas l'ancêtre des fleuves, le Meschacébé lui-même. « Chactas, » me dit-il d'un son de voix semblable au bruit de la chute d'une onde, « cesse de méditer « le rétablissement de cette cabane. En disputeras-tu la possession contre un « génie, ô le plus imprudent des hommes ? Crois-tu donc être arrivé à la fin « de tes travaux, et qu'il ne te reste plus qu'à t'asseoir sur la natte de tes « pères ? Un jour viendra que le sang des Natchez.... »

« Il s'interrompt, agite le roseau qu'il tenait à la main, me lance des regards prophétiques, tandis que, baissant et relevant la tête, sa barbe limoneuse frappe sa poitrine. Je me prosterne aux pieds du vieillard; mais lui, s'élançant dans le fleuve, disparaît au milieu des vagues bouillonnantes.

« Je n'osai violer les ordres de cet homme ou de ce génie, et j'allai bâtir ma nouvelle demeure sur la colline où tu la vois aujourd'hui. Adario revint du pays des Iroquois; je travaillai avec lui et le vieux Soleil à l'amélioration des lois de la patrie. Pour un peu de bien que j'ai fait, on m'a rendu beaucoup d'amour.

« J'avance à grands pas vers le terme de ma carrière : je prie le ciel de détourner les orages dont il a menacé les Natchez, ou de me recevoir en sacrifice. A cette fin je tâche de sanctifier mes jours, pour que la pureté de la victime soit agréable aux génies : c'est la seule précaution que j'aie prise contre l'avenir. Je n'ai point interrogé les jongleurs : nous devons remplir les devoirs que nous enseigne la vertu, sans rechercher curieusement les secrets de la Providence. Il est une sorte de sagesse inquiète et de prudence coupable que le ciel punit. Telle est, ô mon fils, la trop longue histoire du vieux Chactas. »

LIVRE NEUVIÈME.

Le récit de Chactas avait conduit les Natchez jusqu'aux vallées fréquentées par les castors, dans le pays des Illinois. Ces paisibles et merveilleux animaux furent attaqués et détruits dans leurs retraites. Après des holocaustes offerts à Michabou, génie des eaux, les Indiens, au jour marqué par le jongleur, commencèrent à dépouiller, tous ensemble, leurs victimes. A peine le fer avait-il entr'ouvert les peaux moelleuses, qu'un cri s'élève : « Une femelle de castor ! » Les guerriers les plus fermes laissent échapper leur proie; Chactas lui-même paraît troublé.

Trois causes de guerre existent entre les Sauvages : l'invasion des terres, l'enlèvement d'une famille, la destruction des femelles de castors. Ignorant du droit public des Indiens, et n'ayant point encore l'expérience des chasseurs, René avait tué des femelles de castors. On délibère en tumulte : Ondouré veut qu'on abandonne le coupable aux Illinois pour éviter une guerre sanglante. Le frère d'Amélie est le premier à se présenter en expiation. « Je traîne partout
« mes infortunes, dit-il à Chactas; délivrez-vous d'un homme qui pèse sur la
« terre. »

Outougamiz soutint que le guerrier blanc dont il portait le manitou d'or, gage de l'amitié jurée, n'avait péché que par ignorance : « Ceux qui ont une si grande
« terreur des Illinois, s'écria-t-il, peuvent les aller supplier de leur accorder la
« paix. Quant à moi, je sais un moyen plus sûr pour l'obtenir, c'est la victoire.
« L'homme blanc est mon ami; quiconque est son ennemi est le mien. » En prononçant ces paroles, le jeune Sauvage laissait tomber sur Ondouré des regards terribles.

Outougamiz était renommé chez les Natchez pour sa candeur autant que pour son courage : ils l'avaient surnommé Outougamiz le Simple. Jamais il ne prenait la parole dans un conseil, et ses vertus ne se manifestaient que par des actions. Les chasseurs furent étonnés de la hardiesse avec laquelle il s'exprima, et de la soudaine éloquence que l'amitié avait placée sur ses lèvres : ainsi la fleur de l'hémerocale, qui referme son calice pendant la nuit, ne répand ses parfums qu'aux premiers rayons de la lumière. La jeunesse, généreuse et guerrière, applaudit aux sentiments d'Outougamiz. René lui-même avait pris sur ses compagnons sauvages l'empire qu'il exerçait involontairement sur les esprits : l'avis d'Ondouré fut rejeté; on conjura les mânes des femelles des castors; Chactas recommanda le secret; mais le rival du frère d'Amélie s'était déjà promis de rompre le silence.

Cependant on crut devoir abréger le temps des chasses : le retour précipité des guerriers étonna les Natchez. Bientôt on murmura tout bas la cause secrète de ce retour. Repoussé de plus en plus de Céluta, Ondouré se rapprocha de son ancienne amante, et chercha dans l'ambition des consolations et des vengeances à l'amour.

Durant l'absence des chasseurs, les habitants de la colonie s'étaient répandus dans les villages indiens : des aventuriers sans mœurs, des soldats dans l'ivresse, avaient insulté les femmes. Fébriano, digne ami d'Ondouré, avait tourmenté Céluta, et d'Artaguette l'avait protégée. Au retour d'Outougamiz, l'orpheline raconta à son frère les persécutions par elle éprouvées; Outougamiz les redit à René, qui, déjà défendu dans le conseil par le généreux capitaine, l'alla remercier au fort Rosalie. Un attachement, fondé sur l'estime, commença entre ces deux nobles Français. Trop touché de la beauté de Céluta, d'Artaguette cédait au penchant qui l'entraînait vers l'homme aimé de la vertueuse Indienne. Ainsi se formaient de toutes parts des liens que le ciel voulait briser, et des haines que le temps devait accroître. Un événement développa tout à coup ces germes de malheurs.

Une nuit, Chactas, au milieu de sa famille, veillait sur sa natte : la flamme du foyer éclairait l'intérieur de la cabane. Une hache teinte de sang tombe aux pieds du vieillard : sur le manche de cette hache étaient gravés l'image de deux femelles de castors, et le symbole de la nation des Illinois. Dans les cabanes des différents sachems de pareilles armes furent jetées, et les hérauts illinois, qui étaient ainsi venus déclarer la guerre, avaient disparu dans les ténèbres.

Ondouré, dans l'espoir de perdre celui qui lui enlevait le cœur de Céluta, avait fait avertir secrètement les Illinois de l'accident de la chasse. Peu importait à ce chef de plonger son pays dans un abîme de maux, s'il pouvait à la fois rendre son rival odieux à la nation, et atteindre peut-être par la chance des armes à la puissance absolue. Il avait prévu que le vieux Soleil serait obligé de marcher à l'ennemi : au défaut de la flèche des Illinois, Ondouré ne pourrait-il pas employer la sienne pour se débarrasser d'un chef importun? Akansie, mère du jeune Soleil, disposerait alors du pouvoir souverain, et par elle l'homme qu'elle adorait parviendrait facilement à la dignité d'édile, dignité qui le rendrait tuteur du nouveau prince. Enfin Ondouré, qui détestait les Français, mais qui les servait pour se faire appuyer d'eux, ne trouverait-il pas quelque moyen de les chasser de la Louisiane, lorsqu'il serait revêtu de l'autorité suprême? Maître alors de la fortune, il immolerait le frère d'Amélie, et soumettrait Céluta à son amour.

Tels étaient les desseins qu'Ondouré roulait vaguement dans son âme. Il connaissait Akansie; il savait qu'elle se prêterait à tous ses forfaits, s'il la persuadait de son repentir, si elle se pouvait croire aimée. Il affecte donc pour cette femme une ardeur qu'il ne ressent pas; il promet de sacrifier Céluta, exigeant à son tour d'Akansie qu'elle serve une ambition dont elle recueillera les fruits. La crédule amante consent à des crimes pour une caresse.

La passion de Céluta s'augmentait en silence. René était devenu l'ami d'Outougamiz. Ne serait-il pas possible à Céluta d'obtenir la main de René? Les murmures que l'on commençait à élever de toutes parts contre le guerrier blanc ne faisaient qu'attacher davantage l'Indienne à ce guerrier : l'amour se plaît au dévouement et aux sacrifices. Les prêtres ne cessaient de répéter que des signes s'étaient montrés dans les airs, la nuit de la convocation du conseil; que le serpent sacré avait disparu le jour d'une adoption funeste; que les femelles de castors avaient été tuées; que le salut de la nation se trouvait exposé par la présence d'un étranger sacrilége : il fallait des expiations. Redits autour d'elle, ces propos troublaient Céluta : l'injustice de l'accusation la révoltait, et le sentiment de cette injustice fortifiait son amour, désormais irrésistible.

Mais René ne partageait point ce penchant; il n'avait point changé de nature; il accomplissait son sort dans toute sa rigueur. Déjà la distraction qu'un long voyage et des objets nouveaux avaient produite dans son âme, commençait à perdre sa puissance : les tristesses du frère d'Amélie revenaient, et le souvenir de ses chagrins, au lieu de s'affaiblir par le temps, semblait s'accroître. Les déserts n'avaient pas plus satisfait René que le monde, et dans l'insatiabilité de ses vagues désirs, il avait déjà tari la solitude, comme il avait épuisé la société. Personnage immobile au milieu de tant de personnages en mouvement, centre de mille passions qu'il ne partageait point, objet de toutes les pensées par des raisons diverses, le frère d'Amélie devenait la cause invisible de tout : aimer et souffrir était la double fatalité qu'il imposait à quiconque s'approchait de sa personne. Jeté dans le monde comme un grand malheur, sa pernicieuse influence s'étendait aux êtres environnants : c'est ainsi qu'il y a de beaux arbres sous lesquels on ne peut s'asseoir ou respirer sans mourir.

Toutefois René ne se voyait pas sans une douleur amère, tout innocent qu'il était, la cause de la guerre entre les Illinois et les Natchez. « Quoi! se disait-il, pour prix de l'hospitalité que j'ai reçue, je livre à la désolation les cabanes de mes hôtes! Qu'avais-je besoin d'apporter à ces Sauvages le trouble et les misères de ma vie? Je répondrai à chaque famille du sang qui sera versé. Ah! qu'on accepte plutôt en réparation le sacrifice de mes jours! »

Ce sacrifice n'était plus possible que sur le champ de bataille : la guerre était déclarée, et il ne restait aux Natchez qu'à la soutenir avec courage. Le Soleil prit le commandement de la tribu de l'Aigle, avec laquelle il fut résolu qu'il envahirait les terres des Illinois. Adario demeura aux Natchez avec la tribu de la Tortue et du Serpent, pour défendre la patrie. Outougamiz fut nommé chef des jeunes guerriers qui devaient garder les cabanes. René, adopté dans la tribu de l'Aigle, devait être de l'expédition commandée par le vieux Soleil.

Le jour du départ étant fixé, Outougamiz dit au frère d'Amélie : « Tu me « quittent les sachems m'obligent à demeurer ici; tu vas marcher au combat « sans ton compagnon d'armes : c'est bien mal à moi de te laisser seul ainsi. « Si tu meurs, comment ferai-je pour l'aller rejoindre? Souviens-toi de nos « manitous dans la bataille. Voici la chaîne d'or de notre amitié, qui m'aver-« tira de tout ce que tu feras. J'aurais voulu au moins que tu eusses été mon « frère avant de me quitter. Ma sœur t'aime; tout le monde le dit; il n'y a « que toi qui l'ignores. Tu ne lui parles jamais d'amour. Comment! ne la « trouves-tu pas belle? Ton âme est-elle engagée ailleurs? Je suis Outougamiz, « qu'on appelle le Simple, parce que je n'ai point d'esprit; mais je serai « toujours heureux de t'aimer, soit que je devienne malheureux ou heureux « par toi. » Ainsi parla le Sauvage : René le pressa sur son sein, et des pleurs d'attendrissement mouillèrent ses yeux.

Bientôt la tribu se mit en marche, ayant le Soleil à sa tête. Toutes les familles étaient accourues sur son passage : les femmes et les enfants pleuraient. Céluta pouvait à peine contenir les mouvements de sa douleur, et suivait des regards le frère d'Amélie. Chactas bénit en passant son fils adoptif, et regretta de ne le pouvoir suivre. La petite Mila, à moitié confuse, cria à René : « Ne « va pas mourir! » et rentra, toute rougissante, dans la foule. Le capitaine d'Artaguette salua le frère d'Amélie lorsqu'il passa devant lui, en l'invitant à se souvenir de la gloire de la France. Ondouré fermait la marche : il devait commander la tribu, dans le cas où le vieux Soleil succomberait aux fatigues de la marche, ou sous les coups de l'ennemi.

A peine la tribu de l'Aigle s'était éloignée des Natchez, que des inquiétudes se répandirent parmi les habitants du fort Rosalie. Les colons découvrirent les traces d'un complot parmi les noirs, et l'on disait qu'il avait des ramifications chez les Sauvages. En effet, Ondouré entretenait depuis longtemps des intelligences avec les esclaves des blancs : il avait fait entendre à leur oreille le doux nom de liberté, pour se servir d'eux, si jamais ils pouvaient devenir utiles à son ambition. Un jeune nègre, nommé Imley, chef de cette association mystérieuse, cultivait une concession voisine de la cabane de Céluta et d'Outougamiz.

Ces récits sont portés à Fébriano. Le renégat, que la soif de l'or dévore, voit, dans les circonstances où se trouvent les Natchez, une possibilité de destruction dont profiteraient à la fois son avarice et sa lubricité. Fébriano recevait des présents d'Ondouré, et l'instruisait de tout ce qui se passait au conseil des Français; mais, dans l'absence de ce chef, n'ayant plus de guide, il crut trouver l'occasion de s'enrichir de la dépouille des Sauvages.

Comme un dogue que son gardien réveille, Fébriano se lève aux dénonciations de ses agents secrets : il se prépare aux desseins qu'il médite par l'accomplissement des rites de son culte abominable.

Enfermé dans sa demeure, il commence, demi-nu, une danse magique représentant le cours des astres. Il fait ensuite sa prière, le visage tourné vers le temple de l'Arabie, et il lave son corps dans des eaux immondes. Ces cérémonies achevées, le moine mahométan redevient guerrier chrétien : il enveloppe ses jambes grêles du drap funèbre des combats; il endosse l'habit blanc des soldats de la France. Une touffe de franges d'or, semblable à celle qui pendait au bouclier de Pallas, embrasse, comme une main, l'épaule gauche de Fébriano; il place sur sa poitrine un croissant d'où jaillissent des éclairs; il suspend à son baudrier une épée à la poignée d'argent, à la lame azurée, qui enfonce une triple blessure dans le flanc de l'ennemi : abaissant sur ses sourcils le chapeau de Mars, le renégat sort et va trouver Chépar.

Pareil à la tunique dévorante qui, sur le mont Œta, fit périr Hercule, l'habit du grenadier français se colle aux os du fils des Maures, et fait couler dans ses veines les poisons enflammés de Bellone. Le commandant n'a pas plutôt aperçu Fébriano, qu'il se sent lui-même possédé de la fureur guerrière, comme si le démon des combats secouait, par sa crinière de couleuvres, la tête d'une des trois Gorgones.

« Illustre chef, s'écrie Fébriano, c'est avec raison qu'on vous donne les
« louanges de prudence et de courage ; vous savez saisir l'occasion, et tandis
« que les plus braves d'entre nos ennemis sont partis pour une guerre loin-
« taine, vous jugez qu'il est à propos de se saisir des terres des rebelles. Les
« trêves sont au moment d'expirer, et vous ne prétendez pas qu'on les renou-
« velle. Vous savez de quels dangers la colonie est menacée : on soulève les
« esclaves : c'est un misérable nègre, voisin de l'habitation du conspirateur
« Adario, et de la demeure du Français adopté par Chactas; c'est Imley que
« l'on désigne comme le chef de ce complot. J'apprends avec joie que vous
« avez donné des ordres, que tout est en mouvement dans le camp, et que si
« les factieux refusent les concessions demandées, les cadavres des ennemis du
« roi deviendront la proie des vautours. »

Par ce discours plein de ruse, Fébriano évite de blesser l'orgueil de Chépar, toujours prêt à se révolter contre un conseil direct. Charmé de voir attribuer à sa prudence des choses auxquelles il n'avait pas songé, le commandant répond à Fébriano : « Vous m'avez toujours paru doué de pénétration. Oui : je con-
« naissais depuis longtemps les machinations des traîtres. Les dernières ins-
« tructions de la Nouvelle-Orléans me laissent libre : je pense qu'il est temps
« d'en finir. Allez déclarer aux Sauvages qu'ils aient à céder les terres, ou
« qu'ils se disposent à me recevoir avec les troupes de mon maître. »

Fébriano, dérobant au commandant un sourire ironique, se hâte d'aller porter aux Natchez la décision de Chépar. Le père Souël, retiré à la mission des Yazous, n'était plus au fort Rosalie pour plaider la cause de la justice, et d'Artaguette reçut l'ordre de se préparer aux combats et non aux discours.

Le conseil des sachems se rassemble : on écoute les paroles et les menaces du messager français.

« Ainsi, lui répond Chactas, vous profitez de l'absence de nos guerriers pour
« refuser le renouvellement des traités : cela est-il digne du courage de la
« noble nation dont vous vous dites l'interprète? Qu'il soit fait selon la volonté

« du Grand-Esprit! Nous désirions vivre en paix, mais nous saurons nous
« immoler à la patrie. »

Dernier essai de la modération et de la prudence! Chactas veut aller lui-même présenter encore le calumet au fort Rosalie : les sachems comptaient sur l'autorité de ses années ; ils y comptaient vainement. Les habitants de la colonie poussaient le commandant à la violence ; Fébriano l'obsédait par le récit de divers complots : dans un camp on désire la guerre, et le soldat est plus sensible à la gloire qu'à la justice. Tout précipitait donc les partis vers une première action. Non-seulement Chépar refusa la paix, mais, à l'instigation de Fébriano, il retint Chactas au fort Rosalie. « Plus ce vieillard est renommé,
« dit le commandant, plus il est utile de priver les rebelles de leur meilleur
« guide. J'estime Chactas, à qui le grand roi offrit autrefois un rang dans notre
« armée : on ne lui fera aucun mal ; il sera traité ici avec toutes sortes d'égards ;
« mais il n'ira pas donner à des factieux le moyen d'échapper au châtiment.

— « Français, dit Chactas, vous étiez destinés à violer deux fois dans ma
« personne le droit des nations! Quand je fus arrêté au Canada, on pouvait au
« moins dire que ma main maniait la hache ; mais que craignez-vous au-
« jourd'hui d'un vieillard aveugle? — Ce ne sont pas tes coups que nous crai-
« gnons, s'écrièrent à la fois les colons, mais tes conseils. »

Chépar avait espéré que la captivité de leur premier sachem, répandant la consternation parmi les Natchez, les amènerait à se soumettre au partage des terres : il en fut autrement. La rage s'empare de tous les cœurs ; on s'assemble en tumulte ; on délibère à la hâte. L'enfer, qui voit ses desseins près d'être renversés, songe à sauver le culte du Soleil de l'attaque imprévue des Français. Satan appelle à lui les esprits de ténèbres : il leur ordonne de soutenir les Natchez par tous les moyens dont il a plu à Dieu de laisser la puissance au génie du mal. Afin de donner aux Indiens le temps de se préparer, le prince des démons déchaîne un ouragan dans les airs, soulève le Meschacébé, et rend pendant quelques jours les chemins impraticables. Profitant de cette trêve de la tempête, les Natchez envoient des messagers aux nations voisines : la jeunesse s'empresse d'accourir.

Chépar n'attendait que la fin de l'orage pour marcher au grand village des Natchez. La sixième aurore ramena la sérénité, et vit les soldats français porter en avant leurs drapeaux ; mais l'inondation de la plaine contraignit l'armée à faire un long détour.

Aussitôt que la Renommée eut annoncé aux Natchez la nouvelle de l'approche de l'ennemi, l'air retentit de gémissements : les femmes fuient, emportant leurs enfants sur leurs épaules, et laissant les manitous suspendus aux portes des cabanes abandonnées. On voit s'agiter les guerriers qui n'ont eu le temps de se préparer au combat, ni par les jeûnes, ni par les potions sacrées, ni par l'étude des songes. Le cri de guerre, la chanson de mort, le son de la danse d'Areskoui, se mêlent de toutes parts. Le bataillon des Amis, la troupe des jeunes gens se dispose à descendre à la contrée des âmes : Outougamiz est à la tête de ce bataillon sacré. Outougamiz seul est triste : il n'a point son compagnon, le guerrier blanc, à ses côtés.

Céluta vient trouver son frère; elle le serre dans ses bras, elle le prie de ménager ses jours. « Songe, lui dit-elle, ô mon aigle protecteur! que je suis
« née avec toi dans le nid de notre mère. Le cygne que tu as choisi pour ami
« a volé aux rivières lointaines; Chactas est prisonnier; Adario va peut-être
« recevoir la mort; d'Artaguette est dans les rangs de l'ennemi : que me res-
« tera-t-il, si je le perds? »

— « Fille de Tabamica, répond Outougamiz, souviens-toi du repas funèbre ;
« si l'homme blanc était ici, le soin lui en appartiendrait; mais voilà son
« manitou d'or sur mon cœur; il me préservera de tout péril, car il m'a parlé
« ce matin, et m'a dit des choses secrètes. Rassure-toi donc : invoquons l'A-
« mitié et les génies qui punissent les oppresseurs. Ne crois pas que les
« Français soient les plus nombreux ; en combattant pour les os de nos pères,
« nos pères combattront pour nous. Ne les vois-tu pas ces aïeux, qui sortent
« des bocages funèbres? « Courage! nous crient-ils, courage! Ne souffrez pas
« que l'étranger viole nos cendres; nous accourons à votre secours avec les
« puissances de la nuit et de la tombe! » Crois-tu, Céluta, que les ennemis
« puissent résister à cette pâle milice? Entends-tu la Mort, qui marche à la
« tête des squelettes, armée d'une massue de fer? O Mort! nous ne redou-
« tons point ta présence : tu n'es pour nos cœurs innocents qu'un génie paisible. »

Ainsi parle Outougamiz dans l'exaltation de son âme. Céluta est entraînée dans les bois par Mila et les matrones.

Toute la force des Natchez est dans la troupe de jeunes hommes que les sachems ont placée autour des bocages de la mort. Les sachems eux-mêmes forment entre eux un bataillon qui s'assemble dans le bois, à l'entrée du temple du Soleil : la nation, ainsi divisée, s'était mise sous la protection des tombeaux et des autels. Une admiration profonde saisissait le cœur à l'aspect des vieillards armés : on voyait se mouvoir, dans l'obscurité du bois, leurs têtes chauves ou blanchies, comme les ondes argentées d'un fleuve, sous la voûte des chênes. Adario, qui commande les sachems, et qui s'élève au-dessus d'eux de toute la hauteur du front, ressemble à l'antique étendard de cette troupe paternelle. Non loin, sur un bûcher, le grand-prêtre fait des sacrifices, consulte les esprits, et ne promet que des malheurs. Ainsi, aux approches des tempêtes de l'hiver, quand la brise du soir apporte l'odeur des feuilles séchées, la corneille, perchée sur un arbre dépouillé, prononce des paroles sinistres.

Bientôt, aux yeux éblouis des Natchez, sort du fond d'une vallée la pompe des troupes françaises, semblable au feu annuel dont les Sauvages consument les herbages et qui s'étend comme un lac de feu. Indiens, à ce spectacle vous sentîtes une sorte d'étonnement furieux ; la patrie, enchantant vos âmes, les défendait de la terreur, mais non de la surprise. Vous contempliez les ondulations régulières, les mouvements mesurés, la superbe ordonnance de ces soldats. Au-dessus des flots de l'armée se hérissaient les baïonnettes, telles que ces lances du roseau, qui tremblent dans le courant d'un fleuve.

Un vieillard se présente seul devant les guerriers de la France. D'une main il tient le calumet de paix, de l'autre il lève une hache dégouttante de sang : il chante et danse à la fois, et ses chants et ses pas sont mêlés de mouvements tumultueux et paisibles. Tour à tour il invoque la fureur des jeux d'Areskoui et l'ardeur des luttes de l'amour, la terreur de la bataille des héros et le charme du combat des grâces et de la lyre. Tantôt il tourne sur lui-même en poussant des cris et lançant le tomahawk; tantôt il imite le ton d'un augure qui préside à la fête des moissons. Le visage de ce vieillard est rigide; son regard, impérieux; son front, d'airain : tout son air décèle le père de la patrie et l'enthousiaste de la liberté. On mène l'envoyé des Natchez à Chépar.

Debout au milieu d'une foule de capitaines, sans s'incliner, sans fléchir le genou, il parle ainsi au commandant des Français :

« Mon nom est Adario : de père en fils, tous mes ancêtres sont morts pour la « défense de leur terre natale. Je te viens, de la part des sachems, redemander « Chactas et te proposer une dernière fois la paix. Si j'avais été le chef de ma « nation, tu ne m'eusses vu que la hache à la main. Que veux-tu? Quels sont « tes desseins? Que t'avons-nous fait?

« Prétends-tu nous massacrer dans les cabanes où nous avons donné l'hos-« pitalité à tes pères, lorsque faibles et étrangers, ils n'avaient ni huttes pour « se garantir des frimas, ni maïs pour apaiser leur faim?

« Si tu persistes à nous opprimer, sache qu'avant que nous te cédions les « tombeaux de nos ancêtres, le soleil se lèvera où il se couche, les chênes por-« teront les fruits du noyer, et le vautour nourrira les petits de la colombe.

« Tu as violé la foi publique en arrêtant Chactas. Je n'ai pourtant pas craint « de me présenter devant toi : ou ton cœur sera rappelé à des sentiments d'é-« quité, ou tu commettras une nouvelle injustice; dans le premier cas, nous « aurons la paix; dans le second, tu combleras la mesure. Le Grand Esprit se « chargera de notre vengeance.

« Choisis : voilà le calumet de paix, fume; voici la hache de sang, frappe. »

Tel qu'un fer présenté à la forge se pénètre d'une pourpre brûlante, ainsi le visage de Chépar s'allume des feux de la colère au discours du Sauvage. L'indomptable vieillard levait sa tête au-dessus de l'assemblée émue, comme un chêne américain qui, laissé debout sur son sol natal, domine de sa tige inflexible les moissons de l'Europe flottantes à ses pieds. Alors Chépar :

« Rebelle, ce pays appartient au roi mon maître; si tu oses t'opposer au par-« tage des terres que j'ai distribuées aux habitants de la colonie, je ferai de ta « nation un exemple épouvantable. Retire-toi, de peur que je ne te fasse « éprouver le châtiment épargné à Chactas. »

— « Et moi, s'écrie Adario brisant le calumet de paix, je te déclare, au nom « des Natchez, guerre éternelle; je te dévoue toi et les tiens à l'implacable « Athaënsic. Viens faire un pain digne de tes soldats avec le sang de nos vieil-« lards, le lait de nos jeunes épouses, et les cendres de nos pères! Puissent mes « membres, quand ton fer les aura séparés de mon corps, se ranimer pour la « vengeance, mes pieds marcher seuls contre toi, ma main coupée lancer la « hache, ma poitrine éteinte pousser le cri de guerre, et jusqu'à mes cheveux, « réseau funeste, tendre autour de ton armée les inévitables filets de la mort ! « Génies qui m'écoutez! que les os des oppresseurs soient réduits en poudre, « comme les débris du calumet écrasés sous mes pieds! que jamais l'arbre de

« la paix n'étende ses rameaux sur les Natchez et sur les Français, tant qu'il
« existera un seul guerrier des deux nations, tant que les mères continueront
« d'être fécondes chez ces peuples ! »

Il dit : les démons exaucent sa prière ; ils sortent de l'abîme et remplissent les cœurs d'une rage infernale. Le jour se voile, le tonnerre gronde, les mânes hurlent dans les forêts, et les femmes indiennes entendent leur fruit se plaindre dans leur sein. Adario jette la hache au milieu des guerriers : la terre s'entr'ouvre et la dévore ; on l'entend tomber dans de noires profondeurs. Les capitaines français ne se peuvent empêcher d'admirer le courage du vieillard qui, retourné au milieu des siens, leur adresse ce discours :

« Natchez, aux armes ! Assez longtemps nous sommes restés assis sur la natte !
« Jeunesse, que l'huile coule sur vos cheveux, que vos visages se peignent,
« que vos carquois se remplissent, que vos chants ébranlent les forêts. Désen-
« nuyons nos morts !

« Il vit infâme celui qui fuit : les femmes lui présentent la pagne qui voile
« la pudeur ; il siége au conseil parmi les matrones. Mais celui qui meurt pour
« son pays, oh ! comme il est honoré ! Ses os sont recueillis dans des peaux de
« castor, et déposés au tombeau des aïeux ; son souvenir se mêle à celui de la
« religion protégée, de la liberté défendue, des moissons recueillies. Les vierges
« disent à l'époux de leur choix sur la montagne : « Assure-moi que tu seras
« semblable à ce héros. » Son nom devient la garantie de la publique félicité,
« le signal des joies secrètes des familles.

« Sois-nous favorable, Areskoui ! ton casse-tête est armé de dents de croco-
« dile ; le couteau d'escalpe est à ta ceinture ; ton haleine exhale, comme celle
« des loups, l'odeur du carnage ; tu bois le bouillon de la chair des morts dans
« le crâne du guerrier. Donne à nos jeunes fils une envie irrésistible de mourir
« pour la patrie : qu'ils sentent une grande joie lorsque le fer de l'ennemi leur
« percera le cœur ! »

Ainsi parle ou plutôt ainsi chante Adario, et les Sauvages lui répondent par des hurlements. Chacun prend son rang et attend l'ordre de la marche. Le grand-prêtre saisit une torche et se place à quelques pas en avant. Sa tunique, tachée du sang des victimes, claque dans l'air ; des serpents, qu'il a le pouvoir de charmer, sortent en sifflant de sa poitrine et s'entrelacent autour du simulacre de l'oiseau de la nuit qui surmonte sa chevelure : telle les poëtes ont peint la Discorde, entre les bataillons des Grecs et des Troyens. Le jongleur entonne la chanson de la guerre, que répète le bataillon des Amis : ainsi, sur les ondes de l'Eurotas, les cygnes d'Apollon chantaient leur dernier hymne, en se prépa-rant à rejoindre les dieux.

Alors le prince des ténèbres appelle le Temps et lui dit : « Puissance dévorante
« que j'ai enfantée, toi qui te nourris de siècles, de tombeaux et de ruines, ri-
« val de l'Éternité assise au ciel et dans l'enfer, ô Temps, mon fils ! si je t'ai
« préparé aujourd'hui une ample pâture, seconde les efforts de ton père. Tu
« vois la faiblesse de nos enfants ; leur petite troupe est exposée à une destruc-
« tion qui renverserait nos projets : vole sur les deux flancs de l'armée in-
« dienne, coupe les bois antiques, pour en faire un rempart aux Natchez : rends

« inutile la supériorité du nombre chez les adorateurs de notre implacable
« ennemi. »

Le Temps obéit ; il s'abat dans la forêt, avec le bruit d'un aigle qui engage ses ailes dans les branches des arbres : les deux armées ouïrent sa chute et tournèrent les yeux de ce côté. Aussitôt on entend retentir, dans la profondeur du désert, les coups de la hache de ce bûcheron qui sape également les monuments de la nature et ceux des hommes. Le père et le destructeur des siècles renverse les pins, les chênes, les cyprès, qui expirent avec de sourds mugissements : les solitudes de la terre et du ciel demeurent nues, en perdant les colonnes qui les unissent.

Le prodige étonne les deux armées : les Français le prennent pour le ravage d'un nouvel ouragan, les Natchez y voient la protection de leurs génies. Adario s'écrie : « Les manitous se déclarent pour les opprimés, marchons. » Tout s'ébranle. Les Français, formés en bataille, s'émerveillent de voir ces hommes demi-nus qui s'avancent en chantant contre le canon et l'étincelante baïonnette. Quel courage n'inspires-tu point, sublime amour de la patrie !

LIVRE DIXIÈME.

Déjà les Natchez s'approchaient de l'ennemi. Chépar fait un signe : le centre de l'armée se replie et démasque les foudres ; à chaque bronze se tient un guerrier avec une mèche enflammée. L'infanterie exécute un mouvement rapide : les grenadiers du premier rang tombent un genou en terre ; les deux autres rangs tournent obliquement et présentent, par les brisures de la ligne, le flanc et les armes aux Indiens. A ce mouvement, les Natchez s'arrêtent, et retiennent toutes leurs voix ; un silence et une immobilité formidables règnent des deux côtés : on n'entend que le bruit des ailes de la Mort qui plane sur les bataillons.

Lorsque l'ardente canicule engendre dans les mers du Mexique le vent pestilentiel du midi, ce vent destructeur pousse, en haletant, une haleine humide et brûlante. La nature se voile : les paysages s'agrandissent ; la lumière scarlatine des tropiques se répand sur les eaux, les bois et les plaines ; des nuages pendent en énormes fragments aux deux horizons du ciel ; un midi dévorant semble être levé pour toujours sur le monde : on croit toucher à ces temps annoncés de l'embrasement de l'univers : ainsi paraissent les armées arrêtées l'une devant l'autre, et prêtes à se charger avec furie. Mais l'épée de Chépar a brillé..... Muse, soutiens ma voix, et tire de l'oubli les noms de ces guerriers dignes d'être connus de l'avenir !

Une fumée blanche, d'où s'échappent à chaque instant des feux, enveloppe d'abord les deux armées. Une odeur de salpêtre, qui irrite le courage, s'exhale de toutes parts. On entend le cri des Indiens, la voix des chefs français, le hennissement des chevaux, le sifflement de la balle, du boulet et des bombes qui montent avec une lumière dans le ciel.

Tant que les Natchez conservent du plomb et des poudres, leurs tubes empruntés à l'Europe ne cessent de brûler dans la main de leurs chasseurs : tous les coups que dirige un œil exercé portent le deuil dans le sein de quelque famille. Les traits des Français sont moins sûrs : les bombes se croisent sans effet dans les airs, comme l'orbe empenné que des enfants se renvoient sur la raquette. Folard est surpris de l'inutilité de son art, et Chépar, de la résistance des Sauvages. Mais lorsque ceux-ci ont épuisé les semences de feu qu'ils avaient obtenues des peuples d'Albion, Adario élève la voix :

« Jeunes guerriers des tribus du Serpent et du Castor, suivez vos pères ; ils « vont vous ouvrir le chemin. » Il dit et fond à la tête des sachems sur les enfants des Gaules. Outougamiz l'entendit, et se tournant vers ses compagnons : « Amis, imitons nos pères! » Suivi de toute la jeunesse, il se précipite dans les rangs des Français.

Comme deux torrents formés par le même orage descendent parallèlement le flanc d'une montagne, et menacent la mer de leur égale fureur : ainsi les deux troupes des sachems et des jeunes guerriers attaquent à la fois les ennemis ; et comme la mer repousse ces torrents, ainsi l'armée française oppose sa barrière à l'assaut des deux bataillons. Alors commence un combat étrange. D'un côté, tout l'art de la moderne Bellone, telle qu'elle parut aux plaines de Lens, de Rocroy et de Fleurus; de l'autre, toute la simplicité de l'antique Mars, tel qu'on le vit marcher sur la colline des Figuiers et aux bords du Simoïs. Un vent rapide balaie la fumée, et le champ de bataille se découvre. La difficulté du terrain, encombré par les forêts abattues, rend l'habileté vaine et remet la victoire à la seule valeur ; les chevaux engagés entre les troncs des arbres déchirent leurs flancs ou brisent leurs pieds ; la pesante artillerie s'ensevelit dans des marais ; plus loin, les lignes de l'infanterie, rompues par l'impétuosité des Sauvages, ne peuvent se reformer sur un terrain inégal, et l'on combat partout homme à homme.

Maintenant, ô Calliope, quel fut le premier Natchez qui signala sa valeur dans cette mêlée sanglante?

Ce fut vous, fils magnanime du grand Siphane, indomptable et terrible Adario.

Les Sauvages ont raconté que sous les ombrages de la Floride, dans une île au milieu d'un lac qui étend ses ondes comme un voile de gaze, coule une mystérieuse fontaine. Les eaux de cette fontaine peuvent redresser les membres pliés par les ans (1), et rebrunir, au feu des passions, la chevelure sur la tête blanchie des vieillards. Un éternel printemps habite au bord de cette source : là, les ormeaux n'entretiennent avec le lierre que des amitiés nouvelles ; là, les chênes sont étonnés de ne compter leurs années que par l'âge des roses. Les illusions de la vie, les songes du bel âge, habitent avec les zéphyrs les feuilles de lianes qui projettent sur le cristal de la fontaine un réseau d'ombre. Les vapeurs qui s'exhalent des bois d'alentour sont les parfums de la jeunesse ; les colombes qui boivent l'eau de la source, les fleurs qu'elle arrose dans son cours, ont sans cesse des œufs dans leur nid, des boutons sur leur tige. Jamais l'astre de la lu-

(1) Tradition historique.

mière ne se couche sur ces bords enchantés, et le ciel y est toujours entr'ouvert par le sourire de l'Aurore.

Ce fut à cette fontaine, dont la renommée attira les premiers Européens dans la Floride, que le génie de la patrie alla, d'après le récit des Natchez, puiser un peu d'eau : il verse, au milieu de la bataille, quelques gouttes de cette eau sur la tête du fils de Siphane. Le sachem sent rentrer dans ses veines le sang de sa première jeunesse : ses pas deviennent rapides ; son bras s'étend et s'assouplit ; sa main reprend la fermeté de son cœur.

Il y avait, dans l'armée française, un jeune homme nommé Sylvestre, que le chagrin d'un amour sans espérance avait amené sur ces rives lointaines pour y chercher la gloire ou la mort. Le riche et inflexible Aranville n'avait jamais voulu consentir à l'hymen de son fils avec l'indigente Isabelle. Adario aperçut Sylvestre au moment où il essayait de dégager ses pieds d'une vigne rampante : le sachem, levant sa massue, en décharge un coup sur la tête de l'héritier d'Aranville : la tête se brise comme la calebasse sous le pied de la mule rétive. La cervelle de l'infortuné fume en se répandant à terre. Adario insulte par ces paroles à son ennemi :

« En vérité, c'est dommage que ta mère ne soit pas ici ! elle baignerait ton
« front dans l'eau d'esquine ! Moi qui ne suis qu'un barbare, j'ai grossièrement
« lavé tes cheveux dans ton sang ! Mais j'espère que tu pardonneras à ma débile
« vieillesse, car je te promets un tombeau... dans le sein des vautours. »

En achevant ces mots, Adario se jette sur Lesbin ; il lui enfonce son poignard entre la troisième et la quatrième côte, à l'endroit du cœur : Lesbin s'abat comme un taureau que le stylet a frappé. Le sachem lui appuie un pied sur le cou ; d'une main il saisit et tire à lui la chevelure du guerrier, de l'autre il la découpe avec une partie du crâne, et, suspendant l'horrible trophée à sa ceinture, il assaillit le brave Hubert qui l'attendait. D'un coup de son fort genou Adario lui meurtrit le flanc, et, tandis qu'Hubert se roule sur la poussière, du tranchant de sa hache, l'Indien lui abat les deux bras, et le laisse expirer rugissant.

Comme un loup qui, ayant dévoré un agneau, ne respire plus que le meurtre, le sachem vise l'enseigne Gédoin, et d'une flèche lui attache la main au bâton du drapeau français. Il blesse ensuite Adémar, le fils de Charles. Habitant des rives de la Dordogne, Adémar avait été élevé avec toute sorte de tendresse par un vieux père dont il était le seul appui, et qu'il nourrissait de l'honorable prix donné à ses armes. Mais Charles ne devait jamais presser son fils dans ses bras, au retour des pays lointains. La hache du sachem, atteignant Adémar au visage, lui enleva une partie du front, du nez et des lèvres. Le soldat reste quelque temps debout, objet affreux, au milieu de ses compagnons épouvantés : tel se montre un bouleau dont les Sauvages ont enlevé l'écorce au printemps ; le tronc mis à nu, et teint d'une sève rougie, se fait apercevoir de loin parmi les arbres de la forêt. Adémar tombe sur son visage mutilé, et la nuit éternelle l'environne.

Comme une laie de Cilicie, ou comme un tigre du désert de Sahara, qui défend ses petits, Adario, redoublant de fureur à la vue de ses propres exploits s'écrie : « Voilà comme vous périrez tous, vils étrangers ! tel est le sort que vous « réservent les Natchez ! » En même temps il arrache un mousquet à Kerbon, et lui plonge dans la bouche la baïonnette ; le triple glaive perce le palais et sort par le haut du crâne de la pâle victime, dont les yeux s'ouvrent et se ferment avec effort. Adario abandonne l'arme avec le cadavre, qui demeurent écartés et debout, comme les deux branches d'un compas.

Soulevant une pierre énorme, telle que deux Européens la porteraient à peine pour marquer la borne de quelques jeux dans une fête publique, le sachem la lance aussi légèrement qu'une flèche contre le fils de Malherbe. La pierre roule et fracasse les jambes du soldat : il frappe le sol de son front, et, dans sa douleur, mord les ronces ensanglantées. O Malherbe ! la faux de la mort te moissonne au milieu de tes belles années ! Mais tant que les Muses conserveront le pouvoir d'enchanter les peuples, ton nom vivra comme ceux des Français auxquels ton illustre aïeul donna l'immortalité !

Partout Adario se fait jour avec la hache, la massue, le poignard ou les flèches. Geblin, qu'enivre la gloire ; d'Assas, au nom héroïque ; l'imprudent d'Estaing, qui eût osé défier Mars lui-même ; Marigni, Comines, Saint-Alban, cèdent au fils de Siphane. Animés par son exemple, les Natchez viennent mugissant comme des taureaux sauvages, bondissant comme des léopards. La terre se pèle et s'écorche sous les pas redoublés et furieux des guerriers ; des tourbillons de poussière répandent de nouveau la nuit sur le champ de bataille ; les visages sont noircis ; les armes, brisées ; les vêtements, déchirés ; et la sueur coule en torrents du front des soldats.

Alors le ciel envoya l'épouvante aux Français. Fébriano, qui combattait devant le sachem, fut le premier à prendre la fuite, et les soldats, abandonnés de leurs chefs, ouvrent leurs rangs.

Adario et les sachems y pénétrèrent avec un bruit semblable à celui des flots qui jaillissent contre les épieux noircis, plantés devant les murs d'une cité maritime. Chépar, du haut d'une colline, voit la défaite de l'aile gauche de son armée ; il ordonne à d'Artaguette de faire avancer ses grenadiers. En même temps Folard, parvenu à sauver quelques bronzes, les place sur un tertre découvert, et commence à foudroyer les sachems.

Vous prévîtes le dessein du commandant des Français, vaillant frère de Céluta ! et pour sauver vos pères, vous vous élançâtes, soutenu des jeunes Indiens, contre la troupe choisie. Trois fois les compagnons d'Outougamiz s'efforcent de rompre le bataillon des grenadiers, trois fois ils se viennent briser contre la masse impénétrable.

L'ami de René s'adressant au ciel : « O génies ! si vous nous refusez la vic« toire, accordez-nous donc la mort. » Et il attaque d'Artaguette.

Deux coursiers, fils des vents, et amants d'une cavale, fille d'Éole, du plus loin qu'ils s'aperçoivent dans la plaine, courent l'un à l'autre avec des hennissements. Aussitôt que leurs haleines enflammées se mêlent, ils se dressent sur leurs jarrets, s'embrassent, couvrent d'écume et de sang leur crinière, et cherchent mutuellement à se dévorer ; puis tout à coup se quittant pour se charger de nouveau, tournant la croupe, dressant leurs queues hérissées, ils heurtent leurs soles dans les airs : des étincelles jaillissent du demi-cercle d'airain qui couvre leurs pieds homicides. Ainsi combattaient d'Artaguette et Outougamiz; tels étaient les éclairs qui partaient de l'acier de leurs glaives. La foudre dirigée par Folard les oblige à se séparer, et répand le désordre dans les rangs des jeunes Natchez.

« Tribus du Serpent et de la Tortue! s'écrie le frère de Céluta, soutenez l'as-
« saut de d'Artaguette, tandis que je vais, avec les alliés, m'emparer des ton-
« nerres. »

Il dit : les guerriers alliés marchent derrière lui deux à deux, et s'avancent vers la colline où les attend Folard. Intrépides Sauvages, si mes chants se font entendre dans l'avenir, si j'ai reçu quelque étincelle du feu de Prométhée, votre gloire s'étendra parmi les hommes aussi longtemps que le Louvre dominera les flots de la Seine; aussi longtemps que le peuple de Clovis continuera d'être le premier peuple du monde; aussi longtemps que vivra la mémoire de ces laboureurs qui viennent de renouveler le miracle de votre audace dans les champs de la Vendée (1).

Outougamiz commence à gravir la colline : bientôt il disparaît dans un torrent de feu et de fumée : tel Hercule s'élevait vers l'Olympe, dans les flammes de son bûcher ; tel sur la voie d'airain, et près du temple des Euménides, un orage ravit Œdipe au séjour des dieux. Rien n'arrête les Indiens dont le péril s'accroît à mesure qu'ils approchent des bouches dévorantes. A chaque pas la mort enlève quelques-uns des assaillants. Tanson, qui se plaît à porter un arc de cèdre, reçoit un boulet au milieu du corps; il se sépare en deux comme un épi rompu par la main d'un enfant. Kiousse, qui, prêt à s'engager dans les chaînes de l'hymen, avait déjà éteint le flambeau dans la cabane de sa maîtresse, voit ses pieds rapides soudainement écrasés ; il tombe du haut d'un roc dans une terre limoneuse, où il demeure enfoncé jusqu'à la ceinture; Tani est frappé d'un globe d'airain à la tête; son crâne emporté se va suspendre par la chevelure à la branche fleurie d'un érable.

De tous ces guerriers, Sépine suivait Outougamiz avec le plus d'ardeur. Ce héros descendait d'Œkala qui avait régné sur les Siminoles. Œkala eut trois fils : Nape, qui devançait les chevreuils à la course; Téran, qui épousa Nitianis, dont les esprits stériles fermèrent le sein; et Scoute, qui fut le dernier des trois enfants d'Œkala. Scoute eut de la chaste Nibila la charmante Elisoë et le fier Alisinape, père de Sépine. Cet ardent Sauvage avait promis à sa mère de lui apporter la chevelure du commandant des Français; mais il avait négligé de faire des sacrifices aux génies, et il ne devait plus rentrer dans la cabane de ses pères. Un boulet l'atteignit dans les parties inférieures du corps. Renversé sur la terre, il se roule dans ses entrailles. Son ami, Télaza, lui tend la main pour l'aider à se relever, mais un second boulet arrache le bras secourable qui va frapper Outougamiz.

Déjà il ne restait plus que soixante guerriers de la troupe qui escaladait la colline des foudres : ils arrivent au sommet. Outougamiz, perçant à travers les

---

(1) On voit, par ce passage, à quelle époque ce livre a été écrit.

baïonnettes que Folard oppose à ses efforts, s'élance le premier sur un canon, abat la tête du cyclope qui allait y porter la mèche, embrasse le tube, et appelle à lui les Sauvages. Là se fait un carnage épouvantable des Français et des Indiens. Folard crie aux premiers : « Quelle honte pour vous si vous étiez « vaincus ! » Outougamiz crie aux seconds : « Encore un moment de courage, « et à nous la victoire ! »

On entend le frémissement du sang qui se dessèche et s'évapore en tombant sur la machine rougie, pour la possession de laquelle on combat. Les décharges des mousquets et des batteries font de la colline un effroyable chaos. Tels sont les mugissements, les ténèbres et les lueurs de l'Etna, lorsque le volcan se réveille : un ciel d'airain, d'où tombe une pluie de cendre, s'abaisse sur les campagnes obscurcies, au milieu desquelles la montagne brûle comme un funèbre flambeau; des fleuves d'un feu violet sillonnent les plaines mouvantes; les hommes, les cités, les monuments, disparaissent, et Vulcain, vainqueur de Neptune, fait bouillonner les mers sur ses fourneaux embrasés.

Toutes les fureurs de la guerre se rassemblent autour du bronze qu'a saisi le frère de Céluta. Les Indiens tâchent d'ébranler la lourde masse, et de la précipiter du haut du coteau : les uns l'embrassent par sa bouche béante; les autres poussent avec effort les roues qui laissent dans le sol de profondes traces; ceux-ci tournent contre les Français les armes qu'ils leur ont arrachées; ceux-là se font massacrer sur le canon que souillent la moelle éparse, les cervelles fumantes, les lambeaux de chair, les fragments d'os. Chaque soldat, noirci par le salpêtre, est couvert du sang de ses amis et de ses ennemis. On se saisit par les cheveux; on s'attaque avec les pieds et les mains : tel a perdu les bras qui se sert de ses dents pour combattre : c'est comme un festin de la mort. Déjà Folard est blessé; déjà l'héroïsme de quelques Sauvages l'emporte sur tout l'art européen, lorsqu'un grenadier parvient à mettre le feu au tube. Aussitôt la couleuvre de bronze dégorge ses entrailles avec un dernier rugissement : sa destinée étant accomplie, elle éclate, mutile, renverse, tue la plus grande partie des guerriers qui l'environnent. L'on n'entend qu'un cri, suivi d'un silence formidable.

Comme deux flottes puissantes, se disputant l'empire de Neptune, se rencontrent à l'embouchure de l'antique Égyptus; le combat s'engage à l'entrée de la nuit. Bientôt un vaisseau s'enflamme par sa poupe pétillante : à la lueur du mouvant incendie on distingue la mer semblable à du sang et couverte de débris : la terre est bordée des nations du désert; les navires, ou démâtés, ou rasés au niveau des vagues, dérivent en brûlant. Tout à coup le vaisseau en feu mugit; son énorme carcasse crève, et lance jusqu'au ciel les tubes d'airain, les pins embrasés et les cadavres des matelots : la nuit et le silence s'étendent sur les ondes. Outougamiz reste seul de toute sa troupe, après l'explosion du foudre. Il se voulait jeter parmi les Français; mais le génie de l'amitié lui fait au fond du cœur cette réprimande : « Où cours-tu, insensé? de quel fruit ta « mort peut-elle être maintenant à ta patrie? Réserve ce sacrifice pour une « occasion plus favorable, et souviens-toi que tu as un ami. » Ému par ces tendres sentiments, le fils de Tabamica bondit du haut de la colline, va se plonger dans le fleuve, et, ranimé par la fraîcheur de l'onde, il rejoint les guerriers qui n'avaient cessé de combattre contre d'Artaguette.

Les sachems, aussi prudents qu'intrépides, craignant d'être coupés dans leur retraite, s'étaient réunis aux bataillons de leurs fils. Tous ensemble soutenaient à peine les efforts de Beaumanoir, qui, du côté des Français, obtenait l'honneur de la journée. Beaumanoir avait pour ancêtre ce fameux chevalier breton qui but son sang au combat des Trente. Douze générations séparaient Beaumanoir de cette source illustre : Étienne, Matthieu, Charles, Robert, Geoffroy, le second Étienne, Paul, François, qui mourut à Jarnac; George le Balafré, Thomas, François deuxième du nom, et Jean le Solitaire, qui habitait le donjon d'où l'on découvre la colline isolée (1) que couronnent les ruines d'un temple druidique.

Armé d'un casse-tête à l'instar de l'ennemi, Beaumanoir ravage les rangs des Natchez : Adario soutient à peine sa furie. Déjà le vieux Nabal, le riche Lipoé, qui possédait deux cents peaux de castors, trente arcs de bois de merisier et trois cabanes ; Ouzao, de la tribu du Serpent ; Arimat, qui portait un aigle d'azur sur son sein, une perle à sa lèvre, et une couronne de plumes sur sa tête : tous ces guerriers avaient péri sous les ongles de ce fier lion, Beaumanoir.

On remarquait dans l'armée des Natchez un sachem redouté, le robuste Nipane ; trois fils secondaient son courage : Tanilien aux oreilles découpées, Masinaïke, favori de sa mère, et le grand Ossani. Les trois Nipanides, s'avançant à la tête des Sauvages, lançaient leurs flèches contre les Français et se retiraient ensuite à l'abri de la valeur de leur père. Comme un serpent à la peau changeante, à la queue sonore, reposant aux ardeurs du soleil, veille sur ses enfants qui se jouent autour de lui ; si quelque bruit vient à se faire entendre, les jeunes reptiles se réfugient dans la bouche de leur mère ; l'amour les renferme de nouveau dans le sein dont l'amour les fit sortir : tel était Nipane et ses fils.

Au moment où les trois frères allaient attaquer Beaumanoir, Beaumanoir fond sur eux comme le milan sur des colombes. Nipane, qui observe le mouvement du guerrier français, s'avance pour secourir les objets de sa vigilante tendresse. Privé d'une victoire qu'il regardait comme assurée, le soldat breton se tourne vers le sachem, et l'abat d'un coup de massue.

A la vue de Nipane terrassé, les Natchez poussent un cri : Tanilien Masinaïke et Ossani lancent à la fois leurs flèches contre le meurtrier de leur père. Beaumanoir se baisse pour éviter la mort, et, se jetant sur les jeunes Sauvages, il les immole.

Nipane, revenu de son évanouissement, répandant le sang par les yeux et par les narines, ne peut, heureux dans son infortune, apercevoir ses fils étendus à ses côtés. « O mes fils! dit-il d'une voix mourante, sauvez mon corps de la
« rage des Français. Est-il rien de plus pitoyable qu'un sachem renversé par
« Areskoui? Les ennemis comptent ses cheveux blancs et insultent à son ca-
« davre : Insensé, disent-ils, pourquoi quittais-tu le bâton de chêne? Ils le dé-

(1) Le Mont-Dol.

« pouillent et plaisantent entre eux sur les restes inanimés du vieillard. » Nipane expire, parlant en vain à ses fils, et, arrivé chez les morts, il gémit de retrouver ces mêmes fils qui l'ont précédé dans la tombe.

Le grand-prêtre, armé d'une torche ardente, rallie les Sauvages autour du corps de Nipane. Adario et Outougamiz enlèvent le cadavre; mais Beaumanoir saisit d'une main le sachem, l'oblige à lâcher sa proie, tandis que de l'autre main il lève la massue. Adario recule et détourne le coup. Alors le ciel marque à la fois la fin de la gloire et de la vie de Beaumanoir. D'un revers de sa hache, Adario fend le côté de son ennemi : le Breton sent l'air entrer dans sa poitrine par un chemin inconnu, et son cœur palpiter à découvert. Ses yeux deviennent blancs; il tord les lèvres; ses dents craquent; la massue échappe à sa main; il tombe : la vie l'abandonne; ses membres se raidissent dans la mort.

Adario s'élançant sur Beaumanoir pour lui enlever la chevelure : « A moi, Natchez! s'écrie-t-il, Nipane est vengé ! » Les Sauvages jettent de grandes clameurs, et reviennent à l'attaque. Du côté des Français, les tambours battent la charge, la musique et les clairons retentissent : d'Artaguette, faisant baisser la baïonnette à ses grenadiers, s'avance pour protéger le corps de son loyal compagnon d'armes. La mêlée devient horrible : Lameck reçoit au-dessous des côtes un coup d'épée, comme il saisissait par les pieds le cadavre de Beaumanoir. La membrane qui soutenait les entrailles de Lameck est rompue; elles s'affaissent dans les aines, lesquelles se gonflent comme une outre. L'Indien se pâme avec d'accablantes douleurs, et un dur sommeil ferme ses yeux.

Le sort du noble Yatzy ne fut pas moins déplorable : ce guerrier descendait des rois Yendats, qui avaient régné sur les grands lacs. Lorsque les Iroquois envahirent la contrée de ses pères, sa mère le sauva dans une peau d'ours, et l'emportant à travers les montagnes, elle devint suppliante aux foyers des Natchez. Élevé sur ces bords étrangers, Yatzy déploya au sortir de l'enfance la générosité d'un roi et la vaillance de ses ancêtres. Sa hutte était ouverte à tous les infortunés, car il l'avait été lui-même : la solitude n'avait point de cœur plus hospitalier.

Yatzy voit dans les rangs ennemis un Français qu'il avait reçu jadis sur la natte : le fils de l'exil prenant à sa ceinture un calumet de paix, s'avance pour renouveler l'alliance de la cabane; mais le Français, qui ne le reconnaît pas, lui appuie un pistolet sur la poitrine : le coup part; la balle fracasse la moelle épinière; Yatzy, enveloppé d'une nuit soudaine, roule aux pieds de son hôte. Son âme, égarée sur ses lèvres, est prête à s'envoler vers celui qui reçoit le voyageur fatigué.

Transporté de colère, Siégo, autre banni des bois canadiens; Siégo, qui était né sous un savanier (car sa mère fut surprise des douleurs de l'enfantement en allant à la fontaine), Siégo prétend tirer une vengeance éclatante du sort que vient d'éprouver son ami. Insensé qui courait lui-même à sa perte! une balle lancée au hasard lui crève le réservoir du fiel. Le guerrier sent aussitôt sur sa langue une grande amertume; son haleine expirante fait monter, comme par le jeu d'une pompe, le sang qui vient bouillonner à ses lèvres. Ses genoux chancellent; il s'affaisse doucement sur l'infortuné Yatzy qui, d'un dernier mouvement convulsif, le serre dans ses bras : ainsi l'abeille se repose dans le calice de la miraculeuse dionée ; mais la fleur se referme sur la fille du ciel, et l'étouffe dans un voile parfumé.

Les Indiens à leur tour arrachent à la vie une foule de Français, et sarclent le champ de bataille. A la supériorité de l'art, ils opposent les avantages de la nature : leurs coups sont moins nombreux, mais ils portent plus juste. Le climat ne leur est point un fardeau ; les lieux où ils combattent sont ceux où ils s'exercèrent aux jeux de leur enfance ; tout leur est arme, rempart ou appui ; ils nagent dans les eaux, ils glissent ou ils volent sur la terre. Tantôt cachés dans les herbes, tantôt montés sur les chênes, ils rient du boulet qui passe sur leur tête ou sous leurs pieds. Leurs cris, leurs chants, le bruit de leurs chichikoués et de leurs fifres, annoncent un autre Mars, mais un Mars non moins redoutable que celui des Français. Les cheveux rasés ou retroussés des Indiens, les plumes et les ornements qui les décorent, les couleurs qui peignent le visage du Natchez, les ceintures où brille la hache, où pend le casse-tête et le couteau d'escalpe, contrastent avec la pompe guerrière européenne. Quelquefois les Sauvages attaquent tous ensemble, remplissant l'espace qui les sépare des ennemis, de gestes et de danses héroïques ; quelquefois ils viennent un à un combattre un adversaire qu'ils ont remarqué comme étant le plus digne d'éprouver leur valeur.

Outougamiz se distingue de nouveau dans cette lutte renaissante. On le prendrait pour un guerrier échappé récemment au repos de ses foyers, tant il déploie de force et d'ardeur. Le tranchant de sa hache était fait d'un marbre aiguisé avec beaucoup de soin par Akomanda, aïeul du jeune héros. Ce marbre avait ensuite été inséré, comme une greffe, dans la tige fendue d'un plant de cormier : l'arbuste, en croissant, s'était refermé sur la pierre ; et, coupé à une longueur de flèche, il était devenu un instrument de mort dans la main des guerriers.

Outougamiz fait tourner l'arme héréditaire autour de sa tête, et, la laissant échapper, elle va, d'un vol impétueux, frapper Valbel au-dessous de l'oreille gauche : la vertèbre est coupée. Le soldat ami de la joie penche la tête sur l'épaule droite, tandis que son sang rougit son bras et sa poitrine : on dirait qu'il s'endort au milieu des coupes de vin répandues, comme il voulait faire dans les orgies d'un festin.

Le rapide Sauvage suit la hache qu'il a lancée, la reprend, et en décharge un coup effroyable sur Bois-Robert, dont la poitrine s'ouvre comme celle d'une blanche victime sous le couteau du sacrificateur. Bois-Robert, avait pour aïeul ce guerrier qui escalada les rochers de Fécamp. Il comptait à peine dix-sept années : sa mère assise sur le rivage de France, avait longtemps regardé, en répandant des pleurs, le vaisseau qui emportait le fils de son amour. Outougamiz est tout à coup frappé de la pâleur du jeune homme, de la grâce de cette chevelure blonde qui ombrage un front décoloré, et descend, second voile, sur des yeux déjà recouverts de leurs longues paupières.

« Pauvre nonpareille, lui dit-il, qui te revêtais à peine d'un léger duvet,
« te voilà tombée de ton nid ! Tu ne chanteras plus sur la branche ! Puisse
« ta mère, si tu as une mère, pardonner à Outougamiz ! Les douleurs d'une

« mère sont bien grandes. Hélas! tu étais à peu près de mon âge! Et moi aussi,
« il me faudra mourir; mais les esprits sont témoins que je n'avais aucune
« haine contre toi; je n'ai fait ce mal qu'en défendant la tombe de ma mère. »
Ainsi vous parliez, naïf et tendre Sauvage; les larmes roulaient dans vos yeux.
Bois-Robert entendit votre simple éloge funèbre, et il sourit en exhalant son
dernier soupir.

Tandis que, vaincus et vainqueurs, les Français et les Natchez continuent de
toute part le combat, Chépar ordonne aux légers dragons de mettre pied à
terre, d'écarter les arbres et les morts pour ouvrir un passage à la pesante cavalerie et au bataillon helvétique. L'ordre est exécuté. On roule avec effort, on
soulève, avec des leviers faits à la hâte, le tronc des chênes, les débris des canons et des chars : un écoulement est ouvert aux eaux dont le fleuve a inondé
la plaine.

De paisibles castors, dans les vallons solitaires, s'empressent à finir un commun ouvrage : les uns scient des bouleaux et les abattent sur le courant d'une
onde, afin d'en former une digue; les autres traînent sur leur queue les matériaux destinés aux architectes; les palais de la Venise du désert s'élèvent; des
artisans de luxe en tapissent les planchers avec une fraîche verdure, et préparent les salles du bain, tandis que des constructeurs bâtissent plus loin, au
bord du lac, les agréables châteaux de la campagne. Cependant de vieux castors pleins d'expérience dirigent les travaux de la république, font préparer
les magasins de vivres, placent des sentinelles avancées pour la sûreté du peuple,
récompensent les citoyens diligents, et exilent les paresseux : ainsi l'on voyait
travailler les Français sur le champ des combats. Partout se forment des pyramides où les guerriers moissonnés par le fer sont entassés au hasard : les
uns ont le visage tourné vers la terre, qu'ils pressent de leurs bras raidis; les
autres laissent flotter leurs chevelures sanglantes du haut des pyramides funèbres, comme les plantes humides de rosée pendent du flanc des roches; ceux-ci sont tournés sur le côté; ceux-là semblent regarder le ciel de leurs yeux hagards, et sur leurs traits immobiles la mort a fixé les convulsions de la vie
fugitive. Des têtes séparées du tronc, des membres mutilés, remplissent les
vides de ces trophées; du sang épaissi cimente ces épouvantables monuments
de la rage des hommes et de la colère du ciel. Bien différents s'élèvent dans
une riante prairie, au milieu des ruisseaux et des doux ombrages, ces monceaux d'herbes et de fleurs tombées sous la faux de l'homme champêtre : Flore,
un rateau à la main, invite les bergers à danser à la fête printanière; et les
jeunes filles, avec leurs compagnes, se laissent rouler en folâtrant du sommet
de la meule embaumée.

La trompette sonne, et la cavalerie se précipite dans les chemins qui lui sont
ouverts. Un bruit sourd s'élève de la terre, que l'on sent trembler sous ses pas.
Des batteries soudainement démasquées mugissent à la fois. Les échos des forêts multiplient la voix de ces tonnerres, et le Meschacébé y répond en battant
ses rives. Satan mêle à ce tumulte des rumeurs surnaturelles qui glaceraient
d'effroi les cœurs les plus intrépides. Jamais tel bruit n'avait été ouï, depuis le
jour où le Chaos, forcé de fuir devant le Créateur, se précipita aux confins des

mondes arrachés de ses entrailles; un fracas plus affreux ne se fera point entendre, lorsque la trompette de l'ange, réveillant les morts dans leur poussière, tous les tombeaux s'ouvriront à la fois, et reproduiront la race pâlissante des hommes. Les légions infernales répandues dans les airs obscurcissent le soleil; les Indiens crurent qu'il s'allait éteindre. Tremblantes sur leurs bases, les Andes secouèrent leurs glaçons, et les deux Océans soulevés menacèrent de rompre l'isthme qui joint l'une et l'autre Amérique.

Suivi de ses centaures, Causans plonge dans les rangs des Natchez. Comme, dans une colonie naissante, un laboureur, empruntant de son voisin des poulains et des cavales, les fait entrer dans une grange où les gerbes de froment sont régulièrement étendues; des enfants, placés au centre de l'aire, contraignent par leurs cris joyeux les paisibles animaux à fouler les richesses rustiques : une charmante harmonie règne entre la candeur des enfants, l'innocence des dons de Cérès, et la légèreté des jeunes poulains qui bondissent sur les épis, en suivant leurs mères : Causans et ses chevaux homicides broient sous leurs pas une moisson de héros. Et, comme des abeilles dont un ours a découvert les trésors dans le creux d'un chêne se jettent sur le ravisseur et le percent de leur aiguillon, ainsi, ô Natchez! le poignard à la main, vous résistez aux cavaliers et à leur chef, fils du brave Henri et de l'aimable Laure.

Les chevaux percés de flèches bondissent, se cabrent, secouent leur crinière, frottent leur bouche écumante contre leur pied raidi, ou lèvent leurs naseaux sanglants vers le ciel; superbes encore dans leur douleur guerrière, soit qu'ils aient renversé leurs maîtres, soit qu'ils les emportent à travers le champ de bataille.

Peut-être, dans l'ardeur dont les combattants étaient animés, tous les Français et tous les Indiens allaient périr, si, des bords entr'ouverts du firmament, Catherine des Bois, qui voyait ce massacre, n'eût levé les mains vers le trône du Tout-Puissant. Une voix divine se fit entendre : « Vierge compatissante, cessez vos douleurs; ma miséricorde viendra après ma justice. Mais bientôt « l'auteur de tous ces maux va suspendre lui-même, afin de mieux favoriser « ses projets, la fureur des guerriers. »

Ainsi retentirent dans l'éternité ces paroles qui tombèrent de soleil en soleil, et descendirent, comme une chaîne d'or, jusqu'aux abîmes de la terre.

En même temps le roi des enfers, jugeant le combat arrivé au point nécessaire pour l'accomplissement de ses desseins, songe à séparer les combattants.

Il vole à la grotte où le démon de la nuit se cache pendant que le soleil anime la nature. La reine des ténèbres était alors occupée à se parer. Les Songes plaçaient des diamants dans sa chevelure azurée; les Mystères couvraient son front d'un bandeau, et les Amours, nouant autour d'elle les crêpes de son écharpe, ne laissaient paraître qu'une de ses mamelles, semblable au globe de la lune : pour sceptre, elle tenait à la main un bouquet de pavots. Tantôt elle souriait dans un profond silence, tantôt elle faisait entendre des chants comme ceux du rossignol; la volupté rouvrait sans cesse ses yeux, qu'un doux sommeil fermait sans cesse; le bruit de ses ailes imitait le murmure d'une source ou le frémissement du feuillage; les zéphyrs naissaient de son haleine.

Ce démon de la nuit avait toutes les grâces de l'ange de la nuit; mais, comme celui-ci, il ne présidait point au repos de la vertu, et ne pouvait inspirer que des plaisirs ou des crimes.

Jamais le monarque des ombres n'avait vu sa fille aussi charmante. « Ange « ravissant, lui dit-il, il n'est pas temps de vous parer : quittez ces brillants « atours, et prenez votre robe des tempêtes. Vous savez ce que vous me devez : « vous n'étiez pas avant la chute de l'homme, et vous avez pris naissance « dans mes ténèbres. »

La Nuit, fille obéissante, arrache ses ornements : elle se revêt de vapeurs et de nuages, comme lorsqu'elle veut favoriser des amours funestes ou les noirs complots de l'assassin. Elle attelle à son char deux hiboux qui poussent des cris dolents et lamentables : conduite par le prince des enfers, elle arrive sur le champ de bataille.

Soudain les guerriers cessent de se voir, et ne portent plus dans l'ombre que des coups inutiles. Le ciel ouvre ses cataractes; un déluge, se précipitant des nues, éteint les salpêtres de Mars. Les vents agitent les forêts ; mais cet orage est sans tonnerre, car Jéhovah s'est réservé les trésors de la grêle et de la foudre.

Le combat cesse : Chépar fait sonner la retraite : l'armée française se replie confusément dans l'obscurité, et rétrograde vers ses retranchements. Chaque chef suit avec sa troupe le chemin qu'il croit le plus court, tandis que des soldats égarés tombent dans les précipices, ou se noient dans les torrents.

Alors la Nuit, déchirant ses voiles et calmant ses souffles, laisse descendre une lueur incertaine sur le champ du combat où les Indiens étaient demeurés épars. Aux reflets de la lune, on apercevait des arbres brisés par les bombes et les boulets, des cadavres flottants dans le débordement du Meschacébé, des chevaux abattus ou errant à l'aventure, des caissons, des affûts et des canons renversés, des armes et des drapeaux abandonnés, des groupes de jeunes Sauvages immobiles, et quelques sachems isolés, dont la tête chauve et mouillée jetait une pâle lumière. Ainsi, du haut de la forteresse de Memphis, quand le Nil a surmonté ses rivages, on découvre, au milieu des plaines inondées, quelques palmiers à demi déracinés, des ruines qui sortent du sein des flots, et le sommet grisâtre des Pyramides.

Bientôt ce qui reste des tribus se retire vers les bocages de la mort. Outougamiz, en pénétrant dans l'enceinte sacrée, entrevoit, assis sur un tombeau, un guerrier couvert de sang. Le frère de Céluta s'arrête : « Qui es-tu ? dit-il : es-tu « l'âme de quelque guerrier tombé aujourd'hui sous le tomahawk d'Areskoui, « en défendant les foyers de nos pères ? »

L'ombre inclinée ne répond point; le grand-prêtre survient et s'avance vers le fantôme avec des évocations. Les Sauvages le suivent. Soudain un cri : « Un homme blanc! un homme blanc! »

D'Artaguette, blessé dans le combat et perdu dans la nuit, s'était réfugié aux tombeaux des Sauvages. Outougamiz reconnaît le Français contre lequel il a combattu, le Français protecteur de Céluta, le Français ami de René. Touché des malheurs de d'Artaguette, et désirant le sauver, il le réclame comme son prisonnier. « Je ne souffrirai point, s'écrie-t-il, que l'on brûle ce suppliant.

« Quoi! il aurait vainement demandé l'hospitalité aux tombeaux de nos aïeux?
« il aurait en vain cherché la paix dans le lieu où toutes les guerres finissent?
« Et que dirait René du pays de l'Aurore, le fils adoptif du sage Chactas, cet
« ami qui m'a donné la chaîne d'or? « Va, me dirait-il, homme cruel, cherche
« un autre compagnon pour errer dans les vallées; je ne veux point de com-
« merce avec les vautours qui déchirent les infortunés. » Non! non! je ne des-
« cendrai point chez les morts avec un pareil grain noir dans le collier de ma
« vie. »

Ainsi parlait le frère de Céluta. L'inexorable Adario ordonne que l'on saisisse le guerrier blanc, et qu'il soit réservé au supplice du feu. Chactas avait fait abolir cet affreux usage; mais le vénérable sachem était prisonnier au fort Rosalie, et les Indiens irrités n'écoutaient que la vengeance. Les femmes qui avaient perdu leurs fils dans le combat entouraient l'étranger en poussant des hurlements : telles les ombres se pressaient autour d'Ulysse, dans les ténèbres Cimmériennes, pour boire le sang des victimes; tels les Grecs chantaient autour du bûcher de la fille d'Hécube, immolée aux mânes de l'impitoyable Achille.

LIVRE ONZIEME.

Sur une colline, à quelque distance du champ de bataille, s'élevait un sycomore dont la cime était couronnée : tous les soirs des milliers de colombes se venaient percher sur ses rameaux desséchés. Ce fut au pied de cet arbre que le commandant de l'armée française résolut de passer la nuit, et d'assembler le conseil des officiers pour délibérer sur le parti qui restait à prendre.

Le bûcher du bivouac est allumé; des sentinelles sont placées à diverses distances, et les chefs arrivent aux ordres de Chépar. Ils forment un cercle autour du foyer des veilles. On voyait, à la lueur des flammes, les visages fatigués et poudreux, les habits déchirés et sanglants, les armes demi-brisées, les casques fracassés, les chapeaux percés de balles, et tout le noble désordre de ces vaillants capitaines, tandis que les colombes, fidèles à leur retraite accoutumée, loin de fuir les feux, se venaient reposer avec les guerriers.

La résistance inattendue des Sauvages avait effrayé le commandant du fort Rosalie : il commençait à craindre de s'être laissé trop emporter à l'humeur intéressée des colons. Il avait livré le combat sans en avoir reçu l'ordre précis du gouverneur de la Louisiane, et avant l'arrivée des troupes annoncées d'Europe. Un nombre assez considérable de soldats et plusieurs officiers étaient restés sur le champ de bataille : l'absence du capitaine d'Artaguette alarmait.

L'opinion des chefs, rassemblés autour de Chépar, était partagée : les uns voulaient continuer le combat au lever du jour; les autres prétendaient que le châtiment infligé aux Sauvages était assez sévère : il s'agissait moins, disaient-ils, d'exterminer ces peuples, que de les soumettre; sans doute les Indiens seraient disposés à un arrangement, et dans tous les cas la suspension des hostilités donnerait aux Français le temps de recevoir des secours.

Fébriano ne parut point à ce conseil : sa conduite sur le champ de bataille lui fit craindre la présence de ses valeureux compagnons d'armes : c'était dans les secrètes communications avec Chépar que le renégat espérait reprendre son influence et son crédit.

Le feu du bivouac ne jetait plus que des fumées ; l'aube blanchissait l'orient ; les oiseaux commençaient à chanter ; le conseil n'avait point encore fixé ses résolutions. Tout à coup retentit l'appel d'une sentinelle avancée ; on voit courir des officiers : la grand'garde fait le premier temps des feux. Un parti de jeunes Indiens, commandés par cet Outougamiz dont l'armée française avait admiré la valeur, se présentait au poste. Ces guerriers s'arrêtent à quelque distance ; de leurs rangs sort un jeune homme, pâle, la tête nue, portant un uniforme français taché de sang : c'était d'Artaguette. Il s'appuyait sur le bras d'une négresse qui allaitait un enfant : on le reçut à l'avant-garde ; les Indiens se retirèrent.

Conduit au général, d'Artaguette parla de la sorte devant le conseil :

« Blessé vers la fin du combat, le brave grenadier Jacques me porta hors de « la mêlée. Jacques était blessé lui-même ; je le forçai de se retirer : il obéit « à mes ordres, mais dans le dessein de m'aller chercher des secours. La nuit « ayant fait cesser le combat, je parvins à me traîner à ce cimetière des Indiens, « qu'ils appellent les bocages de la mort : là je fus trouvé par le jongleur : on « me condamna au supplice des prisonniers de guerre. Outougamiz me voulut « en vain sauver : sa sœur, non moins généreuse, fit ce qu'il n'avait pu faire. « La loi indienne permet à une femme de délivrer un prisonnier, en l'adop- « tant ou pour frère ou pour mari. Céluta a rompu mes liens ; elle a déclaré « que j'étais son frère : elle réserve sans doute l'autre titre à un homme plus « digne que moi de le porter.

« Les Indiens, dont je suis devenu le fils adoptif, m'ont chargé de paroles de « paix. Outougamiz, mon frère sauvage, m'a escorté jusqu'à l'avant-garde de « notre armée ; une négresse appelée Glazirne, que j'avais connue au fort Ro- « salie, et qui se trouvait aux Natchez, m'a prêté l'appui de son bras pour ar- « river au milieu de vous. Je ne dirai point au général que j'étais opposé à la « guerre : il a dû, dans son autorité et dans sa sagesse, décider ce qui conve- « nait le mieux au service du roi ; mais je pense que les Natchez étant aujour- « d'hui les premiers à parler de paix, l'honneur de la France est à couvert. « Les Indiens m'ont accordé la vie et rendu la liberté. Chactas peut être changé « contre moi : je serai glorieux d'avoir servi de rançon à ce vieillard illustre. »

Le sang et le courage du capitaine d'Artaguette étaient encore plus éloquents que ses paroles : un murmure flatteur d'applaudissements se répandit dans le conseil. Chépar vit un moyen de se tirer avec honneur du pas dangereux où il s'était engagé : il déclara que puisque les Sauvages imploraient une trêve, il consentait à la leur accorder, leur voulant apprendre qu'on n'avait jamais recours en vain à sa clémence. Chactas, qu'on envoya chercher au fort Rosalie, conclut une suspension d'armes qui devait durer un an, et dans le cours de laquelle des sachems expérimentés et de notables Français s'occuperaient à régler le partage des terres.

Quelques jours suffirent pour donner la sépulture aux morts; une nature vierge et vigoureuse eut bientôt fait disparaître dans les bois les traces de la fureur des hommes ; mais les haines et les divisions ne firent que s'accroître. Tous ceux qui avaient perdu des parents ou des amis sur le champ de bataille respiraient la vengeance : les Indiens, rendus plus fiers par leur résistance, étaient impatients de redevenir entièrement libres; les habitants de la colonie, trompés dans leur premier espoir, convoitaient plus que jamais les concessions dont ils se voyaient privés; et Chépar, humilié d'avoir été arrêté par des Sauvages, se promettait, quand il aurait réuni de nouveaux soldats, de faire oublier le mauvais succès d'une démarche précipitée.

Cependant on ne recevait aux Natchez aucune nouvelle du Soleil et de son armée : les messagers envoyés au Grand-Chef pour l'instruire de l'attaque des Français n'étaient point revenus. L'inquiétude commençait à se répandre, et l'on remarquait dans Akansie une agitation extraordinaire.

Toute la tendresse de Céluta, qui n'était plus alarmée pour Outougamiz sorti du combat couvert de gloire, s'était portée sur le frère d'Amélie. Outougamiz aurait déjà volé vers René, s'il n'eût été occupé, par ordre des sachems, à donner les fêtes de l'hospitalité aux guerriers des tribus alliées qui s'étaient trouvés au combat. Outougamiz disait à sa sœur : « Sois tranquille; mon ami « aura triomphé comme moi : c'est à son manitou que je dois la victoire ; le « mien l'aura sauvé de tous les périls. »

Outougamiz jugeait par la force de son amitié de la puissance de son génie tutélaire : il jugeait mal.

Une nuit, un Indien détaché du camp du Soleil annonça le retour de la tribu de l'Aigle; La nouvelle se répand dans les cabanes; les familles s'assemblent sous un arbre, à la lueur des flambeaux, pour écouter les cris d'arrivée : Outougamiz et Céluta sont les premiers au rendez-vous.

On entend d'abord le cri d'avertissement de l'approche des guerriers : toutes les oreilles s'inclinent, toutes les têtes se penchent en avant, toutes les bouches s'entr'ouvrent, tous les yeux se fixent, tous les visages expriment le sentiment confus de la crainte et de l'espérance.

Après le cri d'avertissement commencent les cris de mort. Chactas comptait à haute voix ces cris, répétés autant de fois qu'il y avait de guerriers perdus : la nation répondit par une exclamation de douleur. Chaque famille se demande si elle n'a point fourni quelque victime au sacrifice; si un père, un frère, un fils, un mari, un amant, ne sont point descendus à la contrée des âmes : Céluta tremblait et Outougamiz paraissait pétrifié.

Les cris de guerre succédèrent aux cris de mort ; ils annonçaient la quantité de chevelures enlevées à l'ennemi, et le nombre des prisonniers faits sur lui. Ces cris de guerre excédant les cris de mort, une exclamation de triomphe se prolongea dans les forêts.

La tribu de l'Aigle parut alors, et défila entre deux rangs de flambeaux. Les spectateurs cherchaient à découvrir leur bonheur ou leur infortune : on vit tout d'abord que le vieux Soleil manquait; et Outougamiz et sa sœur n'aperçurent point le frère d'Amélie. Céluta, défaillante, fut à peine soutenue dans les bras d'Outougamiz, aussi consterné qu'elle. Mila se cacha en disant : « Je lui avais « recommandé de ne pas mourir! »

Ondouré, qui remplaçait le Soleil dans le commandement des guerriers, marchait d'un air victorieux. Il salua la Femme-Chef, qui, au lieu de jouir de l'avénement de son fils au pouvoir suprême, semblait troublée par quelque remords. Averti de ce qui se passait, Chactas gardait une contenance douloureuse et sévère.

A mesure que la troupe s'avançait vers le grand village, les chefs adressaient quelques mots aux diverses familles : « Ton fils s'est conduit dans la « bataille comme un buffle indompté, » disait un guerrier à un père; et le père répondait : « C'est bien. » « Ton fils est mort, » disait un autre guerrier à une mère; et la mère répondait en pleurant : « C'est égal. »

Le conseil des sachems s'assemble : Ondouré, appelé devant ce conseil, fait le récit de l'expédition. Selon ce récit, les Natchez avaient trouvé les Illinois venant eux-mêmes attaquer les Natchez : dans le combat produit par cette rencontre, la victoire s'était déclarée en faveur des premiers, mais malheureusement le Soleil était tombé mort, percé d'une flèche. « Quant au coupable « auteur de cette guerre, ajouta Ondouré, resté au pouvoir de l'ennemi, il « expie à présent même, dans le cadre de feu, le châtiment dû à son sacrilége. »

Ondouré aurait bien voulu accuser de lâcheté son rival; mais René, blessé trois fois en défendant le Soleil, avait fait si publiquement éclater sa valeur aux yeux des Sauvages, qu'Ondouré même fut obligé de rendre témoignage à cette valeur.

« Devenu chef des guerriers, reprit-il, j'aurais poursuivi ma victoire, si l'un « de vos messagers ne m'eût apporté la nouvelle de l'attaque des Français : j'ai « commandé la retraite, et suis accouru à la défense de nos foyers. »

Pendant le récit d'Ondouré, la Femme-Chef avait donné des signes d'un trouble extraordinaire : on la vit rougir et pâlir. D'après quelques mots échappés à son coupable amant, lorsqu'il marcha aux Illinois, Akansie ne douta point que la flèche lancée contre le vieux Soleil ne fût partie de la main d'Ondouré. Le criminel lui-même se vint bientôt vanter auprès de la jalouse Indienne, d'avoir fait commencer le règne du jeune Soleil. « Ma passion pour vous « m'a emporté trop loin peut-être : disposez de moi, et ne songez qu'à établir « votre puissance. » Ondouré espérait se faire nommer édile par le crédit de la Femme-Chef, et gouverner la nation comme tuteur du souverain adolescent.

La mort du vieux Soleil opérait une révolution dans l'État : en lui expirait un des trois vieillards qui avaient aboli la tyrannie des anciens despotes des Natchez. Il ne restait plus que Chactas et Adario, tous deux au moment de disparaître.

Chactas conçut des soupçons sur le genre de mort de son ami : on ne disait point de quel côté la flèche avait frappé le chef centenaire; on ne rapportait point le corps de ce vénérable chef, bien qu'on eût obtenu la victoire. Un bruit courait parmi les guerriers de la tribu de l'Aigle, que le Soleil avait été blessé par derrière, qu'il était tombé sur le visage, et que, longtemps défendu à terre par le guerrier blanc, l'un et l'autre, indignement abandonnés, étaient demeurés vivants aux mains de l'ennemi.

Ce bruit n'avait que trop de fondement; telle était l'affreuse vérité; René et le Soleil avaient été faits prisonniers. Les Illinois se consolèrent de leur défaite en se voyant maîtres du Grand-Chef des Natchez : non poursuivis dans leur retraite, ils emmenèrent paisiblement leurs victimes.

Après un mois de marche, de repos et de chasse, ils arrivèrent à leur grand village : là, les prisonniers devaient être exécutés. Par un raffinement de barbarie, on avait pris soin de panser les blessures du frère d'Amélie et du Soleil : les captifs étaient gardés jour et nuit, avec les précautions que le démon de la cruauté inspire aux peuples de l'Amérique.

Lorsque les Illinois découvrirent leur grand village, ils s'arrêtèrent pour préparer une entrée triomphante. Le chef de la troupe s'avança le premier en jetant les cris de mort. Les guerriers venaient ensuite rangés deux à deux : ils tenaient, par l'extrémité d'une corde, René et le chef des Natchez, à moitié nus, les bras liés au-dessus du coude.

Le cortége parvint ainsi sur la place du village : une foule curieuse s'y trouvait déjà assemblée; cette foule se pressait; s'agitait, dansait autour du vieux Soleil et de son compagnon : telles, dans un soir d'automne, d'innombrables hirondelles voltigent autour de quelques ruines solitaires; tels les habitants des eaux se jouent dans un rayon d'or qui pénètre les vagues du Meschacébé, tandis que les fleurs des magnolias, détachées par le souffle de la brise, tombent en pluie sur la surface de l'onde.

Lorsque l'armée et tous les Sauvages furent réunis dans le lieu de douleur, le grand-prêtre donna le signal du prélude des supplices, appelé, par l'horrible Athaënsic (1), *les caresses aux prisonniers.*

Aussitôt les Indiens, rangés sur deux lignes, frappent avec des bâtons de cèdre le chef des Natchez : celui-ci, sans hâter sa marche, passe entre ses bourreaux, comme un fleuve qui roule la lenteur de ses flots entre deux rives verdoyantes. René s'attendait à voir tomber la victime; il ignorait que ces maîtres en supplice évitaient de porter les coups aux parties mortelles, afin de prolonger leurs plaisirs. « Vénérable sachem, s'écriait le frère d'Amélie, quelle « destinée ! Moi, je suis jeune; je puis souffrir; mais vous ! »

Le Soleil répondit : « Pourquoi me plains-tu? je n'ai pas besoin de ta pitié. « Songe à toi; rappelle tes forces. L'épreuve du feu commencera par moi, « parce que je suis un chêne desséché sur ma tige et propre à m'embraser rapi- « dement. J'espère jeter une flamme dont la lumière éclairera ma patrie et ré- « chauffera ton courage. »

Après ces traitements faits à la vieillesse, le jeune Français eut à supporter les mêmes barbaries; ensuite les deux prisonniers furent conduits dans une cabane, où on leur prodigua tous les secours et tous les plaisirs : l'oiseau de Minerve canadienne brise le pied de ses victimes, et les engraisse dans son aire durant les beaux jours, pour les dévorer dans la saison des frimas.

La nuit vint : René, couvert de blessures, était couché sur une natte à l'une des extrémités de la cabane. Des gardes veillaient à la porte. Une femme vêtue

(1) La vengeance

de blanc, une couronne de jasmin jaune sur la tête, s'avance dans l'ombre ; on entendait couler ses larmes. « Qui es-tu ? » dit René en se soulevant avec peine. « Je suis *la Vierge des dernières amours* (1), répondit l'Indienne. Mes « parents ont demandé pour moi la préférence, car ils haïssent Venclao que « j'aime. Voilà pourquoi je pleure à ton chevet : je m'appelle Nélida. »

René répondit dans la langue des Sauvages : « Les baisers d'une bouche « qui n'est point aimée sont des épines qui percent les lèvres. Nélida, va re-« trouver Venclao ; dis-lui que l'étranger des sassafras a respecté ton amour et « ton malheur. » A ces mots, la fille des Illinois s'écria : « Manitou des « infortunés, écoute ma prière ! Fais que ce prisonnier échappe au sort qu'on « lui réserve ! Il n'a point flétri mon sein ! puisse sa bien-aimée lui être attachée « comme l'épouse de l'alcyon, qui porte aux rayons du soleil son époux lan-« guissant sous le poids des années ! »

En achevant ces paroles, *la Vierge des dernières amours* prit les fleurs de jasmin qui couvraient ses cheveux et les déposa sur le front de René : mœurs extraordinaires dont la trame semble être tissue par les Muses et par les Furies.

« Couronnée de ta main, » dit le jeune homme à Nélida, « la victime sera « plus agréable au Grand-Esprit. » René, depuis longtemps, avait assez de la vie ; content de mourir, il offrait au ciel les tourments qu'il allait endurer pour l'expiation de ceux d'Amélie.

Dans ce moment les gardes entrèrent, et la fille des Illinois se retira.

Elle vint, l'heure des supplices : les Indiens racontèrent que l'astre de la lumière, épouvanté, ne sortit point ce jour-là du sein des mers, et qu'Athaënsic, déesse des vengeances, éclaira seule la nature. Les prisonniers furent conduits au lieu de l'exécution.

Le chef des Natchez est attaché à un poteau, au pied duquel s'élevait un amas d'écorces et de feuilles séchées : le frère d'Amélie est réservé pour la dernière victime. Le grand-prêtre paraît au milieu du cercle que formait la foule autour du poteau : il tient à la main une torche, qu'il secoue en dansant. Bientôt il communique le feu au bûcher : on eût cru voir un de ces sacrifices offerts par les anciens Grecs sur les bords de l'Hellespont : le mont Ida, le Xante et le Simoïs pleuraient Astyanax et les ruines fumantes d'Ilion.

On brûle d'abord les pieds du vieillard, aussi tranquille au feu du bûcher que s'il eût été assis, aux rayons du matin, à la porte de sa cabane. Le sachem chante au milieu des tourments qui le conduisent à la tombe, comme l'époux répète le cri d'hyménée, en s'approchant du lit nuptial. Les bourreaux, irrités, épuisent la fécondité de leur infernal génie. Ils enfoncent dans les plaies de l'ami de Chactas des éclisses de pin enflammées, et lui crient : « Éclaire-nous donc maintenant, ô bel astre (2) ! » Tel un soleil, couronnant son front du feu le plus doux, se couche au milieu du concert de la nature : ainsi parut aux Illinois la victime rayonnante.

Athaënsic souffle sa rage dans les cœurs. un jongleur, qu'une louve avait nourri dans un antre du Niagara, se précipite sur le sachem, lui arrache la

(1) Voyez, pour l'explication de cet usage, l'épisode d'*Atala*. — (2) Historique.

peau de la tête, et répand des cendres rougies sur le crâne découvert du vieillard. La douleur abat le chef des Natchez aux pieds de ses ennemis.

Bientôt réveillé d'un évanouissement dont il s'indigne, il saisit un tison, appelle et défie ses persécuteurs : cantonné au milieu de son bûcher, il est un moment la terreur de toute une armée. Un faux pas le livre de nouveau aux inventeurs des tortures : ils se jettent sur le vieillard ; la hache coupe ces pieds qui visitaient la cabane des infortunés, ces mains qui pansaient les blessures. On roule un tronc encore vivant sur la braise, dont la violence sert de remède aux plaies de la victime et les cicatrise, tandis que le sang fume sur les charbons, comme l'encens dans un sacrifice.

Le chef n'a pas succombé ; il écarte encore de ses regards les guerriers les plus proches, et fait reculer les bourreaux. Moins effrayant est le serpent dont le voyageur a séparé les anneaux avec un glaive : le dragon mutilé s'agite aux pieds de son ennemi, soufflant sur lui ses poisons, le menaçant de ses ardentes prunelles, de sa triple langue et de ses longs sifflements.

« René ! » s'écrie enfin le vieillard d'une voix qui semble avoir redoublé de force, « je vais rejoindre mes pères ! Je ne me suis livré à ces actions qu'afin
« de t'encourager à mourir, et de te montrer ce que peut un homme lorsqu'il
« veut exercer toute la puissance de son âme. Pour l'honneur de ta nouvelle
« patrie, imite mon exemple. »

Il expire. Il avait accompli un siècle : sa vertu antique, cultivée si longtemps sur la terre, s'épanouit aux rayons de l'éternité, comme l'aloès américain qui, au bout de cent printemps, ouvre sa fleur aux regards de l'aurore.

LIVRE DOUZIÈME.

Le courage du chef des Natchez avait exalté la fureur des Illinois. Ils s'écriaient, pleins de rage : « Si nous n'avons pu tirer un mugissement de ce vieux buffle, voici un jeune cerf qui nous dédommagera de nos peines. » Femmes, enfants, sachems, tous s'empressent au nouveau sacrifice : le génie des vengeances sourit aux tourments et aux larmes qu'il prépare.

Sur une habitation américaine que gouverne un maître humain et généreux, de nombreux esclaves s'empressent à recueillir la cerise du café : les enfants la précipitent dans des bassins d'une eau pure ; les jeunes Africaines l'agitent avec un râteau pour détacher la pulpe vermeille du noyau précieux, ou étendent sur des claies la récolte opulente. Cependant le maître se promène sous des orangers, promettant des amours et du repos à ses esclaves qui font retentir l'air des chansons de leur pays : ainsi les Illinois s'empressent, sous les regards d'Athaënsic, à recueillir une nouvelle moisson de douleurs. En peu de temps l'ouvrage se consomme, et le frère d'Amélie, dépouillé par les sacrificateurs, est attaché au pilier du sacrifice.

Au moment où le flambeau abaissait sa chevelure de feu pour la répandre sur les écorces, des tourbillons de fumée s'élèvent des cabanes voisines :

parmi des clameurs confuses on entend retentir le cri des Natchez; un parti de cette nation portait la flamme chez les Illinois. L'épouvante et la confusion se mettent dans la foule assemblée autour du frère d'Amélie; les jongleurs prennent la fuite; les femmes et les enfants les suivent : on se disperse sans écouter la voix des chefs, sans se réunir pour se défendre. Dans la terreur dont les esprits sont frappés, la petite troupe des Natchez pénètre jusqu'au lieu du sang. Un jeune chef, la hache à la main, devance ses compagnons. Qui déjà ne l'a nommé? C'est Outougamiz. Il est au bûcher; il a coupé les liens funestes!

Toutes les paroles de tendresse et de pitié prêtes à s'échapper de son âme, par lui sont étouffées. Rien n'est fait encore : René n'est pas sauvé; un seul instant de retard le peut perdre. Revenus de leur première frayeur, les Illinois se sont aperçus du petit nombre des Natchez; ils se rassemblent avec des cris et entourent la troupe libératrice. Les efforts de cette troupe lui ouvrent un chemin; mais que peuvent douze guerriers contre tant d'ennemis? En vain les Natchez ont placé au milieu d'eux le frère d'Amélie : ses blessures le rendent boiteux et pesant; sa main percée d'une flèche ne peut lever la hache, et presque à chaque pas il va mesurer la terre.

Outougamiz charge le frère d'Amélie sur ses épaules; le fardeau sacré semble lui avoir donné des ailes : le frère de Céluta glisse sur la pointe des herbes; on n'entend ni le bruit de ses pas, ni le murmure de son haleine. D'une main il retient son ami, de l'autre il frappe et combat. A mesure qu'il s'avance vers la forêt voisine, ses compagnons tombent un à un à ses côtés : quand il pénétra avec René dans la forêt, il restait seul.

Déjà la nuit était descendue; déjà Outougamiz s'était enfoncé dans l'épaisseur des taillis, où, déposant René parmi de longues herbes, il s'était couché près de lui : bientôt il entend des pas. Les Illinois allument des flambeaux qui éclairent les plus sombres détours du bois.

René veut adresser les paroles de sa tendre admiration au jeune Sauvage, mais celui-ci lui ferme la bouche : il connaissait l'oreille subtile des Indiens. Il se lève, trouve avec joie que le frère d'Amélie a repris quelque force, lui ceint les reins d'une corde, et l'entraîne au bas d'une colline qui domine un marais.

Les deux infortunés cherchent un asile au fond de ce marais : tantôt ils plongent dans le limon qui bouillonne autour de leur ceinture; tantôt ils montrent à peine la tête au-dessus des eaux. Ils se frayent une route à travers les herbes aquatiques qui entravent leurs pieds comme des liens, et parviennent ainsi à de hauts cyprès, sur les genoux (1) desquels ils se reposent.

Des voix errantes s'élèvent autour du marais. Des guerriers se disaient les uns aux autres : « Il s'est échappé. » Plusieurs soutenaient qu'un génie l'avait délivré. Les jeunes Illinois se faisaient de mutuels reproches, tandis que des sachems assuraient qu'on retrouverait le prisonnier, puisqu'on était sur ses traces; et ils poussaient des dogues dans les roseaux. Les voix se firent entendre ainsi quelque temps : par degré elles s'éloignèrent, et se perdirent enfin dans la profondeur des forêts.

(1) On appelle genoux du cyprès chauve les grosses racines qui sortent de terre.

Le souffler efroidi de l'aube engourdit les membres de René; ses plaies étaient déchirées par les buissons et les ronces, et de la nudité de son corps découlait une eau glacée : la fièvre vint habiter ses os, et ses dents commencèrent à se choquer avec un bruit sinistre. Outougamiz saisit René de nouveau, le réchauffa sur son cœur, et quand la lumière du soleil eut pénétré sous la voûte des cyprès, elle trouva le Sauvage tenant encore son ami dans ses bras.

Mère des actions sublimes! toi qui, depuis que la Grèce n'est plus, as établi ta demeure sur les tombeaux indiens, dans les solitudes du Nouveau-Monde! toi qui, parmi ces déserts, es pleine de grandeur, parce que tu es pleine d'innocence! Amitié sainte, prête-moi tes paroles les plus fortes et les plus naïves, ta voix la plus mélodieuse et la plus touchante, tes sentiments exaltés, tes feux immortels, et toutes les choses ineffables qui sortent de ton cœur, pour chanter les sacrifices que tu inspires! Oh! qui me conduira aux champs des Rutules, à la tombe d'Euryale et de Nisus, où la Muse console encore des mânes fidèles! Tendre divinité de Virgile, tu n'eus à soupirer que la mort de deux amis : moi j'ai à peindre leur vie infortunée.

Qui dira les douces larmes du frère d'Amélie? qui fera voir ses lèvres tremblantes où son âme venait errer? qui pourra représenter sous l'abri d'un cyprès, parmi des roseaux, Outougamiz, sa chaîne d'or, manitou de l'amitié, serrée à triple nœud sur sa poitrine; Outougamiz soutenant dans ses bras l'ami qu'il a délivré, cet ami couvert de fange et de sang, et dévoré d'une fièvre ardente? que celui qui le peut exprimer nous rende le regard de ces deux hommes, quand, se contemplant l'un l'autre en silence, les sentiments du ciel et du malheur rayonnaient et se confondaient sur leur front. Amitié! que sont les empires, les amours, la gloire, toutes les joies de la terre, auprès d'un seul instant de ce douloureux bonheur?

Outougamiz, par cet instinct de la vertu qui fait deviner le crime, avait ajouté peu de foi au récit d'Ondouré; ce qu'il recueillit de la bouche des divers guerriers augmenta ses doutes. Dans tous les cas, René était mort ou pris, et il fallait ou lui donner la sépulture, ou le délivrer des flammes.

Outougamiz cache ses desseins à Céluta : il n'avertit qu'une troupe de jeunes Natchez qui consentent à le suivre. Il se dépouille de tout vêtement, et ne garde qu'une ceinture pour être plus léger; il peint son corps de la couleur des ombres, ceint le poignard, s'arme du tomahawk (1), attache sur son cœur la chaîne d'or, suspend de petits pains de maïs à son côté, jette l'arc sur son épaule, et rejoint dans la forêt ses compagnons. Il se glisse avec eux dans les ténèbres : arrivé au Bayouc des Pierres, il le traverse, aborde la rive opposée, pousse le cri du castor qui a perdu ses petits, bondit, et il disparaît dans le désert.

Huit jours entiers il marche, ou plutôt il vole : pour lui plus de sommeil, pour lui plus de repos. Ah! le moment où il fermerait la paupière ne pourrait-il pas être le moment même qui lui ravirait son ami? Montagnes, précipices, rivières, tout est franchi : on dirait un aimant qui cherche à se réunir à l'objet qui l'attire à travers les corps qui s'opposent à son passage. Si l'excès

(1) Hache.

de la fatigue arrête le frère de Céluta, s'il sent, malgré lui, ses yeux s'appesantir, il croit entendre une voix qui lui crie du milieu des flammes : « Outou-« gamiz! Outougamiz ! où est le manitou que je t'ai donné? » A cette voix intérieure, il tressaille, se lève, baise la chaîne d'or, et reprend sa course.

La lenteur avec laquelle les Illinois retournèrent à leurs villages donna le temps à Outougamiz d'arriver avant la consomption de l'holocauste. Ce Sauvage n'est plus le simple, le crédule Outougamiz : à sa résolution, à son adresse, à la manière dont il a tout prévu, tout calculé, on prendrait ce soldat pour un chef expérimenté. Il sauve René, mais en perdant ses nobles compagnons, troupe d'amis qui offre à l'amitié ce magnanime sacrifice ! il sauve René, l'entraîne dans les marais; mais que de périls il reste encore à surmonter !

Le lieu où les deux amis se reposèrent d'abord étant trop voisin du rivage, Outougamiz résolut de se réfugier sous d'autres cyprès qui croissaient au milieu des eaux : lorsqu'il voulut exécuter son dessein, il sentit toute sa détresse. Un peu de pain de maïs n'avait pu rendre les forces à René ; ses douleurs s'étaient augmentées, ses plaies s'étaient rouvertes; une fièvre pesante l'accablait, et l'on ne s'apercevait de sa vie qu'à ses souffrances.

Accablé par ses chagrins et ses travaux, affaibli par la privation presque totale de nourriture, le frère de Céluta eût eu besoin pour lui-même des soins qu'il prodiguait à son ami. Mais il ne s'abandonna point au désespoir; son âme, s'agrandissant avec les périls, s'élève comme un chêne qui semble croître à l'œil, à mesure que les tempêtes du ciel s'amoncellent autour de sa tête. Plus ingénieux dans son amitié qu'une mère indienne qui ramasse de la mousse pour en faire un berceau à son fils, Outougamiz coupe des joncs avec son poignard, en forme une sorte de nacelle, parvient à y coucher le frère d'Amélie, et, se jetant à la nage, traîne après lui le fragile vaisseau qui porte le trésor de l'amitié.

Outougamiz avait été au moment d'expirer de douleur; il se sentit près de mourir de joie, lorsqu'il aborda la cyprière. « Oh ! » s'écria-t-il en rompant alors pour la première fois le silence, « il est sauvé ! Délicieuse nécessité de mon « cœur ! pauvre colombe fugitive ! te voilà donc à l'abri des chasseurs ! Mais, « René, je crains que tu ne me veuilles pas pardonner, car c'est moi qui suis « la cause de tout ceci, puisque je n'étais point auprès de toi dans la bataille. « Comment ai-je pu quitter mon ami qui m'avait donné un manitou sur mon « berceau? C'est fort mal, fort mal à toi, Outougamiz ! »

Ainsi parlait le Sauvage ; la simplicité de ses propos, en contraste avec la sublimité de ses actions, firent sortir un moment René de l'accablement de la douleur : levant une main débile et des yeux éteints, il ne put prononcer que ces mots : « Te pardonner ! »

Outougamiz entre sous les cyprès : il coupe les rameaux trop abaissés, il écarte des genoux de ces arbres les débris des branches : il y fait un doux lit avec des cimes de joncs pleins d'une moelle légère ; puis, attirant son ami sur ce lit, il le recouvre de feuilles séchées : ainsi un castor, dont les eaux ont inondé les premiers travaux, prend son nourrisson et le transporte dans la chambre la plus élevée de son palais.

Le second soin du frère de Céluta fut de panser les plaies du frère d'Amélie.

Il sépare deux nœuds de roseaux, puise un peu d'eau du marais, verse cette eau d'une coupe dans l'autre pour l'épurer, et lave les blessures, dont il a sucé d'abord le venin. La main d'un fils d'Esculape, armé des instruments les plus ingénieux, n'aurait été ni plus douce, ni plus salutaire que la main de cet ami. René ne pouvait exprimer sa reconnaissance que par le mouvement de ses lèvres. De temps en temps l'Indien lui disait avec inquiétude : « Te fais-je mal ? « te trouves-tu un peu soulagé ? » René répondait par un signe qu'il se sentait soulagé, et Outougamiz continuait son opération avec délices.

Le Sauvage ne songeait point à lui : il avait encore quelque reste de maïs. Il le réservait pour René. Outougamiz ne faisait qu'obéir à un instinct sublime, et les plus belles actions n'étaient chez lui que l'accomplissement des facultés de sa vie. Comme un charmant olivier nourri parmi les ruisseaux et les ombrages laisse tomber, sans s'en apercevoir, au gré des brises, ses fruits mûrs sur les gazons fleuris, ainsi l'enfant des forêts américaines semait, au souffle de l'amitié, ses vertus sur la terre, sans se douter des merveilleux présents qu'il faisait aux hommes.

Rafraîchi et calmé par les soins de son libérateur, René sentit ses paupières se fermer, et Outougamiz tomba lui-même dans un profond sommeil, à ses côtés : les anges veillèrent sur le repos de ces deux hommes, qui avaient trouvé grâce auprès de celui qui dormit dans le sein de Jean.

Outougamiz eut un songe. Une jeune femme lui apparut : elle s'appuyait en marchant sur un arc détendu, entouré de lierre comme un thyrse ; un chien la suivait. Ses yeux étaient bleus ; un sourire sincère entr'ouvrait ses lèvres de rose : son air était un mélange de force et de grâce. Presque nue, elle ne portait qu'une ceinture plus belle que celle de Vénus. Outougamiz se figurait lui tenir ce discours :

« Étrangère, j'avais planté un érable sur le sol de la hutte où je suis né :
« voilà que pendant mon absence, de méchants manitous ont blessé son écorce
« et ont fait couler sa sève. Je cherche des simples dans ces marais pour les ap-
« pliquer sur les plaies de mon érable. Dis-moi où je trouverai la feuille du
« savinier. »

D'une voix paisible l'Indienne paraissait répondre à Outougamiz : « En vé-
« rité, je dis qu'il connaîtra toutes les ruses de la sagesse, l'homme qui pourra
« pénétrer celle de votre amitié. Ne craignez rien ; j'ai dans le jardin de mon
« père des simples pour guérir tous les arbres, et en particulier les érables
« blessés. »

En prononçant ces paroles, qu'Outougamiz croyait entendre, l'Indienne, fille du songe, prit un air de majesté : sa tête se couronna de rayons ; deux ailes blanches bordées d'or ombragèrent ses épaules divines. L'extrémité d'un de ses pieds touchait légèrement la terre, tandis que son corps flottait déjà dans l'air diaphane.

« Outougamiz, semblait dire le brillant fantôme, élève-toi par l'adversité Que
« les vertus de la nature te servent d'échelons pour atteindre aux vertus plus
« sublimes de la religion de cet homme à qui tu as dévoué ta vie : alors je revien-
« drai vers toi, et tu pourras compter sur les secours de l'ange de l'Amitié. »

Ainsi parle la vision au jeune Natchez plongé dans le sommeil. Un parfum d'ambroisie, embaumant les lieux d'alentour, répand la force dans l'âme du frère de Céluta, comme l'huile sacrée qui fait les rois ou prépare l'âme du mourant aux béatitudes célestes.

En même temps le rêve devient magnifique : le séraphin, dont il produit l'image, poussant la terre de son pied comme un plongeur qui remonte du fond de l'abîme, s'élève dans les airs.

Cette vertu calme ne se meut point avec la rapidité des messagers qui portent les ordres redoutables du Tout-Puissant ; son assomption vers la région de l'éternelle paix est mesurée, grave et majestueuse. Aux champs de l'Europe un globe lumineux, arrondi par la main d'un enfant des Gaules, perce lentement la voûte du ciel; aux champs de l'Inde l'oiseau du paradis flotte sur un nuage d'or, dans le fluide azuré du firmament.

Outougamiz se réveille; la voix du héron annonçait le retour de l'aurore : le frère de Céluta se sentait tout fortifié par son rêve et par son sommeil. Après quelques moments employés à rassembler ses idées, l'Indien, rappelant et les périls passés et les dangers à venir, se lève pour commencer sa journée. Il visite d'abord les blessures de René, frotte les membres engourdis du malade avec un bouquet d'herbes aromatiques, partage avec lui quelques morceaux de maïs, change les joncs de la couche, renouvelle l'air en agitant les branches des cyprès, et replace son ami sur de frais roseaux; on eût dit d'une matrone laborieuse qui arrange au matin sa cabane, ou d'une mère qui donne de tendres soins à son fils.

Ces choses de l'amitié étant faites, Outougamiz songe à se parer avant d'accomplir les desseins qu'il méditait. Il se mire dans les eaux, peigne sa chevelure, et ranime ses joues décolorées avec la pourpre d'une craie précieuse. Ce Sauvage avait tout oublié dans son héroïque entreprise, hors le vermillon des fêtes, mêlant ainsi l'homme et l'enfant, portant la gravité du premier dans les frivolités du second, et la simplicité du second dans les occupations du premier : sur l'arbre d'Atalante, le bouton parfumé qui sert d'ornement à la jeune fille grossit auprès de la pomme d'or qui rafraîchit la bouche du voyageur fatigué.

La nature avait placé dans le cœur d'Outougamiz l'intelligence qu'elle a mise dans la tête des autres hommes : le souffle divin donnait à la Pythie des vues de l'avenir moins claires et moins pénétrantes, que l'esprit dont il était animé ne découvrait au frère de Céluta les malheurs qui pouvaient menacer son ami. Saisissant le Temps corps à corps, l'Amitié forçait ce mystérieux Protée à lui révéler ses secrets.

Outougamiz, ayant pris ses armes, dit au nouveau Philoctète couché dans son antre, mais que l'amitié des déserts, plus fidèle que celle des palais, n'avait point trahi : « Je vais chercher les dons du Grand-Esprit, car il faut bien que
« tu vives, et il faut aussi que je vive. Si je ne mangeais pas, j'aurais faim, et
« mon âme s'en irait dans le pays des âmes. Et comment ferais-tu alors ? Je
« vois bien tes pieds, mais ils sont immobiles ; je vois bien tes mains, mais elles
« sont froides et ne peuvent serrer les miennes. Tu es loin de ta forêt et de ta
« retraite : qui donnerait la pâture à l'hermine blessée, si le castor qui l'accom-

« pagne allait mourir? Elle baisserait la tête, ses yeux se fermeraient, elle
« tomberait en défaillance : les chasseurs la trouveraient expirante, et diraient :
« Voyez l'hermine blessée loin de sa forêt et de sa retraite. »

A ces mots l'Indien s'enfonça dans la cyprière, mais non sans tourner plusieurs fois la tête vers le lieu où reposait la vie de sa vie. Il se parlait incessamment, et se disait : « Outougamiz ! tu es un chevreuil sans esprit ; tu ne connais
« point les plantes, tu ne fais rien pour sauver ton frère. » Et il versait des
larmes sur son peu d'expérience, et il se reprochait d'être inutile à son ami !

Il chercha longtemps dans les détours du marais des herbes salutaires : il
cueillit des cressons, et tua quelques oiseaux. En revenant à l'asile consacré
par son amitié, il aperçut de loin les joncs bouleversés et épars. Il approche,
appelle, touche à la couche, soulève les roseaux : le frère d'Amélie n'y était plus !

Le désespoir s'empare d'Outougamiz : prêt à se briser la tête contre le tronc
des cyprès, il s'écrie : « Où es-tu ? m'as-tu fui comme un faux ami ? Mais qui
« t'a donné des pieds ou des ailes ? Est-ce la Mort qui t'a enlevé ?... »

Tandis que le Sauvage s'abandonne à ses transports, il croit entendre un
bruit à quelque distance : il se tait, retient son haleine, écoute : puis soudain
se plonge dans l'onde, bondit, nage, bondit encore, et bientôt découvre René
qui se débat expirant contre un Illinois.

Outougamiz pousse le cri de mort : l'effort qu'il fait en s'élançant est si prodigieux, que ses pieds s'élèvent au-dessus de la surface de l'eau. Il est déjà
sur l'ennemi, le renverse, se roule avec lui parmi les limons et les roseaux.
Comme lorsque deux taureaux viennent à se rencontrer dans un marais où il ne
se trouve qu'un seul lieu pour désaltérer leur soif, ils baissent leurs dards
recourbés ; leurs queues hérissées se nouent en cercle ; ils se heurtent du front ;
des mugissements sortent de leur poitrine, l'onde jaillit sous leurs pieds, la
sueur coule autour de leurs cornes et sur le poil de leurs flancs. Outougamiz
est vainqueur ; il lie fortement, avec des racines tressées, son prisonnier au
pied d'un arbre, et étend à l'ombre, sous le même arbre, l'ami qu'il vient encore de sauver.

Par les violentes secousses que le frère d'Amélie avait éprouvées, ses plaies
s'étaient rouvertes. Le Natchez, dans le premier moment de sa vengeance, fut
près d'immoler l'Illinois.

« Comment, lui dit-il, as-tu pu être assez cruel pour entraîner ce cerf affaibli ?
« S'il eût été dans sa force, lâche ennemi, d'un seul coup de tête il eût brisé
« ton bouclier. Tu mériterais bien que cette main t'enlevât ta chevelure. »

Outougamiz s'arrêtant comme frappé d'une pensée : « As-tu un ami ? » dit-il à l'Illinois. « Oui, » répondit le prisonnier. »

« Tu as un ami ! » reprit le frère de Céluta s'approchant de lui et le mesurant des yeux ; « ne va pas faire un mensonge. »

— « Je dis la vérité, » reprit l'Illinois.

« Eh bien ! » s'écria Outougamiz tirant son poignard après avoir approché de
son oreille la petite chaîne d'or ; « eh bien ! rends grâces à ce manitou qui vient de
« me défendre de te tuer : il ne sera pas dit qu'Outougamiz, de la tribu du Ser-
« pent, ait jamais séparé deux amis. Que serait-ce de moi si tu m'avais privé

« de René? Ah! je ne serais plus qu'un chevreuil solitaire. Tu vois, ô Illinois!
« ce que tu allais faire; et ton ami serait ainsi! et il irait seul murmurant ton
« nom dans le désert! Non! il serait trop infortuné! et ce serait moi!... »

Le Sauvage coupe aussitôt les liens de l'Illinois. « Sois libre, lui dit-il; re-
« tourne à l'autre moitié de ton âme, qui te cherche peut-être, comme je cher-
« chais à l'instant ma couronne de fleurs, lorsque tu étais assez inhumain
« pour la dérober à ma chevelure. Mais je compte sur ta foi: tu ne découvriras
« point mon lieu à tes compatriotes. Tu ne leur diras point: « Sous le cyprès
« de l'amitié, Outougamiz le Simple a caché la chair de sa chair. » Jure par
« ton ami que tes lèvres resteront fermées, comme les deux coupes d'une
« noix que la lune des moissons n'a point achevé de mûrir. »

— « Moi, Nassoute, reprit l'étranger, je jure par mon ami, qui est pour moi
« comme un baume lorsque j'ai des peines dans le cœur; je jure que je ne dé-
« couvrirai point ton lieu, et que mes lèvres resteront fermées comme les
« deux coupes d'une noix que la lune des moissons n'a point achevé de mûrir. »

A ces mots Nassoute allait s'éloigner, lorsque Outougamiz l'arrêta et lui
dit: « Où sont les guerriers illinois? — Crois-tu, répliqua l'étranger, que je
« sois assez lâche pour te l'apprendre? » Frère de Céluta, vous répondîtes:
« Va retrouver ton ami: je te tendais un piège; si tu avais trahi ta patrie, je
« n'eusse point cru à ton serment, et tu tombais sous mes coups. »

Nassoute s'éloigne: Outougamiz vient donner ses soins au frère d'Amélie,
comme s'il ne s'était rien passé, et comme s'il n'y eût aucun lieu de douter
de la foi de l'Illinois, puisqu'il avait fait le serment de l'amitié.

Quelques jours s'écoulèrent: les blessures de René commençaient à se cicatriser; les meurtrissures étaient moins douloureuses; la fièvre se calmait. Le
frère d'Amélie serait revenu plus promptement à la vie, si une nourriture
abondante avait pu rétablir ses forces; mais Outougamiz trouvait à peine quelques baies sauvages; elles manquèrent enfin: il ne resta plus au frère de Céluta
qu'à tenter les derniers efforts de l'amitié.

Une nuit, il sort furtivement du marais, cachant son entreprise à René, et
laissant çà et là des paquets flottants de roseaux pour reconnaître la route, si les
génies lui permettaient le retour. Il monte à travers le bois de la colline, il découvre le camp des Illinois, où il était résolu de pénétrer.

Des feux étaient encore allumés: la plupart des familles dormaient étendues
autour de ces feux. Le jeune Natchez, après avoir noué sa chevelure à la manière des guerriers ennemis, s'avance vers l'un des foyers. Il aperçoit un cerf à
demi dépouillé, dont les chairs n'avaient point encore pétillé sur la braise. Outougamiz en dépèce avec son poignard les parties les plus tendres, aussi tranquillement que s'il eût préparé un festin dans la cabane de ses pères. Cependant
on voyait çà et là quelques Illinois éveillés qui riaient et chantaient. La matrone
du foyer où le frère de Céluta dérobait une part de la victime, ouvrit elle-
même les yeux, mais elle prit l'étranger pour le jeune fils de ses entrailles, et
se replongea dans le sommeil. Des chasseurs passent auprès de l'ami de René,
lui souhaitent un ciel bleu, un manteau de castor et l'espérance. Outougamiz
leur rend à demi-voix le salut de l'hospitalité.

Un d'entre eux s'arrêtant, lui dit : « Il a singulièrement échappé. — Un « génie sans doute l'a ravi, » répond le frère de Céluta. L'Illinois repartit : « Il est caché dans le marais ; il ne se peut sauver, car il est environné de toutes « parts : nous boirons dans son crâne. »

Tandis qu'Outougamiz se trouvait engagé dans cette conversation périlleuse, la voix d'une femme se fit entendre à quelque distance ; elle chantait : « Je suis « l'épouse de Venclao. Mon sein, avec son bouton de rose, est comme le du- « vet d'un cygne que la flèche du chasseur a taché d'une goutte de sang au « milieu. Oui, mon sein est blessé, car je ne puis secourir l'étranger qui res- « pecta la vierge des dernières amours. Puissé-je du moins sauver son ami ! » L'Indienne se tut ; puis, s'approchant du Natchez dans les ombres, elle continua de la sorte :

« La nonpareille des Florides croyait que l'hiver avait changé sa parure, et « qu'elle ne serait point reconnue parmi les aigles des rochers chez lesquels « elle cherchait la pâture ; mais la colombe fidèle la découvrit, et lui dit : « Fuis, imprudent oiseau ; la douceur de ton chant t'a trahi. »

Ces paroles frappèrent le frère de Céluta : il lève les yeux et remarque les pleurs de la jeune femme ; il entrevoit en même temps les guerriers armés qui s'avancent. Il charge sur ses épaules une partie de la dépouille du cerf, s'enfonce dans les ombres, franchit le bois, rentre dans les détours du marais, et après quelques heures de fatigue et de périls se retrouve auprès de son ami.

Un ingénieux mensonge lui servit à cacher à René sa dangereuse aventure : mais il fallait préparer le banquet : le jour on en pouvait voir la fumée, la nuit on en pouvait découvrir les feux ; Outougamiz préféra pourtant la nuit : il espéra trouver un moyen de masquer la lueur de la flamme.

Lorsque le soleil fut descendu sous l'horizon, et que les dernières teintes du jour se furent évanouies, l'Indien tira une étincelle de deux branches de cyprès en les frottant l'une contre l'autre, et en embrasa quelques feuilles. Tout réussit d'abord ; mais les roseaux secs, placés trop près du foyer, prennent feu, et jettent une grande lumière. Outougamiz les veut précipiter dans l'eau, et ne fait qu'étendre la flamme. Il s'élance sur le monceau ardent et cherche à l'écraser sous ses pieds. René épuise ses forces renaissantes pour seconder son ami : soins inutiles ! le feu se propage, court en pétillant sur la cime séchée des joncs, et gagne les branches résineuses des cyprès. Le vent s'élève, des tourbillons de flammes, d'étincelles et de fumée montent dans les airs, qui prennent une couleur sanglante. Un vaste incendie se déploie sur le marais.

Comment fuir ? comment échapper à l'élément terrible qui, après s'être éloigné de son centre, s'en rapprochait, et menaçait les deux amis ? Déjà étaient consumés les paquets de joncs sur lesquels le frère de Céluta aurait pu tenter encore de transporter René dans d'autres parties du marais. Essayer de passer au désert voisin ; les cruels Illinois n'y campaient-ils pas ? N'était-il pas probable qu'attirés par l'incendie, ils fermaient toutes les issues ? Ainsi lorsqu'on croit être arrivé au comble de la misère, on aperçoit par delà de plus hautes adversités. Il est difficile au fils de la femme de dire : « Ceci est le der- « nier degré du malheur. »

Outougamiz était presque vaincu par la fortune : il voyait perdu tout ce qu'il avait fait jusqu'alors. Il n'avait donc sauvé son ami du cadre de feu que pour brûler cet ami de sa propre main ! Il s'écria d'une voix douloureuse : « René, « c'est moi qui t'immole ! que tu es infortuné de m'avoir eu pour ami ! »

Le frère d'Amélie, d'un bras affaibli et d'une main pâle, pressa tendrement le Sauvage sur son sein. « Crois-tu, lui dit-il, qu'il ne me soit pas doux de « mourir avec toi? Mais pourquoi descendrais-tu au tombeau? Tu es vigoureux « et habile; tu te peux frayer un chemin à travers les flammes. Revole à tes « ombrages : les Natchez ont besoin de ton cœur et de ton bras; une épouse, « des enfants embelliront tes jours, et tu oublieras une amitié funeste. Pour « moi, je n'ai ni patrie ni parents sur la terre : étranger dans ces forêts, ma « mort ou ma vie n'intéresse personne; mais toi, Outougamiz, n'as-tu pas « une sœur? »

— « Et cette sœur, répliqua Outougamiz, n'a-t-elle pas levé sur toi des re« gards de tendresse? Ne reposes-tu pas dans le secret de son cœur? Pourquoi « l'as-tu dédaignée? Que me conseilles-tu? De t'abandonner! Et depuis quand « t'ai-je prouvé que j'étais plus que toi attaché à la vie? Depuis quand m'as-tu « vu me troubler au nom de la mort? Ai-je tremblé quand, au milieu des Illi« nois, j'ai brisé les liens qui te retenaient? Mon cœur palpitait-il de crainte « quand je te portais sur mes épaules avec des angoisses que je n'aurais pas « échangées contre toutes les joies du monde? Oui, il palpitait, ce cœur, mais « ce n'était pas pour moi! Et tu oses dire que tu n'as point d'ami! Moi, t'aban« donner! moi trahir l'amitié! moi, former d'autres liens après ta mort! moi, « heureux sans toi, avec une épouse et des enfants! Apprends-moi donc ce qu'il « faut que je raconte à Céluta en arrivant aux Natchez! Lui dirai-je : « J'avais « délivré celui pour lequel je t'appelai en témoignage de l'amitié; le feu a « pris à des joncs; j'ai eu peur, j'ai fui : j'ai vu de loin les flammes qui ont « consumé mon ami? » Tu sais mourir, prétends-tu, René; moi, je sais plus, « je sais vivre. Si j'étais dans ta place et toi dans la mienne, je ne t'aurais pas « dit : « Fuis et laisse-moi. » Je t'aurais dit : « Sauve-moi, ou mourons en« semble. »

Outougamiz avait prononcé ces paroles d'un ton qui ne lui était pas ordinaire. Le langage de la plus noble passion était sorti dans toute sa magnificence des lèvres du simple Sauvage. « Reste avec moi, s'écria à son tour le frère d'Amélie: « je ne te presse plus de fuir. Tu n'es pas fait pour de tels conseils. »

A ces mots, quelque chose de serein et d'ineffable se répandit sur le visage d'Outougamiz, comme si le ciel s'était entr'ouvert, et que la clarté divine se fût réfléchie sur le front du frère de Céluta. Avec le plus beau sourire que l'ange des amitiés vertueuses ait jamais mis sur les lèvres d'un mortel, l'Indien répondit : « Tu viens de parler comme un homme; je sens dans mon sein « toutes les délices de la mort. »

Les deux amis cessant d'opposer à l'incendie des efforts impuissants, et de tenter une retraite impossible, assis l'un près de l'autre, attendirent l'accomplissement de leur destinée.

La flamme se repliant sur elle-même avait embrasé le cyprès qui leur servait d'asile ; des brandons commençaient à tomber sur leurs têtes. Tout à coup, à travers les masses de feu et de fumée, on entend un léger bruit dans les eaux. Une espèce de fantôme apparaît : ses cheveux sont consumés sur ses tempes ; sa poitrine et ses bras sont à demi brûlés, tandis que le bas de son corps dégoutte d'une eau bourbeuse. « Qui es-tu? lui crie Outougamiz ; es-tu l'esprit « de mon père qui vient nous chercher, pour nous conduire au pays des âmes?»

— « Je suis Venclao, répond le spectre, l'ami de Nassoute, auquel tu as « donné la vie, et l'époux de Nélida, cette vierge des dernières amours, que « ton ami a respectée. Je viens payer ma double dette. La flamme a découvert « votre asile ; les tribus des Illinois environnent le marais ; déjà plusieurs « guerriers nagent pour arriver jusqu'à vous ; je les ai devancés. Nassoute nous « attend à l'endroit de la rive que l'on a confiée à sa garde. « Hâtons-nous. »

Venclao passe un bras vigoureux sous le bras du frère d'Amélie, et fait signe à Outougamiz de le soutenir du côté opposé. Ainsi entrelacés, tous trois se plongent dans les eaux ; ils s'avancent à travers des champs de cannes embrasées, tantôt menacés par le feu, tantôt prêts à s'engloutir dans l'onde. Chaque instant augmente le danger ; des cris, des voix se font entendre de toutes parts. Tels furent les périls d'Énée lorsque, dans la nuit fatale d'Ilion, il allait à la lueur des flammes, par des rues solitaires et détournées, cacher sur le mont Ida, et les anciens dieux de l'antique Troie et les dieux futurs du Capitole.

Outougamiz, Venclao et René arrivent au lieu où Nassoute les attendait. Le frère d'Amélie est à l'instant placé sur un lit de branchages que Venclao, Nassoute et Outougamiz portent tour à tour. Ils s'éloignent à grands pas du fatal marais ; toute la nuit ils errent par le silence des bois. Aux premiers rayons de l'aurore, les deux Illinois s'arrêtent, et disent aux deux guerriers ennemis : « Natchez, implorez vos manitous ; fuyez. Nous vous avons rendu vos bienfaits. « Quittes envers vous, nous nous devons maintenant à notre patrie. Adieu. »

Venclao et Nassoute posent à terre le lit du blessé, mettent un bâton de houx dans la main gauche du frère d'Amélie, donnent à Outougamiz des plantes médicinales, de la farine de maïs, deux peaux d'ours, et se retirent.

Les deux fugitifs continuèrent leur chemin. René marchait lentement le premier, courbé sur le bâton qu'il soulevait à peine ; Outougamiz le suivait, répandant des feuilles séchées, afin de cacher l'empreinte de son passage : l'hôte des forêts est moins habile à tromper la meute avide que ne l'était l'Indien à mêler les traces de René pour le dérober à la recherche de l'ennemi.

Parvenu sur une bruyère, Outougamiz dit tout à coup : « J'entends des pas « précipités ; » et bientôt une troupe d'Illinois se montre à l'horizon vers le nord. Le couple infortuné eut le temps de gagner un bois étroit qui bordait l'autre extrémité ; il y pénètre, et, l'ayant traversé, il se trouve à l'endroit même où s'était donné le combat si fatal au Grand-Chef des Natchez et au frère d'Amélie.

A peine les deux amis foulaient-ils le champ de la mort, qu'ils ouïrent l'ennemi dans le bois voisin. Outougamiz dit à René : « Couche-toi à terre : je te « viendrai bientôt trouver. »

René ne voulait plus disputer sa vie ; il était las de lutter si longtemps pour quelques misérables jours; mais il fut encore obligé d'obéir à l'amitié. Son infatigable libérateur le couvre des effroyables débris du combat, et s'enfonce dans l'épaisseur d'une forêt.

Lorsque des enfants ont découvert le lieu où un rossignol a bâti son nid, la mère, poussant des cris plaintifs et laissant pendre ses ailes, voltige, comme blessée, devant les jeunes ravisseurs qui s'égarent à sa poursuite et s'éloignent du gage fragile de ses amours : ainsi le frère de Céluta jetant des voix dans la solitude, attire les ennemis de ce côté, et les écarte du trésor plus cher à son cœur que l'œuf plein d'espérance ne l'est à l'oiseau amoureux.

Les Illinois ne purent joindre le léger Sauvage à qui l'amitié avait, pour un moment, rendu toute sa vigueur. Ils approchaient du pays des Natchez, et, n'osant aller plus loin, ils abandonnèrent la poursuite.

Le frère de Céluta vint alors dégager René des ruines hideuses qui avaient protégé sa jeunesse et sa beauté. Les deux amis reprirent leur chemin au lever de l'aurore, après s'être lavés dans une belle source. Il se trouva que les restes glacés sous lesquels René avait conservé l'étincelle de la vie, étaient ceux de deux Natchez, d'Aconda et d'Irinée. Le frère d'Amélie les reconnut, et, frappé de cette fortune extraordinaire, il dit à Outougamiz :

« Vois-tu ces corps défigurés, déchirés par les aigles et étendus sans honneurs « sur la terre? Aconda et Irinée! vous étiez deux amis comme nous! vous fûtes « jeunes et infortunés comme nous! Je vous ai vus périr, lorsque abattu « j'essayais encore de vous défendre. Outougamiz, tu confiais, cette nuit « même, l'ami vivant aux secrets de deux amis décédés. Ces morts se sont « ranimés au feu de ton âme pour me prêter leur abri. »

Outougamiz pleura sur Aconda et sur Irinée, mais il était trop faible pour leur creuser un tombeau.

Comme des laboureurs, après une longue journée de sueurs et de travaux, ramènent leurs bœufs fatigués à leur chaumière : ils croient déjà découvrir leur toit rustique; ils se voient déjà entourés de leurs épouses et de leurs enfants : ainsi les deux amis, en approchant du pays des Natchez, commençaient à sentir renaître l'espérance; leurs désirs franchissaient l'espace qui les séparait de leurs foyers. Ces illusions, comme toutes celles de la vie, furent de courte durée.

Les forces de René, épuisées une dernière fois, touchaient à leur terme; et, pour comble de calamité, il ne restait plus rien des dons de Venclao et de Nassoute.

Outougamiz lui-même succombait : ses joues étaient creuses; ses jambes amaigries et tremblantes ne portaient plus son corps. Trois fois le soleil vint donner la lumière aux hommes, et trois fois il retrouva les voyageurs se traînant sur une bruyère qui n'offrait aucune ressource. Le frère d'Amélie et le frère de Céluta ne se parlaient plus ; ils jetaient seulement par intervalles l'un sur l'autre des regards furtifs et douloureux. Quelquefois Outougamiz cherchait encore à ider la marche de René : deux jumeaux qui se soutiennent à peine s'appuient de leurs faibles bras, et ébauchent des pas incertains aux yeux de leur mère attendrie.

Du lieu où les amis étaient parvenus, jusqu'au pays des Natchez, il ne restait plus que quelques heures de chemin : mais René fut contraint de s'arrêter. Excité par Outougamiz, qui le conjurait d'avancer, il voulut faire quelques pas, afin de ne point ravir volontairement à son sublime ami le fruit de tant de sacrifices : ses efforts furent vains. Outougamiz essaya de le porter sur ses épaules ; mais il plia et tomba sous le fardeau.

Non loin du sentier battu murmurait une fontaine ; René s'en approcha en rampant sur les genoux et sur les mains, suivi d'Outougamiz qui pleurait : le pasteur affligé accompagne ainsi le chevreau qui a brisé ses pieds délicats en tombant d'une roche élevée, et qui se traîne vers la bergerie.

La fontaine marquait la lisière même de la savane qui s'étend jusqu'au Bayouc des Pierres, et qui n'a d'autres bornes à l'orient que les bois du fort Rosalie. Outougamiz assit son compagnon au pied d'un saule. Le jeune Sauvage attachait ses regards sur le pays de ses aïeux : être venu si près ! « René, dit-« il, je vois notre cabane. »

— « Tourne-moi le visage de ce côté, » répondit le frère d'Amélie. Outougamiz obéit.

Le frère de Céluta eut un moment la pensée de se rendre aux Natchez pour y chercher du secours ; mais craignant que l'homme de son cœur n'expirât pendant son absence, il résolut de ne le point quitter. Il s'assit auprès de René, lui prit le front dans ses deux mains, et le pencha doucement sur sa poitrine : alors, baissant son visage sur une tête chérie, il se prépara à recueillir le dernier soupir de son ami. Comme deux fleurs que le soleil a brûlées sur la même tige, ainsi paraissaient ces deux jeunes hommes inclinés l'un sur l'autre vers la terre.

Un bruit léger et le souffle d'un air parfumé firent relever la tête à Outougamiz : une femme était à ses côtés. Malgré la pâleur et le vêtement en désordre de cette femme, comment l'Indien l'aurait-il méconnue ? Outougamiz laisse échapper de surprise et de joie le front de René ; il s'écrie : « Ma sœur, est-ce toi ? »

Céluta recule ; elle s'était approchée des amis sans les découvrir ; le son de la voix de son frère l'a étonnée : « Mon frère ! répond-elle ; mon frère ! les « génies me l'ont ravi ! l'homme blanc a expiré dans le cadre de feu ! Tous « les jours je viens attendre les voyageurs à cette limite ; mais ils ne reparaî-« tront plus ! »

Outougamiz se lève, s'avance vers Céluta, qui aurait pris la fuite si elle n'avait remarqué avec une pitié profonde la marche chancelante du guerrier. Vous eussiez vu sur le front de l'Indienne passer tour à tour le sentiment de la plus profonde terreur et de la plus vive espérance. Céluta hésitait encore, quand elle aperçoit, attaché au sein de son frère, le manitou de l'amitié. Elle vole à Outougamiz, qu'elle embrasse et soutient à la fois ; mais Outougamiz : « Je l'ai sauvé ! il est là ! mais il est mort si tu n'as rien pour le nourrir. »

L'amour a entendu la voix de l'amitié ! Céluta est déjà à genoux : timide et tremblante, elle a relevé le front de l'étranger mourant ; René lui-même a reconnu la fille du désert, et ses lèvres ont essayé de sourire. Outougamiz, la tête penchée dans son sein, les mains jointes et tombantes, disait : « Témoin « du serment de l'amitié, ma sœur, tu viens voir si je l'ai bien tenu. J'au-

« rais dû ramener mon ami plein de vie, et le voilà qui expire? je suis un
« mauvais ami, un guerrier sans force. Mais toi, as-tu quelque chose pour
« ranimer mon ami?

— « Je n'ai rien, s'écria Céluta désespérée. Ah! s'il eût été mon époux, s'il
« eût fécondé mon sein, il pourrait boire à la source de la vie! » Souhait divin
de l'amante et de la mère!

La chaste Indienne rougit comme si elle eût craint d'avoir été comprise de
René. Les yeux de cette femme étaient fixés au ciel, son visage était inspiré : on
eût dit que, dans une illusion passionnée, Céluta croyait nourrir et son fils et
le père de son fils.

Amitié, qui m'avez raconté ces merveilles, que ne me donnâtes-vous le
talent pour les peindre! j'avais le cœur pour les sentir (1).

LES NATCHEZ.

Lorsque Céluta rencontra les deux amis au bord de la fontaine, il y avait déjà
plusieurs jours qu'elle était errante dans les bois. Une fièvre ardente l'avait
saisie à la nouvelle de la captivité de René : le départ subit d'Outougamiz re-
doubla les maux de l'infortunée, car elle devina que son frère avait volé à la
délivrance de son ami. Or, cette seconde victime n'aurait-elle pas été immolée
à la rage des Illinois?

La fille de Tabamica s'était obstinée à demeurer seule dans sa cabane. Un
jour, couchée sur la natte de douleur, elle vit entrer Ondouré. Les succès
de cet homme avaient enflé son orgueil; ses vices s'étaient augmentés de toute
l'espérance de ses passions. Sûr maintenant d'Akansie, qui connaissait son
crime et qui en profitait, Ondouré se croyait déjà maître du pouvoir absolu,
sous le nom de tuteur du jeune Soleil : il songeait à rétablir l'ancienne tyrannie;
et, après avoir trompé les Français, il se flattait de trouver quelque moyen de
les perdre.

Une seule chose menaçait l'ambition du Sauvage, c'était un sentiment plus
fort que cette ambition même, c'était l'amour toujours croissant qu'il ressentait pour Céluta : la vanité blessée, la soif de la vengeance, la fougue des sens,
avaient transformé cet amour en une sorte de frénésie, dont les accès pouvaient réveiller la jalousie de la Femme-Chef.

Dans la première exaltation de son triomphe, Ondouré accourut donc à la demeure de la sœur d'Outougamiz. Il s'avança vers la couche où languissait la

---

(1) C'est ici que s'arrête la première partie des *Natchez*, celle qu'on peut en appeler l'épopée. Ce qui suit n'est plus
qu'un simple récit, pour lequel l'auteur, renonçant à la forme épique, adopte celle de la narration.

vierge solitaire. « Céluta, dit-il, réveille-toi ! » et il lui secouait rudement la main. « Réveille-toi, voici Ondouré : n'es-tu pas trop heureuse qu'un guer-
« rier comme moi veuille bien encore te choisir pour maîtresse, toi, rose fanée
« par le misérable blanc dont les manitous nous ont délivrés? »

Céluta essaie de repousser le barbare. « Comme elle est charmante dans sa
« folie ! s'écrie Ondouré; que son teint est animé ! que ses cheveux sont beaux!»
Et le Sauvage veut prodiguer des caresses à sa victime.

Dans ce moment, Akansie, que l'instinct jaloux égarait souvent autour de la cabane de sa rivale, paraît sur le seuil de la porte. Alors Céluta : « O mère du
« Soleil ! secourez-moi. » Ondouré laisse échapper sa proie : confondu, honteux, balbutiant, il suit Akansie qui s'éloigne les yeux sanglants, l'âme agitée par les furies.

Les parentes de Céluta, qui l'avaient voulu garder dans l'absence de son frère, reviennent offrir leur secours à leur amie : elles voient le désordre de sa couche. Céluta leur tait ses nouveaux chagrins; elle affecte de sourire, elle prétend qu'elle se sent soulagée : on la croit, on se retire. Libre des soins qui l'importunent, la fille de Tabamica sort au milieu de la nuit, s'enfonce dans les forêts, et va sur le chemin du pays des Illinois attendre des protecteurs qu'elle rencontre, protecteurs qu'elle supposait perdus sans retour, alors même qu'elle les cherchait encore.

Qui sauvera les trois infortunés? Céluta seule conserve un peu de force ; mais a-t-elle le temps de voler jusqu'au village des Natchez? René et Outougamiz n'auront-ils point expiré avant qu'elle revienne? Elle pose doucement la tête de René sur la mousse, et se lève : la Providence aura pitié de tant de malheurs. Des guerriers se montrent vers la forêt. Qui sont-ils? N'importe ! Dans ce moment Céluta implorerait le secours même d'Ondouré.

« Qui que vous soyez, » s'écrie-t-elle en s'avançant vers les guerriers,
« venez rendre la vie à René et à mon frère ! »

Des soldats et de jeunes officiers du fort Rosalie accompagnaient le capitaine d'Artaguette à la source même où reposaient les deux amis, source dont les eaux avaient la vertu de cicatriser les blessures. D'Artaguette reconnaît à la voix l'Indienne qu'il n'aurait pas reconnue à ses traits, tant ils étaient altérés.
« Est-ce vous, ma sœur, ma libératrice? » s'écrie à son tour le capitaine. Céluta vole à lui, verse des pleurs de douleur et de joie, saisit la main de son frère adoptif, la porte avec ardeur à ses lèvres, cherche à entraîner d'Artaguette vers la fontaine, en répétant le nom d'Outougamiz et de René : la troupe se hâte sur les pas de Céluta.

Bientôt on découvre deux hommes, ou plutôt deux spectres, l'un couché, l'autre debout, mais près de tomber ; on les environne. « Chasseurs, dit Outou-
« gamiz, je puis mourir à présent ; prenez soin de mon ami? » et il s'affaissa sur le gazon.

On croyait dans la colonie, comme aux Natchez, que René avait été brûlé par les Illinois. Les secours sont prodigués aux deux mourants : ce fut Céluta qui offrit les premiers aliments à son frère et à l'ami de son frère. D'Artaguette essayait de soutenir l'un et l'autre d'un bras encore mal assuré. Jac-

ques, le grenadier attaché au généreux capitaine, est envoyé aux Natchez pour annoncer le retour miraculeux. Les guerriers et les femmes accourent, les sachems les suivent. Déjà les Français avaient entrelacé des branches d'arbres sur lesquelles étaient déposés séparément les deux amis. Huit jeunes officiers portaient tour à tour les couches sacrées, comme ils auraient porté les trophées de l'honneur. Auprès de ces lits de feuillage marchaient Céluta, pleine d'un bonheur qu'elle n'osait croire, et d'Artaguette dont le front pâle annonçait qu'il manquait encore du sang à un noble cœur.

Ce fut dans cet ordre que la foule des Natchez rencontra la pompe triomphale de l'amitié, élevée par les mains de la vaillance. Les bois retentirent d'acclamations prolongées; on se presse, on veut savoir jusqu'aux moindres circonstances d'une délivrance dont Outougamiz parle à peine, et que René ne peut encore raconter. Les jeunes gens serraient la main d'Outougamiz, et se juraient les uns aux autres une amitié pareille dans l'adversité. Les sachems disaient à Adario et à Chactas qu'ils avaient d'illustres enfants : « C'est vrai, » répondaient les deux vieillards. Adario même était attendri.

Les femmes et les enfants caressaient Céluta; Mila la voulait porter, bien qu'elle se sentît un peu triste au milieu de la joie. Dans l'effusion générale des cœurs, les militaires français avaient leur part des éloges. D'Artaguette disait à Céluta : « Ma sœur, votre frère soutient bien son rôle de libérateur. » René, qui entendit ces mots, murmura d'une voix mourante : « Vous ne savez rien;
« Outougamiz ne vous apprendra pas ce qu'il a fait : c'est moi qui vous le dirai,
« si je vis. » Tous les yeux versaient aussi des larmes sur les jeunes Indiens qui s'étaient immolés au triomphe de l'amitié.

Ondouré et Akansie seuls n'étaient pas présents à cette scène : les méchants fuient comme un supplice le spectacle de la vertu récompensée. René fut déposé chez son père Chactas; mais Adario voulut qu'on portât son neveu Outougamiz et sa nièce Céluta à sa cabane, afin de prendre soin lui-même de ce couple qu'il reconnaissait digne de son sang.

Ondouré avait apaisé Akansie par ces mensonges, par ces serments et ces caresses que la passion trompée ne croit plus, mais auxquels elle se laisse aller comme à sa dernière ressource. Quand on a fait un pas dans le crime, on se persuade qu'il est impossible de reculer, et l'on s'abandonne à la fatalité du mal : la Femme-Chef se voyait forcée de servir les projets d'un scélérat, d'élever Ondouré jusqu'à elle pour se justifier de s'être abaissée jusqu'à lui. Le retour de René avait rallumé dans le cœur d'Ondouré les flammes de la jalousie; déçu dans sa vengeance, il lui devenait plus que jamais nécessaire d'atteindre au rang suprême pour exécuter, comme souverain, le crime qu'il avait manqué comme sujet. Il alarme la Femme-Chef : « Il est possible, lui
« dit-il, que René m'ait vu lancer la flèche; le seul moyen de dominer tous les
« périls est de s'élever au-dessus de tous les pouvoirs. Que je sois tuteur de
« votre fils; que l'ancienne garde des Allouez soit rétablie, et je vous réponds
« de tout. » Akansie ne pouvait plus rien refuser; elle avait livré sa vertu.

L'Indien, afin de mieux réussir dans ses desseins, s'adressa d'abord aux Français.

Traité rudement par Chépar, Fébriano avait repris peu à peu, à force d'humiliations, son ascendant sur le vieux militaire : la bassesse se sert des affronts qu'elle reçoit comme d'un marche pied pour s'élever. Mais le renégat sentait que son crédit était affaibli s'il ne parvenait à détruire, par quelque service éclatant, la fâcheuse impression qu'avaient laissée ses premiers conseils. Le gouverneur de la Louisiane avait témoigné son mécontentement au commandant du fort Rosalie, et dans la lettre où il lui annonçait l'envoi de troupes nouvelles, il l'invitait à réparer une imprudence dont souffrait la colonie.

Fébriano épiait donc l'occasion de regagner sa puissance, au moment où Ondouré cherchait le moyen de satisfaire son ambition. Ces deux traîtres, jadis compagnons de débauche, par une conformité de passions avaient conçu l'un et l'autre une haine violente contre René. L'homme sauvage alla trouver l'homme policé ; il lui parla de la mort du Soleil : « Dans les changements prêts
« à s'opérer aux Natchez, lui dit-il, si le commandant des Français me veut
« seconder, je lui ferai obtenir les concessions, objets de tant de troubles et de
« malheurs. »

Ravi d'une proposition qui le rendait important en le rendant utile, Fébriano court avertir Chépar : celui-ci consent à recevoir Ondouré au milieu de la nuit, sur un des ravelins du fort.

« Sachem des Français, dit Ondouré en l'abordant, je ne sais ce que vous
« méditez. De nouveaux guerriers vous sont arrivés, peut-être est-ce votre des-
« sein de lever encore une fois la hache contre nous ? Au lieu de vous engager
« dans cette route incertaine, je puis vous mener à votre but par une voie plus
« sûre. Depuis longtemps je suis l'ami des Français ; employez votre autorité
« à me faire élever à la place qui me rendra tuteur du jeune Soleil. Je m'en-
« gage alors à vous faire céder les terres que vous réclamez, et dont vos
« députés et les nôtres doivent régler les limites. Dans deux jours la nomina-
« tion de l'édile aura lieu. Que l'on envoie par vos ordres des présents aux
« jeunes guerriers, aux matrones et aux prêtres, et je l'emporterai sur mes
« compétiteurs. »

Flatté d'entendre parler de sa puissance, regardant comme un grand coup de politique de mettre Ondouré, qu'il croyait l'ami de la France, à la tête des Natchez, espérant surtout réparer sa faute par l'obtention des terres dont on lui fait la promesse, Chépar se précipite dans le projet d'Ondouré : il charge Fébriano de la distribution des présents.

Ondouré retourne auprès d'Akansie, qu'il s'étonne de trouver abattue : il en est du crime comme de ces boissons amères que l'habitude seule rend supportables. « Il ne s'agit plus d'hésiter, s'écrie Ondouré : voulez-vous commander
« avec moi, ou voulez-vous rester esclave sous un sachem de votre famille ?
« Songez qu'il y va de votre vie et de la mienne : si nous ne sommes pas assez
« forts pour proscrire nos ennemis, nous serons proscrits par eux. Tôt ou tard
« quelque voix accusatrice révélera le secret de la mort du Soleil, et au lieu de
« monter au pouvoir, nous serons traînés au supplice. Allez donc ; parlez aux
« matrones, obtenez leurs voix ; je cours m'assurer de celles des jeunes guer-
« riers. Outougamiz, qui balance seul mon crédit auprès d'eux ; Outougamiz,

« encore trop faible, ne peut sortir de sa cabane. Que le jongleur dévoué à nos
« intérêts fasse s'expliquer les génies, et nous triompherons de la résistance
« de Chactas et d'Adario. »

L'assemblée générale de la nation étant convoquée pour procéder au choix de l'édile, Chactas proposa d'élever René, son fils adoptif, à cette place importante; mais le jongleur déclara que l'étranger, coupable à la fois de la disparition du serpent sacré, de la mort des femelles de castors, et de la guerre dans laquelle le vieux Soleil avait péri, était réprouvé du Grand-Esprit.

Le frère d'Amélie rejeté, Adario présenta son neveu Outougamiz, qui venait de faire éclater tant de vertu et de vaillance : Outougamiz fut écarté à cause de la simplicité de sa vertu. Chactas et Adario ne voulaient point pour eux-mêmes une charge dont leur âge ne leur permettait plus l'exercice.

Akansie désigna à son tour Ondouré : ce nom fit rougir les hommes qui conservaient encore quelque pudeur. Chactas repoussa de toute la dignité de son éloquence un guerrier dont il osa peindre les vices. Adario, qui sentait le tyran dans Ondouré, menaça de le poignarder s'il attentait jamais à la liberté de la patrie; mais les présents de Fébriano avaient produit leur effet : les matrones enchantées par des parures, les jeunes guerriers séduits par des armes, un assez bon nombre de sachems, à qui l'ambition ôtait la prudence, soutinrent le candidat de la Femme-Chef. Les manitous consultés approuvèrent l'élection d'Ondouré. Ainsi l'éducation d'un enfant qui devait un jour commander à des peuples fut remise à des mains oppressives et souillées : le champ empoisonné de Gomorrhe fait mourir la plante qu'on lui confie, ou ne porte que des arbres dont les fruits sont remplis de cendre.

Cependant les blessures de René se fermaient; des simples, connus des Sauvages, rétablissaient ses forces avec une étonnante rapidité. Il n'avait qu'un moyen de payer à Outougamiz la dette d'une amitié sublime, c'était d'épouser Céluta. Le sacrifice était grand : tout lien pesait au frère d'Amélie; aucune passion ne pouvait entrer dans son cœur; mais il crut qu'il se devait immoler à la reconnaissance ; du moins ce n'était pas à ses yeux démentir sa destinée, que de trouver un malheur dans un devoir.

Il fit part de sa résolution à Chactas : Chactas demanda la main de Céluta à Adario; Outougamiz fut rempli de joie en apprenant que son ami allait devenir son frère. Céluta, rougissant, accorda son consentement avec cette grâce modeste qui respirait en elle; mais elle éprouvait quelque chose de plus que ce plaisir mêlé de frayeur qu'éprouve la jeune vierge prête à passer dans les bras d'un époux. Malgré l'amour qui entraînait vers René la fille de Tabamica, malgré la félicité dont elle se faisait l'image, elle était frappée d'une tristesse involontaire; un secret pressentiment serrait son cœur : René lui inspirait une terreur dont elle ne se pouvait défendre; elle sentait qu'elle allait tomber dans le sein de cet homme comme on tombe dans un abîme.

Les parents ayant approuvé le mariage, Chactas dit à René : « Bâtis ta
« cabane, portes-y le collier pour charger les fardeaux, et le bois pour allumer
« le feu; chasse pendant six nuits; à la septième, Céluta te suivra à tes foyers. »

René établit sa demeure dans une petite vallée qu'arrosait une rivière tributaire du Meschacébé, quand l'ouvrage fut fini, on découvrait de la porte de la nouvelle cabane les prairies du vallon entrecoupées d'arbustes à fleurs : une forêt, vieille comme la terre, couvrait les collines, et dans l'épaisseur de cette forêt tombait un torrent.

Des danses et des jeux signalèrent le jour du mariage. Placés au milieu d'un cercle de leurs parents, René et Céluta furent instruits de leurs devoirs : on conduisit ensuite les époux au toit qu'ils devaient habiter.

L'aurore les trouva sur le seuil de la cabane : Céluta, un bras jeté autour du cou de René, s'appuyait sur le jeune homme. Les yeux de l'Indienne, avec une expression de respect et de tendresse, cherchaient ceux de son époux. D'un cœur religieux et reconnaissant, elle offrait sa félicité au maître de la nature comme un don qu'elle tenait de lui : la rosée de la nuit remonte, au lever du soleil, vers le ciel d'où elle est descendue.

Les regards distraits du frère d'Amélie se promenaient sur la solitude : son bonheur ressemblait à du repentir. René avait désiré un désert, une femme et la liberté : il possédait tout cela, et quelque chose gâtait cette possession. Il aurait béni la main qui, du même coup, l'eût débarrassé de son malheur passé, et de sa félicité présente, si toutefois c'était une félicité.

Il essaya de réaliser ses anciennes chimères : quelle femme était plus belle que Céluta? Il l'emmena au fond des forêts et promena son indépendance de solitude en solitude ; mais quand il avait pressé sa jeune épouse contre son sein, au milieu des précipices ; quand il l'avait égarée dans la région des nuages, il ne rencontrait point les délices qu'il avait rêvées.

Le vide qui s'était formé au fond de son âme ne pouvait plus être comblé. René avait été atteint d'un arrêt du ciel, qui faisait à la fois son supplice et son génie ; René troublait tout par sa présence : les passions sortaient de lui et n'y pouvaient rentrer : il pesait sur la terre qu'il foulait avec impatience, et qui le portait à regret.

Si l'impitoyable Ondouré avait pénétré dans le cœur du frère d'Amélie, s'il en avait connu toute la misère, s'il avait vu les alarmes de Céluta et l'espèce d'épouvante que lui inspirait son mari, l'union du couple infortuné n'aurait point fait sentir au Sauvage les tourments qu'il éprouva lorsque la renommée lui apprit la nouvelle de cette union. Qu'importait à Ondouré d'avoir satisfait son ambition ? Céluta échappait à son amour! René n'était point encore immolé à sa jalousie ! Les succès du détestable Indien lui coûtaient cher : il était obligé de subir la tendresse d'une femme odieuse ; il avait fait à Chépar des promesses qu'il ne pouvait ni ne voulait remplir. Comment perdre ces étrangers du fort Rosalie qui étaient devenus ses maîtres, puisqu'ils possédaient une partie de son secret? comment sacrifier ce rival, que les mauvais génies avaient envoyé aux Natchez pour le désespoir d'Ondouré ?

Plusieurs projets s'offrirent d'abord à la pensée de l'édile, mais les uns n'étaient pas assez sûrs, les autres n'enveloppaient pas assez de victimes. Le dégoût de l'état de nature, le désir de posséder les jouissances de la vie sociale, augmentaient le trouble des esprits d'Ondouré : il dévorait des regards tout ce qu'il apercevait dans les habitations des blancs ; on le voyait errer à travers les villages, l'air farouche, l'œil en feu, les lèvres agitées d'un mouvement convulsif.

Un jour qu'il promenait ainsi ses noires rêveries, il arrive à la cabane de René, le frère d'Amélie parcourait alors les déserts avec Céluta. Mille passions, mille souvenirs accompagnés de mille desseins funestes, agitent le cœur d'Ondouré. Il fait d'abord à pas lents le tour de la hutte; bientôt il heurte à la porte, l'ouvre et jette des regards sinistres dans l'intérieur du lieu. Il y pénètre, s'assied au foyer solitaire, comme ces génies du mal attachés à chaque homme, et qui, selon les Indiens, se plaisent à fréquenter les demeures abandonnées. Des lits de jonc, des armes européennes, quelques voiles de femme, un berceau, présent de la famille de Céluta, tout ce qui frappe la vue d'Ondouré accroît son supplice : « C'est donc ici qu'ils ont été heureux ! » murmure-t-il à voix basse. Son imagination s'égare ; il se lève, disperse les roseaux des couches, et brise les armes dont il jette au loin les éclats. Les parures de Céluta appellent ensuite sa rage : il les soulève d'une main tremblante, les approche de sa bouche comme pour les couvrir de baisers, puis les déchire avec fureur. Déjà ses bras se levaient sur le berceau, lorsqu'il les laisse tout à coup retomber à ses côtés, sa tête se penche sur sa poitrine, son front se couvre d'un nuage sombre ; le Sauvage paraît travaillé par la conception douloureuse d'un crime.

C'en est fait ! les destinées de Céluta, les destinées du frère d'Amélie, les destinées des Français sont fixées ! Ondouré pousse un profond soupir, et souriant comme Satan à ses perversités : « Je te remercie, dit-il, ô Athaënsic !
« tu m'as bien inspiré ! Génie de cette cabane, je te remercie ! tu m'as conduit
« ici pour me découvrir les moyens d'accomplir mes vengeances, d'atteindre
« à la fois le but de mes desseins divers. Oui, vous périrez, ennemis d'Ondouré !
« et toi, Céluta!.. » Il ne se révèle à lui-même toute l'horreur et toute l'étendue de son projet que par un cri qu'il pousse en sortant de la cabane ; ce cri fut entendu des Français et des Natchez ; les premiers en frissonnèrent ; les seconds prévirent la ruine de leur patrie.

Lorsque René revint de ses courses, il fut frappé du désordre de sa cabane, sans en pouvoir pénétrer la cause : nourrie dans la religion des Indiens, Céluta tira de ce désordre un présage funeste. Elle n'avait point rapporté le bonheur de son pèlerinage au désert : René était pour elle inexplicable ; elle avait cependant aperçu quelque chose de mystérieux au fond du cœur de l'homme auquel elle était unie ; mais cet homme ne lui avait point révélé ses secrets ; il ne les avait racontés à personne. Après son retour à sa cabane, René sembla devenir plus sombre et moins affectueux : la timide Céluta n'osait l'interroger ; elle ne tarda pas à prendre pour de la lassitude ou de l'inconstance ce qui n'était que l'effet du malheur et d'un caractère impénétrable. Le hasard vint donner quelque apparence de réalité aux premiers soupçons de la sœur d'Outougamiz.

René traversait un jour une cyprière, lorsqu'il entendit des cris dans un endroit écarté : il court à ces cris. Il aperçoit entre les arbres une Indienne se débattant contre un Européen. A l'apparition d'un témoin, le ravisseur s'enfuit. Le frère d'Amélie avait reconnu Fébriano et Mila. « Ah! s'écria l'adolescente en
« se jetant dans ses bras, si tu avais voulu m'épouser, tu n'aurais pas été
« obligé de venir à mon secours. Que je te remercie, pourtant ! J'ai eu si

« grand'peur lorsque l'homme noir m'a surprise, que j'ai fermé les yeux de
« toutes mes forces, dans la crainte de le voir. » René sourit; il rassura la jeune
Sauvage, et lui promit de la reconduire chez son père. Il l'aida d'abord à laver
son visage meurtri. Mila lui dit alors : « Que ta main est douce ! c'est tout comme
« celle de ma mère ! Les méchants ! ils racontent tant de mal de toi, et tu es
« si bon ! » Quand il se fallut quitter, Mila trouva que le chemin était si court !
Elle fondit en larmes, et s'échappa en disant : « Je ne suis qu'une linotte
« bleue, je ne sais point chanter pour le chasseur blanc. » Le frère d'Amélie
reprit le chemin de sa cabane, et ne songea plus à cette aventure.

Elle fut bientôt connue d'Ondouré; elle lui fournit l'occasion d'ajouter une
calomnie de plus à toutes celles qu'il inventait pour assouvir sa haine; il se félicita de pouvoir faire partager à Céluta ces tourments de jalousie qu'il avait connus par elle. La rencontre de René et de Mila fut représentée à la chaste sœur
d'Outougamiz comme l'infidélité de l'homme qu'elle aimait. Céluta pleura et cacha ses larmes.

Cependant Céluta était mère; l'épouse féconde n'assurait-elle pas les droits
de l'amante? Lorsque René eut la certitude que sa femme portait un enfant
dans son sein, il s'approcha d'elle avec un saint respect; il la pressa doucement
de peur de la blesser : « Femme, lui dit-il, le ciel a béni tes entrailles ! »

Céluta répondit : « Je n'ai pas osé faire des vœux avant vous pour l'enfant
« que le Grand-Esprit m'a donné. Je ne suis que votre servante : mon devoir
« est de nourrir votre fils ou votre fille, je tâcherai d'y être fidèle. »

Le front du frère d'Amélie s'obscurcit. « Nourrir mon fils ou ma fille ! dit-il
« avec un sourire amer : sera-t-il plus heureux que moi? Sera-t-elle plus heu-
« reuse que ma sœur? Qui aurait dit que j'eusse donné la vie à un homme ? »
Il sortit, laissant Céluta dans une inexprimable douleur.

Ondouré poursuivait ses projets : malgré l'autorité d'Adario et de Chactas,
il avait rétabli dans toute leur puissance les Allouez, gardes dévoués au despotisme des anciens Soleils; il avait dépêché des messagers, avec des ordres secrets, pour toutes les nations indiennes. Plus que jamais il trompait le commandant du fort Rosalie à l'aide de fausses confidences : il lui faisait dire par
Fébriano que, sans l'opposition d'Adario, de Chactas et de René, il serait entièrement maître du conseil des Natchez; que ces trois ennemis du nom français
l'empêchaient de tenir sa promesse. Ondouré invitait Chépar à les enlever quand
il lui en donnerait le signal. Par cette politique, il avait le double dessein de
livrer ses adversaires aux étrangers, et de soulever les Natchez contre ces mêmes
étrangers, lorsque ceux-ci se seraient portés à quelque violence contre deux sachems idoles de la patrie.

Il fallait néanmoins ne rien précipiter; il fallait que toutes les forces des Indiens fussent secrètement rassemblées, afin de frapper sûrement le dernier
coup. Il était en même temps aussi difficile de modérer ces éléments de discorde
que de les faire agir de concert. Les trêves, sans cesse renouvelées, suspendaient
à peine des hostilités toujours prêtes à renaître : les Français et les Natchez
s'exerçaient aux armes, en cultivant ensemble les champs où ils se devaient
exterminer.

Plusieurs mois étaient nécessaires à Ondouré pour l'exécution de son vaste plan. Chépar, de son côté, n'avait point encore reçu tous les secours qu'il attendait. Une paix forcée par la position des chefs régnait donc dans la colonie; les Indiens, en attendant l'avenir, s'occupaient de leurs travaux et de leurs fêtes.

Mila, ayant des liens de famille avec Céluta, vint remercier celui qu'elle appelait son libérateur. Elle lui apporta une gerbe de maïs qui ressemblait à une quenouille chargée d'une laine dorée : « Voilà, lui dit-elle, tout ce que je te « puis donner, car je ne suis pas riche. » René accepta l'offrande.

Céluta sentit ses yeux se remplir de larmes, mais elle reçut sa jeune parente avec son inaltérable douceur; elle caressa même avec bonté l'aimable enfant, qui lui demanda si elle assisterait à la moisson de la folle-avoine (1). Céluta lui dit qu'elle s'y trouverait. Mila sortit pleine de joie, en voyant René tenir encore dans sa main la gerbe de maïs.

Depuis le jour où le capitaine d'Artaguette avait ramené aux Natchez les infortunés amis, il était allé à la Nouvelle-Orléans voir son frère, le général Diron d'Artaguette, et le jeune conseiller Harlay, qui devait épouser Adélaïde, fille du gouverneur de la Louisiane. Il revint au fort Rosalie la veille de la moisson annoncée par Mila. Il avait appris le mariage du frère d'Amélie avec Céluta : la reconnaissance que le capitaine devait à cette belle Sauvage, le tendre penchant qui l'entraînait vers elle, l'estime qu'il sentait pour René, le conduisirent à la cabane des nouveaux époux. Il trouva la famille réunie prête à partir pour la moisson : Chactas, Adario, Céluta, René, Outougamiz, rétabli dans toute sa force; Outougamiz qui avait oublié ce qu'il avait fait, et qui fuyait lorsque René racontait les prodiges de sa délivrance.

D'Artaguette fut reçu avec la plus touchante hospitalité par Céluta qui l'appelait son frère. Outougamiz lui dit : « Céluta t'a sauvé, tu as sauvé mon ami : « je t'aime, et si nos nations combattent encore, ma hache se détournera de « toi. » René proposa au capitaine d'assister à la fête de la moisson : « Très-vo-« lontiers, » répondit d'Artaguette. Ses regards ne se pouvaient détacher de Céluta, dont une secrète langueur augmentait la beauté.

On s'embarque dans des canots, sur la rivière qui coulait au bas de la colline où la cabane de René était bâtie. On remonte le courant pour arriver au lieu de la moisson. Les chênes-saules dont la rivière était bordée y répandaient l'ombre; les pirogues s'ouvraient un chemin à travers les plantes qui couvraient de feuilles et de fleurs la surface de l'eau. Par intervalles, l'œil pénétrait la profondeur des flots roulant sur des sables d'or, ou sur des lits veloutés d'une mousse verdoyante. Des martins-pêcheurs se reposaient sur des branches pendantes au-dessus de l'onde, ou fuyaient devant les canots, en rasant le bord de la rivière.

On arrive au lieu désigné : c'était une baie où la folle-avoine croissait en abondance. Ce blé, que la Providence a semé en Amérique pour le besoin des Sauvages, prend racine dans les eaux; son grain est de la nature du riz : il donne une nourriture douce et bienfaisante.

(1) Sorte de riz qui croît dans les rivières.

A la vue du champ merveilleux, les Natchez poussèrent des cris, et les rameurs, redoublant d'efforts, lancèrent leurs pirogues au milieu des moissons flottantes. Des milliers d'oiseaux s'enlevèrent, et, après avoir joui des bienfaits de la nature, cédèrent leur place aux hommes.

En un instant les nacelles furent cachées dans la hauteur et l'épaisseur des épis. Les voix qui sortaient du labyrinthe mobile ajoutaient à la magie de la scène. Des cordes de bouleau furent distribuées aux moissonneurs; avec ces cordes ils saisissaient les tiges de la folle-avoine, qu'ils liaient en gerbe; puis, inclinant cette gerbe sur le bord de la pirogue, ils la frappaient avec un fléau léger; le grain mûr tombait dans le fond du canot. Le bruit des fléaux qui battaient les gerbes, le murmure de l'eau, les rires et les joyeux propos des Sauvages, animaient cette scène, moitié marine, moitié rustique.

Le champ était moissonné : la lune se leva pour éclairer le retour de la flotte; sa lumière descendait sur la rivière, entre les saules à peine frémissants. De jeunes Indiens et de jeunes Indiennes suivaient les canots à la nage, comme des Sirènes ou des Tritons; l'air s'embaumait de l'odeur de la moisson nouvelle mêlée aux émanations des arbres et des fleurs. La pirogue du Grand-Chef était à la tête de la flotte, et un prêtre, debout à la poupe de cette pirogue, redisait le chant consacré à l'astre des voyageurs :

« Salut, épouse du Soleil! tu n'as pas toujours été heureuse! Lorsque, con-
« trainte par Athaënsic de quitter le lit nuptial, tu sors des portes du matin,
« tes bras arrondis, étendus vers l'orient, appellent inutilement ton époux.

« Ce sont encore ces beaux bras que tu entr'ouvres lorsque tu te retournes
« vers l'occident, et que la cruelle Athaënsic force à son tour le Soleil à fuir
« devant toi.

« Depuis ton hymen infortuné, la mélancolie est devenue ta compagne; elle
« ne te quitte jamais, soit que tu te plaises à errer à travers les nuages, soit
« qu'immobile dans le ciel, tu tiennes tes yeux fixés sur les bois, soit que penchée au bord des ondes du Meschacébé, tu t'abandonnes à la rêverie, soit que
« tes pas s'égarent avec les fantômes le long des pâles bruyères.

« Mais, ô Lune! que tu es belle dans ta tristesse! L'Ourse étoilée s'éclipse
« devant tes charmes, tes regards veloutent l'azur du ciel; ils rendent les nues
« diaphanes; ils font briller les fleuves comme des serpents; ils argentent la
« cime des arbres; ils couvrent de blancheur le sommet des montagnes; ils changent en une mer de lait les vapeurs de la vallée.

« C'est ta lumière, ô Lune! qui donne de grandes pensées aux sachems;
« c'est ta lumière qui remplit le cœur d'un amant du souvenir de sa maîtresse;
« à ta clarté, la mère veille au berceau de son fils; à ta clarté, les guerriers marchent aux ennemis de la patrie; à ta clarté, les chasseurs tendent des pièges
« aux hôtes des forêts; et maintenant à ta clarté, chargés des dons du Grand-
« Esprit, nous allons revoir nos heureuses cabanes. »

Ainsi chantait le prêtre : à chaque strophe, la conque mêlait ses sons au chœur général des Natchez; un recueillement religieux avait saisi Céluta, René, d'Artaguette, Outougamiz, Adario et le vieux Chactas : le pressentiment d'un avenir malheureux s'était emparé de leur cœur. La tristesse est au fond des joies de l'homme : la nature attache une douleur à tous ses plaisirs, et quand elle ne nous peut refuser le bonheur, par un dernier artifice, elle y mêle la crainte de le perdre. Une voix vint arracher les amis à leurs graves réflexions; cette voix semblait sortir de l'eau; elle disait : « Mon libérateur, « me voici. » René, d'Artaguette, Outougamiz, Chactas, Adario, Céluta, regardent dans le fleuve, et ils aperçoivent Mila qui nageait auprès du canot. Enveloppée d'un voile, elle ne montrait au-dessus de l'eau que ses épaules deminues et sa tête humide; quelques épis de folle-avoine, capricieusement tressés, ornaient son front. Sa figure riante brillait à la clarté de la lune, au milieu de l'ébène de ses cheveux; des filets d'argent coulaient le long de ses joues : on eût pris la petite Indienne pour une naïade qui avait dérobé la couronne de Cérès.

« Outougamiz, disait-elle, viens donc te baigner avec moi; pour le guerrier « blanc, ton frère, j'en aurais peur. »

Outougamiz saute par-dessus le bord de la pirogue. Mila se mit à nager de concert avec lui. Tantôt elle se balançait lentement le visage tourné vers le ciel; vous eussiez cru qu'elle dormait sur les vagues; tantôt frappant de son pied l'onde élastique, elle glissait rapidement dans le fleuve. Quelquefois, s'élevant à demi, elle avait l'air de se tenir debout; quelquefois ses bras écartaient l'onde avec grâce : dans cette position elle tournait un peu la tête, et l'extrémité de ses pieds se montrait à la surface des flots. Son sein, légèrement enflé à l'œil, sous le voile liquide, paraissait enfermé dans un globe de cristal : elle traçait, par ses mouvements, une multitude de cercles qui, se poussant les uns les autres, s'étendaient au loin : Mila s'ébattait au milieu de ces ondulations brillantes, comme un cygne qui baigne son cou et ses ailes.

La langueur des attitudes de Mila aurait pu faire croire qu'elle cherchait des voluptés cachées dans ces ondes mystérieuses, mais le calme de sa voix et la simplicité de ses paroles ne décelaient que la plus tranquille innocence. Il en était ainsi des caprices de l'élégante Indienne avec Outougamiz : elle passait à son cou un bras humide; elle approchait son visage si près du sien, qu'elle lui faisait sentir à la fois la fraîcheur de ses joues et la chaleur de ses lèvres. Liant ses pieds aux pieds de son compagnon de bain, elle n'était séparée de lui que par l'onde, dont la molle résistance rendait encore ses entrelacements plus doux : « N'était-ce pas ainsi, disait-elle, que tu étais couché avec René sur le lit « de roseaux, au fond du marais? » Il ne fallait chercher dans ces jeux que ceux d'un enfant plein de charme; et si quelque chose d'inconnu se mêlait aux pensées de Mila, ce n'était point à Outougamiz que s'adressaient ces pensées.

Tant de grâces n'avaient point échappé à la fille de Tabamica; moins René y avait paru sensible, plus elle craignit une délicatesse affectée. Rentrée dans sa demeure, elle se trouva mal : bien que son sein maternel n'eût encore compté que sept fois le retour de l'astre témoin des plaisirs de Mila, Céluta sentit que l'enfant de René se hâterait d'arriver à la triste lumière des cieux, afin de partager les destinées de son père.

Le frère d'Amélie avait passé la nuit dans les bois : au lever du soleil il ne retrouva Céluta, ni dans la cabane, ni à la fontaine, ni au champ des fleurs.

Il apprit bientôt que, pressée pendant la nuit par les douleurs, son épouse s'était retirée à la hutte que lui avaient bâtie les matrones, selon l'usage, et qu'elle resterait dans cette hutte un nombre de jours plus ou moins long, selon le sexe de l'enfant.

Céluta pensa perdre la vie en la donnant à une fille que l'on porta à son père, et qu'en versant des pleurs il nomma Amélie. Cette seconde Amélie paraissait au moment d'expirer : René se vit obligé de verser l'eau du baptême sur la tête de l'enfant en péril; l'enfant poussa un cri. Le baptême parmi les Sauvages était regardé comme un maléfice : Ondouré accusa le guerrier blanc d'avoir voulu faire mourir sa fille, par dégoût pour Céluta, et par amour pour une autre femme. Ainsi s'accomplissait le sort de René : tout lui devenait fatal, même le bonheur.

L'enfant vécut, et les jours de retraite expirèrent : Céluta revint à son toit où l'attendaient ses parents. Les vêtements de la jeune mère étaient nouveaux : elle ne devait rien porter de ce qui lui avait servi autrefois : son enfant était suspendu à sa mamelle. Lorsqu'elle mit le pied sur le seuil de sa cabane, ses yeux, jusqu'alors baissés avec modestie, se levèrent sur René qui lui tendait les bras pour recevoir son enfant : tout ce que la passion d'une amante, tout ce que la dignité d'une épouse, tout ce que la tendresse d'une mère, tout ce que la soumission d'une esclave, tout ce que la douleur d'une femme, peuvent jamais réunir de plus touchant, fut exprimé par le regard de Céluta. « Je ne vous « ai donné qu'une fille, dit-elle ; pardonnez à la stérilité de mon sein : je ne « suis pas heureuse. »

René prit son enfant, l'éleva vers le ciel, et le remit dans les bras de sa mère. Tous les parents bénirent la fille de Céluta : Outougamiz lui suspendit un moment au cou le manitou d'or, et sembla la consacrer ainsi au malheur.

Chez les Sauvages ce sont les parents maternels qui imposent les noms aux nouveau-nés. Selon la religion de ces peuples, le père donne l'âme à l'enfant, la mère ne lui donne que le corps : on suppose d'après cela que la famille de la femme connaît seule le nom que le corps doit porter. René s'obstinant à appeler sa fille Amélie, blessa de plus en plus les mœurs des Indiens.

Depuis qu'il était père, sa tristesse était singulièrement augmentée. I passait des jours entiers au fond des forêts. Quand il revenait chez lui, il prenait sa fille sur ses genoux, la regardait avec un mélange de tendresse et de désespoir, et tout à coup la remettait dans son berceau comme si elle lui faisait horreur. Céluta détournait la tête, et cachait ses larmes, attribuant le mouvement de René à un sentiment de haine pour elle.

Si René rentrant au milieu de la nuit adressait des mots de bonté à Céluta, c'était avec peine qu'elle parvenait à dissimuler l'altération de sa voix; si René s'approchait de son épouse pendant le jour, elle lui laissait adroitement sa fille dans les bras et s'éloignait de lui; si René montrait quelque inquiétude de la santé chancelante de la sœur d'Outougamiz, celle-ci en attribuait le dérangement à la naissance d'Amélie. Elle disait alors des choses si touchantes en s'efforçant de prendre un air serein, que son trouble paraissait davantage à travers ce calme de la vertu résignée.

Mila se retrouvait partout sur les pas du frère d'Amélie; elle venait souvent à la cabane où Céluta l'accueillait toujours avec douceur.

« Si tu étais ma mère, disait Mila à l'épouse affligée, je serais toujours avec
« toi; j'entendrais le guerrier blanc te parler de l'amitié de ton frère, et te ra-
« conter des histoires de son pays. Nous préparerions ensemble la couche du
« guerrier blanc, et puis, quand il dormirait, je rafraîchirais son sommeil avec
« un éventail de plumes. »

Mila terminait ordinairement ses discours en se jetant dans les bras de Céluta : c'était chercher la tranquillité au sein de l'orage, la fraîcheur au milieu des feux du midi. La jeune Indienne obtenait un regard de pitié des yeux dont elle faisait couler les larmes; elle sollicitait l'amitié d'un cœur qu'elle venait de poignarder.

La mère de Mila, impatiente de ces courses, avait menacé sa fille de lui jeter de l'eau au visage, châtiment qu'infligent à leurs enfants les matrones indiennes. Mila avait répondu qu'elle mettrait le feu à la cabane de sa mère; les parents avaient ri, et Mila avait continué de chercher René.

Un soir celui-ci était assis au bord d'un de ces lacs que l'on trouve partout dans les forêts du Nouveau-Monde. Quelques baumiers isolés bordaient le rivage; le pélican, le cou replongé, le bec reposant comme une faux sur sa poitrine, se tenait immobile à la pointe d'un rocher; les dindes sauvages élevaient leur voix rauque du haut des magnolias; les flots du lac, unis comme un miroir, répétaient les feux du soleil couchant.

Mila survint. « Me voici, dit-elle; je suis tout étonnée, je t'assure, j'avais
« peur d'être grondée. »

— « Et pourquoi vous gronder? » dit René.

« Je ne sais, » répondit Mila en s'asseyant et s'appuyant sur les genoux du guerrier blanc.

« N'auriez-vous point quelque secret? » répliqua René.

« Grand-Esprit! s'écria Mila, est-ce que j'aurais un secret? J'ai beau penser,
« je ne me souviens de rien. »

Mila posa ses deux petites mains sur les genoux de René, inclina la tête sur ses mains, et se mit à rêver en regardant le lac. René souffrait de cette attitude, mais il n'avait pas le courage de repousser cette enfant. Il s'aperçut, au bout de quelque temps, que Mila s'était endormie.

Age de candeur, qui ne connais aucun péril! âge de confiance, que tu passes vite! « Quel bonheur pour toi, Mila! murmura sourdement René, si tu dormais
« ici ton dernier sommeil! »

— « Que dis-tu? s'écria Mila tirée de son assoupissement. Pourquoi m'as-tu
« réveillée? Je faisais un si beau rêve! »

— « Vous feriez mieux, dit René, de me chanter une chanson, plutôt que
« de dormir ainsi comme un enfant. »

— « C'est bien vrai, dit Mila; attends, que je me réveille. » Et elle frotta ses yeux humides de sommeil et de larmes.

« Je me souviens, reprit-elle, d'une chanson de Céluta. O Céluta! comme
« elle est heureuse! comme elle mérite de l'être! C'est ta femme, n'est-ce pas? »

Mila se prit à chanter; elle avait dans la voix une douceur mêlée d'innocence et de volupté. Elle ne put chanter longtemps elle brouilla tous ses souvenirs, et pleura de dépit de ne pouvoir redire la chanson de Céluta.

La mère de Mila, qui la suivait, la trouva assise aux genoux de René; elle la frappa avec une touffe de lilas qu'elle tenait à la main, et Mila s'échappa en jetant des feuilles à sa mère. L'imprudente colère de la matrone révéla la course de sa fille; le bruit s'en répandit de toutes parts. Mila elle-même s'empressa de dire à Céluta qu'elle avait dormi sur les genoux du guerrier blanc au bord du lac. Céluta n'avait pas besoin de ce qu'elle prenait pour une nouvelle preuve du malheur qui l'avait frappée.

Le frère d'Amélie connaissait trop les passions pour ne pas apercevoir ce qui naissait au fond du cœur de Mila; il devint plus sévère avec elle : cette rigueur effraya la gentille Sauvage. Ses sentiments repoussés se replièrent sur tout ce qui aimait René, sur Céluta, sur Outougamiz qui avait délivré le guerrier blanc avec tant de courage, et qui avait si bien nagé dans le fleuve. Mila rencontrait souvent Outougamiz dans les cabanes : la naïveté héroïque du jeune homme plaisait à la naïveté malicieuse de la jeune fille.

« Tu as sauvé ton ami du cadre de feu, disait un jour Mila à Outougamiz.
« C'est bien beau! j'aurais voulu être là. — Tu m'aurais beaucoup gêné, ré-
« pondit le frère de Céluta, parce que tu aurais eu faim; et que t'aurais-je
« donné à manger? »

— « C'est vrai, répliqua l'Indienne; mais si j'avais été avec toi, j'aurais
« pris la tête de ton ami dans mes deux mains, j'aurais réchauffé ses yeux
« avec mes lèvres; et pour voir si son cœur battait encore, j'aurais mis ma
« main sur son cœur. » Et Mila portait la main au cœur d'Outougamiz. »

« Ne fais pas cela, dit le Sauvage. Est-ce que tu serais devenue amoureuse? »
« — Non, certainement, s'écria l'Indienne étonnée; mais je le demanderai à
« Céluta. »

L'âme de la jeunesse, en prenant son essor, essaie de tous les sentiments, goûte comme l'enfant, à toutes les coupes, douces ou amères, et n'apprend à s'y connaître que par l'expérience. Attirée d'abord par René, Mila trouva bientôt en lui quelque chose de trop loin d'elle. Le cœur d'Outougamiz était le cœur qui convenait à celui de Mila; leur sympathie une fois déclarée promettait d'être durable, et cette sympathie allait naître.

Hélas! ces simples et gracieuses amours qui auraient dû couler sous un ciel tranquille, se formaient au moment des orages! Malheureux, ô vous qui commencez à vivre quand les révolutions éclatent! Amour, amitié, repos, ces biens qui composent le bonheur des autres hommes, vous manqueront; vous n'aurez le temps ni d'aimer ni d'être aimés. Dans l'âge où tout est illusion, l'affreuse vérité vous poursuivra; dans l'âge où tout est espérances, vous n'en nourrirez aucune : il vous faudra briser d'avance les liens de la vie, de peur de multiplier des nœuds qui sitôt doivent se rompre!

René, vivant en lui-même, et comme hors du monde qui l'environnait, voyait à peine ce qui se passait autour de lui; il ne faisait rien pour détruire des calomnies qu'il ignorait, ou qu'il aurait méprisées s'il les eût connues; calomnies qui n'en allaient pas moins accumuler sur sa tête des malheurs publics et des chagrins domestiques. Se renfermant au sein de ses douleurs et de ses rêveries dans cette espèce de solitude morale, il devenait de plus en plus farouche et sauvage : impatient de tout joug, importuné de tout devoir, les soins qu'on lui rendait lui pesaient : on le fatiguait en l'aimant. Il ne se plaisait qu'à errer à l'aventure; il ne disait jamais ce qu'il devenait, où il allait; lui-même ne le savait pas. Était-il agité de remords ou de passions, cachait-il des vices ou des vertus? c'est ce qu'on ne pouvait dire. Il était possible de tout croire de lui, hors la vérité.

Assise à la porte de sa cabane, Céluta attendait son mari des journées entières. Elle ne l'accusait point, elle n'accusait qu'elle-même : elle se reprochait de n'avoir ni assez de beauté ni assez de tendresse. Dans la générosité de son amour elle allait jusqu'à croire qu'elle pourrait devenir l'amie de toute autre femme, maîtresse du cœur de René ; mais quand elle portait son enfant à son sein, elle ne pouvait s'empêcher de le baigner de larmes. Lorsque le frère d'Amélie revenait, Céluta apprêtait le repas ; elle ne prononçait que des paroles de douceur ; elle ne craignait que de se rendre importune ; elle ébauchait un sourire qui expirait à ses lèvres ; et lorsque, jetant des regards furtifs sur René, elle le voyait pâle et agité, elle aurait donné toute sa vie pour lui rendre un moment de repos.

Chactas essayait quelquefois d'apaiser par sa tranquille raison les troubles de l'âme du frère d'Amélie; mais il ne lui pouvait arracher son secret. « Qu'as-tu? « lui disait-il. Tu voulais la solitude; ne te suffit-elle plus? Avais-tu pensé que « ton cœur était inépuisable? Les sources coulent-elles toujours? »

— « Mais qui empêche, répondait René, quand on s'aperçoit de la fuite du « bonheur, de clore la vie? Pourquoi des amis inséparables n'arrivent-ils pas « ensemble dans le monde où les félicités ne passent plus? »

— « Je n'attache pas plus de prix que toi à la vie, répliquait le sachem expé-
« rimenté : vous mourez, et vous êtes oublié ; vous vivez, et votre existence
« n'occupe pas plus de place que votre mémoire. Qu'importent nos joies ou
« nos douleurs dans la nature? Mais pourquoi t'occuper toi-même de ce qui
« dure si peu? Tu as déjà rempli parmi nous les devoirs d'un homme envers
« ta patrie adoptive : il t'en reste d'autres à accomplir. Peut-être n'attendras-
« tu pas longtemps ce que tu désires. »

Les paroles de la vieillesse sont des oracles : tout, en effet, commençait à précipiter la catastrophe aux Natchez. Les messagers d'Ondouré étaient revenus avec des paroles favorables de la part des nations indiennes. Le commandant français, qui avait reçu de nouveaux soldats, n'avait pas besoin d'être excité secrètement, comme il l'était, par Fébriano, pour exercer des violences contre René, Chactas et Adario. Chépar pressait Ondouré de tenir ses promesses relativement au partage des terres ; Ondouré répondait qu'il les mettrait à exécution aussitôt qu'on l'aurait débarrassé de ses adversaires.

Les calomnies répandues par Ondouré, à l'aide du jongleur, avaient produit tout leur effet contre le frère d'Amélie : pour les Natchez, l'impie René était le complice secret des mauvais desseins des Français; pour les Français, le traître René était l'ennemi de son ancienne patrie.

La famille de Chactas, au milieu de laquelle Mila passait maintenant ses jours, prenait un matin son repas accoutumé dans la cabane de Céluta, lorsqu'elle vit entrer le grenadier Jacques : il était chargé d'un billet du capitaine d'Artaguette, adressé au fils adoptif de Chactas, ou, dans son absence, au vénérable sachem lui-même. Ce billet informait René de l'ordre qui venait d'être donné de l'arrêter avec Adario. « Vous n'avez pas un moment à perdre pour
« vous dérober à vos ennemis, mandait le capitaine au frère d'Amélie. Vous
« êtes dénoncé comme ayant porté les armes contre la France ; un conseil de
« guerre est déjà nommé afin de vous juger. Adario, qu'on retiendra prison-
« nier tant que les terres ne seront pas concédées, répondra de la conduite des
« Natchez. On n'ose encore toucher à la tête de Chactas. »

A cette lecture, Céluta fut saisie d'un tremblement ; pour la première fois elle bénit l'absence de René ; depuis deux jours il n'avait point paru. Céluta, Mila et Outougamiz convinrent de courir dans les bois, de chercher le frère d'Amélie, et de le tenir éloigné des cabanes ; Chactas, avec le reste de la famille, se hâta de se rendre chez Adario.

Instruit du sort qu'on lui prépare, Adario refuse de fuir : il déploie une natte, s'assied à terre. Fatigué des cris qu'il entend : « Indigne famille ! dit-il d'une
« voix terrible, que me conseillez-vous ? Moi ! me cacher devant des brigands !
« donner un tel exemple à la jeunesse ! Chactas, j'attendais d'autres sentiments
« d'un des pères de la patrie. »

— « De quelle utilité peut être à la patrie votre captivité ou votre mort ? ré-
« pondit Chactas ; en vous retirant, au contraire, dès demain peut-être, nous
« pourrons nous défendre contre les oppresseurs de notre liberté ; mais aujour-
« d'hui le temps nous manque ; je ne sais quelle main perfide a écarté la plu-
« part des jeunes guerriers. »

— « Non, dit Adario, je ne me retirerai point ; je vous laisse le soin de me
« venger. »

Adario se lève et prend ses armes : sa famille n'ose s'opposer à son dessein. Le sachem se rassied : un profond silence règne autour de lui.

On entend au dehors les pas d'une troupe de concessionnaires conduits par Fébriano. A la gauche du sachem était son fils ; derrière lui, sa vieille épouse, et sa jeune fille, mère d'un enfant qu'elle tenait dans ses bras ; devant lui, Chactas appuyé sur un bâton blanc.

Fébriano entre, déploie un ordre, et commande à Adario de le suivre.

« Oui, je te vais suivre, répond le sachem ; je vois que tu m'as reconnu ;
« je t'ai fait assez peur le jour de la bataille pour que tu te souviennes de moi. »

Adario s'élance de sa natte, et appuie le bout d'un javelot sur la poitrine de Fébriano. Chactas, dont les regards ne dirigent plus les mains tremblantes, cherche en vain, dans la nuit qui l'environne, à détourner les coups et à faire entendre des paroles pacifiques. Le renégat recule, et sa troupe avance. Des cris s'échappent de la multitude remplissant les lieux d'alentour. Les femmes éplorées se suspendent aux fusils des concessionnaires. Une voix s'élève, la bande armée tire : le fils d'Adario tombe mort à ses côtés. Le sachem se défend quelque temps derrière le corps de son fils ; Chactas, renversé, est foulé aux pieds. Une épaisse fumée monte dans les airs ; la cabane est en flammes ; tout fuit. Lié des mains de Fébriano, Adario est conduit avec sa femme, sa fille et son petit-fils au fort Rosalie. D'autres sicaires du complice d'Ondouré, envoyés à la demeure de René, n'avaient trouvé que le silence et la solitude.

Les habitants de la colonie accoururent en foule sur le passage des prisonniers. Ceux-ci auraient inspiré une pitié profonde, s'il ne suffisait pas d'être malheureux parmi les hommes pour en être haï et persécuté. D'Artaguette, qui avait refusé de conduire des soldats aux Natchez, subissait lui-même une captivité militaire, et ne pouvait plus être d'aucun secours à la famille enchaînée.

Le conseil de Chépar s'étant assemblé, Fébriano déclara qu'Adario s'était armé, qu'il avait méprisé les ordres du roi, et qu'on avait été obligé de l'enlever de vive force. Deux avis furent ouverts : le premier, de transporter le rebelle aux îles ; le second, de le vendre, avec sa famille, au fort Rosalie. Ce dernier avis l'emporta. Le commandant choisit le parti le plus violent comme le plus capable de frapper les Natchez d'une épouvante salutaire : l'imprudence et la dureté paraissent souvent aux esprits étroits de l'habileté et du courage. Il fut donc résolu qu'Adario, sa femme et ses enfants, seraient, à l'instant même, publiquement vendus, et employés aux travaux de la colonie.

Ondouré passa secrètement quelques heures au fort Rosalie : Fébriano l'informa du jugement rendu par le conseil ; le Sauvage s'en réjouit, ainsi que du meurtre du fils d'Adario et de l'incendie de la cabane. Il regrettait seulement de n'avoir pu abattre du premier coup sa principale victime, mais il s'en consolait dans la pensée que René n'avait échappé à son sort que pour peu de temps.

L'Indien espérait trouver la rage des Natchez à son comble, et les esprits disposés à tout entreprendre : il ne se trompait pas. Revenu du fort Rosalie, il se rendit au lieu où Chactas, après l'enlèvement d'Adario, avait rassemblé les tribus : c'était au bord du lac des bois, dans l'endroit où Mila s'était endormie sur les genoux de René.

Le chef parut avec un front triste au milieu de l'assemblée. Tous les yeux se tournèrent vers lui. Les jeunes guerriers, à peine de retour d'une longue chasse, s'écrièrent : « Tuteur du Soleil, que nous conseillez-vous ? »

— « Mon opinion, » répondit modestement le rusé Sauvage, est celle des « sachems. »

Les sachems louèrent cette modération, excepté Chactas, qui découvrit l'hypocrite.

« Que la Femme-Chef s'explique, » dit-on de toutes parts.

« O malheureux Natchez ! dit Akansie subjuguée et criminelle, on conspire ! » et elle se tut.

« Il la faut forcer de parler ! » fut le cri de la foule. Alors Ondouré :

« Remarquez, ô guerriers ! que le fils adoptif de Chactas, que l'on représen« tait comme une des victimes désignées par Chépar, a pourtant été soustrait à « la trahison de nos ennemis, tandis qu'Adario est dans les fers. Sachems et « guerriers, avez-vous quelque confiance en moi ? »

— « Oui, oui ! » répétèrent mille voix. Celle de Chactas, dans ce moment de passion, ne fut point écoutée.

« Voulez-vous faire, reprit Ondouré, ce que j'ordonnerai pour votre
« salut? »

— « Parlez, nous vous obéirons, » s'écria de nouveau l'assemblée.

« Eh bien! dit Ondouré, rentrez dans vos cabanes ; ne montrez aucun res-
« sentiment; ayez l'air soumis; supportez de nouvelles injustices, et je vous
« promets... Mais il n'est pas temps de parler. Je découvrirai au grand-prêtre ce
« qu'Athaënsic m'a inspiré. Oui, Natchez, Athaënsic m'est apparue dans la
« vallée ! ses yeux étaient deux flammes; ses cheveux flottaient dans les airs
« comme les rayons du soleil à travers les nuages de la tempête ; tout son corps
« était quelque chose d'immense et d'indéfinissable : on ne pouvait la voir sans
« ressentir les terreurs de la mort. « Délivre la patrie, m'a-t-elle dit ; concerte
« toute chose avec le serviteur de mes autels. . . . .
« . . . . Alors l'esprit m'a révélé ce que je devais
« d'abord apprendre au seul jongleur : ce sont des mystères redoutables. »

L'assemblée frémit. Le grand-prêtre s'écria : « N'en doutons point, Athaënsic
« a remis sa puissance à Ondouré. Guerriers, le tuteur du Soleil vous commande,
« par ma voix, de vous séparer. Retirez-vous et reposez-vous sur le ciel du soin
« de votre vengeance. »

A ces mots les Sauvages se dispersèrent, pleins d'une horreur religieuse
qu'augmentaient l'ombre et le calme des forêts.

Ondouré ne désirait point armer, dans ce moment, les Natchez contre les
Français; ils n'étaient pas assez forts pour triompher, et tout se serait réduit à
une action aussi peu décisive que la première. Ce n'était pas d'ailleurs un
combat ouvert et loyal que voulait le Sauvage; il prétendait porter un coup
plus sûr mais plus ténébreux. Or, tout n'était pas préparé, et le jour où le
complot pouvait éclater avec succès était encore loin.

L'amant dédaigné de Céluta avait fait de l'absence de son rival un nouveau
moyen de calomnie : non content de perdre René dans l'opinion des Natchez,
il le faisait chercher de toutes parts pour le livrer aux Français. Avec un dessein bien différent, Céluta s'était empressée de suivre les traces de son époux,
mais elle avait en vain interrogé les rochers et les bruyères. Elle sortait de sa
cabane, elle y revenait, dans la crainte que René n'y fût rentré par un autre
chemin : quelquefois elle songeait à se rendre au fort Rosalie, se figurant que
l'objet de sa tendresse y avait déjà été conduit; quelquefois elle s'asseyait au
carrefour d'un bois, et ses regards s'enfonçaient dans les divers sentiers qui se
déroulaient sous l'ombrage ; elle n'osait appeler René, de peur de le trahir par
les sons mêmes de sa voix. Amélie ne quittait point les bras maternels, et Céluta retrouvait des forces en pleurant sur ce cher témoin de sa douleur.

Outougamiz, toujours inspiré quand il s'agissait des périls de son ami, avait
été plus heureux que sa sœur; depuis longtemps il s'était aperçu que le frère
d'Amélie aimait à diriger ses pas vers une colline qui bordait le Meschacébé,
et dans le flanc de laquelle s'ouvrait une grotte funèbre : il commença ses recherches de ce côté. Un autre instinct conduisit Mila au même lieu : la colombe
au loin transportée trouve, à travers les champs de l'air, le chemin qui la ramène à sa compagne.

Les deux fidèles messagers se rencontrèrent à l'entrée de la grotte. « Qui t'a-
« mène ici? » dit Mila à Outougamiz.

« Mon génie, » répondit le Sauvage; et il montrait la chaîne d'or. « Et toi,
Mila, qui t'a conduite de ce côté? »

— « Je n'en sais rien, répliqua l'Indienne ; quelque chose qui est peut-être
« la femme de ton génie. Tu verras que nous avons deviné, et que le guerrier
« blanc est ici. »

En effet, ils aperçurent René assis en face du fleuve, sous la voûte de la caverne : on voyait auprès de lui un livre, des fruits, du maïs et des armes. Cette
caverne était un lieu redouté des Natchez : ils y avaient déposé une partie des os
de leurs pères. On racontait qu'un esprit de la tombe veillait jour et nuit à
cette demeure.

« Oh ! s'écria Mila, j'aurais bien peur si le guerrier blanc n'était ici. »

Étonné de l'apparition de son frère et de la jeune Indienne, René crut qu'ils
s'étaient donné rendez-vous dans ce sanctuaire propre à recevoir un serment ;
et comme il appelait leur union de tous ses vœux, il fut charmé de cette rencontre.
Outougamiz et Mila ne dirent rien au frère d'Amélie du véritable objet de
leur descente à la grotte : tant les cœurs naïfs deviennent intelligents quand il
s'agit de ce qu'ils aiment! Ils comprirent que s'ils révélaient à René les périls
dont il était menacé, loin de pouvoir l'arrêter, il échapperait à leur tendresse.
Le couple ingénu laissa donc l'homme blanc croire ce qu'il voudrait croire, et
ne songea qu'à le retenir dans cette retraite par le charme d'un entretien amical.

Le frère de Céluta ignorait ce qui s'était passé aux Natchez : il supposait
qu'Adario se serait éloigné avec Chactas, jusqu'au moment où les enfants du
Soleil pourraient venger leur injure. Outougamiz eût désiré calmer les inquiétudes de sa sœur, mais il ne voulait pas quitter René ; il espérait que Mila trouverait quelque prétexte pour quitter la grotte et pour aller rassurer la femme
infortunée.

« Mon sublime frère, » dit René au jeune Sauvage avec un sourire qui rarement déridait son front, « accours-tu encore pour me délivrer? Pourquoi ces
« armes? Je n'ai aucun danger à craindre : je ne suis qu'avec les morts, et tu
« sais qu'ils sont mes amis. Et vous, petite Mila, que cherchez-vous? la vie
« sans doute? elle n'est pas ici, et vous ne pourriez la rendre à cette foule
« poudreuse qui peut-être ne consentirait pas à la reprendre. »

Le religieux Outougamiz gardait le silence; Mila tremblait, et dans sa frayeur
se serrait fortement contre Outougamiz. Un faible rayon du jour, en pénétrant
dans la caverne, ne servait qu'à en redoubler l'horreur : les ossements blanchis reflétaient une lumière fantastique ; on eût cru voir remuer et s'animer
l'immobile et l'insensible dépouille des hommes. Le fleuve roulait ses ondes à
l'entrée de la grotte, et des herbes flétries pendantes à la voûte frémissaient au
souffle du vent.

Mila, en voulant s'avancer vers René, ébranla un tas d'ossements qui rou-
lèrent sur elle. « J'en mourrai! j'en mourrai! » s'écria Mila : c'était comme
quelque chose de singulier !

« Ma jeune amie, dit le frère d'Amélie, rassurez-vous.

— « Je te jure, répliqua l'Indienne, que cela a parlé. »
— « Parlé ! » dit Outougamiz.

René sourit, fit asseoir Mila auprès de lui, et prenant la main de l'enfant :

« Oui, dit-il, cela a parlé : les tombeaux nous disent que dans leur sein finis-
« sent nos douleurs et nos joies; qu'après nous être agités un moment sur la
« terre, nous passons au repos éternel. Mila est charmante, son cœur palpite
« de toutes les sortes d'amour ; mon admirable frère est tout âme : encore
« quelques soupirs sur la terre (et Dieu veuille qu'ils soient de bonheur), le
« cœur de Mila se glacera pour jamais, et les cendres de l'homme à qui l'amitié
« fit faire des prodiges seront confondues avec la poussière de celui qui n'a ja-
« mais aimé. »

René s'interrompit, appuya son front sur sa main, et regarda couler le fleuve.

« Parle encore, dit Mila; c'est si triste et pourtant si doux ce que tu dis ! »

René ramenant ses regards dans l'intérieur de la caverne, et les fixant sur
un squelette, dit tout à coup : « Mila, pourrais-tu m'apprendre son nom ? »

— « Son nom! répéta l'Indienne épouvantée, je ne le sais pas: ces morts se
« ressemblent tous. »

— « Tu me fais voir ce que je n'aurais jamais vu seul, dit Outougamiz : est-ce
« que les morts sont si peu de chose? »

— « La nature de l'homme est l'oubli et la petitesse, répondit le frère d'A-
« mélie; il vit et meurt ignoré. Dis-moi, Outougamiz, entends-tu l'herbe croître
« dans cette tête que j'approche de ton oreille? Non sans doute. Eh bien ! les
« pensées qui y végétaient autrefois ne faisaient pas plus de bruit à l'oreille de
« Dieu. L'existence coule à l'entrée du souterrain de la mort, comme le Mes-
« chacébé à l'entrée de cette caverne : les bords de l'étroite ouverture nous
« empêchent d'étendre nos regards au-dessus et au-dessous sur le fleuve de la
« vie ; nous voyons seulement passer devant nous une petite portion des hommes
« voyageant du berceau à la tombe dans leur succession rapide, sans que nous
« puissions découvrir où ils vont et d'où ils viennent. »

— « Je conçois bien ton idée, s'écria Mila. Si je disais à mon voisin, placé
« dans une autre caverne au-dessus de celle où nous sommes : « Voisin, as-tu
« vu passer ce flot qui était si brillant (je suppose une jeune fille)?» Il me ré-
« pondrait peut-être : « J'ai vu passer un flot troublé, car il s'est élevé de l'o-
« rage entre ma caverne et la tienne. »

— « Admirablement, Mila ! dit René : oui ! tels nous paraissons en fuyant
« sur la terre; notre éclat, notre bonheur, ne vont pas loin, et le flot de notre
« vie se ternit avant de disparaître. »

— « Voilà que tu m'enhardis, s'écria Mila. J'avais tant de peur en entrant
« dans la grotte ! Maintenant je pourrais toucher ce que je n'osais d'abord re-
« garder. » La main de Mila prit la tête de mort que René n'avait pas replacée
avec les autres. Elle en vit sortir des fourmis.

« La vie dans la mort, dit René : c'est par ce côté que le tombeau nous ouvre
« une vue immense. Dans ce cerveau, qui contenait autrefois un monde intel-
« lectuel, habite un monde qui a aussi son mouvement et son intelligence ; ces
« fourmis périront à leur tour. Que renaîtra-t-il de leur grain de poussière? »

René cessa de parler. Animée par le premier essai de son esprit, Mila dit à Outougamiz :

« Je songeais que si j'allais t'épouser et que tu vinsses à mourir comme « ceux qui sont ici, je serais si triste que je mourrais aussi. »

— « Je t'assure que je ne mourrai pas, » dit vivement Outougamiz : « si tu « veux m'épouser, je te promets de vivre. »

— « Oui, dit Mila, belle promesse ! Avec ton amitié pour le guerrier blanc, « tu me garderais bien ta parole ! »

Mila, qui avait oublié de rejeter la relique qu'elle tenait de la main de René, échauffait contre son sein l'effigie pâle et glacée : les beaux cheveux de la jeune fille ombrageaient en tombant le front chauve de la mort. Avec ses joues colorées, ses lèvres vermeilles, les grâces de son adolescence, Mila ressemblait à ces roses de l'églantier qui croissent dans les cimetières champêtres, et qui penchent leurs têtes sur la tombe.

Les grandes émotions, nées du spectacle de la grotte funèbre, l'ardente amitié du frère de Céluta pour René, avaient pu seules éloigner un moment de la pensée d'Outougamiz le souvenir du péril qui environnait ses parents et sa patrie : l'Indien fit un léger signe à Mila, qui comprit ce signe, et s'écria : « Qu'il « y a longtemps que je suis ici ! Comme je vais être grondée ! » Et elle s'enfuit, non pour aller trouver sa mère, mais pour aller apprendre à Céluta que le guerrier blanc était en sûreté. Le frère de Céluta demeura auprès du frère d'Amélie, feignant un peu de lassitude et de souffrance, il déclara qu'il se voulait reposer dans la grotte : c'était le moyen d'y retenir son ami.

Tandis qu'ils étaient renfermés dans ce tabernacle des morts, des scènes de deuil affligeaient le fort Rosalie.

Si Chactas, au lieu d'Adario, se fût trouvé prisonnier, il eût, par de sages discours, consolé ses amis : mais Adario, muet et sévère, ne savait point faire parler avec grâce son cœur sur ses lèvres ; il songeait peu à sa famille, encore moins à lui-même, toutes ses pensées, toutes ses douleurs étaient réservées à son pays.

Pour subir l'arrêt du conseil, et pour être vendu à l'enchère, il avait été conduit sur la place publique où la foule était assemblée. Sa femme, et sa fille qui portait son jeune fils dans ses bras, le suivaient en pleurant. Le sachem se tourna brusquement vers elles, et leur montra de la main les cabanes de la patrie : les deux femmes étouffèrent leurs sanglots. Un large cercle se forma autour de la famille indienne : les principaux marchands qui faisaient la traite des nègres et des Indiens s'avancèrent. On commença par dépouiller les esclaves. L'épouse et la fille d'Adario cachant leur nudité de leurs mains, se pressaient honteuses et tremblantes contre le vieillard, dont le corps était tout couvert d'anciennes cicatrices et tout meurtri de nouveaux coups.

Les traitants, écartant les bras chastes des Indiennes, livraient ces femmes à des regards encore plus odieux que ceux de l'avarice. Des femmes blanches, instruites dans l'abominable trafic, prononçaient sur la valeur des effets à vendre.

« Ce vieillard, disait un colon en frappant le sachem de son bambou, ne

« vaut pas une pièce d'or : il est mutilé de la main gauche ; il est criblé de
« blessures ; il est plus que sexagénaire ; il n'a pas trois années à servir. »

— « D'ailleurs, » disait un autre colon qui cherchait à ravaler l'objet de l'encan pour l'obtenir à bas prix, « ces Sauvages sont des brutes qui ne valent pas
« le quart d'un nègre : ils aiment mieux se laisser mourir que de travailler
« pour un maître. Quand on en sauve un sur dix on est bien heureux. »

Discutant de la sorte, on tâtait les épaules, les flancs, les bras d'Adario.
« Touche-moi, misérable, disait l'Indien ; je suis d'une autre espèce que toi ! »

— « Je n'ai point vu de plus insolent vieillard, » s'écria un des courtiers de chair humaine ; et il rompit sa gaule de frêne sur la tête du sachem.

On fit ensuite des remarques sur les femmes : la mère était vieille, affaiblie par le chagrin, elle n'aurait plus d'enfants. La fille valait un peu mieux, mais elle était délicate, et les premiers six mois de travail la tueraient. L'enfant, qu'on arracha tout nu à la mère, fut à son tour examiné : il avait les membres gros, il promettait de grandir : « Oui, dit un brocanteur, mais c'est un capital
« avancé sans rentrée certaine ; il faut nourrir cela en attendant. »

La mère suivait, avec des yeux où se peignait la plus tendre sollicitude, les mouvements qu'on faisait faire à son fils ; elle craignait qu'on ne l'en séparât pour toujours. Une fois l'enfant, trop serré, poussa un cri ; l'Indienne s'élança pour reprendre le fruit de ses entrailles ; on la repoussa à coups de fouet : elle tomba, toute sanglante, la face contre terre, ce qui fit rire aux éclats l'assemblée. On lui rejeta pourtant son fils, dont les membres étaient à moitié disloqués. Elle le prit, l'essuya avec ses cheveux, et le cacha dans son sein. Le marché fut conclu : on rendit les vêtements à la famille.

Adario s'attendait à être brûlé ; quand il sut qu'il était esclave, sa constance pensa l'abandonner : ses yeux cherchaient un poignard, mais on lui avait enlevé tout moyen de s'affranchir. Un soupir, ou plutôt un sourd rugissement, s'échappa du fond de la poitrine du sachem, lorsqu'on le conduisit aux cases des nègres, en attendant le jour du travail. Là, avec sa famille, Adario vit danser et chanter autour de lui ces Africains qui célébraient la bienvenue d'un Américain, enchaîné avec eux par des Européens, sur le sol où il était né. Dans ce troupeau d'hommes se trouvait le nègre Imley, accusé de vouloir soulever ses compagnons de servitude : on ne l'avait pu convaincre de ce crime ou de cette vertu ; et il en avait été quitte pour cinquante coups de fouet. Il serra secrètement la main d'Adario.

Cette même nuit, qui plaçait ce sachem au rang des esclaves, apportait de nouveaux chagrins à Outougamiz : il ne pouvait plus prolonger l'erreur au frère d'Amélie, ni le retenir sous un vain prétexte dans la grotte funèbre ; il se détermina donc à rompre le silence.

« Tu m'as fait faire, dit-il à René, le premier mensonge de ma vie. Je ne
« suis point malade, et Mila ne m'avait pas donné de rendez-vous ici. Son bon
« génie, qui ne ressemble cependant pas au mien, lui avait découvert ta re-
« traite, et nous étions accourus pour t'obliger à te cacher. »

— « Me cacher ! dit René ; tu sais que ce n'est guère ma coutume. »

— « C'est bien pour cela, répondit Outougamiz, que j'ai menti. Je savais que

« je te fâcherais si je te proposais de rester dans la caverne ; pourtant Chactas
« t'ordonnait d'y rester. »

Outougamiz fit à sa manière le récit de ce qui s'était passé aux Natchez, ajoutant qu'Adario aurait certainement pris le parti de se retirer, afin de mieux se préparer à combattre.

« Je n'en crois rien, » dit René se levant et saisissant ses armes ; « mais
« allons défendre Céluta qui ignore où je suis, et qui doit être dans une vive
« inquiétude. »

— « Et pourquoi donc, reprit Outougamiz, Mila nous a-t-elle quittés? Elle
« a plus d'esprit que toi et que moi, et elle vole comme un oiseau. »

René voulut sortir de la grotte ; Outougamiz se jette au-devant de lui. « Il n'y
« a pas encore assez longtemps que le soleil est couché, dit le jeune Sauvage ;
« attends quelques moments de plus. Tu sais que c'est la nuit que je te délivre. »
Ce mot arrêta le frère d'Amélie, qui pressa Outougamiz dans ses bras.

Ils ouïrent alors dans les eaux du fleuve le bruit d'une pirogue ; cette pirogue aborde presque aussitôt à la grotte : elle était conduite par le grenadier Jacques et par d'Artaguette lui-même. Le capitaine saute sur le rocher, et dit à René :

« Vous êtes découvert ; Ondouré vous a fait suivre ; il vient d'indiquer au
« commandant le lieu de votre retraite. Instruit, par le hasard, de cette nou-
« velle, j'ai forcé mes arrêts pendant la nuit ; je me suis jeté dans cette pirogue
« avec Jacques ; grâce au ciel, nous arrivons les premiers ! Mais fuyez ; il y a
« des vivres dans l'embarcation ; traversez le fleuve, vous serez en sûreté sur
« l'autre bord. Ne balancez pas ! Adario n'a pas voulu se retirer, il a été pris
« avec sa famille : son fils a été tué à ses côtés ; le sachem lui-même, conduit
« au fort, a été vendu comme esclave. Nous tâcherons de réparer le mal : vous
« ne feriez que l'aggraver en tombant entre les mains de nos ennemis. »

L'étonnement et l'indignation soulevaient la poitrine de René : « Capitaine,
« dit-il, tandis qu'on égorge mes amis, ce n'est pas sans doute sérieusement
« que vous me proposez la fuite. Adario esclave ! son fils massacré ! Et ma femme
« et ma fille, que sont-elles devenues? Courons les défendre ; soulevons la na-
« tion ; délivrons la terre généreuse qui m'a donné l'hospitalité !... »

— « Nous prendrons soin de votre femme, de votre fille, de Chactas, de tous
« vos amis, dit d'Artaguette en interrompant René ; mais vous les perdrez dans
« ce moment si vous vous obstinez à vous montrer. Partez, encore une fois ;
« épargnez-moi le malheur de vous voir saisir sous mes yeux. Songez que vous
« exposez ce brave grenadier. »

— « Quelle vie que la mienne ! »'s'écria René avec l'accent du désespoir ;
puis tout à coup : « Eh bien ! généreux d'Artaguette, je ne vous exposerai point ;
« je n'exposerai point ce brave grenadier ; je ne compromettrai point, comme
« vous me le dites, ma femme, ma fille, Chactas et mes amis ; mais ne me comp-
« tez pas ébranler dans la résolution que je viens de prendre ; je ne suis point
« un scélérat, obligé de me cacher le jour dans les cavernes, la nuit dans les
« forêts. J'accepte votre pirogue, je pars, je descends à la Nouvelle-Orléans,
« je me présente au gouverneur, je demande quel est mon crime, je propose
« ma tête pour celle d'Adario : j'obtiendrai sa grâce ou je péri ai. »

Le capitaine, en admirant la résolution de René, tâcha de le dissuader de la suivre : « Vos ennemis, lui dit-il, sont de petits hommes : ils ne sentiront « ni votre mérite, ni le prix de votre action. Étranger, inconnu, sans protec- « teurs, vous ne réussirez pas ; vous ne parviendrez même pas à vous faire en- « tendre. Je ne le vous puis cacher : d'après les calomnies répandues contre « vous, d'après la puissance de vos calomniateurs, la rigueur de l'autorité « militaire dans une colonie nouvelle peut vous être funeste. »

— « Tant mieux, répondit brusquement le frère d'Amélie ; le fardeau est « trop pesant, et je suis las. Je vous recommande Céluta, sa fille, ma seconde « Amélie !... Chactas, mon second père !... » Puis se tournant vers Outouga- miz, qui n'avait rien compris à leur langage français, il lui dit en natchez : « Mon ami, je vais faire un voyage ; quand nous reverrons-nous ? qui le « sait ? peut-être dans un lieu où nous aurons plus de bonheur : il n'y a rien sur « la terre qui soit digne de ta vertu. »

— « Tu peux partir si tu veux, répondit Outougamiz ; mais tu sais bien que « je sais te suivre et te retrouver. Je vais aller chercher Mila, qui a plus « d'esprit que moi ; j'apprendrai par elle ce que tu ne me dis pas. »

On entendit le bruit des armes. « Je ne cherche plus à vous retenir, dit le « capitaine. J'écrirai pour vous à mon frère le général, et à mon ami le con- « seiller Harlay. » D'Artaguette ordonne au grenadier de sortir de la pirogue ; il y fait entrer René : celui-ci, repoussant le rivage avec un aviron, est en- traîné par le cours du fleuve.

Fébriano ne trouva plus le frère d'Amélie ; il rencontra seulement le capi- taine d'Artaguette et le grenadier ; il ne douta point que René ne dût son salut à leur dévouement : il y a des hommes qu'on peut toujours accuser d'avoir fait le bien, comme il y en a d'autres qu'on peut toujours soupçonner d'avoir fait le mal. D'Artaguette jeta un regard de mépris à Fébriano, qui n'y répondit que par un geste menaçant adressé à Jacques. Outougamiz, en voyant s'éloi- gner le frère d'Amélie, s'était dit : « Je le suivrais bien à la nage ; mais il faut « que je consulte Mila. » Et il était allé consulter Mila.

On peut juger du soulagement de Céluta quand, après de longues heures d'attente, elle vit accourir sa jeune amie, dont le visage riant annonçait de loin que le guerrier blanc était en sûreté. « Céluta, s'écria Mila toute haletante, tu « aurais été assise trois lunes de suite à pleurer que tu n'aurais rien trouvé. « Moi, j'ai été tout droit, sans qu'on me le dît, à la grotte où était mon libé- « rateur ; Outougamiz y arrivait en même temps que moi. Grand-Esprit ! j'au- « rais eu tant de peur, si je n'avais eu tant de plaisir ! Imagine-toi que ton frère « garde ton mari dans la grotte où ils parlent comme deux aigles. »

Céluta comprit sur-le-champ que René était dans la caverne funèbre avec Outougamiz. Elle embrassa la petite Indienne, lui disant : « Charmante en- « fant, tu me fais à présent autant de bien que tu m'as fait de mal. »

— « Je t'ai fait du mal ! repartit Mila. Comment ? Est-ce que tu ne veux pas « que j'épouse ton frère Outougamiz le Simple ? Nous venons pourtant de nous « promettre de nous marier dans la grande caverne. » Et Mila fuit de nouveau, disant : « Je reviens, je reviens ; mais il faut que je m'aille montrer à ma mère. »

Céluta remplit une corbeille de gâteaux et de fruits, suspendit sa fille à ses épaules, et, appuyée sur un roseau, s'avança vers la grotte des Ancêtres. Il était plus de minuit lorsqu'elle y arriva : elle ne se put défendre d'une secrète terreur, à l'abord de ce lieu redoutable. Elle s'arrête, écoute : aucun bruit ne frappe son oreille ; elle nomme à voix basse Outougamiz, n'osant nommer René : aucune voix ne répond à sa voix.

« Ils dorment peut-être, » se dit-elle, et elle pénètre dans le souterrain ; elle marche sur des os roulants, répétant à chaque pas ces mots : « Êtes-vous « là ? » Ses accents s'évanouissent dans le silence de la mort. L'Indienne se sent prête à défaillir ; elle promène ses regards dans les ombres de ce tombeau ; nul être vivant n'y respire.

Céluta sort épouvantée : elle gravit la rive escarpée, jette les yeux sur le fleuve et sur les campagnes à peine visibles à la lueur des étoiles ; elle appelle René et Outougamiz, se tait, recommence ses cris, les suspend encore, s'épuise en courses inutiles, et ne se résout à reprendre le chemin de sa cabane que quand elle aperçoit les premières teintes du jour.

La fille de Tabamica traversait le grand village, abandonné par la plupart des Indiens depuis l'enlèvement d'Adario ; elle entend marcher derrière elle ; elle tourne la tête et aperçoit son frère. « Où est ton ami? » s'écrie-t-elle. « Il « est parti, répond Outougamiz ; il ne reviendra peut-être jamais ; mais qu'est-« ce que cela fait, puisque je vais le rejoindre? Je ne sais pas où il est allé ; « mais Mila me le dira. » Mila échappée à sa mère, arrive dans ce moment. Elle voit Céluta en pleurs, et Outougamiz avec cet air inspiré qu'il avait lorsque l'amitié faisait palpiter son cœur. Elle apprend le sujet de leurs nouvelles alarmes : « Vous voilà bien embarrassés pour rien, leur dit-elle ; allons au fort « Rosalie ; l'autre bon guerrier blanc nous apprendra où est mon libérateur. » Elle ouvrit la corbeille que portait Céluta, distribua les fruits et les gâteaux, en prit sa part, et se mit à descendre vers la colonie, se faisant suivre du frère et de la sœur.

Le soleil éclairait alors une scène affreuse. Adario avait été reçu avec des chants et des danses par les hommes noirs, compagnons de sa servitude : la nuit s'écoula dans cette joie des chaînes. Au lever du jour, le chef de l'atelier conduisit le sachem au champ du travail avec un troupeau de bœufs et de nègres. Des soldats campaient sur les défrichements.

La captivité d'Adario et de sa famille était un exemple dont le commandant prétendait effrayer ce qu'il appelait les mutins. On avait appris que la nuit s'était passée tranquillement aux Natchez, et l'on ignorait que cette tranquillité était l'effet des complots mêmes d'Ondouré. Chépar crut les Indiens abattus, et, pour achever de dompter leur esprit d'indépendance, il leur voulut montrer le plus fameux de leurs vieillards, après Chactas, réduit à la condition d'esclave. L'ordre fut donné de laisser approcher les Sauvages, mais sans armes, s'ils se présentaient au champ du travail.

Le commandeur des nègres, un fouet à la main, fit un signe à Adario, et lui prescrivit de sarcler les herbes dans une plantation de maïs : le sachem ne daigna pas même jeter un regard sur le pâtre d'hommes. Mais déjà la femme du sachem, et sa fille qui portait son enfant sur ses épaules, étaient courbées sur un sillon : « Que faites-vous? » leur cria Adario d'une voix terrible. Elles se relevèrent ; le fouet les contraignit de se courber de nouveau. Adario recevait les coups qui s'adressaient à lui, et qui lui enlevaient des lambeaux de chair, comme si son corps eût été le tronc d'un chêne.

Dans ce moment on vit venir un vieillard aveugle conduit par un enfant; c'était Chactas : malgré la délibération du conseil et l'opposition d'Ondouré, Chactas s'était présenté seul avec le calumet de paix à la porte du fort Rosalie. Chépar avait refusé de recevoir le sachem, qui s'était fait mener alors au champ du travail.

Chactas était si respecté, même des Européens, que le commandeur ne crut pas devoir l'empêcher d'approcher de son ami. Les deux vieillards demeurèrent quelque temps serrés dans les bras l'un de l'autre : « Adario, dit Chactas, j'ai « aussi porté des fers. »

— « Tu ne voyais pas les arbres de la patrie, » reprit Adario.

« Tu reprendras bientôt ta liberté, dit Chactas : nous périrons tous, ou tu « seras délivré. »

— « Peu importe, répliqua Adario : mes mains sont désormais déshonorées. « Après tout, je n'ai qu'un jour à vivre ; mais cet enfant que tu vois, le fils du « fils que les brigands ont tué hier à mes côtés ! cet enfant ! toute une vie esclave ! »

— « Vieillards, c'est assez, s'écria le commandeur, séparez-vous. »

— « Attends du moins, répondit Adario, que Chactas ait embrassé mon der- « nier enfant. Ma fille, apporte-moi mon petit-fils : que je le dépose dans les « bras de mon vieil ami ; que cet ami libre lui donne une bénédiction qui n'ap- « partient plus à ces mains enchaînées. »

La fille d'Adario remet en tremblant l'enfant à son aïeul : Adario le prend, le baise tendrement, l'élève vers le ciel, le reporte de nouveau à sa bouche paternelle, penche sa tête sur le visage de l'enfant qui sourit : le sachem presse le nourrisson sur son sein, fait un pas à l'écart comme pour verser des larmes sur le dernier né de sa race, et reste quelques moments immobile.

Adario se retourne : il tient par un pied l'enfant étranglé ! Il le lance au milieu des Français. « Le premier est mort libre, s'écrie-t-il ; j'ai délivré le second : « le voilà ! »

Des clameurs confuses s'élèvent : ô crime ! disaient les uns ; ô vertu ! disaient les autres. Les Sauvages présents à ce spectacle, bien qu'ils eussent déposé leurs armes, selon les ordres, se précipitent sur les soldats ; une rude mêlée s'engage, les Indiens sont repoussés. Adario est plongé dans les cachots du fort ; sa fille seule est avec lui, sa fille qui ne nourrit plus l'enfant ravi à son sein par la main paternelle ! La vieille épouse d'Adario, frappée d'un glaive inconnu au milieu de l'émeute, était allée rejoindre dans la tombe son fils et son petit-fils.

Tout était possible désormais à l'ambition et aux crimes d'Ondouré ; l'indignation des Natchez ne connaissait plus de bornes ; il les pouvait faire entrer dans tous les desseins par lesquels il avait promis de les venger. Il ne s'agissait plus que de calmer une tempête trop violemment excitée, et dont Ondouré n'était pas encore prêt à recueillir les ravages. Il fallait atteindre René échappé

CHATEAUBRIAND CHEZ LES GRECS.

aux premiers complots ; il fallait parvenir, au milieu du massacre des Français, à immoler le frère d'Amélie, à ravir Céluta, et à monter enfin au rang suprême, en rétablissant l'ancien pouvoir des Soleils : telles étaient les noires pensées que le chef indien roulait dans son âme.

Le frère d'Amélie avait à peine perdu de vue le pays des Natchez, que, se contentant de gouverner la pirogue avec un aviron placé en arrière, il s'était abandonné au cours des flots. La beauté des rivages, le premier éclat du printemps dans les forêts ne faisaient point diversion à sa tristesse.

Il traça quelques lignes au crayon sur des tablettes :

« Me voici seul. Nature qui m'environnez ! mon cœur vous idolâtrait autrefois : serais-je devenu insensible à vos charmes ? Le malheur m'a touché ; sa main m'a flétri.

« Qu'ai-je gagné en venant sur ces bords ? Insensé ! ne te devais-tu pas apercevoir que ton cœur ferait ton tourment, quels que fussent les lieux habités par toi ?

« Rêveries de ma jeunesse, pourquoi renaissez-vous dans mon souvenir ? Toi seule, ô mon Amélie, tu as pris le parti que tu devais prendre ! Du moins si tu pleures, c'est dans les abris du port : je gémis sur les vagues, au milieu de la tempête. »

En approchant de la Nouvelle-Orléans, René vit une croix plantée par des missionnaires, sur de hautes collines, dans l'endroit où l'on avait trouvé le corps d'un homme assassiné. Il aborde au rivage, attache sa pirogue sous un peuplier, et accomplit un pèlerinage à la croix : il ne devait point être exaucé, car il allait demander, non le pardon de ses fautes, mais la rémission de ces souffrances que Dieu impose à tous les hommes. Arrivé au pied du calvaire, il s'y prosterne :

« O toi qui as voulu laisser sur la terre l'instrument de ton supplice comme un monument de ta charité et de l'iniquité du méchant ! divin voyageur ici-bas, donne-moi la force nécessaire pour continuer ma route. J'ai à traverser encore des pays brûlés par le soleil ; j'ai faim de ta manne, ô Seigneur ! car les hommes ne m'ont vendu qu'un pain amer. Rappelle-moi vite à la patrie céleste : je n'ai pas ta résignation pour boire la lie du calice ; mes os sont fatigués ; mes pieds sont usés à force de marcher ; aucun hôte n'a voulu recevoir l'étranger ; les portes ont été fermées contre moi. »

René dépose au pied de la croix une branche de chêne en *ex-voto*. Il descend les collines, rentre dans sa pirogue, et bientôt découvre la capitale de la Louisiane.

Il passe au milieu des vaisseaux à l'ancre ou amarrés le long des quais. Comme il traversait un labyrinthe de câbles, il fut hélé du bord d'une frégate à laquelle était dévolue la police du port. On lui cria en français avec un porte-voix : « De quelle nation indienne êtes-vous ? » Il répondit : « Natchez. » On ordonne au frère d'Amélie d'aborder la frégate.

Le capitaine, étonné de rencontrer un Français sous l'habit d'un Indien, lui demanda ses passe-ports : René n'en avait point. Questionné sur l'objet de son voyage, il déclara ne pouvoir s'en ouvrir qu'au gouverneur. Sa pirogue étant visitée, on y découvrit les tablettes dont les pages crayonnées parurent inintelligibles et suspectes. René fut consigné à bord de la frégate, et un officier expédié à terre : celui-ci était chargé d'apprendre au gouverneur qu'on avait arrêté un Français déguisé en Sauvage ; que les réponses de cet homme étaient embarrassées et ses manières extraordinaires. Le capitaine ajoutait, dans sa lettre, que l'étranger refusait de dire son nom, et qu'il demandait à parler au gouverneur : l'officier portait aussi les tablettes trouvées dans la pirogue.

L'alarme était vive à la Nouvelle-Orléans : depuis le combat livré aux Natchez, et dans lequel ces Sauvages avaient montré tant d'habileté et de valeur, on n'avait cessé d'être inquiet. Le commandant du fort Rosalie faisait incessamment partir des courriers chargés de rapports formidables sur l'indocilité des Indiens. Les divers chefs se trouvaient nommés dans ces dépêches : c'étaient ceux que Fébriano, à l'instigation d'Ondouré, prenait soin de dénoncer au crédule Chépar. Adario, Chactas même, et René surtout, étaient représentés comme les auteurs d'une conspiration permanente, comme des hommes qui, voulant la rupture des traités et la continuation de la guerre, s'opposaient à l'établissement des concessionnaires. Un dernier messager annonçait la capture d'Adario, et faisait craindre un mouvement parmi les Sauvages.

Si Ondouré accablait René de ses calomnies, Fébriano lui prêtait ses crimes : le peuple racontait que le frère d'Amélie avait marché sur un crucifix ; qu'il avait vendu son âme au démon ; qu'il passait sa vie dans les forêts avec une femme indienne abandonnée à la magie ; qu'ayant été tué dans une bataille contre les Illinois, un Sauvage, nécromancien comme lui, lui avait rendu la vie : élévation du génie, dévouement de l'amour, prodiges de l'amitié et de la vertu, vous serez toujours incompréhensibles aux hommes.

Le gouverneur, à la lecture de la lettre du capitaine, ne douta pas que l'étranger ne fût cet homme inconnu, naturalisé Natchez : il ordonna de le conduire devant lui. Le bruit se répandit aussitôt, dans la ville, que le fameux chef français des Natchez était fait prisonnier : les rues furent obstruées d'une foule superstitieuse, et les fenêtres bordées de spectateurs. Au milieu de ce tumulte, René, escorté d'un détachement de soldats de marine, débarque à la cale du port ; des cris de *vive le roi!* retentissent, comme si l'on eût remporté quelque victoire. Cependant l'étonnement fut extrême lorsque, au lieu du personnage attendu, on ne vit qu'un beau jeune homme dont la démarche était noble sans fierté, et qui n'avait sur le front ni insolence ni remords.

Le gouverneur reçut René dans une galerie où se trouvaient réunis les officiers, les magistrats et les principaux habitants de la ville. Adélaïde, fille du gouverneur, avait aussi voulu voir celui qu'elle connaissait par les récits du capitaine d'Artaguette, et dont elle venait de lire les tablettes avec un mélange d'intérêt et d'étonnement. Lorsque René parut, il se fit un profond silence. Il s'avança vers le gouverneur et lui dit : « Je vous étais venu chercher. La for-
« tune, pour la première fois de ma vie, m'a été favorable : elle m'amène de
« vant vous plus tôt que je ne l'aurais espéré. »

La contenance, les regards, la voix de l'étranger surprirent l'assemblée ; on ne pouvait retrouver en lui le vagabond sans éducation et sans naissance que dénonçait la renommée. Le gouverneur, d'un caractère froid et réservé, fut lui-même frappé de l'air de noblesse du frère d'Amélie : il y avait dans René quelque chose de dominateur, qui s'emparait fortement de l'âme. Adélaïde paraissait tout agitée, mais son père, loin d'être mieux disposé en faveur de l'inconnu, le regarda dès lors comme infiniment plus dangereux que l'homme vulgaire dont parlaient les dépêches du fort Rosalie.

« Puisque vous m'étiez venu chercher, dit le gouverneur, vous aviez sans « doute quelque chose à me dire : quel est votre nom ? »

— « René, » répondit le frère d'Amélie.

« Tout le monde l'avait supposé, » répliqua le gouverneur. Vous êtes Fran-« çais et naturalisé Natchez ? Eh bien ! que me voulez-vous ? »

— « Puisque vous savez déjà qui je suis, répondit René, vous aurez sans « doute aussi deviné le sujet qui m'amène. Adopté par Chactas, illustre et sage « vieillard de la nation des Natchez, j'ai été témoin de toutes les injustices dont « on s'est rendu coupable envers ce peuple. Un vil ramas d'hommes, enlevés à « la corruption de l'Europe, a dépouillé de ses terres une nation indépendante. « On a troublé cette nation dans ses fêtes, on l'a blessée dans ses mœurs, con-« trariée dans ses habitudes. Tant de calamités l'ont enfin soulevée ; mais avant « de prendre les armes, elle vous a demandé, et elle a espéré de vous justice : « trompée dans son attente, de sanglants combats ont eu lieu. Quand on a vu « qu'on ne pouvait dompter les Natchez à force ouverte, on a eu recours à des « trêves mal observées par les chefs de la colonie. Il y a peu de jours que le « commandant du fort Rosalie s'est porté aux derniers outrages ; j'ai été dési-« gné avec Adario, frère du père de ma femme, comme une des premières vic-« times. On a saisi le sachem, on l'a vendu publiquement : j'ignore les mal-« heurs qui ont pu suivre cette monstrueuse violence. Je me suis venu remettre « en vos mains, et me proposer en échange pour Adario.

« Je n'entrerai point dans des justifications que je dédaigne, ne sachant d'ail-« leurs de quoi on m'accuse : le soupçon des hommes est déjà une présomption « d'innocence. Je viens seulement vous déclarer que s'il y a quelque conspira-« teur parmi les Natchez, c'est moi ; car je me suis toujours opposé à vos op-« pressions. Comme Français je puis paraître coupable ; comme homme je « suis innocent. Exercez donc sur moi toute rigueur ; mais souffrez que je vous « le demande : Pouvez-vous punir Adario d'avoir défendu son pays ? Revenez « à des sentiments plus équitables, brisez les fers d'un généreux Sauvage, dont « tout le crime est d'avoir aimé sa patrie. Si vous m'ôtez la liberté et si vous la « rendez au sachem, vous satisferez à la fois la justice et la prudence. Qu'on « ne dise pas qu'on nous peut retenir tous deux : en brisant les fers d'Adario, « vous disposerez en votre faveur les Indiens, qui révèrent ce vieillard, et qui « ne vous pardonneraient jamais son esclavage ; en portant sur moi vos ven-« geances, vous n'armerez pas un bras contre vous ; personne, pas même moi, « ne réclamera contre la balle qui me percera la poitrine. »

On ne saurait décrire l'effet que ce discours produisit sur l'assemblée. Adé-laïde versait des larmes : appuyée sur le dos du fauteuil de son père, elle avait écouté avidement les paroles du frère d'Amélie ; on voyait se répéter sur le visage de cette jeune femme tous les mouvements de crainte ou d'espérance que le prisonnier faisait éprouver à son cœur.

« Avez-vous porté les armes contre les Français? » dit le gouverneur.

« Je ne me suis point trouvé au combat des Natchez, répondit René ; j'étais
« alors dans les rangs des guerriers qui marchaient contre les Illinois ; mais si
« j'avais été au grand village, je n'aurais pas hésité à combattre pour ma nou-
« velle patrie. » Le gouverneur se leva et dit : « C'est au conseil de guerre à
« prononcer. » Il ordonna de déposer l'étranger à la prison militaire.

René fut conduit à la prison, et, le lendemain, transféré de la prison au conseil. On lui avait nommé un défenseur, mais il refusa de s'entretenir avec lui, et ne le voulut pas même voir. Ce défenseur, Pierre de Harlay, ami du capitaine d'Artaguette, était au moment d'épouser Adélaïde ; il partageait avec la fille du gouverneur l'attrait qu'elle se sentait pour René : le refus même que celui-ci avait fait de l'entendre ne le rendit que plus ardent dans la cause d'un homme ressemblant si peu aux autres hommes.

La salle du conseil était remplie de tout ce qu'il y avait de plus puissant dans la colonie. Les militaires chargés de l'instruction du procès firent à René les questions d'usage ; quelques lettres du commandant du fort Rosalie furent produites contre lui. On lui demanda ce que signifiaient les phrases écrites sur ses tablettes, si ce nom d'Amélie n'était point un nom emprunté et cachant quelque mystère ; l'infortuné jeune homme pâlit. Une joie cruelle s'était glissée au fond de son cœur : se sentir innocent et être condamné par la loi était, dans la nature des idées de René, une espèce de triomphe sur l'ordre social. Il ne répondit que par un sourire de mépris aux accusations de trahison : il fit l'éloge le plus touchant de Céluta, dont on avait prononcé le nom. Il répéta qu'il était venu uniquement pour solliciter la délivrance d'Adario, oncle de sa femme, et qu'on pouvait au reste faire de lui tout ce qu'il plairait à Dieu.

Harlay se leva :

« Mon client, dit-il, n'a pas plus voulu s'expliquer avec moi qu'avec ses
« juges ; il a refusé de se défendre ; mais n'est-il pas aisé de trouver dans ses
« courtes réponses quelques mots qui jettent de la lumière sur un complot in-
« fâme ? Avec quelle vivacité il a parlé de l'Indienne unie à son sort ! Et quelle
« est cette femme ? c'est cette Céluta, connue de toute la colonie pour avoir ar-
« raché aux flammes un de nos plus braves officiers. Ne serait-il pas possible
« que la beauté de cette généreuse Sauvage eût allumé des passions qui pour-
« suivent aujourd'hui leur vengeance sur la tête d'un innocent? Je n'avance
« point ceci sur de simples conjectures. Cette nuit même j'ai examiné tous les
« papiers ; j'ai fait des recherches, et je me suis procuré la lettre que je vais lire
« au conseil. »

Ici Pierre de Harlay lut une lettre datée du fort Rosalie : cette lettre était écrite par le grenadier Jacques à sa mère, qui demeurait à la Nouvelle-Orléans. Le soldat exprimait, dans toute la franchise militaire, son admiration pour son capitaine d'Artaguette, son estime pour René, sa compassion pour Céluta, son mépris pour Fébriano et pour Ondouré.

« Cette lettre, s'écria le défenseur de René, porte un caractère d'honnêteté
« et de vérité auquel on ne se peut méprendre. La justice doit-elle aller si vite?
« N'est-il pas de son devoir d'entendre les témoins en faveur de l'accusé? Je
« sais qu'une commission militaire juge sans appel et sommairement; mais
« cette procédure rapide n'exclut pas l'équité. Je ne veux pour preuve de l'in-
« nocence de l'accusé que la démarche qui le livre aujourd'hui au glaive des lois.
« Quoi! vous accepteriez cette tête qu'il est venu vous offrir pour la tête d'un
« vieillard? Il est aisé de persécuter un homme sans amis et sans protecteurs;
« il est aisé de lui prodiguer les épithètes de vagabond et de traître : la seule
« présence de mon client a déjà donné un démenti à ces basses calomnies.
« Enfin, quand on s'obstinerait dans une accusation qui ne porte que sur des
« faits dénués de preuve, je soutiens que René n'est plus Français, et qu'il ne
« vous appartient pas de le juger.

« J'ignore quels motifs ont pu porter l'homme qui comparaît aujourd'hui
« devant vous à quitter la France; mais que l'on ait le droit de changer de
« patrie, c'est ce que l'on ne saurait contester. Des tyrans m'auront enchaîné,
« des ennemis m'auront persécuté, j'aurai été trompé dans mes affections, et
« il ne me serait pas permis d'aller chercher ailleurs la liberté, le repos et
« l'oubli de l'amitié trahie! La nature serait donc plus généreuse que les
« hommes, elle qui ouvre ses déserts à l'infortuné, elle qui ne lui dit pas : Tu
« habiteras telle forêt ou telle autre; mais qui lui dit : Choisis les abris les plus
« convenables aux dispositions de ton âme. Soutiendriez-vous que les Sau-
« vages de la Louisiane sont sujets du roi de France? Abandonnez cette odieuse
« prétention. Assez longtemps ont été opprimés ces peuples qui jouissaient du
« bonheur et de l'indépendance, avant que nous eussions introduit la servitude
« et la corruption dans leur terre natale. Soldats-juges, vous portez aujourd'hui
« deux épées : Dieu vous a remis le glaive de sa puissance et celui de sa justice ;
« prenez garde de les lui rendre ébréchés ou couverts de taches : on émousse
« le premier en frappant la liberté, on souille le second en répandant le sang
« innocent. »

L'orateur cesse de parler. L'auditoire était visiblement ému. Adélaïde, cachée dans une tribune, ne se put empêcher d'applaudir; ce fut la plus douce
récompense de Harlay : ce couple que les liens d'un amour heureux allaient
unir, prenait seul, par une sympathie touchante, la défense d'un étranger qui
devait à une passion tous ses malheurs.

On fit retirer l'accusé; les juges délibérèrent. Ils inclinaient à trouver René
coupable; mais ils se divisèrent sur la question de droit, relative au changement de patrie. Ils remirent au lendemain la prononciation de la sentence.
René dit à Harlay : « Je ne vous connaissais pas quand j'ai refusé de vous en-
« tendre; je ne vous remercie pas, car vous m'avez trop bien défendu. Dites à
« la fille du gouverneur que je lui souhaiterais le bonheur, si mes vœux n'é-
« taient des malédictions. »

Le frère d'Amélie fut reconduit en prison, entre deux rangs de marchands
d'esclaves, de mariniers étrangers, et trafiquants de tous les pays, de toutes
les couleurs, qui l'accablaient d'outrages sans savoir pourquoi.

Rentré dans la tour de la geôle, René désira écrire quelques lettres. Le gardien lui apporta une mauvaise feuille de papier, un peu d'encre dans le fond d'un vase brisé, et une vieille plume; laissant ensuite le prisonnier, il ferma la porte qu'il assujettit avec les verrous. Demeuré seul, René se mit à genoux au bord du lit de camp dont la planche lui servit de table, et, éclairé par le faible jour qui pénétrait à travers les barreaux d'une fenêtre grillée, il écrivit à Chactas : il chargeait le sachem de traduire les deux lettres qu'il adressait en même temps à Céluta et à Outougamiz.

La femme du geôlier entra; un enfant de six à sept ans lui aidait à porter une partie du souper. René demanda à cette femme si elle n'aurait pas quelque livre à lui prêter : elle répondit qu'elle n'avait que la Bible. Le prisonnier pria la geôlière de lui confier le livre saint. Adélaïde n'avait point oublié René, et lorsqu'il demanda une lampe pour passer la nuit, le gardien, adouci par les présents de la fille du gouverneur, ne refusa point cette lampe.

Le lendemain on trouva aux marges de la Bible quelques mots à peine lisibles. Auprès du quatrième verset du septième chapitre de l'*Ecclésiastique*, on déchiffrait ces mots :

« Comme cela est vrai ! *la tristesse du cœur est une plaie universelle !* Dans
« le chagrin toutes les parties du corps deviennent douloureuses; les os meurtris
« ne trouvent plus de couche assez molle. Tout est triste pour le malheureux,
« tout saigne comme son cœur : *c'est une plaie universelle !* »

D'autres passages étaient commentés dans le même esprit.

Ce premier verset du dixième chapitre de Job, *mon âme est fatiguée de la vie*, était souligné.

Une des furieuses tempêtes de l'équinoxe du printemps s'était élevée pendant la nuit : les vents mugissaient; les vagues du fleuve s'enflaient comme celles de la mer; la pluie tombait en torrents. René crut distinguer des plaintes à travers le fracas de l'orage : il ferma la Bible, s'approcha de la fenêtre, écouta, et n'entendit plus rien. Comme il regagnait le fond de sa prison, les plaintes recommencèrent; il retourna à la fenêtre : les accents de la voix d'une femme parviennent alors distinctement à son oreille. Il dérange la planche qui recouvrait la grille de la croisée, regarde à travers les barreaux, et à la lueur d'un réverbère agité par le vent, il croit distinguer une femme assise sur une borne en face de la prison : « Malheureuse créature ! lui cria René, pourquoi restez-
« vous exposée à l'orage? avez-vous besoin de quelque secours? »

A peine avait-il prononcé ces mots, qu'il voit l'espèce de fantôme se lever et accourir sous la tourelle. Le frère d'Amélie reconnaît le vêtement d'une femme indienne; une lueur mobile du réverbère vient en même temps éclairer le visage pâle de Céluta; c'était elle ! René tombe à genoux, et d'une voix entrecoupée de sanglots : « Dieu tout-puissant, dit-il, sauve cette femme ! » Céluta a entendu la voix de René; les entrailles de l'épouse et de la mère tressaillent de douleur et de joie. La sœur d'Outougamiz fut quelques moments sans pouvoir prononcer une parole; recouvrant enfin la voix, elle s'écrie : « Guer-
« rier, où es-tu ? je ne te vois pas dans l'ombre et à travers la pluie. Excuse-
« moi; je t'importune : je suis venue pour te servir. Voici ta fille. »

— « Femme, répondit René, c'est trop de vertu! retire-toi; cherche un
« abri; n'expose pas ta vie et celle de ta fille. Oh! qui t'a conduite ici? »

Céluta répondit : « Ne crains rien, je suis forte; ne suis-je pas Indienne? Si
« j'ai fait quelque chose qui te déplaise, punis-moi, mais ne me renvoie pas. »

Cette réponse brisa le cœur de René : « Ma bien-aimée, lui dit-il, ange de
« lumière, fuis cette terre de ténèbres; tu es ici dans un autre où les hommes
« te dévoreront. Du moins, pour le moment, tâche de trouver quelque retraite.
« Tu reviendras, si tu le veux, quand l'orage sera dissipé. »

Cette permission vainquit en apparence la résistance de Céluta. « Bénis ta
« fille, dit-elle à René, avant que je ne m'éloigne; elle est faible : la pâture a
« manqué au petit oiseau, parce que son père n'a pu lui aller chercher des
« graines dans la savane. »

En disant cela, la mère ouvrit le méchant manteau chargé de pluie sous lequel elle tenait sa fille abritée; elle éleva l'innocente créature vers la tourelle pour recevoir la bénédiction de René. René passa ses mains à travers les barreaux, les étendit sur la petite Amélie, et s'écria : « Enfant, ta mère te reste. »

Céluta cacha de nouveau son trésor dans son sein, et feignit de se retirer; mais elle n'essaya point de retourner aux pirogues qui l'avaient amenée, et elle s'arrêta à quelque distance de la prison.

Céluta, Mila et Outougamiz étaient arrivés au fort Rosalie au moment où Adario, après avoir étouffé son fils, venait d'être plongé dans les cachots : ils furent arrêtés, comme parents et complices du sachem et de René. La colonie se croyait au moment d'être attaquée par les Natchez : on ne voyait que des hommes et des femmes occupés à mettre à l'abri les meubles et les troupeaux de leurs habitations, à élever des redoutes, à creuser des fossés, tandis que les soldats, sous les armes, occupaient toutes les avenues du fort. Le mouvement de la foule avait séparé Céluta de Mila et d'Outougamiz : celui-ci, en voulant défendre l'Indienne dont l'extrême gentillesse provoquait la grossièreté d'une troupe d'habitants débauchés, fut traité de la manière la plus barbare.

Chactas n'était plus au fort Rosalie quand la fille de Tabamica y vint chercher des renseignements sur le voyage de René. Les jeunes Sauvages avaient enlevé le sachem au milieu du tumulte, et l'avaient remporté aux Natchez; mais Céluta retrouva son protecteur accoutumé. Le péril, qui paraissait imminent, avait forcé Chépar de lever les arrêts de d'Artaguette : le capitaine rencontra Céluta comme Fébriano la faisait traîner en prison, avec une espérance impure qu'il ne dissimulait point. « Je réclame ma sœur, dit d'Artaguette en poussant
« rudement Fébriano; j'en répondrai au commandant. Quant à vous, mon-
« sieur, » ajouta-t-il en regardant le misérable soldat jusqu'au fond de l'âme,
« vous savez où me trouver. »

Après avoir conduit Céluta dans une maison au bord du fleuve, le capitaine envoya le grenadier Jacques chercher la négresse Glazirne, qui parlait la langue des Natchez. Cette pauvre femme accourut avec son enfant, et servit de truchement à une autre femme infortunée comme elle. D'Artaguette apprit alors à Céluta que René était descendu à la Nouvelle-Orléans, dans le dessein de solliciter la délivrance d'Adario. « Je ne l'ai pu retenir, dit-il, et peut-être n'ai-

« je qu'un moment pour vous sauver vous-même. Où voulez-vous aller? »
— « Retrouver mon mari, » répondit Céluta.

La négresse traduisait aisément ces simples paroles : la langue et le cœur des épouses sont les mêmes sous les palmiers de l'Afrique et sous les magnolias des Florides.

Des Yazous, qui se trouvaient au fort Rosalie, étaient prêts à se rendre à la Nouvelle-Orléans : d'Artaguette proposa à sa sœur adoptive de la confier à ces Sauvages : elle accepta avec joie la proposition. Le capitaine lui donna un billet pour le général d'Artaguette, et un autre pour Harlay : il recommandait le couple infortuné à son frère et à son ami. Céluta s'embarqua sur les pirogues qui déployèrent au souffle du nord leurs voiles de jonc et de plumes.

La flottille des Yazous toucha à la Nouvelle-Orléans le jour même où le frère d'Amélie avait comparu devant le conseil. Céluta ne put descendre à terre que le soir : pour comble de malheur, elle avait perdu les billets du capitaine. La nièce d'Adario savait à peine quelques mots de français ; elle pria le chef indien, qui venait souvent à la Nouvelle-Orléans échanger des pelleteries contre des armes, de s'informer du sort de René. Le Sauvage n'alla pas loin sans apprendre ce que Céluta désirait connaître ; il sut que le fils adoptif de Chactas était enfermé dans la hutte du sang (1), et qu'on lui devait casser la tête ; tel était le bruit populaire.

La fille de Tabamica, au lieu d'être abattue par ce récit, sentit son âme s'élever : celle qui, timide et réservée, rougissait à la seule vue d'un étranger, se trouva tout à coup le courage d'affronter une ville remplie d'hommes blancs ; elle demanda au chef sauvage s'il savait où était la hutte du sang, et s'il l'y pourrait conduire : sur la réponse affirmative du chef, Céluta, portant Amélie à son sein, suivit son guide. La nuit était déjà avancée et la pluie commençait à tomber, lorsqu'ils arrivèrent au noir édifice. Le Yazous, le montrant de la main à la femme natchez, lui dit : « Voilà ce que tu cherches ; » et la quittant, il retourna à ses pirogues.

Restée seule dans la rue, Céluta contemplait les hauts murs de la prison, ses tourelles, ses doubles portes, ses guichets surbaissés, ses fenêtres étroites défendues par des grilles ; demeure formidable qui avait déjà l'air antique de la douleur, sur cette terre nouvelle, dans une colonie d'un jour. Les Européens n'avaient point encore de tombeau en Amérique, qu'ils y avaient déjà des cachots : c'étaient les seuls monuments du passé pour cette société sans aïeux et sans souvenirs.

Consternée à la vue de cette bastille, Céluta demeura d'abord immobile, puis frappa doucement à une porte ; le soldat de garde contraignit l'Indienne à se retirer. Elle fit le tour de la prison par des rues de plus en plus désertes : le ciel continuant à se charger de nuages, et les roulements de la foudre se multipliant, l'infortunée s'assit sur la borne où René l'aperçut du haut de la tour. Elle mit sa fille sur ses genoux, se pencha sur elle pour la garantir de la pluie et la réchauffer contre son cœur. Un violent coup de tonnerre ayant fait lever les yeux à Céluta, elle fut frappée d'un rayon de lumière qui s'échappait à

(1) La prison.

travers une fenêtre grillée : par un instinct secret, elle ne cessa plus de regarder cette lumière qui éclairait l'objet d'un si tendre et si fidèle amour. Plusieurs fois Céluta appela René, les vents emportèrent ses cris. Ce fut alors qu'elle commença à chanter de longues chansons, dont l'air triste et les paroles plaintives lui servirent à la fois à se faire entendre de son mari et à endormir son enfant.

Cette pauvre jeune mère, après avoir été reconnue du frère d'Amélie, s'était retirée pour lui obéir. Elle languissait à quelque distance : ses membres étaient engourdis; le froid et la pluie avaient pénétré jusqu'à sa fille, qui se glaçait au sein maternel.

Céluta promenait des regards tristes sur ces déserts habités où pas une cabane ne s'ouvrait à ses misères, quand elle découvrit auprès d'elle une petite lueur qui semblait sortir de terre. Une trappe se leva; une femme âgée mit la tête au soupirail pour voir si l'orage commençait à s'éloigner. Cette vieille aperçut Céluta. « Oh! pauvre Indienne, s'écria-t-elle, descends vite ici. » Elle acheva d'ouvrir la trappe, et, avançant une main ridée, elle aida l'épouse de René à descendre dans le caveau, dont elle referma l'entrée.

Il n'y avait dans cette espèce de souterrain qu'un lit recouvert d'un lambeau de laine : une serge grossière, clouée à une poutre, servait de rideau à cette couche. Deux morceaux de bois vert, dans le milieu d'un large foyer, jetaient, sans se consumer, de grosses fumées : une lampe de fer suspendue à un crochet brûlait dans le coin noirci de ce foyer. Une escabelle était placée devant un rouet dont la fusée de coton annonçait le travail de la maîtresse de ce réduit.

La vieille femme jeta dans le feu quelques copeaux, et prenant son escabelle, elle en voulut faire les honneurs à Céluta.

« Femme-Chef de la cabane profonde, dit l'Indienne, tu es une matrone;
« tu dois être la lumière du conseil des guerriers blancs, si j'en juge par ton
« hospitalité. A toi appartient la natte; moi je ne suis encore qu'une jeune mère. »

En disant cela, Céluta s'assit sur la pierre du foyer, débarrassa sa fille de ses langes trempés d'eau, et la présenta à la flamme.

« Bon! voici un enfant à présent! s'écrie la vieille dans la langue de la sœur
« d'Outougamiz. Tu es Natchez? J'ai été longtemps aux Natchez; mais, pauvre
« chétive créature, comme tu es mouillée! que tu as l'air malade! Et puis
« voilà un enfant! »

Céluta fondit en larmes en entendant des paroles si affectueuses prononcées dans la langue de son pays; elle se jeta au cou de la matrone. « Attends, attends, » dit celle-ci. Elle courut en trébuchant à son lit, en arracha la couverture qu'elle vint chauffer au feu, dépouilla malgré elle Céluta d'une partie de ses vêtements, et l'enveloppa avec le nourrisson dans la couverture brûlante.

« Vénérable femme blanche, aussi bonne que la femme noire du fort, disait
« Céluta, je suis bien malheureuse de ne t'avoir pas reçue dans ma cabane
« aux Natchez. »

La femme blanche n'écoutait pas; elle préparait du lait dans une calebasse. Elle l'offrit à l'Indienne, qui fut obligée d'y porter ses lèvres, afin de ne pas déplaire à son hôtesse.

La vieille prit alors la petite Amélie, et la déposa dans son tablier; chantant d'une voix cassée, elle faisait danser devant la flamme l'enfant qui souriait. Céluta regardait ces jeux avec des yeux de mère, tandis que toutes ses pensées se reportaient vers son mari.

« Jacques était tout comme cela quand il était petit, dit la vieille; bon en-
« fant! ne pleurant jamais! Il avait seulement les cheveux plus noirs que ceux
« de cette mignonne. »

— « Quel était ce Jacques, ma mère? » dit Céluta.

« Comment! reprit la vieille femme avec vivacité, Jacques, mon fils? tout
« le monde le connaît, un des plus beaux grenadiers qui soient dans les troupes
« du roi, et un des plus vaillants aussi. Le brave garçon! c'est lui qui me
« nourrit; sans lui je ne pourrais pas vivre, car je suis trop vieille pour tra-
« vailler. Je suis bien fâchée de n'avoir pas la dernière lettre que mon fils
« m'écrivait; je te la lirais : si le capitaine d'Artaguette savait ce que Jacques
« dit de lui, il serait bien fier. Ils ont été ensemble, Jacques et le capitaine,
« chercher un gentilhomme appelé René dans une grande caverne... »

Céluta interrompit cette effusion de la tendresse et de l'orgueil maternel, en jetant de nouveau ses beaux bras autour de son hôtesse. « Grand-Esprit! s'é-
« cria-t-elle en sanglotant, tu es la mère de ce pauvre guerrier, compagnon de
« mon frère d'Artaguette! C'est la mère de ce guerrier qui me reçoit dans sa
« cabane! »

— « Qu'as-tu? » demanda la vieille. « Ce que j'ai, dit Céluta; ne suis-je pas
« la femme de René? »

— « Comment! s'écria à son tour la mère de Jacques, tu serais cette Céluta
« qui a sauvé le capitaine, et à cause de cela ils veulent tuer ton mari! » Le coup frappa Céluta au cœur : elle s'évanouit.

Ayant bientôt repris ses sens par les soins de sa charitable hôtesse, elle lui dit : « Femme blanche, voilà le jour; laisse-moi retourner à la hutte du sang,
« je veux rejoindre mon mari. » La vieille trouva que c'était juste; elle couvrit sa tête d'une petite cornette blanche, et ses épaules d'un petit mantelet rouge; elle prit sa béquille dans sa main, et se prépara à conduire l'Indienne à la prison. « Je ne te puis blâmer, disait-elle à Céluta : si Jacques fait quelque chose
« de bien, et qu'il soit envoyé aux galères, j'irai aussi avec lui. »

Céluta, vêtue de nouveau de sa tunique indienne, et ayant enveloppé sa fille dans les peaux séchées, monta les degrés perpendiculaires qui conduisaient à la trappe; la vieille la suivit avec peine : quand elles se trouvèrent dans la rue, l'orage était dissipé. Le soleil, émergeant d'une nuit sombre, éclairait le fleuve, les campagnes et la ville, de même que sortirent de leur demeure ténébreuse les deux merveilles de l'amour conjugal et de l'amour maternel.

« Nous touchons à la prison, dit la mère de Jacques; on ne t'en ouvrira pas
« la porte, et tu ne pourras pas parler à René : si tu m'en crois, nous irons
« plutôt chez le gouverneur. » Céluta se laissa conduire par sa vénérable hôtesse.

Elles se mirent en route. Chemin faisant elles entendirent un bruit confus de cloches et de musique : la vieille se signa pour l'agonie que sonnait la cloche, et s'avança vers le palais du gouvernement, où la musique annonçait une fête.

En réjouissance du mariage prochain d'Adélaïde avec le défenseur de René, un bal avait été donné malgré le procès du frère d'Amélie et l'orage de la nuit : il était dans le caractère du gouverneur de ne rien changer aux choses préparées, quels que fussent les événements. Le bal durait encore lorsque le jour parut. La mère de Jacques et Céluta entrèrent dans les premières cours du palais; les esclaves blancs et noirs, qui attendaient leurs maîtres, s'attroupèrent autour des étrangères : les éclats de rire et les insultes furent prodigués à l'infortune et à la jeunesse qui se présentaient sous la protection de la vieillesse et de l'indigence. « Si Jacques était ici, disait la vieille, comme il vous obli-
« gerait à me faire place ! »

Les deux femmes pénétrèrent avec peine jusqu'aux soldats de garde aux portes : ils reconnurent la mère de leur camarade et la laissèrent passer. Plus loin elle fut arrêtée de nouveau par le concierge. La fête finissait; on commençait à sortir du palais : Adélaïde se montra à une fenêtre avec Harlay; le couple généreux parlait avec vivacité et semblait oublier la fête ; en jetant les yeux dans la cour, il aperçut les étrangères repoussées par le concierge. Le vêtement indien frappa Adélaïde, qui fit signe à la vieille de s'approcher sous le balcon : « Ma jeune dame, dit la mère de Jacques, c'est la femme de René qui veut
« parler à votre père, et l'on ne nous veut pas laisser entrer. »

— « La femme du prisonnier ! s'écria Adélaïde, cette jeune Sauvage qui a
« sauvé le capitaine d'Artaguette ! » Adélaïde, obéissant aux mouvements de son bon cœur, ouvre les portes, et dans toute la parure du bal d'un brillant hyménée, se précipite au-devant de la malheureuse Céluta. L'Indienne lui présentait sa fille et lui disait : « Jeune femme blanche, le Grand-Esprit vous
« bénira : vous aurez un petit guerrier qui sera plus heureux que ma fille. »

— « Que je suis fâchée de ne pas la comprendre ! disait Adélaïde : je n'ai
« jamais entendu une plus douce voix. »

Dans la pompe de ses adversités, Céluta paraissait d'une beauté divine : son front pâli était ombragé de ses cheveux noirs; ses grands yeux exprimaient l'amour et la mélancolie; son enfant, qu'elle portait avec grâce sur son sein, montrait son visage riant auprès du visage attristé de sa mère : le malheur, l'innocence et la vertu ne se sont jamais prêté tant de charmes. »

Tandis qu'on se pressait autour de Céluta, on entendit au dehors prononcer ces mots dans la foule : « Vous ne passerez pas ! » Une voix d'homme répondait à des menaces, mais dans une langue inconnue. Le mouvement s'accroît; un Sauvage, défendant une femme, se débat au milieu des soldats, et poussé et repoussé arrive jusqu'à la porte du palais. Il disait, les yeux étincelants :

« Je suis venu chercher mon ami par l'ordre de ce manitou (et il montrait
« une chaîne d'or) ; je ne veux faire de mal à personne. Mais est-il ici un guer-
« rier qui m'ose empêcher de passer ? »

— « Mon frère ! » s'écria Céluta.

« Oh ! bien ! dit Mila : Outougamiz, voici ta sœur ! »

La mère de Jacques expliquait ce colloque à Adélaïde, qui fit entrer tous ces Sauvages dans le palais.

« Bon manitou ! disait Mila en embrassant son amie, que je hais ces chairs

« blanches! Nous avons frappé à leurs cabanes pour demander l'hospitalité,
« et on nous a presque battus. Et puis de grandes huttes si larges! si vilaines!
« des guerriers si sauvages! »

— « Tu parles trop, dit Outougamiz. Cherchons Ononthio (1); il faut qu'il
« me rende mon ami à l'instant. »

Outougamiz quitte Céluta, et, suivi de Mila, fend la presse à travers les
salles. Les spectateurs regardaient avec surprise ce couple singulier qui, occupé d'un sentiment unique, n'avait pas l'air d'être plus étonné au milieu de
ce monde nouveau que s'il eût été dans ses bois.

« Ne me déclarez pas la guerre, disait Outougamiz en avançant toujours;
« vous vous en repentiriez. » Faisant tourner son casse-tête, il ouvrait à Mila un
large chemin. La confusion devient générale : la musique se tait, le bal cesse,
les femmes fuient. Le roulement des carrosses qui veulent s'éloigner, le bruit du
tambour qui rappelle les soldats, la voix des officiers qui font prendre les
armes, ajoutent au sentiment de terreur, et augmentent le désordre. Adélaïde,
la mère de Jacques, Céluta, Mila, Outougamiz, sont emportés et séparés par
la foule; le gouverneur montra un grand ressentiment de cette scène.

Le conseil de guerre s'était assemblé afin de prononcer l'arrêt qui devait être
lu à René dans la prison. Les charges examinées de nouveau ne parurent pas
suffisantes pour motiver la peine de mort; mais le frère d'Amélie fut condamné
à être transporté en France, comme perturbateur du repos de la colonie. Un
vaisseau du roi devait mettre à la voile dans quelques heures; le gouverneur,
irrité du bruit dont René avait été l'objet, ordonna d'exécuter sur-le-champ la
sentence, et de transporter le prisonnier à bord de la frégate.

René connut presque à la fois le jugement qui le condamnait à sortir de la
Louisiane, et l'ordre de l'exécution immédiate de ce jugement : il se serait réjoui de mourir; il fut consterné d'être banni. Renvoyer en France le frère d'Amélie, c'était le reporter à la source de ses maux. Cet homme, étranger sur
ce globe, cherchait en vain un coin de terre où il pût reposer sa tête : partout
où il s'était montré, il avait créé des misères. Que retrouverait-il en Europe?
une femme malheureuse. Que laisserait-il en Amérique! une femme malheureuse. Dans le monde et dans le désert son passage avait été marqué par des
souffrances. La fatalité qui s'attachait à ses pas le repoussait des deux hémisphères; il ne pouvait aborder à un rivage qu'il n'y soulevât des tempêtes : sans
patrie entre deux patries, à cette âme isolée, immense, orageuse, il ne restait
d'abri que l'Océan.

En vain René demanda à ne pas subir le supplice de l'existence; en vain il
sollicita la commutation de la peine de vivre en un miséricordieux arrêt de mort:
on ne l'écouta point. Il désira parler à Céluta; on n'admit point que cette Indienne fût sa femme légitime; on lui refusa toute communication avec elle, pour
abréger les scènes qui troublaient, disait-on, la tranquillité publique.

L'arrivée d'une troupe d'Yazous, suivie de celle d'Outougamiz, avait donné
lieu à mille bruits : on prétendait que des Sauvages s'étaient introduits en grand

(1) Le gouverneur.

nombre dans la ville avec le dessein de délivrer leur chef, le guerrier blanc. Ces bruits parurent assez inquiétants au gouverneur pour qu'il fît border d'infanterie et de cavalerie la route que René devait suivre en se rendant de la prison au fleuve.

Le palais du gouvernement n'était pas loin de la prison. Céluta, suivant le cours de la foule, se retrouva bientôt devant le sombre édifice dont le souvenir était trop bien gravé dans sa mémoire. Là, le torrent populaire s'était élargi et arrêté; Céluta ignorait ce qui se passait; mais, en voyant cette multitude autour de la hutte du sang, elle comprit qu'un nouveau désastre menaçait la tête de René. Repoussée d'un peuple ennemi des Sauvages, elle ne trouva de pitié que chez les soldats : ils la laissèrent entrer dans leurs rangs. Les mains armées sont presque toujours généreuses; rien n'est plus ami de l'infortune que la gloire.

Deux heures s'étaient écoulées de cette sorte, lorsqu'un mouvement général annonça la translation du prisonnier. Un piquet de dragons, le sabre nu, sort de la cour intérieure de la prison; il est suivi d'un détachement d'infanterie, et, derrière ce détachement, entre d'autres soldats, marche le frère d'Amélie.

Céluta s'élance et tombe aux pieds de son mari avec son enfant; René se penche sur elles, les bénit de nouveau; mais la voix lui manque pour dire un dernier adieu à la fille et à la mère. Le cortège s'arrête, les larmes coulent des yeux des soldats. Céluta se relève, entoure René de ses bras, et s'écrie : « Où « menez-vous ce guerrier? Pourquoi m'empêcheriez-vous de le suivre? son « pays n'est-il pas le mien? »

— « Ma Céluta, disait René, retourne dans tes forêts, va embellir de ta vertu « quelque solitude que les Européens n'aient point souillée; laisse-moi sup- « porter mon sort; je ne te l'ai déjà que trop fait partager. »

— « Voilà mes mains, répondit Céluta; qu'on les charge de fers; que l'on « me force, comme Adario, à labourer le sillon : je serai heureuse si René est « à mes côtés. Prends pitié de ta fille; je l'ai portée dans mon sein. Permets « que je te suive comme ton esclave, comme la femme noire des blancs. Me « refuseras-tu cette grâce? »

Cette scène commençait à attendrir la foule impitoyable qui, un moment auparavant, trouvait la sentence trop douce, et qui aurait salué avec des hurlements de joie le supplice de René. Le commissaire chargé de faire exécuter l'arrêt du conseil, ordonne de séparer les deux époux et de continuer la marche; mais un Sauvage, se courbant et passant sous le ventre des chevaux, se réunit au couple infortuné et s'écrie : « Me voici encore! Je l'ai sauvé des Illinois, je « le sauverai bien de vos mains, guerriers de la chair blanche! »

— « C'est vrai, » dit Mila, sortant à son tour de la foule.

« Et si Jacques était ici, dit une vieille femme, tout cela ne serait pas arrivé.»

Forcés à regret d'obéir, les militaires écartèrent Céluta, Mila, Outougamiz et la mère de Jacques. René est conduit au rivage du Meschacébé. La chaloupe de la frégate, que montaient douze forts matelots, et que gardaient des soldats de marine, attendait le prisonnier : on l'y fait entrer. Au coup de sifflet du pilote, les douze matelots enfoncent à la fois leurs rames dans le fleuve : la chaloupe glisse sur les vagues comme la pierre aplatie qui, lancée par la main d'un enfant, frappe le flot, se relève, bondit et rebondit en effleurant la surface de l'onde.

Céluta s'était traînée sur le quai. Une frégate était mouillée au milieu du Meschacébé; virée à pic sur une ancre, elle plongeait un peu la proue dans le fleuve : son pavillon flottait au grand mât; ses voiles étaient à demi déferlées : on apercevait des matelots sur toutes les vergues et de grands mouvements sur le pont. La chaloupe accoste le vaisseau : tous ceux qui étaient dans cette chaloupe montent à bord; la chaloupe elle-même est enlevée et suspendue à la poupe du bâtiment. Une lumière et une fumée sortent soudain de la frégate, et le coup de canon du départ retentit : de longues acclamations y répondent du rivage. Céluta avait aperçu René : elle tombe évanouie sur des balles de marchandises qui couvraient le quai.

Ce fut alors qu'un Sauvage s'élança dans le Meschacébé, s'efforçant de suivre à la nage le vaisseau qui fuyait devant une forte brise, tandis qu'une Indienne se débattait entre les bras de ceux qui la retenaient, pour l'empêcher de se précipiter dans les flots.

Un murmure lointain se fait entendre; il approche : la foule, qui commençait à se disperser, se rassemble de nouveau. Voici venir un officier qui disait à des soldats : « Où est-elle? où est-elle? » et ils répondaient : « Ici, mon « capitaine, » lui montrant Céluta sur les ballots. D'Artaguette se précipite aux genoux de Céluta. « Femme, s'écria-t-il, que ton âme, au séjour de paix qu'elle « habite, reçoive les vœux de celui qui te doit la vie, et que tu honorais du « nom de frère! »

A ces paroles, les soldats mettent un genou en terre comme leur capitaine; la multitude, emportée par ce sentiment du beau qui touche quelquefois les âmes les plus communes, se prosterne à son tour et prie pour l'Indienne : le bruit du fleuve qui battait ses rives accompagnait cette prière, et la main de Dieu pesait sur la tête de tant d'hommes involontairement humiliés aux pieds de la vertu.

Céluta ne donnait aucun signe de vie; la profonde léthargie dans laquelle elle était plongée ressemblait absolument à la mort, mais sa fille vivait sur son sein, et semblait communiquer quelque chaleur au cœur de sa mère. L'épouse de René avait la tête penchée sur le front d'Amélie, comme si, en voulant donner un dernier baiser à son enfant, elle eût expiré dans cet acte maternel.

En ce moment on vint dire à d'Artaguette qu'il y avait là tout auprès une autre Indienne qui ne cessait de pleurer. « C'est Mila! s'écria le capitaine; qu'on « lui dise mon nom, et elle va venir. » Les soldats apportent dans leurs bras Mila échevelée, le visage meurtri, les habits déchirés. Elle n'eut pas plutôt reconnu d'Artaguette qu'elle se jeta dans son sein, s'écriant : « C'est lui qui est « une bonne chair blanche! Il ne m'empêchera pas de mourir; » et suspendant ses bras au cou du capitaine, elle se serrait fortement contre lui.

Mais tout à coup elle aperçoit Céluta; elle quitte d'Artaguette, se précipite sur son amie en disant : « Céluta! ma mère! meilleure que ma mère! sœur d'Ou- « tougamiz! femme de René! voici Mila! elle est seule! Comment vais-je faire « pour enterrer tes os, car tu n'es pas aux Natchez? Il n'y a ici que des mé- « chants qui n'entendent rien aux tombeaux. »

Les soldats firent alors un mouvement; ils répétaient tous ces mots : « En-
« trez, entrez, notre mère. » Et la mère de Jacques, avec sa cornette blanche,
son manteau d'écarlate et sa béquille, s'avança dans le cercle des grenadiers.

« Mon capitaine, dit-elle à d'Artaguette, voici la mère de Jacques, qui vient
« aussi voir ce que c'est que tout ceci. Je suis bien vieille pourtant, comme dit
« le conseiller Harlay, qui est un honnête homme, et Dieu soit loué! car il n'y
« en a guère. »

La vieille avisant Céluta : « Bon Dieu ! n'est-ce pas là la jeune femme à qui
« j'ai donné à manger cette nuit? Comme elle parlait de vous, mon capitaine !
« — Pauvre vieille créature! dit d'Artaguette, seule dans toute une ville, rece-
« voir, réchauffer, nourrir Céluta ! et toi-même nourrie de la paie de ce digne
« soldat ! »

La mère de Jacques examinait attentivement Céluta; elle prit une de ses
mains. « Retire-toi, matrone blanche, lui dit Mila; tu ne sais pas pleurer. »

— « Je le sais aussi bien que toi, » repartit en natchez la vénérable Française.

— « Magicienne! s'écria Mila effrayée, qui t'a appris la langue des chairs
« rouges? »

— « Capitaine, » dit la mère de Jacques sans écouter Mila, « cette jeune
« femme n'est pas morte : vite du secours ! » Mille voix répètent : « Elle n'est
« pas morte ! »

Céluta donnait en effet quelques signes de vie. « Allons, grenadiers, dit la
« vieille, à qui on laissait tout faire, il faut sauver cette femme, qui a sauvé
« votre capitaine; portons la mère et l'enfant chez le général d'Artaguette. »

Un dragon prêta son manteau; on y coucha Céluta; Mila prit dans ses bras
la petite Amélie, et ne pleurait plus qu'Outougamiz et René. Des soldats soulevant le manteau par les quatre coins, enlevèrent doucement la fille de Tabamica; le cortége se mit en marche.

Le soleil, qui se couchait, couvrait d'un réseau d'or, les savanes et la cime
aplatie des cyprières sur la rive occidentale du fleuve; sur la rive orientale, la
métropole de la Louisiane opposait ses vitrages étincelants aux derniers feux du
jour : les clochers s'élevaient au-dessus des ondes comme des flèches de feu.
Le Meschacébé roulait entre ces deux tableaux ses vagues de rose, tandis que
les pirogues des Sauvages et les vaisseaux des Européens présentaient aux regards leurs mâts ou leurs voiles teints de la pourpre du soir.

Déposée sur une couche, dans un salon de l'habitation du frère du capitaine
d'Artaguette, Céluta ne parlait point encore ; ses yeux entr'ouverts étaient
enveloppés d'une ombre qui leur dérobait la lumière. Des cris prolongés de
vive le roi! se font entendre au dehors; la porte de la salle s'ouvre avec
fracas : le grenadier Jacques, tête nue, sans habit, les reins serrés d'une forte
ceinture, paraît. « Les voici, » dit-il. René entre avec Outougamiz : personne
ne pouvait parler dans le saisissement de l'étonnement et de la joie.

« Mon capitaine, » reprit le grenadier, adressant la parole à d'Artaguette,
« j'ai exécuté vos ordres; mais on m'a remis les paquets trop tard ; la frégate
« était partie. J'ai couru le plus vite que j'ai pu à travers le marais, afin de la
« rejoindre au Grand-Détour : heureusement elle avait été obligée de laisser

« tomber l'ancre, le vent étant devenu contraire. Je me suis jeté à la nage pour
« aller à bord, j'ai rencontré au milieu du fleuve ce terrible Sauvage que j'a-
« vais vu au combat du fort Rosalie; il était prêt à se noyer quand je suis arrivé
« à lui. »

Mila a volé dans les bras d'Outougamiz ; René est auprès de Céluta ; Jacques soutient sa vieille mère, qui lui essuie le front et les cheveux ; Adélaïde et Harlay se viennent joindre à leurs amis.

Céluta commençait à faire entendre quelques paroles inarticulées d'une douceur extrême. « Elle vient de la patrie des anges, dit le capitaine ; elle en a
« rapporté le langage. » Mila, qui regardait Adélaïde, disait : « C'est Céluta
« ressuscitée en femme blanche. » Tous les cœurs étaient pleins des plus beaux sentiments : la religion, l'amour, l'amitié, la reconnaissance, se mêlaient à ce soulagement qui suit une grande douleur passée. Ce n'était pas, il est vrai, un retour complet au bonheur, mais c'était un coup de soleil à travers les nuages de la tempête. L'âme de l'homme, si sujette à l'espérance, saisissait avec avidité ce rayon de lumière, hélas ! trop rapide. « Tout le monde pleure encore !
« disait Mila ; mais c'est comme si l'on riait. »

Ces rencontres, en apparence si mystérieuses, s'expliquaient avec une grande simplicité. Le capitaine d'Artaguette avait tour à tour sauvé et délivré au fort Rosalie René, Céluta, Mila et Outougamiz; Céluta, Mila et Outougamiz avaient suivi René à la Nouvelle-Orléans, tous trois entraînés par le dévouement au malheur, tous trois arrivés à quelques heures de distance les uns des autres, pour se mêler à des scènes de deuil et d'oppression.

D'une autre part, Ondouré s'était vu au moment d'être pris dans ses propres pièges : s'il avait désiré une attaque de Chépar contre Adario et Chactas, pour se délivrer du joug de ces deux vieillards, il ne s'attendait pas à la scène que produisit l'esclavage du premier sachem. Il craignit que ces violences, en amenant une rupture trop prompte entre les Français et les Sauvages, ne fissent avorter tout son plan. Dans cette extrémité, l'édile, fécond en ressources, se hâta d'offrir l'abandon des terres pour le rachat de la liberté d'Adario ; Chépar accepta l'échange, et d'Artaguette fut chargé de porter la convention à la Nouvelle-Orléans.

Le capitaine arriva à l'instant même où le conseil venait de prononcer la sentence contre René. D'Artaguette, après avoir annoncé au gouverneur la pacification des troubles, réclama le prisonnier comme son ami et comme son frère. Il montra des lettres d'Europe qui prouvaient que René tenait à une famille puissante. Cette découverte agit plus que toute autre considération sur un homme à la fois prudent et ambitieux :

« Si vous croyez, dit le gouverneur au capitaine, qu'on a trop précipité cette
« affaire, il est encore temps d'envoyer un contre-ordre; mais qu'on ne me
« parle plus de ce René, en faveur duquel Harlay et Adélaïde n'ont cessé de
« m'importuner depuis trois jours. »

La cédule pour l'élargissement du prisonnier fut signée; mais, délivrée trop tard, elle serait devenue inutile sans le dévouement du grenadier Jacques : le capitaine avait amené avec lui ce fidèle militaire. Tandis que celui-ci suivait la frégate, d'Artaguette, instruit de toutes les circonstances de l'apparition de Céluta, de Mila et d'Outougamiz, s'empressa de chercher ces infortunés : il fut ainsi conduit par les soldats au lieu où il trouva Céluta expirante.

Le bonheur, ou ce qui semblait être le bonheur, comparé aux maux de la veille, rendit à l'épouse de René, sinon toutes ses forces, du moins tout son amour. Le capitaine d'Artaguette et le général son frère se proposèrent de donner à leurs amis une petite fête, bien différente de celle qu'avait entrevue Céluta au palais du gouverneur. Adélaïde et Harlay y furent invités les premiers; Jacques et sa mère étaient du nombre des convives. La riante *villa* du général avait été livrée à ses hôtes, et Mila et Outougamiz s'en étaient emparés comme de leur cabane.

Le simple couple n'avait pas plutôt vu tout le monde heureux, qu'il ne s'était plus souvenu de personne : après avoir parcouru les appartements et s'être miré dans les glaces, il s'était retiré dans un cabinet rempli de toutes les parures d'une femme.

« Eh bien! dit Mila, que penses-tu de cette grande hutte ? »

— « Moi, dit Outougamiz, je n'en pense rien. »

— « Comment! tu n'en penses rien ? » répliqua Mila en colère.

« Écoute, dit Outougamiz, tu parles maintenant comme une chair blanche, « et je ne t'entends plus. Tu sais que je n'ai point d'esprit : quand René est « fait prisonnier par les Illinois ou par les Français, je m'en vais le chercher. « Je n'ai pas besoin de penser pour cela ; je ne veux point penser du tout, car « je crois que c'est là le mauvais manitou de René. »

— « Outougamiz, dit Mila en croisant les bras et s'asseyant sur le tapis, tu « me fais mourir de honte parmi toutes ces chairs blanches ; il faut que je te « remène bien vite. J'ai fait là une belle chose de te suivre ! Que dira ma « mère? Mais tu m'épouseras, n'est-ce pas? »

— « Sans doute, dit Outougamiz, mais dans ma cabane, et non pas dans « cette grande vilaine hutte. As-tu vu ce sachem à la robe noire, qui était « pendu au mur, qui ne remuait point, et qui me suivait toujours des yeux (1)? »

— « C'est un esprit, répondit Mila. La grande salle où je me voyais quatre « fois (2) me plaît assez : elle n'est cependant bonne que pour les blancs, chez « lesquels il y a plus de corps que d'âmes. »

— « N'est-ce pas de la salle des ombres dont tu veux parler? dit Outouga- « miz. Elle ne me plaît point du tout à moi : je voyais plusieurs Mila, et je ne « savais laquelle aimer. Retournons à nos bois, nous ne sommes pas bien ici. »

— « Tu as raison, dit Mila, et j'ai peur d'être jugée comme René. »

— « Comment jugée! » s'écria Outougamiz. « Bon! repartit Mila; est-ce « que je ne t'aime pas? est-ce que je n'ai pas pitié de ceux qui souffrent? est- « ce que je ne suis pas juste, belle, noble, désintéressée? N'en voilà-t-il pas « assez pour me faire juger et mourir, puisque c'est pour cela qu'ils voulaient « casser la tête à René? »

— « Partons, Mila ! dit Outougamiz. Léger nuage de la lune des fleurs! le

---

(1) Un portrait. — (2) Des glaces.

« matin ne te colorerait point ici dans un ciel bleu ; tu ne répandrais point la
« rosée sur l'herbe du vallon ; tu ne te balancerais point sur les brises parfu-
« mées. Sous le ciel nébuleux des chairs blanches, tu demeurerais sombre ; la
« pluie de l'orage tomberait de ton sein, et tu serais déchirée par le vent des
« tempêtes. »

Mila se souvint que l'heure du festin approchait. On lui avait dit que tout ce qui était dans le cabinet était pour elle. Elle se plaça devant une glace, essayant les robes, qu'elle ne savait comment arranger ; elle finit cependant par se composer avec des voiles, des plumes, des rubans et des fleurs, un habillement que n'aurait pas repoussé la Grèce. Suivie d'Outougamiz, avec un mélange d'orgueil et de timidité, elle se rendit à la salle du festin.

Céluta était aussi parée, mais parée à la manière des Indiennes : elle avait refusé un vêtement européen malgré les prières d'Adélaïde. Sur un lit de repos, elle recevait les marques de bienveillance qu'on lui prodiguait, avec une confusion charmante, mais sans cet air d'infériorité que donne, chez les peuples civilisés, une éducation servile ; elle n'avait au visage que cette rougeur que les bienfaits font monter d'un cœur reconnaissant sur un front ouvert.

Mila fit la joie du festin ; tous les yeux étaient fixés avec admiration sur Outougamiz, dont René avait raconté les miracles. « Comme il ressemble à sa
« sœur ! » disait Adélaïde, qui ne se lassait point de le regarder. « Quel frère et
« quelle sœur ! » répétait-elle. A ces noms de frère et de sœur, René avait baissé la tête.

« Mila la blanche, dit la future épouse d'Outougamiz à Adélaïde, tu ris,
« mais j'ai cependant noué ma ceinture aussi bien que toi. » René servait d'interprète. Adélaïde fit demander à Mila pourquoi elle l'appelait Mila la blanche. Mila posa la main sur le cœur de Harlay son voisin, ensuite sur celui d'Adélaïde, qui rougissait, et elle se prit à rire : « Bon, s'écria-t-elle, demande-
« moi encore pourquoi je t'appelle Mila la blanche ? Voilà comme je rougis quand
« je regarde Outougamiz. »

On ne brise point la chaîne de sa destinée : pendant le repas, d'Artaguette reçut une lettre du fort Rosalie. Cette lettre, écrite par le père Souël, momentanément revenu aux Natchez, avertissait le capitaine qu'une nouvelle dénonciation contre René venait d'être envoyée au gouverneur général ; que, malgré la délivrance d'Adario, on conservait de grandes inquiétudes ; que divers messagers étaient partis des Natchez dans un dessein inconnu ; qu'Ondouré accusait Chactas et Adario de l'envoi des messagers, tandis qu'il était probable que ces négociations secrètes avec les nations indiennes étaient l'œuvre même d'Ondouré et de la Femme-Chef. Le père Souël ajoutait que si René avait été rendu à la liberté, il lui conseillait de ne pas rester un seul moment à la Nouvelle-Orléans, où ses jours ne lui paraissaient pas en sûreté.

D'Artaguette, après le repas, communiqua cette lettre à René, et l'invita à retourner sur-le-champ aux Natchez. « Moi-même, dit-il, je partirai incessam-
« ment pour le fort Rosalie ; ainsi nous allons bientôt nous retrouver. Quant à
« Céluta, vous n'avez plus rien à craindre ; il lui serait impossible dans ce mo-
« ment de vous suivre ; mais mon frère, Adélaïde et Harlay lui serviront de

« famille ; lorsqu'elle sera guérie, elle reprendra le chemin de son pays : vous
« la pourrez venir chercher vous-même à quelque distance de la Nouvelle-Or-
« léans. »

René voulait apprendre son départ à Céluta : le médecin s'y opposa, disant qu'elle était hors d'état de soutenir une émotion violente et prolongée. Le capitaine se chargea d'annoncer à sa sœur indienne la triste nouvelle, quand René serait déjà loin : il se flattait de rendre le coup moins rude par toutes les précautions de l'amitié.

Avant de quitter la Nouvelle-Orléans, le frère d'Amélie remercia ses hôtes, Jacques et sa mère ; le général d'Artaguette, Adélaïde et Harlay. « Je suis sans
« doute, leur dit-il, un homme étrange à vos yeux ; mais peut-être que mon
« souvenir vous sera moins pénible que ma présence. »

René se rendit ensuite auprès de sa femme : il la trouva presque heureuse ; elle tenait son enfant endormi sur son sein. Il serra la mère et la fille contre son cœur avec un attendrissement qui ne lui était pas ordinaire : reverrait-il jamais Céluta ! quand et dans quelles circonstances la reverrait-il ? Rien n'était plus déchirant à contempler que ce bonheur de Céluta : elle en avait si peu joui ! et elle semblait le goûter au moment d'une séparation qui pouvait être éternelle ! L'Indienne elle-même, effrayée des étreintes affectueuses de son mari, lui dit : « Me faites-vous des adieux ? » Le frère d'Amélie ne lui répondit rien. Malheur à qui était pressé dans les bras de cet homme ! il étouffait la félicité.

Dès la nuit même René quitta la Nouvelle-Orléans avec Outougamiz et Mila ; ils remontèrent le fleuve dans un canot indien. En arrivant aux Natchez, un spectacle inattendu se présenta à leurs regards.

Des colons poussaient tranquillement leurs défrichements jusqu'au centre du grand village et autour du temple du Soleil ; des Sauvages les regardaient travailler avec indifférence, et semblaient avoir abandonné à l'étranger la terre où reposaient les os de leurs aïeux.

Les trois voyageurs virent Adario qui passait à quelque distance ; ils coururent à lui : au bruit de leurs pas, le sachem tourna la tête, et fit un mouvement d'horreur en apercevant le frère d'Amélie. Le vieillard frappa dans la main de son neveu, mais refusa de prendre la main du mari de sa nièce : René venait d'offrir sa vie pour racheter celle d'Adario !

« Mon oncle, dit Outougamiz, veux-tu que je casse la tête à ces étrangers qui
« sèment dans le champ de la patrie ? — Tout est arrangé, » répondit Adario d'une voix sombre, et il s'enfonça dans un bois.

Outougamiz dit à Mila : « Les sachems ont tout arrangé, il ne reste plus à
« faire que notre mariage. » Mila retourna chez ses parents, dont elle eut à soutenir la colère ; elle les apaisa, en leur apprenant qu'elle allait épouser Outougamiz. René se rendit à la cabane de Chactas : le sachem était au moment de partir pour une mission près des Anglais de la Géorgie.

Devenu le maître de la nation, Ondouré avait dérobé à Chactas la connaissance d'un projet que la vertu de ce sachem eût repoussé ; il éloignait l'homme vénérable, afin qu'il ne se trouvât pas au conseil général des Indiens, où le plan du conspirateur devait être développé.

Le noble et incompréhensible René garda, avec Chactas et le reste des Natchez, un profond silence sur ce qu'il avait fait pour Adario; il ne lui resta de sa bonne action que les dangers auxquels il s'était exposé. Le frère d'Amélie se contenta de parler à son père adoptif de la surprise qu'il avait éprouvée en voyant les Français promener leur charrue aux environs des bocages de la mort : le vieillard apprit à René que cet abandon des terres était le prix de la délivrance d'Adario. Chactas ne connaissait pas la profondeur des desseins d'Ondouré; il ignorait que la concession des champs des Natchez avait pour but de séparer les colons les uns des autres, de les attirer au milieu du pays ennemi, et de rendre ainsi leur extermination plus facile. Par cette combinaison infernale, Ondouré, en délivrant Adario, gagnait l'affection des Natchez, de même qu'il obtenait la confiance des Français en leur payant la rançon d'Adario, rançon qui leur devait être si funeste.

« Au reste, dit Chactas à René, les sachems m'ont commandé une longue
« absence; ils prétendent que mon expérience peut être utile dans une négo-
« ciation avec les Européens. Mon grand âge et ma cécité ne peuvent servir
« de prétexte pour refuser cette mission : plus on me suppose d'autorité, plus
« je dois l'exemple de la soumission, à une époque où personne n'obéit. Que
« ferais-je ici? Le Grand-Chef a disparu, le malheur a rendu Adario intraitable,
« ma voix n'est plus écoutée, une génération indocile s'est élevée, et méprise
« les conseils des vieillards. On se cache de moi, on me dérobe des secrets :
« puissent-ils ne pas causer la ruine de ma patrie!

« Toi, René, conserve ta vie pour la nation qui t'a adopté; écarte de ton
« cœur les passions que tu te plais à y nourrir; tu peux voir encore d'heureux
« jours. Moi je touche au terme de la course. En achevant mon pèlerinage ici-
« bas, je vais traverser les déserts où je l'ai commencé, déserts que j'ai par-
« courus, il y a soixante ans, avec Atala. Séparé de mes passions et de mes
« premiers malheurs par un si long intervalle, mes yeux fermés ne pourront
« pas même voir les forêts nouvelles qui recouvrent mes anciennes traces et
« celles de la fille de Lopez. Rien de ce qui existait au moment de ma captivité
« chez les Muscogulges n'existe aujourd'hui; le monde que j'ai connu est
« passé : je ne suis plus que le dernier arbre d'une vieille futaie tombée, arbre
« que le temps a oublié d'abattre. »

René sortit de chez son père le cœur serré, et présageant de nouveaux malheurs. Arrivé à sa cabane, il la trouva dévastée; il s'assit sur une gerbe de roseaux séchés, dans un coin du foyer dont le vent avait dispersé les cendres. Pensif, il rappelait tristement ses chagrins dans sa mémoire, lorsqu'un nègre lui apporta une lettre de la part du père Souël : ce missionnaire était encore retenu pour quelques jours au fort Rosalie. La lettre venait de France; elle était de la supérieure du couvent de....; elle apprenait à René la mort de la sœur Amélie de la Miséricorde.

Cette nouvelle, reçue dans une solitude profonde, au milieu des débris de la cabane abandonnée de Céluta, réveilla au fond du cœur du malheureux jeune homme des souvenirs si poignants, qu'il éprouva, pendant quelques instants, un véritable délire. Il se mit à courir à travers les bois comme un insensé. Le père Souël, qui le rencontra, s'empressa d'aller chercher Chactas ; le sage vieillard et le grave religieux parvinrent un peu à calmer la douleur du frère d'Amélie. A force de prières, le sachem obtint de la bouche de l'infortuné un récit longtemps demandé en vain. René prit jour avec Chactas et le père Souël, pour leur raconter les sentiments secrets de son âme. Il donna le bras au sachem qu'il conduisit, au lever de l'aurore, sous un sassafras, au bord du Meschacébé; le missionnaire ne tarda pas à arriver au rendez-vous. Assis entre ces deux vieux amis, le frère d'Amélie leur révéla la mystérieuse douleur qui avait empoisonné son existence (1).

Quelques jours après cette confession déplorable, René fut mandé au conseil des Natchez : Chactas était parti pour la Géorgie; le père Souël avait repris le chemin de sa mission.

René trouva quelques sachems; presque tous parents d'Akansie, assemblés dans la cabane du jeune Soleil : Ondouré était à leur tête; il rayonnait de la joie du crime. Les vieillards, fumant leurs calumets dans un profond silence, reçurent le mari de Céluta avec un visage menaçant.

« Prends ces colliers, lui dit Ondouré d'un air moqueur; va traiter avec les « Illinois : tu fus la cause de la guerre, beau prisonnier; sois l'instrument de « la paix. »

Qu'importaient au frère d'Amélie ces insultes? Qu'était-ce que ces peines communes auprès des chagrins qui rongeaient son cœur? Il prit les colliers, et sortit en déclarant qu'il obéirait aux ordres des sachems.

Dans la disposition où se trouvait alors René, ce n'était pas sans un amer plaisir qu'il se voyait obligé à s'éloigner de Céluta : il la supposait au moment de revenir aux Natchez. Une course solitaire parmi les déserts convenait encore en ce moment au frère d'Amélie : il se pourrait du moins livrer à sa douleur sans être entendu des hommes. Il ne chercha point son frère, alors occupé de son mariage avec Mila : il était trop juste que, pour tant de courage et de sacrifices, Outougamiz jouît d'une lueur de félicité.

Il entrait dans les précautions d'Ondouré d'éloigner le guerrier blanc : il craignait que celui-ci, demeuré aux Natchez, ne démêlât quelque chose des trames ourdies. Le tuteur du Soleil désirait encore que Céluta, à son retour de la Nouvelle-Orléans, se trouvât seule, afin qu'elle pût être livrée sans défense aux persécutions d'un détestable amour. Ce chef avait calculé le temps que devait durer le voyage du frère d'Amélie : selon ce calcul de la jalousie et de la vengeance, René ne pouvait revenir aux Natchez que quelques jours avant la catastrophe, assez tôt pour y être enveloppé, trop tard pour la prévenir.

Furieux d'avoir vu sa proie échapper à ses premiers piéges : Ondouré s'était abandonné à de nouvelles calomnies contre le fils adoptif de Chactas. Dans un conseil assemblé la nuit sur les décombres de la cabane d'Adario, le tuteur du Soleil avait dépeint René comme l'auteur de tous les maux de la nation. Remontant jusqu'au jour de l'arrivée de l'étranger aux Natchez, il avait rappelé les présages sinistres qui signalèrent cette arrivée, la disparition du serpent sa-

(1) Ici se trouvait le récit de René. Voyez l'épisode de *René*.

cré, le meurtre des femelles de castors, la guerre contre les Illinois, suite de ce meurtre, et la mort du vieux Soleil, résultat de cette guerre. Ondouré chargeait ainsi l'innocence de ses propres iniquités.

Entrant dans la vie privée de son rival, le chef parla de la prétendue infidélité de René envers Céluta, du maléfice du baptême employé pour faire périr un enfant devenu odieux à un père criminel ; il parla du manitou funeste donné à Outougamiz pour altérer la raison du naïf Sauvage. Ondouré représenta les liaisons du frère d'Amélie et du capitaine d'Artaguette comme la première cause de toutes les trahisons et de toutes les violences des Français

« Quant aux persécutions que cet homme semble essuyer de ses compa« triotes, ajouta-t-il, ce n'est évidemment qu'un jeu entre des conspirateurs.
« Remarquez que René échappe toujours à ces persécutions apparentes : il n'a
« point été pris aux Natchez avec Adario. Sous le prétexte de délivrer ce sa« chem, il est allé rendre compte à la Nouvelle-Orléans de ce qui se passait au
« fort Rosalie. On a feint de juger le mari de Céluta ; mais la preuve que ce
« n'était qu'un vain appareil, déployé pour nous donner plus de confiance
« dans un traître, c'est que ce traître n'a point subi sa sentence, et qu'à la
« grande surprise des Français eux-mêmes, il est revenu sain et sauf aux Natchez.
« Vous ne douterez pas un moment des pernicieuses intrigues de ce misérable,
« si vous observez son inclination à errer seul dans les bois : il craint que sa
« conscience ne se montre sur son visage, et il se dérobe aux regards des hommes.»

Ondouré obtint un succès complet ; le conseil fut convaincu : comment ne l'aurait-il pas été ? Quelle liaison dans les faits ! quelle vraisemblance dans les accusations ! Tout se transforme en crime : pas un sourire qui ne soit interprété, pas une démarche qui n'ait un but ! Les sentiments que René inspire deviennent des sujets de calomnie : s'il a sauvé Mila, c'est qu'il l'a séduite ; s'il a fait d'Outougamiz le modèle d'une amitié sublime, c'est qu'il a jeté un sort à ce simple jeune homme. Des rapports d'estime avec d'Artaguette sont une trahison ; un acte religieux est un infanticide ; un noble dévouement pour un sachem est une basse délation ; les persécutions, les souffrances même ne sont que des moyens de tromper ; et si René cherche la solitude, c'est qu'il y va cacher des remords ou méditer des forfaits. Dieu tout-puissant ! quelle est la destinée de la créature lorsque le malheur s'attache à ses pas ! quelle lumière as-tu donnée aux mortels pour connaître la vérité ? quelle est la pierre de touche où l'innocence peut laisser sa marque d'or ?

Les sachems déclarèrent que René méritait la mort, et qu'il se fallait saisir du perfide. Ondouré loua le vertueux courroux des sachems, mais il soutint qu'il était prudent de ne sacrifier le principal coupable qu'avec les autres coupables, une mort prématurée et isolée pouvant faire avorter le plan général. Il proposa donc d'éloigner seulement René jusqu'au jour où le grand coup serait frappé. Le jongleur déclara que telle était la volonté des génies : le conseil adopta l'opinion d'Ondouré.

L'intégrité d'Adario avait elle-même été surprise : l'erreur dans laquelle il était fut la cause des regards farouches qu'il lança au frère d'Amélie lorsque celui-ci revint de la Nouvelle-Orléans. Si les Indiens rencontraient l'homme blanc dans les bois, ils se détournaient de lui comme d'un sacrilége. René, qui ne voyait rien, qui n'entendait rien, qui ne se souciait de rien, partit pour le pays des Illinois, ignorant que la sentence de mort dont les juges civilisés l'avaient menacé à la Nouvelle-Orléans, avait été prononcée contre lui aux Natchez par des juges sauvages.

On voit quelquefois à la fin de l'automne une fleur tardive ; elle sourit seule dans les campagnes et s'épanouit au milieu des feuilles séchées qui tombent de la cime des bois : ainsi les amours de Mila et d'Outougamiz répandaient un dernier charme sur des jours de désolation. Avant de demander la jeune fille en mariage, le frère de Céluta se conforma à la coutume indienne, appelée l'*Épreuve du flambeau* : éteindre le flambeau qu'on lui présente, c'est pour une vierge donner son consentement à un hymen projeté.

Outougamiz, tenant une torche odorante à la main, sortit au milieu de la nuit ; les brises agitaient les rayons d'or de l'étoile amoureuse, comme on raconte que les zéphyrs se jouaient à Paphos dans la chevelure embaumée de la mère des Grâces. Le jeune homme entrevoit le toit de sa maîtresse : des craintes et des espérances soulèvent son sein. Il s'approche, il relève l'écorce suspendue devant la porte de la cabane de Mila, et se trouve dans la partie même de cette cabane où l'Indienne dormait seule.

La jeune fille était couchée sur un lit de mousse. Un voile d'écorce de mûrier se roulait en écharpe autour d'elle ; ses bras nus reposaient croisés sur sa tête, et ses mains avaient laissé tomber des fleurs.

Un pied tendu en arrière, le corps penché en avant, Outougamiz contemplait à la lueur de son flambeau la scène charmante. Agité par les illusions d'un songe, Mila murmure quelques mots ; un sourire se répand sur ses lèvres. Outougamiz croit distinguer son nom dans des paroles à demi formées ; il s'incline au bord de la couche, prend une branche de jasmin des Florides échappée à la main de Mila, et réveille la fille des bois, en passant légèrement sur sa bouche virginale la fleur parfumée.

Mila s'éveille, fixe des regards effrayés sur son amant, sourit, reprend son air d'épouvante, sourit encore. « C'est moi ! s'écrie Outougamiz, moi, le frère « de Céluta, le guerrier qui veut être ton époux. » Mila hésite, avance ses lèvres pour éteindre la torche de l'hymen, retire la tête avec précipitation, rapproche encore sa bouche du flambeau..... la nuit s'étend dans la cabane.

Quelques instants de silence suivirent l'invasion des ombres. Outougamiz dit ensuite à Mila : « Je t'aime comme la lumière du soleil ; je veux être ton frère.»

— « Et moi, ta sœur, » répondit Mila.

« Tu deviendras mon épouse, continua l'ami de René ; un petit guerrier te « sourira ; tu baiseras ses yeux, tu lui chanteras les exploits de ses pères ; tu lui « apprendras à prononcer le nom d'Outougamiz. »

— « Tu me fais pleurer, répondit Mila : moi, je t'accompagnerai dans les « forêts, je porterai tes flèches, et j'allumerai le bûcher de la nuit. »

La lune descendait alors à l'occident : un de ses rayons, pénétrant par la « porte de la hutte, vint tomber sur le visage et sur le sein de Mila. La reine « des nuits se montrait au milieu d'un cortége d'étoiles : quelques nuages étaient déployés autour d'elle, comme les rideaux de sa couche. Dans les bois régnait une sorte de douteuse obscurité, semblable à celle d'une âme qui s'entr'ouvre pour la première fois aux tendres passions de la vie. Le couple heureux tomba dans un recueillement d'esprit involontaire : on n'entendait que le bruit de la respiration tremblante de la jeune Sauvage. Mais bientôt Mila :

« Il faut nous quitter : l'oiseau de l'aube a commencé son premier chant;
« retourne sans être aperçu à ta demeure. Si les guerriers te voyaient, ils di-
« raient : Outougamiz est faible; les Illinois le prendront dans la bataille, car
« il fréquente la cabane des Indiennes. »

Outougamiz répondit : « Je serai la liane noire qui se détourne dans la forêt
« de tous les autres arbres, et qui va chercher le sassafras, auquel elle veut
« uniquement s'attacher. »

Mila se couvrit la tête d'un manteau, et dit : « Guerrier, je ne te vois plus. »

Outougamiz enterra le flambeau nuptial à la porte de la cabane, et s'enfonça dans les bois.

Le mariage fut célébré avec la pompe ordinaire chez les Sauvages. Les deux époux souffraient de cet appareil et se disaient : « Nous ne nous marions pas
« pour être heureux, puisque nos amis ne le sont pas. » Laissés seuls dans leur cabane nouvelle, ils y goûtèrent une joie digne de leur innocence. Ils pleurèrent aussi, comme ils en avaient fait le projet. Les larmes qui coulaient de leurs yeux descendaient jusqu'à leurs lèvres, et Mila disait en recevant les embrassements d'Outougamiz : « Ta bouche touche la mienne à travers les malheurs de
« René. »

Hélas! le fidèle Indien allait verser bien d'autres pleurs! Ce n'était pas assez pour le tuteur du Soleil d'avoir perdu le frère d'Amélie auprès de la foule, de l'avoir fait condamner au conseil des vieillards, il le voulait frapper jusque dans le cœur d'un ami.

Le succès des complots d'Ondouré exigeait qu'Outougamiz assistât à la grande assemblée des Sauvages, où le plan général devait être développé.

Si Outougamiz était absent de cette assemblée, il ne porterait point le joug du serment que l'on y devait prononcer, et il pourrait dans ce cas s'opposer au complot à l'instant de l'exécution.

Si Outougamiz ne croyait pas René coupable de trahison envers les Natchez, rien n'empêcherait le frère de Céluta, aussitôt qu'il connaîtrait le secret, de le confier au frère d'Amélie.

Il fallait donc, combinaison digne de l'enfer! qu'Outougamiz fût enchaîné par un serment, et que, persuadé en même temps du crime de René, il se trouvât placé entre la nécessité de perdre son ami pour sauver sa patrie, ou de perdre sa patrie pour sauver son ami.

Le lendemain du mariage de l'héroïque ami et de la courageuse amie de René, le jour même où Mila, toute brillante de ses félicités, conversait avec Outougamiz sur une natte semée de fleurs, Ondouré entra dans la cabane.

« Mauvais esprit! s'écria Mila, que viens-tu faire ici? viens-tu nous porter
« malheur? »

Ondouré, affectant un sourire ironique, s'assit à terre et dit :

« Outougamiz! je viens t'offrir les vœux que je fais pour toi; tu méritais
« d'être heureux. »

— « Heureux! repartit Outougamiz, et quel homme l'est plus que moi? Où
« pourrais-tu rien trouver de comparable à ma femme et à mon ami? »

— « Je ne veux point détruire tes illusions, » dit Ondouré d'un air attristé;
« mais si tu savais ce que toute la nation sait! quel méchant manitou t'a lié
« avec cette chair blanche! »

— « Tuteur du Soleil! » répliqua Outougamiz rougissant, je te respecte;
« mais ne calomnie pas mon ami. Il vaudrait mieux pour toi que tu n'eusses
« jamais existé. »

Ondouré repartit : « Admirable jeune homme! que n'as-tu trouvé une amitié
« digne de la tienne! »

— « Chef! » s'écria Outougamiz avec l'accent de l'impatience, tu me tour-
« mentes comme le vent qui agite la flamme du bûcher; qu'y a-t-il? que veux-
« tu? que cherches-tu? »

— « O patrie! patrie! » dit avec un soupir Ondouré.

Au mot de patrie, les yeux d'Outougamiz se troublent; il se lève précipitamment de sa natte et s'approche d'Ondouré, qui s'était levé à son tour. La crainte
de quelque affreux secret avait passé à travers le cœur du frère de Céluta.

« Qu'y a-t-il donc dans la patrie? dit le noble Sauvage. Faut-il prendre les
« armes? marchons : où sont les ennemis? »

— « Les ennemis! dit Ondouré, ils sont dans nos entrailles! Nous étions ven-
« dus, livrés comme des esclaves; un traître... »

— « Un traître! nomme-le, » s'écria Outougamiz d'une voix où mille sentiments contraires avaient mêlé leurs accents; « nomme-le; mais prends garde à
« ce que tu vas dire. »

Ondouré observe Outougamiz, dont les mains tremblaient de colère; il saisit
le bras du jeune homme pour prévenir le premier coup; il s'écrie : « René! »

— « Tu mens, » réplique Outougamiz cherchant à dégager son bras; « je t'ar-
« racherai ta langue infernale; je ferai de toi un mémorable exemple. »

Mila se jette entre les deux guerriers. « Laisse vivre ce misérable, dit-elle à
« Outougamiz; chasse-le seulement de ta cabane. »

A la voix de Mila les transports d'Outougamiz s'apaisent.

« Tuteur du Soleil! dit-il, je te vois à présent, tu te voulais amuser de ma
« simplicité; mais ne renouvelle pas ces jeux, cela me fait trop de mal. »

— « Je te quitte, dit Ondouré; bientôt tu me rendras plus de justice : in-
« terroge le prêtre du Soleil et ton oncle Adario. » Ondouré sort de la cabane.

Outougamiz veut paraître tranquille, il ne l'est plus; il se veut reposer, et il
ne sait comment les joncs de sa natte sont plus piquants que les épines de l'a-
cacia. Il se relève, marche, s'assied de nouveau. Mila lui parle et il ne l'entend pas. « Pourquoi, murmurait-il à voix basse, pourquoi ce chef a-t-il parlé!
« J'étais si heureux! »

— « N'y pense plus, lui dit Mila; les paroles du méchant sont comme le sable
« qu'un vent brûlant chasse au visage : il aveugle et fait pleurer le voyageur. —
« Tu as raison, Mila, s'écrie Outougamiz; me voilà bien tranquille à présent. »

Infortuné! le coup mortel est frappé : tu ne trouveras plus le repos; ton sommeil, naguère léger comme l'innocence, se va charger de songes funestes! Tel est le bonheur des hommes, un mot suffit pour le détruire. Douce confiance de l'âme! union intime et sacrée, adieu pour toujours! Sainte amitié, elles sont passées tes délices, tes tourments commencent! finiront-ils jamais?

« Mila, dit Outougamiz, je me sens malade; je veux aller voir le jongleur. »
— « Le jongleur! repartit Mila. Ne va pas voir cet homme-là. René t'aime,
« tu l'aimes : il te doit suffire comme tu me suffis. Si la colombe prête l'oreille
« à la voix de la corneille, celle-ci lui dira des choses qui la troubleront, parce
« qu'elle ne parle pas son langage. »

— « Ce n'est pas pour parler de René que je veux voir le jongleur, dit Ou-
« tougamiz; je suis malade, il me guérira. »

Mila posa la main sur le cœur d'Outougamiz, et dit à son époux, en le regardant avec un demi-sourire : « Malade? oui, bien malade, puisqu'un mensonge
« vient de sortir de tes lèvres. »

Outougamiz s'obstina à vouloir consulter le jongleur qu'Ondouré lui avait
exprès nommé dans ses révélations mystérieuses. « Va donc, dit Mila, pauvre
« abeille de la savane; mais évite de te reposer sur la fleur empoisonnée de
« l'acota. »

L'homme ne peut être parfait; aux qualités les plus héroïques Outougamiz
mêlait une faiblesse : de la crainte de Dieu, crainte salutaire sans laquelle il
n'y a point de vertu, Outougamiz était descendu jusqu'à la plus aveugle cré-
dulité. La simplicité de son caractère le rendait facile à tromper; un prêtre était
pour le frère de Céluta l'organe même du Grand-Esprit; et si ce ministre du Grand-Esprit parlait au
nom de la patrie, de la patrie si chère aux Sauvages, quel moyen pour Outougamiz d'échapper à ce double pouvoir de la terre et du ciel?

L'ami de René arrive à la porte de la cabane du jongleur : dans ce moment
même Ondouré sortait de la demeure du prêtre, et, avec un regard qui disait
tout, il laissa le passage libre à l'ami de René. Le jongleur, apercevant Outougamiz, se mit à tracer des cercles magiques : Outougamiz élève vers lui une voix
suppliante.

« Qui parle? s'écrie le prêtre d'un air égaré. Quel audacieux mortel trouble
« l'interprète des génies? Fuyez, profane! la patrie demande seule mes prières.
« O patrie! tu nourrissais un monstre dans ton sein! L'infâme étranger mé-
« ditait ta ruine : par lui les femelles des castors ont été massacrées; il trahis-
« sait Céluta; il versait sur la tête de son enfant l'eau mortelle du maléfice!
« Comme il trompait ce jeune et innocent Outougamiz! Malheur à toi, époux
« de Mila! si désormais tu ne te séparais de ce traître, si tu refusais de croire
« à ses crimes! Les fantômes s'attacheraient à tes pas, et les os de tes aïeux
« s'agiteraient dans leur tombe. »

Le jongleur bondit hors de sa cabane, et se jeta dans une forêt, où on l'entendit pousser des hurlements.

Le frère de Céluta demeure anéanti : une sueur froide, qu'il croit sentir dé-
couler de son cœur et pénétrer à travers ses membres, l'inonde. Il faudrait
avoir fait les prodiges d'amitié d'Outougamiz pour pouvoir peindre sa douleur:

René un traître! lui? Qui l'ose ainsi calomnier? Où est-il le calomniateur, qu'Outougamiz le puisse dévorer? Mais, n'est-ce pas le prêtre du Soleil, celui qui commerce avec les esprits? celui qui parle au nom de la patrie? Malheureux! tu ne crois pas quand le ciel même l'ordonne de croire?... Non, cet ami n'est point coupable; des monstres seuls ont élevé la voix contre lui. Le frère de Céluta vengera René aux yeux de la nation; l'éloquence descendra sur les lèvres d'Outougamiz; il s'exprimera mieux que Chactas; il proposera de combattre les accusateurs.... Je pars, je vole où m'appelle le manitou d'or... Insensé! n'entends-tu pas le cri des fantômes! ne vois-tu pas se lever les os de tes pères, qui viennent témoigner des crimes de ton ami?

Telle est la faible peinture des combats qui se passaient dans l'âme du frère de Céluta. Il quitte la cabane du jongleur; lent et pâle, il se traîne sur la terre; il croit ouïr des bruits dans l'air et l'herbe murmurer sous ses pas. Où va-t-il?... il l'ignore. Quelque chose de fatal le pousse involontairement vers Adario. Adario est son oncle; Adario lui tient lieu de père; Adario, dans l'absence de Chactas, est le premier sachem de la nation; enfin, Adario est le plus affligé des hommes. Le malheur est aussi une religion: il doit être consulté; il rend des oracles: la voix de l'infortune est celle de la vérité. Voilà ce que se disait Outougamiz en allant chercher le rigide vieillard.

Le sachem avait vu tuer son fils à ses côtés et les flammes dévorer sa cabane; le sachem avait étouffé son petit-fils de ses propres mains; la femme du sachem était tombée dans l'émeute qui suivit l'affreux sacrifice: il ne restait de toute sa famille, à Adario, que la fille même dont il avait étranglé l'enfant. Renfermé, avec cette fille, dans les cachots du fort Rosalie, il avait dû terminer ses jours à un gibet! « Élève-moi bien haut, » disait-il au bourreau qui le conduisait au supplice, « afin que je puisse découvrir, en expirant, les arbres de ma patrie. » On sait pourquoi, comment, à quel prix. et dans quel dessein Ondouré racheta la vie d'Adario.

Ce fut un grand spectacle que le retour de l'ami de Chactas aux Natchez. Le sachem ressemblait à un squelette échappé de la tombe: quelques cheveux gris, souillés de poussière, tombaient des deux côtés de sa tête chauve: ses vêtements pendaient en lambeaux. Il cheminait en silence, les yeux baissés; sa fille venait derrière lui, dans le même silence, comme la victime marche après le sacrificateur: elle portait attachés à ses épaules, un berceau vide et des langes désormais inutiles d'un nouveau-né.

Adario ne voulut point relever sa cabane: il établit sa demeure au milieu des bois. Sa fille suivait de loin son terrible père, n'osant lui parler, veillant sur ses jours, s'asseyant quand il s'asseyait, avançant quand il poursuivait sa route. Quelquefois le sachem contemplait les Français qui labouraient les champs de sa patrie: l'ange exterminateur n'aurait pas lancé des regards plus dévorants sur un monde dont le Dieu vivant aurait retiré sa main.

Après la délivrance d'Adario, Ondouré déroula aux yeux du vieillard le plan d'une grande vengeance. Il lui présenta pour but la liberté des Natchez, et l'expulsion de la race des blancs de tous les rivages de l'Amérique; il lui cacha les ressorts secrets, les sentiments honteux, les mystérieuses lâchetés qui faisaient mouvoir cette conspiration : Adario n'eût jamais emprunté le voile du crime pour couvrir un seul moment la vertu.

Le sachem assista au conseil secret convoqué la nuit par Ondouré; il approuva ce que le tuteur du Soleil exposa de ses desseins; savoir: la convocation des nations indiennes dans une assemblée générale, afin de prendre contre les étrangers une mesure commune; il ratifia la condamnation de René, de René qu'il croyait coupable d'impiété et de trahison. Ces résolutions adoptées, les vieillards voulurent déterminer Adario à se livrer à ses occupations ordinaires.

« Tant que je respirerai, dit le sachem, je n'aurai d'abri que la voûte du
« ciel. Comme défenseur de la patrie, je suis innocent; comme père, je suis
« criminel. Je consens à vivre encore quelques jours pour mon pays; mais
« Adario s'est réservé le droit de se punir, lorsque les Natchez auront cessé
« d'avoir besoin de lui. »

C'était à ce cœur inflexible, c'était à l'homme le moins compatissant aux sentiments de la nature, à l'homme le plus aigri par le chagrin, que l'ami de René allait demander des conseils en sortant de l'audience du prêtre.

Outougamiz trouva le sachem à moitié nu, assis au bord d'un torrent sur la pointe d'un roc : il lui raconte les inspirations du jongleur. Adario fait à son neveu le tableau des prétendus crimes de René. « Tu me tues comme ton fils! » s'écrie le frère de Céluta avec un accent dont le sachem même fut touché.

Jamais le malheur ne se grava si subitement et d'une manière plus énergique sur le front d'un homme, que sur celui d'Outougamiz : plus le marbre est pur, plus l'inscription est profonde. L'infortuné s'éloigne d'Adario : il saisit la chaîne d'or, la regarde avec passion, la veut jeter dans le torrent, puis la presse contre son cœur et la suspend de nouveau sur sa poitrine. Cependant Outougamiz ignorait le sort réservé à René : Adario avait peint l'homme blanc coupable, mais il n'avait pas voulu accabler entièrement son neveu; il s'était abstenu de l'instruire de la sentence des sachems; sentence prononcée d'ailleurs sous le sceau du secret. Le souvenir de Mila vint, comme une brise rafraîchissante, soulager un peu le brûlant chagrin d'Outougamiz : le jeune époux songe que l'épouse nouvelle, qui porte encore sur sa tête la couronne du premier matin, est déjà demeurée veuve sous son toit; il se détermine à chercher des consolations auprès de sa compagne.

Mila vole à lui : elle s'aperçoit qu'il chancelle ; elle le soutient en disant : « C'est
« la liane qui appuie maintenant le tulipier? Eh bien! je te l'avais prédit! as-
« sieds-toi et repose ta tête sur mon sein. Que t'ont dit les méchants? »

— « Ils m'ont répété ce que m'avait dit Ondouré, répondit Outougamiz :
« Adario parle aussi comme le jongleur. »

— « Quand ce serait Kitchimanitou lui-même, s'écria Mila, je soutiendrais
« qu'il fait un mensonge : moi! je croirais aux calomnies répandues contre
« mon ami! Celui qui t'a donné le manitou d'or croirait-il le mal qu'on lui di-
« rait de toi? »

Cette question fit monter les larmes dans les yeux d'Outougamiz; Mila pleurant à son tour : « Ah! c'est un bon guerrier que le guerrier blanc! ils le tue-
« ront, j'en suis sûre. »

— « Ils le tueront! reprit Outougamiz : qui t'a dit cela? »

— « Je le devine, répondit l'Indienne : si tu ne sauves René une troisième « fois, ils le mettront dans le bocage de la mort. »

— « Non, non, s'écria Outougamiz, ou j'y dormirai près de lui. Que ne « suis-je déjà au lieu de mon repos! Tout est si agité à la surface de la terre! « tout est si calme, une longueur de flèche au-dessous! Mais, Mila, la patrie! »

— « La patrie! repartit Mila ; et que me fait à moi la patrie si elle est in-« juste? J'aime mieux un seul cheveu d'Outougamiz innocent que toutes les « têtes grises des sachems pervertis. Qu'ai-je besoin d'une cabane aux Natchez? « j'en puis bâtir une dans un lieu où il n'y aura personne : j'emmènerai mon « mari, et son ami avec moi, malgré vous tous, méchants! Voilà comme « j'aurais parlé au jongleur. Il aurait fait des tours, tracé des cercles, bondi « trois fois comme un orignal ; j'aurais ri à sa face, joué, tourné, sauté comme « lui et mieux que lui. Il y a là un génie (et elle appuyait la main sur son « cœur) qui n'obéit point aux noirs enchantements. »

— « Comme tu me consoles! comme tu parles bien ! s'écrie l'excellent Sau-« vage ; tu me voudrais donc suivre dans le désert? »

Mila le regarda et lui dit : « C'est comme si le ruisseau disait à la fleur qu'il « a détachée de son rivage et qu'il entraîne dans son cours : Fleur, veux-tu « suivre mon onde? La fleur répondrait : Non, je ne le veux pas ; et cependant « les flots la pousseraient doucement devant eux. »

L'aimable Indienne avait préparé le repas du soir ; après avoir mouillé ses lèvres dans la coupe, elle retourna à ce lit nuptial non chanté, qui ne tirait sa pompe que de sa simplicité et de la grâce des deux époux. Les jeunes bras de Mila bercèrent et calmèrent les chagrins d'Outougamiz, comme ces légères bandes de soie qui pressent et soulagent à la fois la blessure d'un guerrier.

Heures fugitives, dérobées par l'amour à la douleur, que vous deviez promptement disparaître! Déjà le conseil des sachems avait reçu les premiers colliers de ses messagers secrets : toutes les nuits Ondouré rassemblait quelques-uns des chefs dans les cavernes. Le gouverneur de la Louisiane, moins facile à tromper que le commandant du fort Rosalie, ne s'endormait point au milieu des périls : il regrettait d'avoir rendu la liberté au frère d'Amélie, et s'il ne fit pas arrêter Céluta, c'est qu'il se laissa fléchir aux larmes d'Adélaïde.

Lorsque Céluta apprit le départ de René, on essaya inutilement de la retenir à la Nouvelle-Orléans. En vain Adélaïde, Harlay, le général d'Artaguette (le capitaine avec le grenadier étaient retournés aux Natchez) lui représentèrent que ses forces ne suffiraient pas aux fatigues d'un si long voyage ; elle conjura sa sœur et ses frères de la chair blanche, comme elle les appelait, de la laisser reprendre le chemin de son pays ; il fallut céder à ses ardentes prières, que traduisait la vieille mère de Jacques ; Céluta embrassa avec émotion cette pauvre et vénérable matrone, son hôtesse dans la nuit funeste. « Mon frère et « ma sœur, dit-elle à Harlay et à Adélaïde, souvenez-vous de Céluta quand « vous serez au pays des blancs. J'espère vous retrouver quelque jour dans la « contrée des âmes, si l'on permet l'entrée de la belle forêt que vous habiterez « à de misérables Indiennes comme moi. »

La fille du gouverneur conduisit son amie jusqu'aux pirogues d'un grand parti de Pannis qui se préparait à remonter le fleuve : là se renouvelèrent de tendres adieux. Céluta s'embarqua sur la flotte pannisienne. « Adieu, disait-« elle à Adélaïde qui pleurait assise au rivage ; que les bons génies vous ren-« dent vos bienfaits ! je ne vous reverrai plus sur la terre, où vous resterez « longtemps après moi ; mais je tâcherai de faire le moins de mal que je pourrai « dans mon rapide passage, afin de me rendre digne de votre souvenir. » Les pirogues s'éloignèrent.

Lorsque Céluta sortit de la ville des Français, son front était couvert de la pâleur des chagrins et d'une maladie cessant à peine. Sa fille, qui montrait déjà dans son regard quelque chose de la beauté et de la tristesse d'Amélie ; sa fille, dont le jour natal n'avait point encore été éclairé deux fois par le soleil, semblait elle-même au moment d'expirer. Céluta la tenait suspendue à ses épaules, dans des peaux blanches d'hermine : tel un cygne qui transporte ses petits, les place entre son cou flexible et ses ailes un peu soulevées ; les charmants passagers se jouent à demi cachés dans le duvet de leur mère.

L'âme entière de Céluta était partagée entre son enfant et son époux : que de maux déjà passés ! quels étaient ceux qui devaient naître encore ? Les pirogues avaient à peine remonté le Meschacébé pendant quelques heures, que les Pannis, par un de ces caprices si fréquents chez les Sauvages, s'arrêtèrent sur la rive orientale du fleuve. Céluta descendit à terre avec ses conducteurs ; mais ceux-ci, par un autre caprice, se dispersèrent bientôt, les uns commençant une chasse, les autres se rembarquant sans bruit. Céluta s'était assoupie à l'écart, derrière un rocher qui lui cachait le fleuve : la nuit était venue. Quand l'épouse de René se réveilla, elle était abandonnée.

L'insouciance indienne l'avait délaissée, le courage indien la soutint : elle était accoutumée à la solitude. Les ténèbres empêchaient les Pannis de voir la sœur d'Outougamiz, et le vent ne leur permettait pas d'entendre ses cris ; résignée, elle attendit le jour.

Lorsque l'aurore parut, Céluta sortit de l'abri du rocher ; regardant les différents points du ciel, elle se dit : « Mon mari est de ce côté-là. » Et ses pas se dirigèrent vers le septentrion. Elle n'eut pas même la pensée de retourner à la Nouvelle-Orléans ; elle se trouvait plus en sûreté dans les bois que parmi les hommes. Pour sa nourriture elle comptait sur les fruits sauvages, et son sein suffirait au besoin de sa fille.

Tout le jour elle marcha, cueillant çà et là quelques baies dans les buissons.

A l'heure où la hulotte bleue commence à voltiger dans les forêts américaines, Céluta atteignit le sommet d'une colline ; elle se détermina à passer la nuit au pied d'un tamarin, dans le tronc caverneux duquel les Indiens allumaient quelquefois le feu du voyageur. Au midi on découvrait la ville des blancs ; au couchant, le Meschacébé ; au nord, de hautes falaises où s'élevait une croix.

Prenant dans ses bras la fille de l'homme des passions, Céluta lui présenta son sein que l'enfant débile serrait à peine dans ses lèvres : un jardinier arrose une plante qui languit ; mais elle continue de dépérir, car la terre ne l'a point reçue favorablement à sa naissance. Dans son effroi maternel, Céluta n'osait regarder le tendre nourrisson, de peur d'apercevoir les progrès du mal; ses yeux, chargés de pleurs, erraient vaguement sur les objets d'alentour. Telles furent vos douleurs dans la solitude de Bersabée, malheureuse Agar, lorsque, détournant la vue d'Ismaël, vous dites : « Je ne verrai point mourir mon en-« fant. » La nuit fut triste et froide.

Au lever du jour, après avoir fait un repas de pommes de mai et de racines de canneberge, la voyageuse, chargée de son trésor, reprit sa route. La monotonie du désert n'était interrompue que par la vue encore plus monotone de la croix. Cette croix était celle où René avait accompli un pèlerinage en descendant à la Nouvelle-Orléans ; Dieu seul savait ce qu'avait demandé en secret le fervent pèlerin. Une pierre encore tachée du sang de l'homme assassiné gisait près de l'arbre expiatoire : un torrent s'écoulait à quelque distance.

La sœur d'Outougamiz s'assit sur la pierre du meurtre : elle prit involontairement dans sa main la branche de chêne que René avait déposée en *ex-voto* au pied du calvaire ; les regards de l'Indienne se fixaient sur le rameau desséché qu'elle balançait lentement, comme si elle eût trouvé une ressemblance de destinée entre elle et la branche flétrie. Céluta rêvait au bruit aride du vent dans les bois de la croix et dans la cime de quelques chardons qui perçaient les roches. Plusieurs fois elle crut entendre des voix, comme si les anges de la Croix et de la Mort eussent conversé invisiblement dans ce lieu.

L'épouse de René se hâta de quitter un monument de douleur, qu'elle supposait gardé par les esprits redoutables des Européens. Le large vallon qui termine le plateau des bruyères la conduisit au bord d'un courant d'eau. Dans le fond de ce vallon s'élevaient de petits tertres couverts de tulipiers, de liquidambars, de cyprès, de magnolias, et autour desquels se repliait l'onde qui portait son tribut au Meschacébé. Du sein de la terre échauffée sortait le parfum de l'angélique et de différentes herbes odorantes.

Attirée et presque rassurée par le charme de cette solitude, Céluta s'assied sur la mousse et prépare le banquet maternel. Elle couche Amélie sur ses genoux, et déroule l'une après l'autre les peaux d'hermine dont l'enfant était enveloppé. Quelques larmes, tombées des yeux de la mère, ranimèrent la fille souffrante, comme si cet enfant ne devait tenir la vie que de la douleur.

Quand Céluta eut prodigué à sa fille ses caresses et ses soins, elle chercha pour elle-même un peu de nourriture.

Les lieux où elle se trouvait avaient naguère été habités par une tribu indienne. On voyait encore dans un champ anciennement moissonné quelques rejets de maïs, et l'épi de ce blé-sauvageon était rempli d'une crème onctueuse : il servit au repas de Céluta.

Vers le baisser du soleil, la sœur d'Outougamiz se retira à l'entrée d'une grotte tapissée de jasmin des Florides, et environnée de buissons d'azaléas. Dans cette grotte se vinrent réfugier une foule de nonpareilles, de cardinaux, d'oiseaux moqueurs, de perruches, de colibris, qui brillaient comme des pierreries au feu du couchant.

La nuit se leva revêtue de cette beauté qu'elle n'a que dans les solitudes américaines. Le ciel étoilé était parsemé de nuages blancs semblables à de légers flocons d'écume, ou à des troupeaux errants dans une plaine azurée. Toutes les bêtes de la création, les biches, les caribous, les bisons, les chevreuils, les orignaux, sortaient de leur retraite pour paître les savanes. Dans le lointain on entendait les chants extraordinaires des raines, dont les unes imitant le mugissement du bœuf laboureur, les autres, le tintement d'une cloche champêtre, rappelaient les scènes rustiques de l'Europe civilisée au milieu des tableaux agrestes de l'Amérique sauvage.

Les zéphyrs embaumés par les magnolias, les oiseaux cachés sous le feuillage, murmuraient d'harmonieuses plaintes, que Céluta prenait pour la voix des enfants à naître; elle croyait voir les petits génies des ombres, et ceux qui président au silence des bois, descendre du firmament sur les rayons de la lune; légers fantômes qui s'égaraient à travers les arbres et le long des ruisseaux. Alors elle adressait la parole à sa fille couchée sur ses genoux; elle lui disait : « Si j'avais le malheur de te perdre à présent, que deviendrais-je? Ah! si ton « père m'aimait encore, je t'aurais bientôt retrouvée! Je découvrirais mon « sein; j'épierais ton âme errante avec les brises de l'aube, sur la tige hu- « mectée des fleurs, et mes lèvres te recueilleraient dans la rosée. Mais ton « père s'éloigne de moi, et les âmes des enfants ne rentrent jamais dans le sein « des mères qui ne sont point aimées. »

L'Indienne versait, en prononçant ces mots, des larmes religieuses, semblable à un délicieux ananas qui a perdu sa couronne, et dont le cœur exposé aux pluies se fond et s'écoule en eau.

Des pélicans, qui volaient au haut des airs, et dont le plumage couleur de rose réfléchissait les premiers feux de l'aurore, avertirent Céluta qu'il était temps de reprendre sa course. Elle dépouilla d'abord son enfant pour le baigner dans une fontaine où se désaltéraient, en allongeant la tête, des écureuils noirs accrochés à l'extrémité d'une liane flottante. La blanche et souffreteuse Amélie, couchée sur l'herbe, ressemblait à un narcisse abattu par l'orage, ou à un oiseau tombé de son nid avant d'avoir des ailes. Céluta enveloppa dans des mousses de cyprès plus fines que la soie sa fille purifiée; elle n'oublia point de la parer avec des graines de différentes couleurs et des fleurs de divers parfums; enfin elle la renferma dans les peaux d'hermine et la suspendit de nouveau à ses épaules par une tresse de chèvre-feuille : la pèlerine qui s'avance pieds nus dans les montagnes de Jérusalem porte ainsi les présents sacrés qu'elle doit offrir au saint tombeau.

La fille de Tabamica traversa, sur un pont de liane, la rivière qui lui fermait le chemin. Elle avait à peine marché une heure, qu'elle se trouva engagée au milieu d'un terrain coupé de flaques d'eau remplies de crocodiles. Tandis qu'elle hésite sur le parti qu'elle doit prendre, elle entend haleter derrière elle; elle tourne la tête et voit briller les yeux vitrés et sanglants d'un énorme reptile. Elle fuit; mais elle heurte du pied un autre monstre, et tombe sur les écailles sonores. Le dragon rugit, Céluta se relève, et ne sent plus le poids léger que portaient ses épaules. Elle jette un cri; prête à être dévorée, elle n'est attentive qu'à ce qu'elle a perdu. Tout à coup les deux monstres, dont elle sentait déjà la brûlante haleine sur ses pieds, se détournent; ils se hâtent vers une autre proie. Que les regards d'une mère sont perçants ! ils découvrent parmi de hautes herbes l'objet qui attire les affreux animaux ! Céluta s'élance, saisit son enfant, et ses pas, que n'aurait point alors devancés le vol de l'hirondelle, la portent au sommet d'un promontoire d'où l'œil suit au loin les détours du Meschacébé.

Victoire d'une femme, qui dira ton orgueil et tes joies? L'astre des nuits, qui vient de dissiper dans le ciel les nuages d'une tempête, paraît moins beau que la pâle Céluta, triomphante au désert. Amélie avait ignoré le péril; elle ne s'était pas même réveillée dans son lit de mousse; sa parure conservait la fraîcheur et la symétrie. Chargée du berceau où l'innocence dormait sous des fleurs, Céluta avait accompli sa fuite, comme l'élégante Canéphore achevait sa course, sans déranger dans sa corbeille les guirlandes et les couronnes. Mais la frayeur, qui n'avait pu troubler l'enfant, avait exercé son pouvoir sur la mère; le sein de Céluta s'était tari : ainsi, quand la terre est ébranlée par les secousses de l'Etna, disparaît une fontaine dans les champs de la Sicile, et l'agneau demande en vain l'eau salutaire à la source épuisée.

Que Céluta manquât de nourriture pour son enfant; que son sein fût stérile, quand son cœur surabondait de tendresse, voilà ce que l'Indienne ne pouvait comprendre. Elle accusait sa faiblesse, elle se reprochait jusqu'à ses douleurs, jusqu'à l'excès de sa frayeur maternelle. Elle cherchait une cause à ce châtiment du Grand-Esprit : elle se demandait si elle avait cessé d'être fidèle à son époux, si elle avait aimé assez sa fille, si elle avait été injuste envers ses amis, si elle avait souhaité du mal à ses ennemis, si sa cabane, sa famille, sa tribu, son pays, les manitous, les génies, n'avaient point eu à se plaindre d'elle. Les yeux levés vers le séjour du père nourricier des hommes, elle montrait au ciel son sein desséché, réclamant sa fécondité première, se plaignant d'une rigueur non méritée.

Tout à coup Amélie, déposée sur l'herbe, pousse un gémissement; elle sollicite le festin accoutumé; ses mains suppliantes se tournent vers sa mère. Le désespoir s'empare de la sœur d'Outougamiz ; elle prend son enfant dans ses bras, le presse sur son sein avec des sanglots : que ne pouvait-elle l'abreuver de ses larmes ! du moins cette source était inépuisable.

Une inspiration funeste fait battre le cœur de la femme délaissée : Céluta se dit que le lait maternel n'était que le sang de son époux, que c'était René qui retirait à lui cette source de vie; mais ne pouvait-elle pas elle-même s'ouvrir une veine, et remplacer par son propre sang le sang qui se refusait aux lèvres de sa fille?

Peut-être aurait-elle pris quelque résolution extrême si ses regards n'avaient aperçu des fumées qui montaient des deux côtés du Meschacébé, et qui annonçaient l'habitation de l'homme. Cette vue rendit des forces à Céluta; l'Indienne n'était pas d'ailleurs tout à fait déterminée à mourir, car son époux vivait et vivait infortuné. Elle descendit donc du promontoire, portant le cher et funeste gage de son amour ; mais le fleuve était plus éloigné qu'il ne lui avait paru, et lorsqu'elle arriva sur ses bords la nuit enveloppait le ciel.

La fumée des cabanes s'était perdue dans les ombres; la lune, en se levant, versa sur les flots du Meschacébé moins de lumière que de mélancolie et de silence. Céluta cherchait des yeux quelque nacelle. Ses regards suivaient, dans leur succession rapide, les lames passagères qui tour à tour élevaient leur sommet brillant vers l'astre de la nuit. Elle aperçut un objet flottant.

Bientôt elle vit sortir du fleuve, à quelques pas d'elle, un jeune nègre presque entièrement nu : une pagne lui ceignait les reins à la mode de son pays, et sa tête était ornée d'une couronne de plumes rouges. Il chantait à demi-voix quelque chose de doux dans sa langue; il étendait les bras vers les eaux, et semblait adresser à un objet invisible des paroles passionnées. Céluta reconnut Imley, qui la reconnut à son tour; il s'approcha d'elle en s'écriant : « Céluta ! ô redou-
« table Niang (1) ! Céluta ici ! »

Céluta répondit : « Je viens de la ville des Pleurs; la biche des Natchez va
« perdre son faon que voilà, car son sein est tari. »

Alors Imley : « La biche des Natchez ne perdra point son faon; nous trouve-
« rons une mère pour le nourrir. Céluta est belle comme une fétiche bienfai-
« sante. »

— « Comment Imley est-il dans ce lieu ? » dit Céluta.

« Mon ancien maître, répondit Imley, après m'avoir battu, parce que j'ai-
« mais ma liberté, m'a vendu à l'habitant des cases voisines. Venez avec moi
« je vous donnerai du maïs et une femme noire de mes bois pour allaiter l'en-
« fant rouge de vos forêts; les blancs ne sauront rien de tout cela. »

Céluta se mit à suivre son guide.

« Et tu es toujours infortunée, pauvre Céluta ! disait en marchant l'Africain.
« Et moi aussi je suis bien malheureux le jour, mais la nuit !... » Imley posa un doigt sur sa bouche en signe de mystère.

« Et la nuit tu es moins à plaindre, dit Céluta; moi je pleure toujours. »

— « Céluta, reprit Imley, si tu savais ! elle est belle comme le palmier des
« sables ! Quand elle dit au sourire de venir visiter ses lèvres, ses dents res-
« semblent aux perles de la rosée dans les feuilles rouges du bétel. »

L'enfant de Cham arrêtant tout à coup Céluta, et lui montrant le fleuve :
« Vois-tu la cime argentée de ces copalmes, là-bas sur les eaux? Vois-tu tout
« auprès les ombres de ces hêtres pourprés, presque aussi belles que celles du
« front de ma maîtresse? Vois-tu les deux colonnes de ces papayas entre les-
« quelles apparaît la face de la lune, comme la tête de mon Izéphar entre ses
« deux bras levés pour me caresser? Eh bien ! ce sont les arbres d'une île.
« Ile de l'Amour, île d'Izéphar, les ondes ne cesseront de baigner tes rivages,
« les oiseaux d'enchanter tes bois, et les brises d'y soupirer la volupté ! C'est
« là, Céluta !... Elle habite sur l'autre bord du Meschacébé; moi j'ai ma case
« sur cette rive; chaque nuit elle traverse à la nage le bras du fleuve pour se
« rendre dans l'île : son Imley s'y trouve toujours le premier. Je reçois Izéphar
« au moment où elle sort de l'onde; je la cache dans mon sein; je lui sers d'abri
« et de vêtement; nos baisers sont plus lents que ceux des brises qui caressent
« les fleurs de l'aloès au déclin du jour; deux beaux serpents noirs s'entre-

(1) Dieu du mal ; l'Arimane des nègres.

« lacent moins étroitement : nous sommeillons au bord du fleuve en disputant
« de paresse avec ses ondes.

« Souvent aussi nous parlons de la patrie : nous chantons Niang, Zanhar (1),
« et les amours des lions. Je reprends toutes les nuits la parure que tu me
« vois, et que je portais quand j'étais libre sous les bananiers de Madinga.
« J'agite la force de ma main dans les airs; il me semble que je lance encore
« la zagaie contre le tigre, ou que j'enfonce dans la gueule de la panthère
« mon bras entouré d'une écorce. Ces souvenirs remplissent mes yeux de larmes
« plus douces que celles du benjoin, ou que la fumée de la pipe chargée d'en-
« cens. Alors je crois boire avec Izéphar le lait du coco sous l'arcade de figuiers;
« je m'imagine errer avec ma gazelle à travers les forêts de girofliers, d'aca-
« jous et de sandals: Que tu es belle, ô mon Izéphar ! tu rends délicieux tout ce
« qui touche à tes charmes. Je voudrais dévorer les feuilles de ton lit, car ta
« couche est divine, ô fille de la Nuit ! divine comme le nid des hirondelles
« africaines, comme ce nid qu'on sert à la table de nos rois et que composent
« avec des débris de fleurs les aromates les plus précieux. »

Ainsi disait Imley ; il baisait l'air en feu autour de lui, et chargeait l'éther brûlant d'aller trouver les lèvres de la femme aimée, par la route impatiente des désirs.

La petite Amélie vint alors à jeter un cri. Imley imposa ses deux mains sur la tête de la mère, et dit : « Vous êtes la femme des tribulations. »

A quoi Céluta répondit : « Je prie le Grand-Esprit qu'Izéphar ait des en-
« trailles plus heureuses que les miennes. »

Enfant des peuples de Caïn, vous répliquâtes avec une grande vivacité :
« J'aime Izéphar comme une perle; mais son sein ne portera jamais un esclave :
« l'éléphant m'a enseigné sa sagesse. »

En conversant de la sorte, l'épouse de René et son guide étaient arrivés aux cases des nègres de l'habitation. Les toits écrasés de ces cases se montraient entre de hauts tournesols. Imley et Céluta traversèrent des carrés d'ignames et de patates, que l'esclave africain cultive dans ses courts moments de loisirs, pour sa subsistance et pour celle de sa famille. Un calme profond régnait dans ces lieux : sur cette terre étrangère, dans la couche de la servitude, le sommeil berçait ces exilés des illusions de la liberté et de la patrie. Imley dit à voix basse à Céluta : « Ils dorment, mes frères noirs ! les insensés ! ils prennent des
« forces, afin de travailler pour un maître. Moi... »

L'Américaine et l'Africain entrèrent dans une case dont Imley poussa doucement la porte. Il se dépouilla de sa pagne, qu'il cacha sous des chaumes : « Car,
« disait-il, nos maîtres prétendent que l'habit de mon pays est une fétiche qui
« leur portera malheur. » Il reprit l'habit de l'esclave, et réveilla une femme. Cette femme descend de son hamac de coton bleu, souffle des charbons as-
soupis, en jetant dans le foyer des cannes de sucre desséchées; une grande flamme éclaire subitement l'intérieur de la case. Céluta reconnaît la négresse Glazirne ! Glazirne demeure immobile d'étonnement. Les deux femmes se prennent à pleurer.

(1) Dieu du bien.

« Bonne mère des pays lointains, dit Céluta, votre petite fille indienne est
« prête à mourir; mon sein s'est fermé : j'espère que le vôtre est resté ouvert
« à votre fils. »

Glazirne répondit : « Je croyais ne plus vous revoir. Mon maître, aux Nat-
« chez, m'a vendue avec Imley, parce que j'avais eu trop de pitié de vous chez
« le bon blanc d'Artaguette. Mon maître n'aimait point la pitié : voilà ma joie
« dans son berceau. »

Glazirne découvrit un berceau caché sous une natte, prit son nourrisson, le
mit à une de ses mamelles, suspendit à l'autre l'enfant de Céluta, et s'assit à terre.

Quand l'épouse de René vit cette pauvre esclave presser sur son sein les
deux petites créatures si étrangères par leur pays, si différentes par leur race,
si ressemblantes par leur misère ; quand elle la vit les nourrir en leur prodiguant ces petits chants, ce langage maternel, le même en tous climats, elle
adressa au ciel la prière de la reconnaissance. Elle regardait les deux enfants ;
comparant la faiblesse de sa fille à la force du fils de Glazirne, elle dit avec un
mélange de joie, de douleur et d'une tendre jalousie : « Femme noire, que ton
« fils est grand et fort! il est pourtant de l'âge de ma fille! »

— « Femme rouge, dit Glazirne en se levant, j'ai commencé par ta fille ;
« prends maintenant pour toi ces ignames, et bois ce suc d'une plante de mon
« pays, qui te rendra la fécondité. Mais hâte-toi de t'éloigner, le jour va naî-
« tre ; mon nouveau maître hait les femmes indiennes ; ne reviens plus aux
« cases. Cache-toi dans la forêt ; Imley te conduira à un lieu secret connu de
« nous autres esclaves. Au milieu du jour je t'irai porter la pâture, et au
« milieu de la nuit, pleurer avec toi. Mon cœur n'est point fait de l'acier des
« blancs ; je ne suis point née sans père ni sans mère, quoique ma mère m'ait
« vendue pour un collier. »

Glazirne remplit une coupe de bois de citronnier d'une liqueur particulière,
et la présenta à la voyageuse, comme la Madianite offrait un vase d'eau à l'é-
tranger, au bord du puits du Chameau. Céluta vida la coupe et sortit avec Imley,
qui la conduisit au lieu désigné.

A l'heure où les cigales, vaincues par l'ardeur du soleil, cessent leurs chants,
Céluta entendit un cri : c'était celui que les nègres poussent dans le désert pour
écarter les serpents et les tigres. Elle découvrit Glazirne qui regardait s'il n'y
avait point de blancs à l'entour.

La négresse, se glissant dans le bois, déposa quelque chose au pied d'un arbre
et se retira ; Céluta, s'avançant à son tour, enleva la calebasse déposée... Il y
avait du lait pour la fille, des fruits et des gâteaux pour la mère : ce commerce
clandestin de l'infortune et de la misère se faisait à la porte du riche et de l'heureux.

Les ombres revinrent sur la terre. Céluta ouït vers le milieu de la nuit un
bruissement léger ; elle étendit la main dans les ténèbres et rencontra bientôt
celle de Glazirne : le bonheur repousse le bonheur, mais les larmes appellent
les larmes ; elles viennent se mêler dans les cœurs des infortunés, comme ces
eaux sympathiques qui se cherchent à travers les feuilles d'un livre mystérieux,
et qui y font paraître, en se confondant, des caractères disposés d'avance par
l'amour. La négresse apportait avec elle son fils : elle mit l'hostie pacifique

entre les bras de l'Indienne, qui sentit ce compliment à la façon de la nature. Les deux femmes s'assirent ensuite sous un térébinthe dans une clairière : elles parlèrent de leur frère d'Artaguette, que l'une avait sauvé, que l'autre avait ramené blessé au camp des Français. Glazirne prononça des paroles magiques de son pays sur la fille de Céluta, sur ce vaisseau à peine ébauché que la flamme avait à demi dévoré dans le chantier de la vie. Puis la négresse ouvrit le haut de sa tunique d'esclave dans laquelle elle tenait cachée une colombe : elle rendit la liberté à l'oiseau blanc qui, plein de frayeur, allongeait le cou hors du sein de l'Africaine. Cet emblème d'une âme pure qui s'envole vers les cieux, échappée des prisons de la vie, rappelait en même temps l'idée de la liberté que Glazirne avait perdue.

« Est-ce que tu crois que ma fille va mourir, dit Céluta, puisque la colombe
« s'est envolée ?

— « Non, dit Glazirne ; la colombe a porté au redoutable Niang les paroles
« que j'ai murmurées tout bas, pour guérir ta fille. »

— « Fais à la mode de ton pays, repartit l'Indienne : je m'y accoutumerai
« mieux qu'à la mode du pays des blancs. »

Glazirne déroula une feuille de roseau dans laquelle elle avait enveloppé un coquillage de l'océan africain ; elle adressa à cette fétiche des reproches et des prières. Céluta porte à ses lèvres ce manitou du malheur. Religion des infortunés, vous êtes partout la même ! les chagrins ont une source commune : cette source est le cœur de l'homme.

Ces femmes sauvages, si remplies des merveilles de Dieu, voulurent endormir leurs enfants : elles les placèrent sur des peaux moelleuses, l'un auprès de l'autre, dans les festons d'une liane fleurie qui descendait des branches d'un vieux liquidambar : le fils de Glazirne tout nu et obscur comme l'ébène, la fille de Céluta parée d'un collier et éclatante comme l'ivoire ; ensuite elles agitèrent doucement le berceau suspendu. Céluta chantait, et la nature lui inspirait à la fois l'air et les paroles de son hymne au Sommeil.

« Enfants, plus heureux que vos mères, que votre sommeil soit également
« paisible et sans songes ! N'êtes-vous point sur cette branche de fleurs les deux
« génies de la nuit et de la lumière ? vous êtes blanc et noir comme ces ju-
« meaux célestes.

« L'un porte la chevelure dorée du matin ; l'autre couvre son front du léger
« crêpe du soir. Charmantes nonpareilles, reposez ensemble dans ce nid : soyez
« plus heureux que vos mères. »

Les accents de la voix de Céluta étaient pleins de mélodie ! ils sortaient de son âme ; et son âme était comme une lyre sous la main des anges. Sollicité au repos par le ralentissement graduel du mouvement de la branche, le couple innocent s'endormit : les mères confièrent à la brise le soin de balancer encore leurs gracieux nourrissons.

Mais le maukawis commençait à chanter le réveil de l'aurore ; les deux amies songèrent à se séparer ; avant de quitter ce lieu, elles amassèrent quelques pierres pour en faire une marque au siècle futur, et les appelèrent chacune dans sa langue, l'autel des Femmes Affligées.

L'Africaine promit de revenir. Cependant l'Indienne en vain espéra de revoir sa compagne; sa compagne ne reparut plus. Une fois seulement Céluta crut avoir entendu dans le lointain la voix de Glazirne : il arrive que les vents de l'automne jettent, le soir, sur nos bords, un oiseau de l'autre hémisphère ; nous comptons retrouver au matin l'hôte de la tempête, mais il est déjà remonté sur le tourbillon, et son cri, du milieu des nuages, nous apporte son dernier adieu.

Après deux jours d'attente, Céluta se résolut à poursuivre sa route; il lui tardait de revoir ses amis. Elle part ; elle franchit des ruisseaux sur des branches entrelacées, légers ponts que les Sauvages jettent en passant; elle traverse des marais, en sautant d'une racine à une autre racine ; elle se cache quelquefois auprès d'une habitation où des blancs prennent leur repas dans le champ par eux labouré; lorsqu'ils se sont retirés, elle accourt avec une nuée de petits oiseaux qui guettaient comme elle les miettes tombées de la table de l'homme. Après une marche longue et pénible, elle entre dans ses forêts natales, et arrive enfin aux Natchez.

Le premier Indien qu'elle aperçoit c'est Ondouré. Le bourreau a reconnu la victime; il s'avance vers elle, et d'une voix adoucie, il la félicite de son retour. « Où est René? dit Céluta; chef cruel, te devais-je rencontrer le premier ! »

— « Ton mari, » répondit Ondouré avec une modération de langage que ses regards démentaient; « ton mari est allé, par ordre des sachems, chanter le « calumet de paix aux Illinois. »

Quand on s'est attendu à quelque malheur, tout ce qui n'est pas ce malheur semble un bien. « Il vit ! » s'écrie Céluta, et elle se sent soulagée.

Les Sauvages environnent bientôt la nièce d'Adario; Mila et Outougamiz fendent la foule et se précipitent dans le sein de leur sœur.

« Je suis la femme de ton frère, » s'écrie Mila sanglotant de joie; « mais je « suis toujours ta petite fille. »

— « Tu es la femme de mon frère, » dit Céluta avec un mouvement de plaisir dont elle ne se rendit pas compte; « aime-le et partage ses peines ! »

— « Oh ! dit Mila, j'ai déjà plus pleuré pour lui dans quelques jours que je « n'ai pleuré pour moi dans toute ma vie. »

La voyageuse, conduite à sa cabane, la trouva dévastée, telle que René l'avait trouvée lui-même à son retour. Céluta jeta un regard triste sur la vallée, sur la rivière, sur le sentier de la colline à demi caché dans l'herbe, sur tous ces objets où son œil découvrait des traces de la fuite du temps. La cabane fut promptement rétablie dans son premier ordre par Outougamiz et par Mila; ils y vinrent demeurer avec leur sœur.

Cependant le couple ingénu n'osa raconter à Céluta, déjà trop éprouvée, ce qui s'était passé aux Natchez pendant son absence; il n'osa lui dire les malheurs d'Adario, les calomnies dont René était la victime, les vertueuses inquiétudes d'Outougamiz. La fille de Tabamica voyait qu'on lui cachait quelque chose : tout lui paraissait extraordinaire, l'éloignement de Chactas et de René, l'établissement des Français sur le champ des Indiens, l'affectation des Indiens qui murmuraient des paroles de paix du même air qu'ils auraient entonné l'hymne de guerre. Adario n'était point venu voir sa nièce ; où était-il? Céluta résolut d'aller trouver son oncle, de lui demander l'explication de ces mystères, et de s'éclaircir du sort de René.

Enveloppée d'un voile, elle sort de sa cabane, lorsque les étoiles, déjà chassées de l'orient par le crépuscule, semblaient s'être réfugiées dans la partie occidentale du ciel. Elle glisse le long des prairies comme ces vapeurs matinales qui suivent le cours des ruisseaux; elle arrive au grand village, cherche la cabane d'Adario, et ne trouve qu'un amas de cendres. Un chasseur vient à passer : « Chasseur, lui dit Céluta, où est maintenant la demeure d'Adario? » Le chasseur lui montre un bois avec son arc, et continue sa route.

La sœur d'Outougamiz s'avance vers le bois; elle aperçoit à l'entrée la fille d'Adario, sentinelle vigilante qui observait de loin les mouvements de son père. Le sachem errait lentement entre les arbres, comme un de ces spectres de la nuit qui se retirent au lever du jour. Sa tête chauve et ses membres dépouillés étaient humides de rosée; sa hache, si terrible dans les combats, reposant sur une de ses épaules nues près de son oreille, semblait lui conseiller la vengeance.

Céluta ne se sentait pas la hardiesse d'aborder le sachem; elle l'entendit pousser de profonds soupirs. Le vieillard tourne tout à coup la tête, et s'écrie d'une voix menaçante : « Qui suit mes pas? »

— « C'est moi, » répond doucement Céluta.

« C'est toi, ma nièce! Ne me présente pas ton enfant; mes mains sont dé-
« vorantes. »

— « Je n'ai point apporté ma fille, » reprend l'épouse de René, qui déjà embrasse les genoux du sachem : « Et ma cousine? » ajoute Céluta d'une voix suppliante.

« Ta cousine! dit Adario; où est-elle? qu'elle vienne! elle n'a plus rien à
« craindre de mes embrassements. »

La fille d'Adario, assise à l'écart sur une pierre, regardait de loin cette scène avec un mélange de terreur et d'envie. Elle accourt au signe que lui fait Céluta : pour la première fois, depuis le retour du fort Rosalie, elle se sent pressée sur le cœur paternel par la main qui lui a ravi son fils. Adario, surmontant de la tête ces deux femmes, et les serrant contre sa poitrine avec son bras armé de la hache, ressemblait à un bûcheron qui va couper deux arbustes chargés de fleurs.

Le sachem, se dégageant des caresses de ces femmes : « Il n'est pas temps
« de pleurer comme un cerf; c'est du sang qu'il nous faut. » Montrant d'une
« main la terre à Céluta, et de l'autre la voûte des arbres : « Voilà, lui dit-il,
« le lit et le toit que les étrangers m'ont laissés. »

— « Est-ce eux qui ont incendié ta cabane? dit Céluta; tes enfants t'en pour-
« ront bâtir une autre. »

Les lèvres d'Adario tremblèrent, son regard parut égaré; il saisit sa nièce par la main : « Mes enfants! dis-tu; mes enfants, ils sont libres! Ils ne rebâ-
« tiront point ma hutte dans la terre de l'esclavage. »

Adario rejeta avec violence la main de Céluta. La fille du sachem cachait dans ses cheveux son visage baigné de larmes. Céluta s'aperçut alors que sa cousine ne portait point son fils : elle eut un affreux soupçon de la vérité.

L'épouse de René crut devoir calmer ces douleurs, dont elle ne connaissait pas encore la source, par quelques paroles d'amour. « Sachem, dit-elle, tu es
« un rempart pour les Natchez; et j'espère que mon mari reviendra bientôt
« chargé de colliers pacifiques. »

— « N'appelle pas ton mari, dit le vieillard, l'infâme que la colère d'A-
« thaënsic a vomi sur ces rivages. Si tu conserves encore quelque attachement
« pour lui, ôte-toi de devant mes yeux; que le roc qui me sert de couche ne
« soit pas souillé de l'empreinte de tes pas. »

— « Ah! s'écrie Céluta, voici le commencement des mystères dont j'étais
« venue demander l'explication! Eh bien! Adario, qu'a donc fait René? Parle,
« je t'écoute. »

Adario s'appuie contre un chêne, et répète à Céluta la longue série des calomnies inventées par Ondouré. A ce discours, qui aurait dû foudroyer l'Indienne, vous l'eussiez vue prendre un air serein, une contenance hardie : « Je
« respire! dit-elle, cher et malheureux époux! si je t'avais jamais soupçonné,
« maintenant tu serais pur à mes yeux comme la rosée du ciel. Que le monde
« entier te déclare coupable, je te proclame innocent; que l'univers te déteste,
« j'aurai le bonheur de t'aimer sans rivale. Moi, t'abandonner, lorsque tu es
« calomnié, persécuté! »

Les grandes âmes s'entendent : Adario admira sa nièce. « Tu es de mon sang,
« dit-il, et c'est pour cela que l'amour de la patrie triomphera dans ton cœur
« de l'amour d'un homme. Que peux-tu opposer à ce que je t'ai raconté? »

— « Ce que j'y oppose? répliqua vivement Céluta : le malheur de René. Mon
« mari coupable! Il ne l'est point : tu en as trop dit, Adario, pour me con-
« vaincre. N'as-tu pas été jusqu'à me parler de Mila! C'est à moi d'avoir af-
« faire avec mon cœur, de dévorer mes peines, si j'en ai ; mais chercher à me
« faire croire à des trahisons envers les Natchez, par le ressentiment d'une
« infidélité qui ne regarderait que moi! Sachem, je rougis pour ta vertu! j'igno-
« rais que ton grand cœur fût si sensible à un chagrin de femme! »

La fureur d'Adario s'allume ; il ne voit dans ce dévouement de l'amour conjugal que la faiblesse d'un esprit fasciné par la passion. Blessé des paroles de Céluta, il s'écrie : « Tremble, misérable servante d'un blanc; tremble qu'un
« indigne amour te fasse hésiter sur tes devoirs; apprends que si ton sang
« était demandé par la patrie, cette main qui a étouffé mon fils te saurait bien
« retrouver. » Adario, s'arrachant du chêne contre lequel il était appuyé, va chercher la caverne des ours pour y fuir la vue des hommes, aussi insensible au mal qu'il a fait que le poignard qui ne sent pas les palpitations du cœur qu'il a percé.

Le coup a pénétré jusqu'aux sources de la vie : la victime s'est débattue contre le trait au moment où ce trait l'a frappée ; mais à la blessure refroidie s'attache une douleur cuisante. Céluta ne croit point au crime de René, mais il suffit qu'on accuse celui qu'elle aime pour qu'elle soit navrée de douleur ; elle ne croit pas à l'inconstance de son époux : elle ne supposera jamais René capable d'avoir donné pour femme sa maîtresse à son ami ; mais que font la raison, l'élévation des sentiments, la générosité de caractère contre ces vagues soupçons qui traversent le cœur? on s'en défend, on les repousse ; vaine tentative ! ils renaissent comme ces songes qui se reproduisent dans le cours d'un pénible sommeil.

Céluta regagne à pas tremblants sa cabane ; elle y trouve ses aimables hôtes. « Mon frère, dit-elle en entrant, je sais tout : on trame quelque complot. Sau« vons ton ami ! »

— « C'est parler cela, dit Mila en avançant d'un air courageux son joli vi« sage. Ce n'est pas comme toi, Outougamiz, qui es triste comme un chevreuil « blessé : sauvons René ! c'est ce que je disais tantôt. »

Les deux sœurs et le frère s'assirent ensemble sur la même natte, approchèrent leurs trois têtes, et se mirent à examiner comment ils pourraient sauver René. Les conspirations des bons ne sont pas comme celles des méchants : on nuit facilement, on répare avec peine. Le fond du secret était ignoré de la femme, de l'ami et de l'amie de René : ils ne pouvaient donc apporter de remède à un mal dont la nature leur était inconnue. Mila ne savait autre chose que de tuer Ondouré : elle soutenait par son caractère résolu le frère et la sœur, dont les âmes, disait-elle, étaient aussi pesantes que le vol d'un aigle blanc. « Les sachems, ajoutait Mila, ont plus de sagesse que nous, mais ils « n'aiment point. Opposons nos cœurs à leurs têtes, et nous saurons bien « comment agir quand le moment sera venu. »

Prêt à consommer ses forfaits, Ondouré sentait ses passions s'exalter. Céluta, de retour de son pèlerinage, parut toute divine aux yeux du scélérat. Une femme en pleurs, une femme qui vient de faire des choses extraordinaires, a des attraits irrésistibles : plus l'âme s'élève vers le ciel, plus le corps se couvre de grâce, et le criminel, pour son supplice comme pour celui de sa victime, aime particulièrement la beauté qui tient à la vertu. « Quoi ! cette femme, « disait Ondouré, si dévouée à mon rival, ne m'accorderait pas même un sou« rire ! Céluta, tu seras à moi ! j'assouvirai sur toi mes désirs, fusses-tu dans les « bras de la mort. »

Au milieu de son triomphe, Ondouré éprouvait pourtant une vive inquiétude : la jalousie de la Femme-Chef, endormie pendant les troubles aux Natchez et pendant l'absence de Céluta, jetait maintenant de nouvelles flammes ; elle menaçait le tuteur du Soleil d'un éclat qui l'eût perdu. Une scène inattendue fut au moment de produire la catastrophe qu'il redoutait.

La fête de la pêche avait été proclamée, fête sacrée à laquelle personne ne se pouvait dispenser d'assister. Céluta s'y rendit avec Mila et son frère : le grandprêtre ordonna la danse générale des femmes. La sœur d'Outougamiz fut obligée de figurer dans ce chœur religieux : émue par ses souvenirs, se laissant aller à une imagination attendrie, elle commence à faire parler ses pas, car la danse a aussi son langage ; tantôt elle lève les bras vers le ciel, comme le rameau d'un suppliant ; tantôt elle incline sa tête comme une rose affaissée sur sa tige. L'air de langueur et de tristesse de Céluta ajoutait un charme à ses grâces.

Ondouré dévorait des yeux la touchante Sauvage ; Akansie, qui ne le perdait pas de vue, se sentait prête à rugir comme une lionne. Dans l'illusion de sa passion, elle crut pouvoir lutter avec sa rivale, et descendit dans l'arène.

Les mouvements de la femme jalouse étaient durs; ses mains s'agitaient par convulsions; ses pas se marquaient par intervalles courts et précipités; le crime avait l'air de peser sur le ressort qui la faisait tressaillir. Honteux pour elle, le tuteur du Soleil détourna la vue : la Femme-Chef s'en aperçut, et n'ayant le courage ni de cesser, ni de continuer la danse, elle se mit à tourner sur elle-même avec des espèces de hurlements.

Alors Mila, qui voulut tenir compagnie à sa sœur et se rire d'Akansie, vint voltiger sur le gazon. Ses pieds et ses bras se déploient par des mouvements brillants et onduleux; elle se balance comme un jeune peuplier caressé des brises : le sourire de l'amour est sur ses lèvres, l'ivresse du plaisir, dans ses yeux; c'est un faon qui bondit, un oiseau qui vole; elle se joue, flotte, nage dans l'air comme un papillon.

Le contraste qu'offraient les trois femmes étonnait les Natchez et les Français présents à la fête : c'étaient la douleur, la jalousie et le plaisir qui mêlaient leurs pas. Un hymne ordinairement chanté à cette cérémonie était répété en dialogue par les danseuses; Céluta disait :

« Retire-toi, vagabonde du désert : le bruit de tes pleurs est pour moi plus
« détestable que celui de l'ondée qui perd la moisson : je hais les infortunés.
« Ma cabane se plaît dans la solitude : jamais un tombeau ne m'a détournée de
« mon chemin; je le foule aux pieds; et je passe sur son gazon. »

La Femme-Chef répondait :

« Je suis étrangère, je suis le serpent noir qui ne fait point de mal. Mon
« époux est loin, mon enfant va mourir : matrone de la cabane solitaire, sois
« bonne, donne à manger à ma faim; les génies t'en récompenseront : celui
« que tu aimes ne sera jamais loin, ni ton enfant prêt à mourir. »

Mila répliquait :

« Viens dans ma cabane, viens, pauvre étrangère : malheur à qui repousse
« l'infortuné! Viens, n'implore plus cette matrone. C'est une femme de sang :
« ses mains sont homicides, les lèvres de son enfant ne caressaient point son
« sein; elles la faisaient souffrir. Lorsque son enfant lui disait : « Ma mère! »
« elle n'avait jamais besoin de sourire. Viens dans ma cabane, pauvre étran-
« gère : malheur à qui poursuit l'innocent! »

Il était temps que cette danse cessât : Céluta et Akansie étaient prêtes à s'éva-nouir. Le hasard, en mettant dans leur bouche le chant opposé à leur position et à leur caractère, les accablait. Quelle leçon pour la Femme-Chef! le per-sécuteur avait pris un moment la place du persécuté, afin que le premier eût une idée de sa propre injustice. Lorsqu'à la fin du chant les trois femmes vinrent à mêler leurs voix, il sortit de ces voix confondues des sons qui arrachèrent un cri d'étonnement à la foule. La mère du Soleil quitta brusquement les jeux, faisant signe à Ondouré de la suivre : il ne lui osa désobéir.

Le couple impur arrive à la cabane du Soleil. Akansie éclate en reproches :

« Voilà donc, s'écrie-t-elle, celui à qui j'ai tout sacrifié! Honneur, repos, vertu,
« tout a péri dans la fatale passion qui me dévore! Pour toi j'ai livré mon âme
« aux mauvais génies; pour toi j'ai consenti à laisser tuer le Grand-Chef. J'ai
« approuvé tous les complots; esclave de ton ambition comme de ton amour,

« je me suis étudiée à satisfaire les moindres caprices de tes crimes. Heureuse,
« autant qu'on peut l'être sous le poids d'une conscience bourrelée, je me di-
« sais : Il m'aime ! Esprit des ombres, enseignez-moi ce qu'il faut faire pour
« conserver son cœur ! De quel nouveau forfait dois-je souiller mes mains pour
« donner plus de charmes à mes caresses ? Parle, je suis prête ; renversons les
« lois, usurpons le pouvoir, immolons la patrie, et, s'il le faut, l'enfant royal
« que j'ai porté dans mes flancs ! »

Ces paroles, sortant à flots pressés d'un sein qui les avait longtemps retenues, suffoquent la misérable Akansie : elle tombe dans les convulsions du désespoir aux pieds d'Ondouré. Effrayé des révélations qu'elle pouvait faire, le monstre eut un moment la pensée d'étouffer sa complice au milieu de cette crise de remords, avant que le repentir la rendît à l'innocence ; mais il avait encore besoin du pouvoir de la Femme-Chef ; il la rappelle donc à la vie, il essaie de la calmer par des paroles d'amour. « Tu ne me tromperas plus, dit-elle ; je n'ai déjà
« été que trop crédule ; j'ai vu tes regards idolâtrer ma rivale ; je les ai vus se
« détourner de moi avec dégoût. Je repousse tes caresses ; tu te les reproche-
« rais, ou peut-être, en me les prodiguant, les offrirais-tu, dans le secret de
« ton cœur, à cette Céluta qui te méprise. »

Akansie s'arrête comme épouvantée de ce qu'elle va dire : ses yeux sont tachés de sang, son sein se gonfle et rompt les liens de fleurs dont il était entouré. Elle s'approche du chef inquiet, appuie ses mains aux épaules du guerrier, et parlant d'une voix étouffée, presque sur les lèvres du traître : « Écoute,
« lui dit-elle, plus d'amour ; il ne me faut à présent que des vengeances ! J'ai
« favorisé tes projets, sers les miens ! Que Céluta soit enveloppée, avec son
« mari, dans le massacre que tu médites. Je veux tenir dans ma main cette
« tête charmante, la présenter par ses cheveux sanglants à tes baisers. Si tu
« hésites à m'offrir ce présent, dès demain j'assemble la nation, je rends l'éclat
« à la vertu que tu as ternie, je dévoile tes crimes et les miens, et nous rece-
« vons ensemble le châtiment dû à notre perversité. »

Akansie, les yeux attachés sur ceux d'Ondouré, cherche à surprendre sa pensée : « N'est-ce que cela que tu demandes pour t'assurer de mon amour, » répondit l'homme infernal d'un ton glacé, « tu seras satisfaite : tu m'as livré
« René, je te livrerai Céluta. »

— « Mais avant qu'elle soit à toi ! » s'écrie Akansie.

Ce mot fit hocher la tête à Ondouré : le scélérat vit qu'il était deviné. Il recula quelques pas. « Il faut donc tout te promettre ! » s'écria-t-il à son tour.

Il sort, méditant un crime qui le délivrerait de la crainte de voir publier ceux qu'il avait déjà commis. Les affreux amants se quittèrent, pénétrés de l'horreur qu'ils s'inspiraient mutuellement : au seul souvenir de ce qu'ils avaient découvert dans l'âme l'un de l'autre, leurs cheveux se hérissaient.

Céluta, dont la tête venait d'être demandée et promise, était rentrée dans sa cabane, plus languissante que jamais : elle avait trouvé Amélie accablée d'une fièvre violente. Mila prenait l'enfant dans ses bras et lui disait : « Fille
« de René, en cas que tu viennes à mourir, j'irai, le matin, respirer ton âme
« dans les parfums de l'aurore. Je te rendrai ensuite à Céluta ; car que serait-

« ce si une autre femme allait te ravir à nous, si tu descendais, par exemple,
« dans le sein d'Akansie! »

Outougamiz, qui écoutait ce monologue, s'écria : « Mila, tu es toute notre
« joie et toute notre tristesse. Est-ce que tu vas bientôt cueillir une âme ? Tu me
« donnerais envie de mourir pour renaître dans ton sein. »

L'idée de la mort, tout adoucie qu'elle était par cette gracieuse croyance,
ne pouvait cependant entrer dans le cœur d'une mère sans l'épouvanter. Cette
mère demandait inutilement des nouvelles de son époux. On n'avait point entendu parler de René depuis son départ. Chactas était absent, le capitaine d'Artaguette et le grenadier Jacques, après avoir passé un moment au fort Rosalie,
avaient été envoyés à un poste avancé sur la frontière des tribus sauvages ; tous
les appuis manquaient à la fois à Céluta, et elle allait encore être privée de la
protection d'Outougamiz.

Un soir, assise avec sa sœur à quelque distance de sa cabane, elle entendit
du bruit dans l'ombre : Mila prétendit qu'elle voyait un fantôme. « Ce n'est
« point un fantôme, dit Imley, c'est moi qui viens visiter Céluta. — Guerrier
« noir, s'écria Céluta, qui te ramène ici ? Glazirne est-elle avec toi, cette co-
« lombe étrangère qui a réchauffé ma petite colombe sous ses ailes ? »

— « Glazirne est toujours esclave, répondit Imley ; mais j'ai rompu mes
« chaînes et celles d'Izéphar. Ondouré, le fameux chef, me nourrit dans la
« forêt, en attendant l'assemblée au grand lac. »

— « De quelle assemblée parles-tu ? » demande Céluta étonnée.

« Tais-toi, reprit Imley, c'est un secret que je ne sais pas entièrement ; mais
« Outougamiz sera du voyage. Céluta, nous serons tous libres ! Izéphar est
« avec moi ; depuis qu'elle est fugitive, jamais elle n'a été si belle. Si tu la
« voyais dans les grandes herbes, où je la cache le jour, tu la prendrais pour
« une jeune lionne. Quand la nuit vient, nous nous promenons, en parlant de
« notre pays, où nous allons bientôt retourner. J'entends déjà le chant du
« coq de ma case ; je vois déjà à travers les arbres la fumée des pipes des Zan-
« gars ! » Imley, dansant et chantant, se replongea dans le bois, laissant Mila
riante et charmée du caribou noir.

L'indiscrète légèreté de l'Africain jeta Céluta dans de nouvelles inquiétudes :
quel était le voyage que devait bientôt entreprendre Outougamiz et dont l'Indien
n'avait jamais parlé ?

Outougamiz n'avait pu parler de ce voyage, car il ignorait encore ce qu'il
était au moment d'apprendre. Imley, chef des noirs qu'Ondouré avait débauchés à leurs maîtres, pour les armer un jour contre les blancs, ne savait pas
lui-même le fond du complot : il connaissait seulement quelques détails qu'on
s'était cru obligé de lui apprendre, afin de soutenir son courage et celui de ses
compagnons.

L'apparition d'Imley ne fut précédée de celle d'Adario que de quelques heures.
Le sachem vint à la cabane de Céluta chercher son neveu ; il l'emmène dans un
champ stérile et dépouillé où toute surprise était impossible ; il parle ainsi au
jeune homme :

« L'assemblée générale des Indiens pour la délivrance des chairs rouges

« a été convoquée au nom du Grand-Esprit par les Natchez. Quatre messagers
« ont été envoyés avec le calumet d'alliance aux quatre points de l'horizon : les
« guerres particulières sont pour un moment suspendues. Le calumet a été
« remis à la première nation que les messagers ont rencontrée ; cette nation
« l'a porté à une autre, et ainsi de suite jusqu'à la limite où la terre a été bor-
« née par le ciel et l'eau : nulle tribu n'a désobéi à l'ordre de Kitchimanitou (1).
« Des députés de tous les peuples sont en marche pour le rendez-vous fixé au
« rocher du grand lac. Le conseil des sachems t'a nommé avec le jongleur et
« le tuteur du Soleil, pour assister à l'assemblée générale.

« Outougamiz, il faut partir : la patrie te réclame ; montre-toi digne du choix
« des vieillards. Cependant si tu te sentais faible, dis-le-moi : nous chercherons
« un autre guerrier jaloux de faire vivre son nom dans la bouche des hommes.
« Toi, tu prendras la tunique de la vieille matrone ; le jour tu iras dans les
« bois abattre de petits oiseaux avec des flèches d'enfant ; la nuit, tu reviendras
« secrètement dans les bras de ta femme, qui te protégera ; elle te donnera
« pour postérité des filles que personne ne voudra épouser. »

Outougamiz regarda le sachem avec des larmes d'indignation. Qu'ai-je fait?
« lui dit-il. Ai-je mérité que mon oncle me parle ainsi? Depuis quand ai-je
« refusé de donner mon sang à mon pays? Si j'ai jamais eu quelque amour de
« la vie, ce n'est pas en ce moment. »

— « Nourris cette noble ardeur, s'écrie Adario. Oui ! je le vois ; tu es prêt à
« sacrifier... »

— « Qui? » dit Outougamiz en l'interrompant.

« Toi-même, » repartit le sachem, qui sentit l'imprudence de la parole à
demi échappée à ses lèvres ; « va, mon neveu, va t'occuper de ton départ ; tu
« apprendras le reste sur le rocher du grand lac. » Adario quitta Outougamiz,
et celui-ci rentra dans la cabane de René plein d'une nouvelle tristesse dont il
ne pouvait trouver la cause. On sait par quelle profondeur de haine et de crime
Ondouré avait voulu qu'Outougamiz se trouvât à l'assemblée générale, afin de
le lier par un serment qu'il ne pourrait rompre.

Mila et Céluta observaient Outougamiz ; elles le virent préparer ses armes
dans un endroit obscur de la cabane ; il tira de son sein la chaîne d'or, et
lui dit : « Manitou, te porterai-je avec moi? oui ; les guerriers disent que tu
« me feras mourir, je te veux donc garder. » Les deux sœurs étaient hors d'elles-
mêmes en entendant Outougamiz parler ainsi.

« Mon frère, dit Céluta, tu vas donc faire un voyage ? »

— « Oui, ma sœur, » répondit le jeune guerrier.

« Seras-tu longtemps? dit Mila. Je sais que tu vas au rocher du grand lac. »

— « Cela est vrai, repartit Outougamiz ; mais comment le sais-tu? Il s'agit
« de la patrie, il faut partir. »

Mila ne trouvait plus de paroles : assise sur sa natte, elle pleurait ; un Allouez
de la garde du Soleil se présente. « Guerrier, dit-il à Outougamiz, les sa-
« chems assemblés t'attendent. »

(1) Le Grand-Esprit.

— « Je te suis, » répond Outougamiz. Mila et Céluta volent à leur mari et à leur frère. « Quand te reverrons-nous ? » dirent-elles en l'entourant de leurs bras.

« Les lierres, répondit Outougamiz, ne pressent que les vieux chênes : je suis
« trop jeune encore pour que vous vous attachiez à moi; je ne vous pourrais
« soutenir. »

— « Si je portais ton fils dans mon sein, dit Mila, me quitterais-tu? Com-
« ment ferons-nous sans René et sans Outougamiz? »

— « Tu es sage comme une vieille matrone, Mila, » repartit le Sauvage.

« Ne te fie pas à mes cheveux blancs, dit Mila avec un sourire; c'est de la
« neige d'été sur la montagne; elle fond au premier rayon du soleil. »

L'Allouez pressant Outougamiz de partir, Céluta s'écria : Grand-Esprit!
« fais qu'il nous rapporte le bonheur! » prière qui n'arriva pas jusqu'au ciel. Les deux femmes restèrent sur le seuil de la cabane à écouter les pas d'Outougamiz, qui retentissaient dans la nuit. Quand elles n'entendirent plus rien, elles rentrèrent et pleurèrent jusqu'au lever du jour.

Arrivé à la grotte des sachems, Outougamiz apprit que le jongleur et Ondouré, avec leur suite et les présents, étaient déjà partis, et qu'il les devait rejoindre. Les vieillards exhortèrent le frère de Céluta à soutenir l'honneur et la liberté de sa patrie. Le même garde qui l'avait amené au conseil le conduisit dans la forêt où se croisaient divers chemins. Outougamiz marcha vers le nord; il trouva le jongleur et Ondouré au lieu désigné: ce lieu était la fontaine même où Céluta avait rencontré son mari et son frère, lors de leur retour du pays des Illinois.

Sur la côte septentrionale du lac Supérieur s'élève une roche d'une hauteur prodigieuse; sa cime porte une forêt de pins; de cette forêt sort un torrent qui, se précipitant dans le lac, ressemble à une zone blanche suspendue dans l'azur du ciel. Le lac s'étend comme une mer sans bornes; l'île des Ames apparaît à peine à l'horizon. Sur les côtes du lac la nature se montre dans toute sa magnificence sauvage. Les Indiens racontent que ce fut du sommet de la *Roche-Isolée* que le Grand-Esprit examina la terre après l'avoir faite, et qu'en mémoire de cette merveille il voulut qu'une partie de cette terre restât visible du lieu d'où il avait contemplé la création au sortir de ses mains.

C'était à ce rocher, témoin des œuvres du Grand-Esprit, que toutes les nations indiennes se devaient réunir. Une flotte aussi nombreuse que singulière commençait à s'assembler au pied du rocher; le canot pesant de l'Iroquois voguait auprès du canot léger du Huron; la pirogue de l'Illinois, d'un seul tronc de chêne, flottait avec le radeau du Pannis; la barque ronde du Poutouois était soulevée par la vague qui ballottait l'outre de l'Esquimau.

Les députés des Natchez gravirent la roche sauvage; de jeunes Indiens de toutes les tribus les accompagnèrent. Sur les deux rives du torrent, dans l'épaisseur du bois, ils construisirent, en abattant des pins, une salle dont les troncs des arbres renversés formaient les siéges. Au milieu de cet amphithéâtre ils allumèrent un immense bûcher.

Toutes les nations étant arrivées, elles montèrent au rocher du Grand-Esprit, et vinrent occuper tour à tour l'enceinte préparée.

Les Iroquois parurent les premiers : nulle autre nation n'aurait osé passer avant eux. Ces guerriers avaient la tête rasée, à l'exception d'une touffe de cheveux qui composait, avec des plumes de corbeau, une espèce de diadème ; leur front était peint en rouge ; leurs sourcils étaient épilés : leurs longues oreilles découpées se rattachaient sur leur poitrine. Chargés d'armes européennes et sauvages, ils portaient une carabine en bandoulière, un poignard à la ceinture, un casse-tête à la main. Leur démarche était fière, leur regard, intrépide : c'étaient les républicains de l'état de nature. Seuls de tous les Sauvages, ils avaient résisté aux Européens et dompté les Indiens de l'Amérique septentrionale. Le Canada était leur pays. Ils entrèrent dans la salle du conseil en exécutant le pas d'une danse guerrière ; ils prirent, à la droite du torrent, la place la plus honorable.

Après eux parurent les Algonquins, reste d'une nation autrefois si puissante, et qu'après trois siècles de guerre les Iroquois avaient presque exterminée. Leur langue, devenue la langue polie du désert, comme celle des Grecs et des Romains dans l'ancien monde attestait leur grandeur passée. Ils n'avaient que deux jeunes hommes pour députés : ceux-ci, d'une taille élevée, d'une contenance guerrière, ne portant ni ornements ni peintures, entrèrent simplement et sans danser dans l'enceinte. Ils passèrent devant les Iroquois, la tête haute, et se placèrent en silence sur la gauche du torrent, en face de leurs ennemis.

Les Hurons venaient les troisièmes : vifs, légers, braves, d'une figure sensible et animée ; c'étaient les Français du Nouveau-Monde. De tout temps alliés d'Ononthio(1) et ennemis des Iroquois, ils occupaient quelques bourgades autour de Québec. Ils se précipitèrent dans la salle du conseil, jetèrent en passant un regard moqueur aux Iroquois, et s'assirent auprès de leurs amis les Algonquins.

Un prêtre, suivi d'un vieillard, et ce vieillard suivi lui-même d'un guerrier sur l'âge, arrivèrent après les Hurons. Le prêtre n'avait pour tout vêtement qu'une étoffe rouge roulée en écharpe autour de lui : il tenait à la main deux tisons enflammés, et murmurait à voix basse des paroles magiques. Le vieillard qui le suivait était un Sagamo ou un roi ; ses cheveux longs flottaient sur ses épaules ; son corps nu était chargé d'hiéroglyphes. Le guerrier qui marchait après le vieillard portait sur la tête un berceau, par honneur pour les enfants que l'on adorait dans son pays. Ces trois Sauvages représentaient les nations Abénaquises, habitantes de l'Acadie et des côtes du Canada. Ils prirent la gauche des Iroquois.

Un homme, dont le visage annonçait la majesté tombée, se présenta le cinquième sur le rocher. Un manteau de plumes de perruches et de geais bleus, suspendu à son cou par un cordon, flottait derrière lui comme des ailes. C'était un empereur de ces anciens peuples qui habitaient jadis la Virginie, et qui depuis se sont retirés dans les montagnes aux confins des Carolines.

Un autre débris des grandeurs sauvages venait après l'empereur virginien : il était chef des Paraoustis, races indigènes des Carolines, presque totalement extirpées par les Européens. Le prince était jeune, d'une mine fière, mais aimable ; tout son corps, frotté d'huile, avait une couleur cuivrée ; un an-

---

(1) Le gouverneur du Canada.

drogyne, être douteux très-commun chez les Paraoustis, portait les armes de ce chef. Un iovas, prêtre, ou un jongleur, le précédait en jouant d'un instrument bizarre.

Parurent alors les députés des nations confédérées de la Floride, les fameux Criques, Muscogulges, Siminoles et Chéroquois. Un nez aquilin, un front élevé, des yeux longs, distinguaient ces Indiens des autres Sauvages : leur tête était ceinte d'un bandeau, ombragée d'un panache; en guise de tunique, ils portaient une chemise européenne bouffante, rattachée par une ceinture ; le Mico ou le roi marchait à leur tête; des esclaves yamasées et des femmes gracieuses les suivaient. Tout ce cortége entra avec de grandes cérémonies : les nations déjà assises, excepté les Iroquois, se levèrent et chantèrent sur son passage. Les Criques s'assirent au fond de la salle sur les troncs des pins qui faisaient face au lac, et qui n'étaient point encore occupés.

Les Chicassaws et les Illinois, voisins des Natchez, leur ressemblaient par l'habillement et par les armes. Après eux défilèrent les députés des peuples Transmeschacébéens : les Clamoëts, qui soufflaient en passant dans l'oreille des autres Sauvages pour les saluer; les Cénis, qui portaient au bras gauche un petit plastron de cuir pour parer les flèches; les Macoulas, qui habitent des espèces de ruches, comme des abeilles; les Cachenouks, qui ont appris à faire la guerre à cheval, qui lancent une fronde avec le pied, et cassent, en galopant, la tête à leurs ennemis; les Ouras, au crâne aplati, qui marchent en imitant la danse de l'ours, et dont les joues sont traversées par des os de poissons.

Des Sauvages petits, d'un air doux et timide, vêtus d'un habit qui leur descendait jusqu'à la moitié des cuisses, s'avancèrent : ils avaient sur la tête des touffes de plumes; à la main, des quipos; aux bras et au cou, des colliers de cet or qui leur fut si funeste. Un cacique portait devant lui le premier calumet envoyé de l'île de San Salvador pour annoncer aux nations américaines l'arrivée de Colomb. On reconnut les tristes débris des Mexicains. Il se fit un profond silence dans l'assemblée à mesure que ces Indiens passaient.

Les Sioux, peuple pasteur, anciens hôtes de Chactas, auraient fermé la marche, si derrière eux on n'eût aperçu les Esquimaux. Une triple paire de chaussons et de bottes fourrées abritaient les cuisses, les jambes et les pieds de ces Sauvages; deux casaques, l'une de peau de cygne, l'autre de peau de veau marin, enveloppaient leur corps; un capuchon, ramené sur leur tête, laissait à peine voir leurs petits yeux couverts de lunettes; un toupet de cheveux noirs, qui leur pendait sur le front, venait rejoindre leur barbe rousse. Ils menaient en laisse des chiens semblables à des loups; de la main droite ils tenaient un harpon, de la main gauche, une outre remplie d'huile de baleine.

Ces pauvres Barbares, en horreur aux autres Sauvages, furent repoussés de tous les rangs où ils se voulurent asseoir : le cacique mexicain les appela, et leur fit une place auprès de lui; Outougamiz le remercia de son hospitalité. L'assemblée ainsi complète, un grand festin fut servi. Les guerriers des diverses nations s'étonnaient de ne point voir Chactas ; tous croyaient avoir été convoqués par son ordre, et les vieillards avaient amené leurs fils pour être témoins de sa sagesse. Ondouré balbutia quelques excuses où, mieux instruit, on eût découvert ses crimes.

C'était au coucher du soleil que devait commencer la délibération; Outougamiz ne savait ce qu'il allait apprendre, mais il pressentait quelque chose de sinistre. L'ouverture de la salle était tournée vers le couchant, de sorte que les députés, assis dans le bois sur le tronc des pins, découvraient la vaste perspective du lac et le soleil incliné sur l'horizon : le bûcher brûlait au milieu du conseil. La roche élevée portait dans les airs, comme sur un piédestal, et ce bois né avec la terre, et cette assemblée de Sauvages, prête à délibérer sur la liberté de tout un monde.

Aussitôt que le disque du soleil toucha les flots du lac, par delà l'île des Ames, le jongleur des Natchez, les bras tendus vers l'astre du jour, s'écria : « Peuples, levez-vous ! » Quatre interprètes des quatre langues mères de l'Amérique répétèrent le commandement du jongleur, et les députés se levèrent.

Le silence règne : on n'entend que le bruit du torrent qui coule au milieu du conseil, et qui cesse de gronder en se précipitant dans le lac où il n'arrive qu'en vapeur.

Tous les yeux sont fixés sur le jongleur : il déploie lentement un rouleau de peaux de castor; la dernière enveloppe s'entr'ouvre : on aperçoit des ossements humains :

« Les voilà, s'écrie le prêtre, ces témoins redoutables! Ossements sacrés,
« vous reposerez encore dans une terre libre ! Oui ! pour vous, nous allons en-
« treprendre des choses qui ne se sont point encore vues! sur vous, nous
« allons prêter le serment d'un secret plus profond que les abîmes de la tombe,
« dont nous vous avons retirés. »

Le jongleur s'arrête, puis s'écrie de nouveau : « Peuples, jurez ! » Il prononce ainsi la formule du plus terrible des serments :

« Par le Grand-Esprit, par Athaënsic, par les cendres de nos pères, par la
« patrie, par la liberté, je jure d'adhérer fidèlement à la résolution qui sera
« prise, soit en général par tous les peuples, soit en particulier par ma nation.
« Je jure que, quelles que soient les mesures que les peuples en général, ou
« ma nation en particulier, adoptent dans cette assemblée, je garderai un in-
« violable secret. Je ne révélerai ce secret ni à mes frères, ni à mes sœurs, ni
« à mon père, ni à ma mère, ni à ma femme, ni à mes amis, encore moins à
« ceux contre qui ces mesures pourraient être adoptées. Si je révèle ce secret,
« que ma langue soit coupée en morceaux, que l'on m'enferme vivant dans
« un tombeau, qu'Athaënsic me poursuive, que mon corps après ma mort soit
« livré aux mouches, et que mon âme n'arrive jamais au pays des âmes ! »

Agité du génie de la mort, le jongleur se tait; il promène des yeux hagards sur l'assemblée, que glace une religieuse terreur. Tout à coup les Sauvages, déployant un bras armé, s'écrient : « Nous le jurons ! »

Le soleil tombe sous l'horizon, le lac bat ses rivages, le bois murmure, le bûcher du conseil pousse une noire fumée, les ossements semblent tressaillir : Outougamiz a juré.

Il a juré! et comment eût-il pu ne pas prononcer le serment ? La religion, la mort, la patrie, avaient parlé! Cent vieillards avaient promis de se taire sur la délivrance de toutes les nations américaines !

Ondouré avait prévu pour Outougamiz cet entraînement inévitable ; il jeta un regard plein d'une joie affreuse sur l'infortuné : Outougamiz sentit passer sur lui ce fatal regard. Il leva les yeux et lut son malheur au visage du monstre. Un cri aigu sort de la poitrine du frère de Céluta : « René est mort! j'ai tué mon ami ! »

Ce cri, ce désespoir trouble l'assemblée. Ondouré explique tout bas aux sachems que ce neveu du grand Adario a quelquefois des accès de frénésie, effet d'un sort à lui jeté par un magicien de la chair blanche. Les prêtres entourent le jeune Sauvage, et prononcent sur lui des paroles mystérieuses. Outougamiz revient du premier égarement de sa douleur : il n'ose plus se plaindre devant les ministres du Grand-Esprit; il écoute la délibération qui commence. Un vague espoir lui reste de trouver le moyen d'échapper à des maux qu'il prévoit, mais que cependant il ne connaît pas, puisqu'il ignore ce qu'on va proposer.

Ondouré porte la parole au nom des Natchez. Six sachems, chargés de garder dans leur mémoire le discours du chef, se distribuèrent des bûchettes qui devaient servir à noter la partie du discours que chacun d'eux était obligé de retenir.

« L'arbre de la paix, dit Ondouré, étendait ses rameaux sur toute la terre
« des chairs rouges qui croyaient être seules dans le monde. Nos pères vivaient
« rassemblés à l'ombre de l'arbre : les forêts ne savaient que faire de leurs
« chevreuils, et les lacs, de leurs poissons.

« Donnez douze colliers de porcelaine bleue. »

Le jongleur des Natchez jette douze colliers au milieu du conseil.

« Un jour, reprit Ondouré, jour fatal! un bruit vint du Levant; ce bruit
« disait : Des guerriers vomissant le feu et montés sur des monstres marins sont
« arrivés à travers le lac sans rivages. Nos aïeux rirent : guerriers mexicains,
« que je vois ici, vous savez si le bruit disait vrai !

« Nos pères, enfin convaincus de l'apparition des étrangers, délibérèrent.
« Ils dirent : Bien que les étrangers soient blancs, ils n'en sont pas moins des
« hommes, on leur doit l'hospitalité.

« Alléchés par nos richesses, les blancs descendirent de toutes parts sur nos
« rives. Mexicains, ils vous ensevelirent dans la terre; Chicassaws, ils vous
« obligèrent de vous enfoncer dans la solitude ; Paraoustis, ils vous extermi-
« nèrent ; Abénaquis, ils vous empoisonnèrent avec une poudre ; Iroquois,
« Algonquins, Hurons, ils vous détruisirent les uns par les autres; Esquimaux,
« ils s'emparèrent de vos filets; et nous, infortunés Natchez, nous succombons
« aujourd'hui sous leurs perfidies. Nos sachems ont été enchaînés ; le champ
« qui couvrait les cendres de nos ancêtres est labouré par les étrangers que
« nous avions reçus avec le calumet de paix.

« Donnez douze peaux d'élan pour la cendre des morts. »

Le jongleur donne douze peaux d'élan.

« Mais pourquoi, continua Ondouré, m'étendrais-je sur les maux que les
« étrangers ont fait souffrir à notre patrie? Voyez ces hommes injustes se mul-
« tiplier à l'infini, tandis que nos nations diminuent sans cesse. Ils nous dé-
« truisent encore plus par leurs vices que par leurs armes; ils nous dévorent
« en s'approchant de nous : nous ne pouvons respirer l'air qu'ils respirent;
« nous ne pouvons vivre sur le même sol. Les blancs, en avançant et en abat-

« tant nos bois, nous chassent devant eux comme un troupeau de chevreuils
« sans asile. La terre manquera bientôt à notre fuite, et le dernier des Indiens
« sera massacré dans la dernière de ses forêts.
 « Donnez un grand soleil de pierre rouge, pour le malheur des Natchez. »
Le jongleur jette une pierre en forme de soleil au centre du conseil.
 Ondouré se rassied : les Sauvages frappent leurs casse-têtes en signe d'applaudissements.
 Le chef natchez, voyant les esprits préparés à tout entendre, crut qu'il était temps de dévoiler le secret. Il se lève de nouveau, et, reprenant la parole, il fait observer d'abord qu'un coup soudainement frappé est le seul moyen de délivrer les Indiens; qu'attaquer les blancs à force ouverte, c'était s'exposer à une destruction certaine, puisque ceux-ci étaient sûrs de triompher par la supériorité de leurs armes; que le crime étant prouvé, peu importait la manière de le punir; que se laisser arrêter par une pitié pusillanime, c'était sacrifier la liberté des générations à venir aux petites considérations d'un moment. « Voici
« donc, dit-il, ce que les Natchez vous proposent. »
 Le silence redouble dans l'assemblée; Outougamiz sent sa peau se coller à ses os.
 « Dans tous les lieux où il se trouve des blancs, il faut que les Indiens parais-
« sent leurs amis et même leurs esclaves. Une nuit, les chairs rouges se lèveront
« à la fois, et extermineront leurs ennemis. Les esclaves noirs nous aideront
« dans notre vengeance, qui sera la leur; deux races seront délivrées du même
« coup : les Indiens chez lesquels il n'y a point d'étrangers se réuniront à leurs
« frères opprimés pour accomplir la justice.
 « Le moment de cette justice sera fixé à l'époque des grands jeux chez les
« nations. Ces jeux offriront le prétexte naturel des rassemblements; mais,
« comme il est essentiel que le coup soit frappé partout la même nuit, on for-
« mera des gerbes de roseau contenant autant de roseaux qu'il y aura de jours
« à compter du jour de l'ouverture des jeux au jour de l'exécution; les jon-
« gleurs seront chargés de la garde de ces gerbes; chaque nuit ils retireront un
« roseau et le brûleront, de sorte que le dernier roseau brûlé sera la dernière
« heure des blancs. Jetez un poignard. »
 Le jongleur jette un poignard aux pieds des guerriers.
 Ici se brisent les paroles d'Ondouré, de même que se rompent quelquefois ces chaînes de fer qui attachent les prisonniers dans les cachots : libre d'une attention pénible, le conseil commence à s'agiter. Un murmure d'horreur, d'étonnement, de blâme, d'approbation, circule dans les rangs de l'assemblée, grossit et bientôt éclate en mille clameurs. Les Sauvages montés sur les pins abattus n'étaient éclairés, dans la profondeur de la nuit, qu'à la lueur des flammes du bûcher; on les eût pris, à travers les branches et les troncs des arbres, pour un peuple répandu parmi les ruines et les colonnes d'une ville embrasée. Tous voulaient parler à la fois, on se menaçait; on levait les massues; le cri de guerre, poussé de la cime du roc, se perdait sur les flots du lac où le bûcher du conseil se reflétait comme un phare sinistre.
 Les jongleurs courant çà et là, agitant des baguettes, maniant des serpents, au lieu de rétablir la paix, ne faisaient qu'augmenter le désordre. On venait de

mettre aux prises les principes les plus chers aux hommes : la liberté de tout temps, la morale de toute éternité. Ondouré avait conçu le crime et les détails du crime, le plan et les moyens d'exécution, avec la férocité d'un tigre et la ruse d'un serpent. Cependant le calme peu à peu se rétablit. Outougamiz, qui veut élever la voix, est sévèrement réprimandé par les sachems ; c'était aux Iroquois à se faire entendre. Le chef de cette nation s'étant levé, on prête une oreille attentive et inquiète à l'opinion d'un peuple si célèbre.

L'orateur répéta d'abord, selon l'usage, le discours entier d'Ondouré, dont chaque division lui était soufflée par un des six sachems chargés des bûchettes de la mémoire. Ensuite, répondant à ce discours, il dit :

« Ce que le chef des Natchez a proposé est grand, mais est-il juste ? Chactas, « mon vieil ami, n'est pas là dedans ; j'y vois Adario : les yeux de Chactas sont « tombés comme deux étoiles, sous un ciel qui annonce l'orage. J'ai dit.

« Nous ne sommes point les amis des blancs ; depuis deux cents neiges nous « les combattons ; mais une injustice justifie-t-elle un meurtre ? Deviendrons-« nous, en nous vengeant, semblables aux chairs blanches ? L'Iroquois est un « chêne qui oppose la dureté de son bois à la hache qui le veut couper ; mais « il ne laisse point tomber ses branches pour écraser celui qui le frappe. On « n'est pas libre parce qu'on se dit libre : la première pierre de la cabane de « la liberté est la vertu. J'ai dit.

« L'Iroquois avait cru qu'il s'agissait de s'associer pour lever la hache (1) ; « veut-on chanter la guerre à l'étranger, l'Iroquois se met à votre tête. Mar-« chons, volons. L'Iroquois rugit comme un ours, il fend les flots des chairs « blanches, il brise les têtes avec sa massue, il crie : Suivez-moi au fort des « blancs. Il s'élance dans le fossé ; de son corps il vous fait un pont comme « une liane pour passer sur le fleuve de sang, pour rendre la liberté aux chairs « rouges. Voilà l'Iroquois ! mais l'Iroquois n'est pas une fouine ; il ne suce pas « le sang de l'oiseau qui dort. J'ai dit. »

L'orateur, en prononçant la dernière partie de son discours, imitait à chaque parole l'objet dont il empruntait l'image. Il disait : « Marchons, » et il marchait ; « volons, » et il étendait les bras. Il rugissait comme un ours, il frappait les pins avec son casse-tête, il montait à l'escalade, il se jetait en arc comme un pont.

Des acclamations, les unes de joie, les autres de rage, ébranlent le bois sacré. Outougamiz s'écriait : « Voilà l'Iroquois, voilà Chactas, voilà moi, voilà René, « voilà Céluta, voilà Mila ! »

Ondouré paraissait consterné : de ses desseins avortés, il ne lui restait que le crime. Un Chicassaws, prenant impétueusement la parole, rompit l'ordre de la délibération, et rendit l'espérance au tuteur du Soleil.

« Quoi ! dit ce Chicassaws, est-ce bien un Iroquois que nous venons d'en-« tendre ? Le peuple qui devrait nous soutenir dans une guerre sacrée nous « abandonne ! Si ces orgueilleux cyprès, qui portaient jadis leur tête dans le « ciel, sont devenus des lierres rampants, qu'ils se laissent fouler aux pieds

(1) Déclarer la guerre.

« du chasseur étranger ! Quant au Chicassaws, déterminé à délivrer la patrie,
« il adopte le plan des Natchez. »

Ces paroles furent vivement ressenties par les Iroquois, qui donnèrent aux Chicassaws le nom de daims fugitifs et de furets cruels. Les Chicassaws répliquèrent en appelant les Iroquois oiseaux parleurs, et loups changés en dogues apprivoisés. Toutes ces nations, se divisant, semblaient prêtes à se charger sur la pointe du roc, à se précipiter dans le lac avec l'eau du torrent et les débris du bûcher, lorsque les jongleurs parvinrent à obtenir un moment de silence. Le grand-prêtre des Natchez, du milieu des branches d'un pin dont il tient le tronc embrassé, s'écrie :

« Par Michabou, génie des eaux, dont vous troublez ici l'empire, cessez vos
« discordes funestes ! Aucune nation présente à cette assemblée n'est obligée
« de suivre l'opinion d'une autre nation : tout ce qu'elle a promis, c'est le se-
« cret, et elle ne peut le dévoiler sans périr subitement. Trois opinions divisent
« le conseil : la première rejette le plan des Natchez, la seconde l'adopte, la
« troisième veut garder la neutralité. Eh bien ! que chaque peuple suive l'opi-
« nion à laquelle il se range, cela n'empêchera pas ceux qui veulent une ven-
« geance éclatante de l'accomplir. Quand nos frères demeurés en paix sur leurs
« nattes verront nos succès, peut-être se détermineront-ils à nous imiter. »

La sagesse du jongleur fut louée et son avis adopté. Alors se fit la séparation dans l'assemblée : les Indiens du nord et de l'est, les Iroquois à leur tête, se déclarèrent opposants au projet des Natchez ; les peuples de l'ouest, les Mexicains, les Sioux, les Pannis, dirent qu'ils ne blâmaient ni ne désapprouvaient le projet, mais qu'ils voulaient vivre en paix ; les peuples du midi, et ceux qui, en remontant vers le septentrion, habitaient les rives du Meschacébé, les Chicassaws, les Yazous, les Miamis, entrèrent dans la conjuration. Mais tous ces peuples, quelles que fussent leurs diverses opinions, avaient juré sur la cendre des morts qu'ils garderaient un secret inviolable, et tous déclarèrent de nouveau, avec cette foi indienne rarement démentie, qu'ils seraient fidèles à leur serment.

« Le voilà donc décidé le sort des blancs aux Natchez ! » s'écria Ondouré dans un transport de joie, en voyant le nombre considérable des nations du midi engagées dans le complot.

Jusqu'alors un rayon d'espérance avait soutenu le malheureux Outougamiz ; mais quand un tiers de l'assemblée se fut déclaré pour le projet du tuteur du Soleil, l'ami de René se sentit comme un homme dont le Créateur a détourné sa face. Il s'avance, ou plutôt il se traîne devant l'assemblée : les uns, selon leur position, le voyaient comme une ombre noire sur la flamme du bûcher ; les autres l'apercevaient comme le génie de la douleur, à travers le voile mobile de la flamme.

« Eh bien ! » dit-il d'une voix concentrée, mais qu'on entendait dans l'immense silence de la terre et du ciel, « il faut que je tue mon ami ! C'est moi,
« sans doute, Ondouré, que tu chargeras de porter le coup de poignard. Na-
« tions, vous avez surpris ma foi ; hélas ! elle n'était pas difficile à surprendre !
« Je suis simple ; mais ce que vous ne surprendrez pas, c'est l'amitié d'Outou-
« gamiz. Il se taira, car il a prêté le serment du secret ; mais quand vous serez

« prêts à frapper, Outougamiz, avec le manitou d'or que voici, sera debout
« devant René. Forgez le fer bien long : pour atteindre le cœur de mon ami,
« il faut que ce fer passe par le mien. »

Le jeune homme se tut : ses yeux étaient levés vers le firmament; c'était l'ange de l'Amitié redemandant sa céleste patrie. Les sachems écoutaient pleins de pensées; ils entrevoyaient un secret qu'ils croyaient important de connaître; ils commandaient le silence au conseil : les prodiges de l'amitié d'Outougamiz, connus de toute la solitude, faisaient l'admiration des jeunes Sauvages.

Le frère de Céluta ramenant ses regards sur l'assemblée : « Guerriers, pour-
« quoi êtes-vous muets? Enseignez-moi donc ce qu'il faut que je dise à ma sœur
« et à ma femme, lorsqu'elles viendront au-devant de moi. Que dirai-je à René
« lui-même? Lui dirai-je : Chevreuil, que j'avais trouvé dans le marais des Il-
« linois, viens que je rouvre la blessure que ma main avait fermée? »

Outougamiz, portant tout à coup ses deux mains à sa poitrine : « Je l'arra-
« cherai bien de mon sein, affreux secret ! s'écria-t-il. Os de mes pères, vous
« avez beau vous soulever et marcher devant moi, je parlerai; oui, je parlerai;
« je ne serai point un assassin ! René, écoute, entends-tu?... Voilà tout ce qui
« s'est passé au conseil; ne va pas le répéter ! Mais, René, n'es-tu pas cou-
« pable?... Ah ! Dieu ! j'ai parlé, j'ai violé mes serments, j'ai trahi la patrie ! »

Outougamiz défaillit devant le bûcher; si les guerriers voisins ne l'eussent retenu, il tombait dans la flamme. On le couche à l'écart sur des branches.

Cet évanouissement donna le temps au jongleur et à Ondouré de répéter ce qu'ils avaient déjà dit de la frénésie d'Outougamiz, causée par un maléfice. Impatientes de partir, les nations se levèrent, et l'on oublia le frère de Céluta.

Les tribus qui avaient adopté le plan des Natchez reçurent du jongleur les gerbes funéraires : dans chaque gerbe il y avait douze roseaux. L'époque des grands jeux, qui duraient douze jours, commençait le dix-huitième jour de la lune des chasses; c'était ce jour-là même que les jongleurs, chez les différentes nations conjurées, devaient brûler le premier roseau : les autres roseaux, successivement retirés pendant onze nuits, annonceraient le massacre avec l'épuisement de la gerbe.

Les Indiens commencèrent à descendre le sentier étroit et dangereux qui conduisait au bas du rocher. Lorsqu'ils arrivèrent au rivage, le jour éclairait l'horizon, mais il était sombre; et le soleil, enveloppé dans les nuages d'une tempête, s'était levé sans aurore. Les Indiens se rembarquèrent dans leurs canots, se dirigeant vers tous les points de l'horizon : la flotte, bientôt dispersée, s'évanouit dans l'immensité du lac. Le jongleur et Ondouré abandonnèrent les derniers le rocher du conseil. Ils invitèrent Outougamiz, qui avait repris ses sens, à les suivre; l'ami de René, les regardant avec horreur, leur répondit que jamais il ne se trouverait dans la société de deux pareils méchants; ils le quittèrent sans insister davantage. Qu'importait à Ondouré qu'Outougamiz se précipitât ou non du haut du rocher? Outougamiz était lié par un serment qu'il ne romprait sans doute jamais; mais si, dans son désespoir, il attentait à sa vie, le secret de la tombe paraissait encore plus sûr à Ondouré que celui de la vertu.

Outougamiz demeure assis sur la pointe du rocher, en face du lac, à l'endroit où le torrent, quittant la terre, s'élançait dans l'abîme; la grandeur des sentiments que ce spectacle inspirait s'alliait avec la grandeur d'une amitié sublime et malheureuse. Les flots du lac, poussés par le vent, mordaient leurs rivages dont ils emportaient les débris : partout des déserts autour de cette mer intérieure, elle-même solitude vaste et profonde ; partout l'absence des hommes et la présence de Dieu dans ses œuvres.

Le coude appuyé sur son genou, la tête posée dans sa main, les pieds pendants sur l'abîme, ayant derrière lui le bois du conseil, naguère si animé, maintenant rendu à la solitude, Outougamiz fut longtemps à fixer ses résolutions : il se détermina à vivre. Si les blancs allaient découvrir le complot, qui défendrait la patrie, qui défendrait Céluta, qui défendrait Mila, dont le sein porte peut-être le fils d'Outougamiz? On ne peut pas révéler le secret à René, puisque René est peut-être coupable, comme l'affirment les sachems ; mais n'y a-t-il pas quelque moyen de sauver l'homme blanc? Chactas reviendra, Chactas sera initié au mystère : la sagesse de ce sachem ne peut-elle prévenir tant de malheurs? Si Outougamiz se précipite dans le lac, sa mort sera inutile à René : celui-ci n'en périra pas moins : Outougamiz, en prolongeant sa vie, peut trouver une occasion inespérée de mettre à l'abri les jours de son ami. Ah ! si l'on pouvait faire savoir le secret à Mila, qui a tant d'esprit, elle aurait bientôt tout arrangé! Qui sait aussi si l'innocence de René ne sera pas découverte? Alors, quel bonheur! comme les obstacles s'aplaniraient, comme on passerait du désespoir au comble de la joie!

Outougamiz, après avoir roulé toutes ces pensées dans son âme, se lève : « Vivons, dit-il, ne laissons pas à Céluta le poids de tous les maux; ne nous « reposons pas lâchement dans la tombe. Adieu, bois du sang! adieu, rocher « de malédiction : puisse Athaënsic te prendre pour son autel ! »

Outougamiz se précipite par l'étroit sentier, laissant au bûcher du conseil quelques cendres qui fumaient encore; image de ce qui reste des vains projets des hommes.

Le frère de Céluta marcha tout le jour et une partie de la nuit suivante : des Sioux, qu'il rencontra, le portèrent, dans leur canot, de fleuve en fleuve jusqu'au pays des Illinois : ceux-ci, craignant une nouvelle invasion des Natchez, s'étaient retirés à deux cents lieues plus haut, vers l'occident. Outougamiz, reprenant sa route par terre, traversa les champs témoins des prodiges de son amitié. Le poteau où René devait être brûlé était encore debout : Outougamiz embrassa ce monument sacré. Il descendit aux marais, et visita la racine sur laquelle il avait tenu son ami dans ses bras; il retrouva les roseaux séchés dont il couvrait, pendant la nuit, l'objet de sa tendresse; il ramassa quelques plumes des oiseaux dont il avait nourri son frère. Il dit : « Belles plumes, si jamais je suis « heureux, je vous attacherai avec des fils d'or, et je vous porterai autour de « mon front les jours de fêtes. Auriez-vous jamais cru que je tuerais mon ami ? »

Cet homme excellent cherchait à puiser dans ses souvenirs de nouvelles forces, pour qu'elles devinssent égales aux périls de René ; il se retrempait, pour ainsi dire, dans ses malheurs passés, pour s'endurcir contre son malheur présent ; il s'excitait à l'amitié par son propre exemple, tandis qu'il s'accusait naïvement d'être changé, et d'avoir juré la mort de René. Suivant ainsi son amitié à la trace, l'Indien arrive jusqu'aux Natchez : là commencèrent ces douleurs qui ne devaient plus finir. René était-il revenu? Comment soutenir sa première entrevue? Que dire aux deux femmes affligées?

René n'était point encore aux Natchez. Ondouré seul et le jongleur avaient devancé de deux aurores le retour du malheureux Outougamiz. Les jours de Céluta et de Mila s'étaient écoulés dans la plus profonde retraite. Par l'habitude de souffrir et par la longueur du temps, l'épouse de René était tombée dans une tristesse profonde : la tristesse est le relâchement de la douleur; sorte d'intermission de la fièvre de l'âme, qui conduit à la guérison ou à la mort. Il n'y avait plus que les yeux de Céluta à sourire; sa bouche ne le pouvait plus.

« Tu me sembles un peu calme, » disait Mila.

« Oui, lui répondait sa sœur, je suis faite à présent à la mauvaise nourriture : « mon cœur s'alimente du chagrin qu'il repoussait avant d'y être accoutumé. »

La nuit qui précéda l'arrivée d'Outougamiz, les deux Indiennes veillèrent plus tard que de coutume : elles s'occupaient de René, inépuisable sujet de leurs entretiens. Lorsqu'elles furent couchées sur la natte, elles continuèrent de parler, et, faisant au milieu de leur adversité des projets de bonheur, elles s'endormirent avec l'espérance : l'enfant malade s'assoupit avec le hochet qu'on lui a donné dans son berceau.

A leur réveil, Mila et Céluta trouvèrent debout devant elles Outougamiz pâle, défait, les yeux fixes, la bouche entr'ouverte. Elles s'élancent de leur couche : « Mon frère ! — Mon mari ! » dirent-elles à la fois. « Qu'y a-t-il? René « est-il mort? Allez-vous mourir ? »

— « C'en est fait, » répond l'Indien sans changer d'attitude; plus d'épouse, « plus de sœur ! »

— « René est mort ! » s'écrie Céluta.

« Que dis-tu ! » repartit Outougamiz avec une joie sauvage; René est mort? « Kitchimanitou soit béni ! »

— « Ciel ! dit Céluta, tu désires la mort de ton ami ! De quel malheur est-il « donc menacé ? »

— « Nous sommes tous perdus ! » murmure Outougamiz d'une voix sombre. Se dégageant des bras de sa femme et de sa sœur, il se précipite hors de la cabane : Mila et Céluta le suivent.

Elles sont arrêtées tout à coup par Ondouré. « Avez-vous vu Outougamiz? » leur dit-il d'un air alarmé. « Oui, répondent-elles ensemble; il est hors de ses « sens, nous volons après lui. »

— « Que vous a-t-il dit? » reprit le tuteur du Soleil.

« Il nous a dit que nous étions tous perdus, » répliqua Céluta.

« Ne le croyez pas, dit le chef rassuré, tout va bien au contraire; mais Ou- « tougamiz est malade : je vais chercher Adario. »

Comme Ondouré s'éloignait, Outougamiz, par un autre sentier, se rapprochait de la cabane. Il marchait lentement, les bras croisés. Les deux femmes qui s'avançaient vers lui l'entendaient parler seul; il disait : « Manitou d'or, tu m'as privé de la raison : dis-moi donc maintenant ce qu'il faut faire. »

Mila et Céluta saisissent l'infortuné par ses vêtements.

« Que voulez-vous de moi? s'écrie-t-il. Oui, je le jure, j'aimerai René en
« dépit de vous; je me ris des vers du sépulcre qui déjà dévorent mes chairs
« vivantes. Je frapperai mon ami sans doute; mais je baiserai sa blessure, je
« sucerai son sang, et, quand il sera mort, je m'attacherai à son cadavre, jus-
« qu'à ce que la corruption ait passé dans mes os. »

Les deux Indiennes éplorées embrassaient les genoux d'Outougamiz : il les
reconnaît. « C'est nous, dit Mila, parle ! »

Outougamiz lui met la main sur la bouche : « Qu'as-tu dit? on ne parle plus,
« à moins que ce ne soit comme une tombe : tout vient à présent des morts. Il
« y a un secret. »

— « Un secret ! repartit vivement Mila, un secret pour tes amis ! de quoi s'agit-
« il donc? de notre vie? de celle de René? »

Alors Outougamiz : « Arrache-moi le cœur, » dit-il à Mila en lui présentant
son sein, où la jeune épouse applique ses lèvres de flamme.

« Ne déchirez pas ainsi mes entrailles, dit Céluta : parle, mon cher Outou-
« gamiz ; viens te reposer avec nous dans ta cabane. »

Une voix foudroyante interrompit cette scène. « As-tu parlé ? disait cette voix;
« la terre a-t-elle tremblé sous tes pas? »

— « Non, je n'ai pas parlé, » répondit Outougamiz en se tournant vers Adario
que conduisait Ondouré ; « mais ne croyez plus trouver en moi le docile Outou-
« gamiz : homme de fer, allez porter votre vertu parmi les ours du Labrador;
« buvez avec délices le sang de vos enfants ; quant à moi, je ne boirai que celui
« que vous ferez entrer de force dans ma bouche ; je vous en rejetterai une partie
« au visage, et je vous couvrirai d'une tache que la mort n'effacera pas. »

Adario fut terrassé. « Que me reproches-tu? dit-il à son neveu. Mes enfants?...
« Barbare, cent fois plus barbare que moi ! »

Il n'en fallait pas tant pour abattre le ressentiment d'Outougamiz. « Pardonne,
« dit-il au vieillard ; oui, j'ai été cruel; Outougamiz pourtant ne l'est pas ! Je
« suis indigne de ton amitié, mais laisse-moi la mienne; laisse-moi mourir;
« console, après moi, ces deux femmes. Je t'en avertis, je succomberai, je par-
« lerai : je n'ai pas la force d'aller jusqu'au bout. »

— « Nous consoler ! dit Céluta; est-ce là l'homme qui console? Jusqu'ici je
« me suis tue, j'ai écouté, j'ai deviné : il s'agit de la mort de René. Allons,
« Outougamiz, couronne ton ouvrage, égorge celui que tu as délivré ! Sa voix
« mourante te remerciera encore de ce que tu as fait pour lui ; il cherchera ta
« main ensanglantée pour la porter à sa bouche; ses yeux ne te voient déjà plus,
« mais ils te cherchent encore ; ils se tournent vers toi avec son cœur expirant. »

— « L'entends-tu, Adario? dit Outougamiz. Résiste si tu le peux ! »

Outougamiz saisit Céluta, et, dans les étreintes les plus tendres, il se sent tenté
de l'étouffer.

« Femmes, s'écrie Adario, retirez-vous avec vos larmes. »

— « Oui, oui! dit Mila, prends ce ton menaçant; mais sache que nous sau-
« verons René, malgré toi, malgré la patrie : il faut que cette dernière périsse
« de ma propre main ; j'incendierai les cabanes. »

— « Vile ikouessen (1), s'écria le vieillard, si jamais tu oses te présenter de-
« vant moi avec ta langue maudite, tu n'échapperas pas à ma colère. »

— « Tu m'appelles ikouessen ! dit Mila; de qui? de mon libérateur? Tu as
« raison : je ne serais pas ce que je suis, si je n'avais dormi sur ses genoux! »

— « Quitte ces femmes, » dit le vieillard à son neveu; « ce n'est pas le mo-
« ment de pleurer et de gémir. Viens avec les sachems qui nous attendent. »
Outougamiz se laissa entraîner par Adario et par Ondouré.

Mila et Céluta, voyant leurs premiers efforts inutiles, cherchèrent d'autres moyens de découvrir le secret d'Outougamiz. Par les mots énigmatiques du jeune guerrier, elles savaient qu'il y avait un mystère, et par sa douleur elles devinaient que ce mystère enveloppait le frère d'Amélie. Dans cette pensée, avec toute l'activité de l'amitié fraternelle et de l'amour conjugal, elles suspendirent leurs plaintes; elles convinrent de se séparer, d'aller chacune de son côté errer à l'entrée des cavernes où s'assemblait le conseil. Elles espéraient surprendre quelques paroles intuitives de leur destinée.

Dès le soir même, Céluta se rendit à la Grotte des Rochers, et Mila, à la Caverne des Reliques.

En approchant de celle-ci, le souvenir des instants passés dans ces mêmes lieux se présenta vivement au cœur de Mila. Les sachems n'étaient pas dans la caverne; Mila n'entendit rien : la Mort ne raconte point son secret. Céluta n'avait pas été plus heureuse; les deux sœurs rentrèrent non instruites, mais non découragées, se promettant de recommencer leurs courses.

Outougamiz fut plusieurs jours sans paraître : Adario l'avait emmené dans le souterrain où s'assemblaient les chefs des conjurés, et où l'on s'efforçait, par les tableaux les plus pathétiques de la patrie opprimée, par les plus grossiers mensonges sur René, par toute l'autorité du grand-prêtre, de lutter contre la force de l'amitié. Lorsque le frère de Céluta voulut sortir, les gardes du Soleil eurent ordre de le suivre de loin; des sachems et Adario lui-même marchaient à quelque distance sur ses traces.

Il se rendit à la cabane de René; Céluta était absente; Mila, solitaire, attendait le retour de son amie. En voyant entrer Outougamiz, elle lui sourit d'un air de tendresse et de surprise. Mila avait quelque chose de charmant; on aurait passé ses jours à la voir sourire. « Je croyais, dit-elle à son mari, que tu
« m'avais abandonnée. Où es-tu donc allé? Je ne t'avais pas revu depuis le
« jour où tu es revenu du désert. » Elle fit signe à Outougamiz de s'asseoir sur la natte. Outougamiz répondit qu'il était resté avec les sachems; et, plein d'une joie triste en entendant Mila lui parler avec tant de douceur, il s'assit auprès d'elle.

Mila suspendit ses bras au cou du jeune Sauvage : « Tu es infortuné, lui dit-
« elle, et moi, je suis malheureuse. Après une si longue absence, pourquoi
« n'es-tu pas venu plus tôt me consoler? Tu n'as plus ta raison; j'ai à peine la
« mienne. Retirons-nous dans les forêts : je serai ton guide; tu marcheras ap-
« puyé sur moi, comme l'aveugle conduit par l'aveugle. Je porterai les fruits
« à ta bouche, j'essuierai tes larmes, je préparerai ta couche, tu reposeras ta

« tête sur mes genoux lorsque tu la sentiras pesante ; tu me diras alors le se-
« cret. René viendra nous trouver, et il pleurera avec nous. »

— « Qu'il ne pleure pas ! dit Outougamiz ; s'il pleure, je parlerai. Je veux
« qu'il me promette de ne pas m'aimer, afin que je tienne mon serment. S'il
« dit qu'il m'aime, je le tuerai, parce que je trahirais mon pays. »

Mila crut qu'elle allait découvrir quelque chose ; mais toutes ses grâces et toutes ses séductions furent inutiles. Ses caresses, dont une seule aurait suffi à tant d'autres hommes pour leur faire vendre la destinée du monde, échouèrent contre la gravité de la douleur et contre la foi du serment. Mila trouva dans son mari une résistance à laquelle elle ne s'était pas attendue ; elle ignorait à quel point Outougamiz était passionné pour la patrie ; quel empire la religion avait sur lui ; quelle force ajoutait à sa vertueuse résistance l'idée que René était coupable, et que ce blanc pourrait apprendre le secret aux autres blancs, si le secret lui était révélé. Céluta, qui ressemblait davantage à son frère, et qui le connaissait mieux, avait désespéré dès le premier moment de lui faire dire ce qu'il croyait devoir taire ; elle l'admirait en versant des larmes.

La saison déclinait vers l'automne ; saison mélancolique où l'oiseau de passage qui s'envole, la verdure qui se flétrit, la feuille qui tombe, la chaleur qui s'éteint, le jour qui s'abrége, la nuit qui s'étend, et la glace qui vient couronner cette longue nuit, rappellent la destinée de l'homme. Les grands jeux devaient être bientôt proclamés : le jour du massacre approchait. Aucune nouvelle de René ne parvenait à Céluta ; l'Indienne ne savait plus si elle devait craindre ou désirer le retour du voyageur. Un matin elle vit entrer dans sa cabane le religieux d'une mission lointaine. Ce n'était pas un prêtre d'autant de science que le père Souël, ni d'un zèle à provoquer le martyre ; mais c'était un homme charitable et doux. Il ne se mêlait jamais de ce qui ne le regardait pas, et ne cherchait à convertir les âmes au Seigneur que par l'exemple d'une bonne vie. Il portait la robe et la barbe d'un capucin sans orgueil et sans humilité ; il trouvait tout simple que son ordre eût conservé les usages et les habits d'autrefois, comme il lui semblait tout naturel que ces usages et ces habits eussent changé.

Céluta s'avança au-devant du missionnaire : « Chef de la prière, lui dit-elle,
« tu m'honores de venir à ma hutte ; mais le maître n'est pas ici, et je crains
« qu'une femme ne te reçoive pas aussi bien que tu le mérites. » Le Père lui répondit en s'inclinant : « Je ne vous aurais pas importunée de ma visite, si
« le capitaine d'Artaguette ne m'eût ordonné de vous apporter une lettre de
« votre mari. »

Céluta rougit d'espérance et de crainte ; elle prit la lettre que le missionnaire lui présentait, et la pressa sur son cœur.

Mila, qui était avec sa sœur dans la cabane, et qui tenait la petite Amélie sur ses genoux, ne voulait pas qu'on se donnât le temps de servir la cassine au religieux, impatiente qu'elle était d'entendre l'explication du collier. Céluta, plus hospitalière, prépara le léger repas.

Tandis qu'elle s'occupait de ce soin, le religieux voyant la fille de René dans les bras de Mila, la bénit, et demanda si cette petite était chrétienne. L'enfant ne paraissait point effrayé, et souriait au vieux solitaire. Celui-ci, interrogé par les deux sœurs, fit, les larmes aux yeux, l'éloge du capitaine d'Artaguette et du brave grenadier Jacques. Céluta apprit avec peine que son frère blanc, fixé à un poste éloigné, était souffrant depuis plusieurs mois.

Mila dit au missionnaire : « Chef de la barbe, n'as-tu jamais été repoussé « des huttes ? — Mon bâton, répondit le Père, est toujours derrière la porte. » Céluta servit la cassine. Quand cela fut fait, elle tira la lettre qu'elle avait mise dans son sein, et pria le Père de la traduire.

Inexplicable contradiction du cœur humain ! Cette femme qui, la veille, s'alarmait du silence de son mari, désirait presque maintenant la continuation de ce silence ! Que contenait la lettre ? annonçait-elle le retour prochain de René ? jetait-elle quelque lumière sur le secret d'Outougamiz ? dissiperait-elle ou confirmerait-elle les soupçons qui s'étaient élevés contre René ? Assises devant le missionnaire, les deux sœurs fixant les yeux sur ses lèvres, écoutaient des sons qui n'étaient pas encore produits. Le Père ouvre la lettre, prend sa barbe dans sa main gauche, élève de sa main droite le papier à la hauteur de ses yeux, et parcourt en silence la première page. A mesure qu'il avançait dans la lecture, on voyait l'étonnement se peindre sur son visage. Céluta était comme le prisonnier de guerre assis sur le trépied avant d'être livré aux flammes ; Mila, perdant toute patience, s'écria : « Explique-nous donc le collier : est-ce que tu ne « le comprends pas ? » Le Père traduisit en natchez ce qui suit :

LETTRE DE RENÉ A CÉLUTA.

Au désert, la trente-deuxième neige de ma naissance.

« Je comptais vous attendre aux Natchez ; j'ai été obligé de partir subitement « sur un ordre des sachems. J'ignore quelle sera l'issue de mon voyage : il se « peut faire que je ne vous revoie plus. J'ai dû vous paraître si bizarre, que je « serais fâché de quitter la vie sans m'être justifié auprès de vous.

« J'ai reçu de l'Europe, à mon retour de la Nouvelle-Orléans, une lettre qui « m'a appris l'accomplissement de mes destinées : j'ai raconté mon histoire à « Chactas et au père Souël : la sagesse et la religion doivent seules la connaître.

« Un grand malheur m'a frappé dans ma première jeunesse ; ce malheur « m'a fait tel que vous m'avez vu. J'ai été aimé, trop aimé : l'ange qui m'en- « vironna de sa tendresse mystérieuse ferma pour jamais, sans les tarir, les « sources de mon existence. Tout amour me fit horreur : un modèle de femme « était devant moi, dont rien ne pouvait approcher ; intérieurement consumé « de passions, par un contraste inexplicable je suis demeuré glacé sous la « main du malheur.

« Céluta, il y a des existences si rudes qu'elles semblent accuser la Provi- « dence et qu'elles corrigeraient de la manie d'être. Depuis le commencement « de ma vie, je n'ai cessé de nourrir des chagrins : j'en portais le germe en « moi, comme l'arbre porte le germe de son fruit. Un poison inconnu se mê- « lait à tous mes sentiments : je me reprochais jusqu'à ces joies nées de la jeu- « nesse, et fugitives comme elle.

« Que fais-je à présent dans le monde, et qu'y faisais-je auparavant? j'étais
« toujours seul, alors même que la victime palpitait encore au pied de l'autel.
« Elle n'est plus, cette victime; mais le tombeau ne m'a rien ôté; il n'est pas
« plus inexorable pour moi que ne l'était le sanctuaire. Néanmoins je sens que
« quelque chose de nécessaire à mes jours a disparu. Quand je devrais me ré-
« jouir d'une perte qui délivre deux âmes, je pleure; je demande, comme si on
« me l'avait ravi, ce que je ne devais jamais retrouver; je désire mourir; et,
« dans une autre vie, une séparation qui me tue n'en continuera pas moins
« l'éternité durante.

« L'éternité! peut-être, dans ma puissance d'aimer, ai-je compris ce mot in-
« compréhensible. Le ciel a su et sait encore, au moment même où ma main
« agitée trace cette lettre, ce que je pouvais être : les hommes ne m'ont pas
« connu.

« J'écris assis sous l'arbre du désert, au bord d'un fleuve sans nom, dans la
« vallée où s'élèvent les mêmes forêts qui la couvrirent lorsque les temps com-
« mencèrent. Je suppose, Céluta, que le cœur de René s'ouvre maintenant
« devant toi : vois-tu le monde extraordinaire qu'il renferme? Il sort de ce
« cœur des flammes qui manquent d'aliment, qui dévoreraient la création sans
« être rassasiées, qui te dévoreraient toi-même. Prends garde, femme de vertu!
« recule devant cet abîme : laisse-le dans mon sein! Père tout-puissant, tu
« m'as appelé dans la solitude; tu m'as dit : René! René! qu'as-tu fait de ta
« sœur? Suis-je donc Caïn? »

CONTINUÉE AU LEVER DE L'AURORE.

« Quelle nuit j'ai passée! Créateur, je te rends grâces; j'ai encore des forces,
« puisque mes yeux revoient la lumière que tu as faite! Sans flambeau pour
« éclairer ma course, j'errais dans les ténèbres : mes pas, comme intelligents
« d'eux-mêmes, se frayaient des sentiers à travers les lianes et les buissons. Je
« cherchais ce qui me fuit; je pressais le tronc des chênes; mes bras avaient
« besoin de serrer quelque chose. J'ai cru, dans mon délire, sentir une écorce
« aride palpiter contre mon cœur : un degré de chaleur de plus et j'animais des
« êtres insensibles. Le sein nu et déchiré, les cheveux trempés de la vapeur de
« la nuit, je croyais voir une femme qui se jetait dans mes bras; elle me di-
« sait : viens échanger des feux avec moi, et perdre la vie! mêlons des volup-
« tés à la mort! que la voûte du ciel nous cache en tombant sur nous.

« Céluta, vous me prendrez pour un insensé : je n'ai eu qu'un tort envers
« vous, c'est de vous avoir liée à mon sort. Vous savez si René a résisté, et
« à quel prodige d'amitié il a cru devoir le sacrifice d'une indépendance, qui
« du moins n'était funeste qu'à lui. Une misère bien grande m'a ôté la joie de
« votre amour, et le bonheur d'être père : j'ai vu avec une sorte d'épouvante
« que ma vie s'allait prolonger au delà de moi. Le sang qui fit battre mon
« cœur douloureux animera celui de ma fille : je t'aurai transmis, pauvre
« Amélie, ma tristesse et mes malheurs! Déjà appelé par la terre, je ne pro-
« tégerai point les jours de ton enfance; plus tard je ne verrai point se déve-

« lopper en toi la douce image de ta mère, mêlée aux charmes de ma sœur
« et aux grâces de la jeunesse. Ne me regrette pas : dans l'âge des passions,
« j'aurais été un mauvais guide.

« Céluta, je vous recommande particulièrement Amélie : son nom est un
« nom fatal. Qu'elle ne soit instruite dans aucun art de l'Europe; que sa mère
« lui cache l'excès de sa tendresse : il n'est pas bon de s'accoutumer à être trop
« aimé. Qu'on ne parle jamais de moi à ma fille; elle ne me doit rien : je ne
« souhaitais pas lui donner la vie.

« Que René reste pour elle un homme inconnu, dont l'étrange destin raconté
« la fasse rêver sans qu'elle en pénètre la cause : je ne veux être à ses yeux
« que ce que je suis, un pénible songe.

« Céluta, il y a dans ma cabane des papiers écrits de ma main : c'est l'histoire
« de mon cœur; elle n'est bonne à personne, et personne ne la comprendrait :
« anéantissez ces chimères.

« Retournez sous le toit fraternel; brûlez celui que j'ai élevé de mes mains :
« semez des plantes parmi ses cendres; rendez à la forêt l'héritage que j'avais
« envahi. Effacez le sentier qui monte de la rivière à la porte de ma demeure;
« je ne veux pas qu'il reste sur la terre la moindre trace de mon passage. Ce-
« pendant j'ai écrit un nom sur des arbres, dans la profondeur des bois : il
« serait impossible de le retrouver; qu'il croisse donc avec le chêne inconnu
« qui le porte : le chasseur indien s'enfuira à la vue de ces caractères gravés
« par un mauvais génie.

« Donnez mes armes à Outougamiz; que cet homme sublime fasse, en mé-
« moire de moi, un dernier effort : qu'il vive. Chactas me suivra, s'il ne m'a
« devancé.

« Si enfin, Céluta, je dois mourir, vous pourrez chercher après moi l'union
« d'une âme plus égale que la mienne. Toute fois ne croyez pas désormais re-
« cevoir impunément les caresses d'un autre homme; ne croyez pas que de
« faibles embrassements puissent effacer de votre âme ceux de René. Je vous
« ai tenue sur ma poitrine au milieu du désert, dans les vents de l'orage, lors-
« que, après vous avoir portée de l'autre côté d'un torrent, j'aurais voulu
« vous poignarder pour fixer le bonheur dans votre sein, et pour me punir de
« vous avoir donné ce bonheur. C'est toi, Être suprême, source d'amour et
« de beauté; c'est toi seul qui me créas tel que je suis, et toi seul me peux
« comprendre! Oh! que ne me suis-je précipité dans les cataractes au milieu
« des ondes écumantes! je serais rentré dans le sein de la nature avec toute
« mon énergie. Oui, Céluta, si vous me perdez, vous resterez veuve : qui
« pourrait vous environner de cette flamme que je porte avec moi, même en
« n'aimant pas? Ces solitudes que je rendais brûlantes vous paraîtraient gla-
« cées auprès d'un autre époux. Que chercheriez-vous dans les bois et sous les
« ombrages? Il n'est plus pour vous d'illusions, d'enivrement, de délire : je t'ai
« tout ravi en te donnant tout, ou plutôt en ne te donnant rien, car une plaie
« incurable était au fond de mon âme. Ne crois pas, Céluta, qu'une femme
« à laquelle on a fait des aveux aussi cruels, pour laquelle on a formé des
« souhaits aussi odieux que les miens; ne crois pas que cette femme oublie

« jamais l'homme qui l'aima de cet amour ou de cette haine extraordinaire.

« Je m'ennuie de la vie ; l'ennui m'a toujours dévoré : ce qui intéresse les
« autres hommes ne me touche point. Pasteur ou roi, qu'aurais-je fait de ma
« houlette ou de ma couronne? Je serais également fatigué de la gloire et du
« génie, du travail et du loisir, de la prospérité et de l'infortune. En Europe,
« en Amérique, la société et la nature m'ont lassé. Je suis vertueux sans plai-
« sir ; si j'étais criminel, je le serais sans remords. Je voudrais n'être pas né,
« ou être à jamais oublié.

« Que ce soit ici un dernier adieu ; ou que je doive vous revoir encore,
« Céluta, quelque chose me dit que ma destinée s'accomplit ; si ce n'est pas
« aujourd'hui même, elle n'en sera que plus funeste : René ne peut reculer
« que vers le malheur. Regardez donc cette lettre comme un testament. »

La lecture était achevée que Céluta ne relevait point sa tête, qui s'était penchée sur son sein : toute la sagacité de Mila n'avait pas suffi pour expliquer le collier ; toute la religion du missionnaire n'avait pu pénétrer le sens de la lettre ; mais le cœur d'une épouse l'avait mieux compris : rien n'est intelligent comme l'amour malheureux. Céluta apprenait qu'elle n'était point aimée, qu'un lien paternel ne lui avait pas même attaché René ; qu'il y avait, dans l'âme de cet homme, du trouble, presque du remords, et qu'il se repentait d'un malheur comme on se repentirait d'un crime.

Céluta releva lentement son front abattu : « Allons, dit-elle, mon mari est
« encore plus infortuné que je ne le supposais ; un méchant esprit l'a persécuté :
« je dois être son bon génie. »

Le religieux rendit la lettre à l'Indienne en disant : « Souffrir est notre par-
« tage ; la nouvelle alliance que Jésus-Christ a faite avec les hommes est une
« alliance de douleur : c'est de son sang qu'il l'a scellée ; je vais prier pour vous. »

Le missionnaire tomba à genoux, et, les mains jointes, il répéta, dans la langue des Natchez, l'Oraison Dominicale : le calme de cette prière fut une espèce de baume répandu sur une plaie vive. Quand le Père prononça ces mots : *Délivrez-nous du mal*, les deux femmes sanglotèrent d'attendrissement. Alors le religieux, se relevant avec peine, ramena son froc sur sa tête grise, traversa la cabane d'un pas grave, reprit son bâton à la porte, et alla, aussi rapidement que le lui permettait sa vieillesse, consoler d'autres adversités.

Mila, qui portait toujours Amélie, la rendit à Céluta : celle-ci la reçut en la couvrant de baisers et en fondant en larmes. Mila, qui devinait sa sœur, lui dit : « Tu l'aimeras pour toi, toi qui es sa mère ; moi je l'aimerai pour son père. »

Mais Mila se sentait aussi un peu découragée. Qui avait donc pu trop aimer René? Quand on arracherait le guerrier blanc à la mort, que gagnerait-on à cela, puisqu'il ne voulait pas vivre? Mila ne s'arrêtant pas longtemps à ces réflexions, et revenant à son caractère :

« C'est assez pleurer pour un collier obscur, mal interprété, que nous ne
« comprenons ni toi, ni moi, ni le Père de la barbe. Le danger est à la porte
« de notre cabane : pourquoi mêler à des peines véritables des ocines chimé-
« riques? Entre la réalité du mal et les songes de nos cœurs, nous ne saurions
« où nous tourner. Occupons-nous du présent, nous penserons une autrefois à

« l'avenir. Découvrons le secret ; sauvons René, et, quand nous l'aurons sauvé,
« il faudra bien qu'il s'explique. »

— « Tu as raison, dit Céluta ; sauvons mon mari. » Mila prit Amélie dans ses bras, puis la rendant encore à sa mère : « Tiens, dit-elle, je désirais avoir un
« petit guerrier, je n'en veux plus ; garde ta fille : elle te préfère à moi quand
« elle pleure ; elle me préfère à toi quand elle rit. Ne dirait-on pas que le col-
« lier lui fait aussi verser des larmes? » Mila sortit pour aller à la découverte du secret.

René avait écrit une autre lettre aux sachems, pour leur annoncer que les Illinois ne paraissaient pas encore disposés à recevoir le calumet de paix. Plus heureux dans sa mission, Chactas avait tout obtenu des Anglais de la Géorgie : il se disposait à revenir. Le tuteur du Soleil espérait que le vieillard serait mort avant de revoir sa cabane : on racontait qu'il touchait à sa fin.

La femme-Chef, attendant la tête de sa rivale, laissait en apparence Ondouré plus tranquille : mais elle le surveillait avec toute l'activité de la jalousie. Le Sauvage, craignant toujours de se trahir, n'échappait au péril qu'à l'aide de précautions dont il lui tardait de se délivrer.

D'un autre côté, il était difficile que le secret d'une conjuration connue de tant de monde ne transpirât pas au dehors. De temps en temps il s'élevait des bruits dont tout commandant moins prévenu que celui du fort Rosalie eût recherché la source. Le gouverneur général avait écrit à Chépar de ne se pas laisser trop rassurer par la concession des terres. Une lettre d'Adélaïde, adressée à René, s'étant trouvée dans les dépêches, Ondouré, que Fébriano instruisait de tout, s'empressa d'annoncer une nouvelle trahison du fils adoptif de Chactas ; mais, en même temps, pour achever de tromper le commandant, et pour avoir l'air de ne s'occuper que de plaisirs, il ordonna une chasse au buffle de l'autre côté du Meschacébé.

Mila n'eut pas plutôt appris cette nouvelle, qu'elle dit à Céluta : « Il nous
« faut aller à cette chasse, où se trouveront toutes les matrones : je veux que
« le jongleur m'apprenne aujourd'hui même le secret. » Céluta consentit tristement à suivre Mila ; elle doutait du succès de sa jeune amie, qui refusait de dire le moyen dont elle se comptait servir pour faire parler le jongleur.

Le jour de la chasse arrivé, les deux sœurs partirent ensemble : elles marchaient seules hors de la foule, car tout le monde les fuyait comme on fuit les malheureux. On s'embarque dans les canots ; on traverse le fleuve ; on descend sur l'autre rive ; on entre dans les savanes parsemées d'étangs d'une eau saumâtre, où les buffles viennent lécher le sel.

Divisés en trois bandes, les chasseurs commencent l'attaque : on voyait bondir les buffles au-dessus des grandes forêts de cannes de plus de quinze pieds de hauteur. Mila avait quitté Céluta. Elle s'était attachée aux pas du jongleur, qui prononçait des paroles afin d'amener les victimes sous la lance des guerriers. Un buffle blessé fond tout à coup sur le magicien, qui prend la fuite : le buffle est arrêté par les chasseurs ; mais le prêtre continue à s'enfoncer dans les cannes, et entendant courir derrière lui, il fuit encore plus vite : ce n'était pourtant que Mila qui volait sur ses traces comme les colibris volent sur la cime des roseaux. Elle appelle le jongleur; celui-ci tourne enfin la tête, et, reconnaissant une femme, il se précipite à terre tout haletant.

« Je t'assure, dit Mila en arrivant à lui, que j'ai eu autant de peur que toi.
« Je te suivais, parce que tu m'aurais sauvée. D'une seule parole tu aurais
« fait tomber le buffle mort à tes pieds. »

— « C'est vrai, » dit le jongleur reprenant un air solennel; « mais que j'ai
« soif! »

Mila portait à son bras une corbeille, dans cette corbeille, un flacon et une coupe.

« Le Grand-Esprit m'a bien inspirée, s'écria Mila : j'ai par hasard ici de l'es-
« sence de feu (1). Ah! bon génie! si un homme comme toi allait mourir, que
« deviendraient les Natchez? »

— « Mila, dit le prêtre essuyant son front et se rapprochant de la malicieuse
« enchanteresse, tu m'as toujours semblé avoir de l'esprit comme une hermine. »

— « Et toi, dit Mila versant l'essence de feu dans la coupe, tu m'as toujours
« paru beau comme le génie qui préside aux chasses, comme le Grand-Lièvre
« honoré dans les forêts. » Le prêtre vida la coupe.

Les Sauvages, passionnés pour les liqueurs de l'Europe, recherchent les fumées de l'ivresse comme les peuples de l'Orient les vapeurs de l'opium. « Je ne
« t'avais jamais vu de si près, » dit Mila remplissant de nouveau la coupe et
la présentant à la main avide du jongleur; « que tu es beau! que tu es beau!
« on dit que tu parles tant de langues! Est-ce que tu entends tout ce que tu dis? »

Triplement enivré de vin, d'amour et de louanges, le prêtre commençait à faire parler ses yeux. Mila remplit encore la coupe, la porte de sa main droite aux lèvres du jongleur, et, appuyant doucement sa main gauche sur son épaule, semble regarder avec admiration sa victime déjà séduite.

Le lieu était solitaire, les roseaux, élevés. « Mila? » dit le jongleur.

« Que veux-tu? » dit l'Indienne affectant un air troublé et un peu honteux.

« Approche-toi, » repartit le prêtre. Mila parut se vouloir défendre.

« N'aie pas peur, dit le prêtre, je puis répandre la nuit autour de nous. »

— « C'est pour cela que j'ai tant de peur! » répondit Mila; « tu es un grand
« magicien! » Le prêtre, prenant Mila dans ses bras, l'attira sur ses genoux.
« Bois donc à ton tour, charmante colombe, dit-il. »

« Moi! » s'écria Mila : elle feignit de porter la liqueur à sa bouche, tandis que le prêtre, tournant la coupe, cherchait à boire sur le bord que les lèvres de Mila avaient touché.

Le jongleur commençait à sentir les effets du poison, les objets flottaient devant ses yeux.

« Ne vois-je pas, dit-il à Mila, une grande cabane? » C'étaient des roseaux agités par le vent.

« Oui, dit Mila, c'est la cabane où les sachems sont rassemblés pour déli-
« bérer sur la mort de René. »

— « C'est étonnant, » repartit le prêtre balbutiant, « car ce n'est pas encore
« si tôt. »

(1) Eau-de-vie.

Le cœur de Mila tressaillit; elle pressa involontairement le jongleur, qui la serra à son tour dans ses bras.

« Pas encore si tôt ? dit Mila, mais c'est... »

— « La douzième nuit, pendant la lune des chasses, » dit le prêtre.

« Je croyais, répondit Mila, que c'était la treizième ? »

— « Je sais mieux cela que toi, repartit le jongleur, il y a douze roseaux dans « la gerbe; nous en retirerons un chaque nuit. »

— « C'est fort bien imaginé, dit Mila, et René sera tué quand tu retireras le « dernier? — Oui, dit le prêtre; et il sera tué le premier de tous. »

Le prêtre voulut ravir un baiser à Mila, qui, au lieu de ses lèvres, lui présenta l'essence de feu. « J'aimerais mieux l'autre coupe, » dit le jongleur.

« Mais, reprit Mila, tu dis que René sera tué le premier de tous; on tuera « donc d'autres chairs blanches? — Eh! certainement, dit le jongleur riant de « la simplicité de Mila; cela sera d'autant plus admirable, qu'ils seront assem« blés comme un troupeau de chevreuils pour regarder les grands jeux. »

— « Oh! comme j'y danserai avec toi! » s'écria Mila, appliquant, avec le dégoût de la nature, mais l'exaltation de l'amitié, un baiser sur le front du jongleur; « je n'avais pas entendu parler de ces grands jeux! J'aime tant les jeux! »

— « Toutes les nations qui ont juré le secret, dit le jongleur, se rendront aux « Natchez. Outougamiz le Simple a juré comme les autres; nous le forcerons « de tuer son René. »

Mila se lève, s'arrache au bras du prêtre qui tombe, et dont le front va frapper la terre. Cet homme eut une idée confuse de la faute qu'il venait de commettre; mais l'ivresse l'emportant, il s'endormit.

Mila cherche Céluta; elle l'aperçoit seule assise à l'écart; elle lui dit : « Tout « est découvert; les blancs seront massacrés aux grands jeux : ton mari périra « le premier. »

L'épouse de René est prête à s'évanouir; son amie la soutient : « Du courage, « dit-elle; il faut sauver René. Je cours au fort avertir Chépar. Toi, va chercher « Outougamiz. »

« Arrête, s'écria Céluta; qu'as-tu dit? avertir Chépar! Malheureuse! ton « pays ! »

Ces mots retentissent dans le cœur de Mila; immobile, elle fixe ses regards sur sa sœur, puis s'écrie : « Périsse la patrie qui a pu tramer un complot si « odieux! Ce n'est plus qu'un repaire d'assassins. Je cours les dénoncer. »

Céluta frémit : « Mila, dit-elle, songe à ta mère, à ton père, à moi, à Ou« tougamiz. Ne vois-tu pas qu'en prévenant un massacre, tu ne le fais que « changer en un meurtre beaucoup plus terrible pour toi? »

Mila frémit; elle n'avait pas aperçu cet autre péril; mais tout à coup : « Je « ne m'attendais pas, lorsqu'il s'agissait de la vie de René, que tu serais si « calme; que tu balancerais prudemment, comme un sachem, le bien et le mal. »

— « Femme, reprit Céluta avec émotion, quel que soit ton cœur, tu ne « m'apprendras pas à aimer; mais ne crois pas non plus m'aveugler : je serai « maintenant aussi malheureuse que mon frère et aussi discrète que lui. Je sais « mourir de douleur; je ne sais pas perdre ma patrie. »

Mila embrasse Céluta. « Pardonne-moi, dit-elle, je suis trop au-dessous de
« toi pour te juger. »

Mila raconte à sa sœur comment elle a surpris la foi du jongleur. Céluta
blâme doucement son amie : « On ne fait pas impunément ce qui n'est pas bien,
« lui dit-elle; quand il n'y aurait que le tourment du secret que tu viens d'ap-
« prendre, secret dont tu réponds à présent devant ton pays, ne serais-tu pas
« déjà assez punie? »

Mila et Céluta se déterminèrent à aller trouver Outougamiz : elles le rencontrèrent sur le bord du fleuve, loin de la chasse, à laquelle il n'avait pris
aucune part. En voyant s'avancer les deux femmes, Outougamiz, pour la première fois, fut tenté de s'éloigner. Que pouvait-il leur dire? N'était-il pas aussi
malheureux qu'elles? Céluta lui dit en l'abordant : « Ne nous fuis pas; nous
« ne te demandons plus rien; nous connaissons tes malheurs. Mon frère, je
« ne t'accuse plus; je t'admire : tu es le génie de la vertu comme celui de
« l'amitié. » Outougamiz ne comprit pas sa sœur.

« Pleurons tous trois, dit Mila, nous savons tous trois le secret. »

— « Vous savez le secret! » s'écrie d'une voix formidable le jeune Indien.
« Qui vous l'a dit? ce n'est pas moi! je n'ai pas menti au Grand-Esprit! je
« n'ai pas violé le serment des morts! je n'ai pas tué la patrie! » Et, plein de
l'effroi du parjure, il échappe aux bras dans lesquels il eût voulu mourir. Mila
vole sur ses pas sans le pouvoir rejoindre. Céluta, abandonnée, se jette dans
une pirogue avec des chasseurs qui repassaient le fleuve, et regagne sa cabane.

Un ami qui disparaît au moment d'un grand danger laisse un vide immense :
Céluta appelle sa sœur en approchant de sa demeure; aucune voix ne lui répond : Mila n'était point rentrée sous le toit fraternel. Céluta pénètre dans la
cabane; elle en parcourt les différents réduits, revient à la porte, regarde dans
la campagne, et ne voit personne. Accablée de fatigue, elle s'assied près du
foyer, tenant sa fille dans ses bras. Là, se livrant à ses pensées, elle est encore
moins oppressée par le péril du moment que par le souvenir de la lettre de
René. La sœur d'Outougamiz n'était point aimée, elle ne le serait jamais! et
c'était celui qu'elle adorait, celui qu'elle cherchait à sauver aux dépens de ses
jours, qui lui avait fait ce barbare aveu! Céluta se trouvait tout à coup jetée
hors de la vie; elle sentait qu'elle s'enfonçait dans une solitude, comme l'être
mystérieux qui avait trop aimé René.

Le maukawis chanta le coucher du soleil, le pois parfumé de la Virginie
éclata à la première veille de la nuit, la fin de la nuit fut annoncée par le cri de
la cigogne, et l'amie de Céluta ne revint pas. L'aube ouvrit les barrières du ciel
sans ramener la nymphe, sa compagne fidèle : couronnée de fleurs, Mila paraissait chaque matin comme la plus jeune des Heures; précédant les pas de
l'Aurore, elle semblait lui donner ou tenir d'elle ses charmes et sa fraîcheur.

Quand Céluta vit poindre le jour, ses alarmes augmentèrent : que pouvait
être devenue sa sœur? Une pensée se présente à l'esprit de la fille de Tabamica : en demeurant avec Céluta, Mila n'habitait point sa propre cabane; la
cabane de Mila était celle d'Outougamiz. N'était-il pas possible qu'Outougamiz
eût voulu retourner à ses foyers, et que son épouse y fût rentrée avec lui?

Céluta passa à son cou l'écharpe où était suspendu un léger berceau : elle place dans le berceau cet enfant voyageur, qui souriait par-dessus l'épaule de sa mère. Elle sort, elle arrive bientôt au toit qui lui rappelle de si doux et de si tristes souvenirs; c'était là qu'elle habitait, avec Outougamiz, lorsque René la vint visiter; c'était par la porte entr'ouverte de cette cabane qu'elle avait aperçu l'étranger dans le buisson d'azaléas. Comme le cœur lui battit lorsque le guerrier blanc s'assit auprès d'elle! Avec quelles délices elle prépara le festin du serment de l'amitié! Qu'ils sont déjà loin ces jours qui virent naître un amour si tendre! Doux enchantements du cœur, projets d'un bonheur sans terme et sans mesure, qu'êtes-vous devenus? Cabane, qui protégeâtes la jeunesse d'Outougamiz et de Céluta, serez-vous changée comme vos maîtres? aurez-vous vieilli comme eux?

Oui, cette cabane n'était plus la même ; depuis longtemps inhabitée, elle était vide et sans génies tutélaires : quelques petits oiseaux y faisaient leurs nids, et l'herbe croissait alentour.

Environnée d'assassins, abandonnée de tous ses amis, livrée sans défense à l'amour impur du tuteur du Soleil, accablée du malheur et de l'indifférence de René, Céluta ne désirait plus qu'une tombe pour s'y reposer à jamais. Comme elle s'éloignait de la cabane, où elle n'avait trouvé personne, elle aperçut Adario qui cheminait lentement, traînant ses lambeaux, et s'appuyant sur le bras d'Outougamiz; elle fut frappée de terreur en remarquant que Mila n'était pas avec eux. Le vieillard penchait vers la terre; le poids du chagrin paternel avait enfin courbé ce front inflexible : Adario n'était plus qu'un mort resté quelques jours parmi les vivants, pour se venger.

Céluta s'avança vers lui. « Te voilà, ma fille, » lui dit-il d'une voix pleine d'une douceur inaccoutumée, « j'allais chez toi, mais puisque nous sommes au-
« près de la cabane de ton frère, arrêtons-nous là. Le vieux chasseur com-
« mence à trouver la course un peu longue ; il se repose partout où il rencontre
« un abri. »

Touchée du changement du vieillard, et attendrie par sa bonté, Céluta entra avec son frère et son oncle dans la cabane déserte. Ils furent obligés de s'asseoir sur le sol humide: « C'est ma couche de tous les jours, dit Adario; il faut
« que je m'habitue à la terre. »

Incertain, pour la première fois de sa vie, le sachem avait l'air de rassembler ses pensées, de chercher ses paroles. Outougamiz, se réveillant comme d'un songe, et reconnaissant le lieu où il était, dit en secouant la tête : « Adario,
« tu n'es pas prudent de m'avoir amené ici : tu veux que je tue René, et c'est
« ici même que je lui ai juré une amitié éternelle. J'ai juré depuis, il est vrai,
« que je le tuerais; mais, dis-moi, auquel des deux serments dois-je être fidèle?
« N'est-ce pas au premier? »

— « C'est à ta patrie que tu as fait le dernier, » répliqua Adario, « et tu l'as
« prononcé sur les os de tes aïeux. »

— « Sur des ossements apportés par le jongleur, » répondit Outougamiz;
« mais étaient-ce ceux de mes ancêtres? J'ai voulu connaître la vérité. Je suis
« allé cette nuit sur la tombe de mon père ; je me suis couché sur le gazon ; j'ai

« prêté l'oreille : mon père était dans sa tombe, car je l'entendais creuser avec
« ses mains pour venir vers moi. La couche de poussière, entre nous deux,
« n'était pas plus épaisse qu'une feuille de platane. Je sentais mon cœur re-
« froidir à mesure que le cœur du mort s'approchait de ma poitrine; il me
« communiquait ses glaces. J'étais calme et heureux: c'était comme le sommeil. »

— « Insensé ! s'écria Adario, ton amitié t'égare. »

— « Pour ce mot-là, dit Outougamiz, ne le prononce jamais, Adario ; tu
« n'entends rien à l'amitié. Si tu voulais appeler encore mon père en témoi-
« gnage contre moi, tu te tromperais, car il a reçu mon serment d'amitié dans
« cette cabane, ainsi que cette femme que tu ne daignes seulement pas regar-
« der, et qui pleure... Je vois René ; il vient réclamer, en ce lieu même, le ser-
« ment que je lui ai fait. Le manitou d'or s'agite sur ma poitrine : non, mon
« ami ! non, mon frère ! je ne renie point mon serment ! Approche, que je le
« renouvelle entre tes mains, entre celles de ma sœur : Je te jure... »

— « Impie ! » s'écrie Adario, lui portant une main ridée à la bouche ;
« crains que la terre ne te dévore comme l'onde a englouti Mila. »

— « Mila ! » dirent à la fois le frère et la sœur. »

— « Oui, Mila, » répète Adario d'une voix inspirée : « elle a su le secret, et
« elle a péri ! »

Outougamiz reste pétrifié; Céluta inonde la terre de ses larmes. Adario, un
bras levé entre son neveu et sa nièce, semble encore proférer le mot qui vient
de les anéantir : elle a péri !

Outougamiz se lève, prend sa sœur par la main, la contraint de se lever, la
regarde quelque temps en silence, et lui dit : « Il ne sera plus aimé. René ! le
« seul cœur qui t'aimât encore, le seul qui te voulût sauver, le seul qui protestât
« de ton innocence a cessé de battre ; car ma sœur et moi nous doutons ; nous
« sommes sans force, nous ne savons nous décider ni pour la patrie ni pour
« l'amitié. Céluta, j'ai perdu ma femme, tu as perdu ta compagne, celle qui
« t'a suivie à la cité des blancs, qui t'a soignée dans mon absence, qui t'a sou-
« tenue dans l'absence de cet autre que nous allons tuer. Mila morte ! René
« mort ! sa petite fille va bientôt mourir ! Chactas, qui s'en va aussi ! Céluta,
« resterons-nous seuls? »

Céluta ne pouvait répondre. Outougamiz se tourne vers Adario, toujours assis
à terre. Il lève son casse-tête, et dit : « Qui a tué Mila? »

— « Athaënsic, répond froidement Adario ; l'esprit de malheur l'a saisie :
« elle s'est elle-même précipitée dans le fleuve. »

— « Si je savais, » reprit le jeune Sauvage les dents serrées, qu'un homme
« eût porté la main sur Mila, fût-il mon propre père... Et puis j'irais trouver
« Chépar et me mettre à la tête des chairs blanches. »

Adario, se levant indigné, et secouant ses lambeaux : « J'ai cru, infâme,
« que tu n'en voulais qu'à mes cheveux blancs ; je te les livrais avec joie, afin
« de t'engager à garder le secret, à sauver la patrie : Je me disais : Il lui faut
« une libation de sang pour satisfaire au premier serment qu'il a fait ; qu'il la
« puise à mes veines ! Mais que l'ombre même de la pensée de trahir ton pays
« ait pu passer dans ton lâche cœur !... Retire-toi, scélérat ! je te vais livrer

« aux sachems qui te voulaient faire périr avec ta sœur, lorsqu'ils ont appris
« l'indiscrétion du prêtre. J'avais juré de votre vertu ; je m'étais engagé pour
« elle ; je venais demander à Céluta le serment du secret : vous êtes deux
« traîtres, et je vous abandonne. »

Adario fait un mouvement pour se retirer ; Céluta l'arrête. Désespérez de
« moi, lui dit-elle, mais non pas d'Outougamiz. »

— « Et pourquoi, dit celui-ci, veux-tu qu'il espère de moi ? Oui, je sauverai
« mon ami, si l'on ne me prévient par ma mort. »

« Allons, dit Adario, épouse fidèle, ami généreux, révélez le secret à René !
« livrez ensuite votre pays aux étrangers ; mais, dignes enfants, songez qu'a-
« vant cette victoire, il faut avoir incendié nos cabanes, il faut avoir égorgé
« vos proches et vos amis, il faut avoir arraché un à un les cheveux de la
« tête d'Adario, il faut avoir fait de son crâne la coupe du festin de René. »

Pendant ce discours affreux, Céluta et Outougamiz ressemblaient à deux
spectres. Adario s'approche de sa nièce. « Ma Céluta, lui dit-il, faut-il qu'A-
« dario tombe à tes pieds ? parle, et tu le verras à tes genoux, celui qui n'a
« jamais fléchi devant personne. Mon enfant ! René doit mourir quelque jour,
« puisqu'il est homme ; mais ta patrie, si tu le veux, ta patrie peut être im-
« mortelle. Ta cousine ! ma pauvre fille, n'a-t-elle pas perdu son fils unique ;
« et ne sais-tu pas par quelle main ? N'ai-je pas arraché ma postérité, pour
« qu'elle ne poussât pas des racines dans une terre esclave ? Regarde-moi, et
« ose dire qu'il ne m'en a rien coûté ! ose dire que mes entrailles déchirées ne
« saignent plus, que la plaie que je leur ai faite est guérie ! S'il reste des en-
« fants libres aux Natchez, Céluta, ils te devront leur liberté ; ils te souriront
« dans les bras de leur mère ; les bénédictions t'accompagneront quand tu tra-
« verseras les villages de ta patrie ; les sachems se rangeront avec respect sur
« ton passage ; ils s'écrieront : Faites place à Céluta ! Ces moissons florissantes,
« c'est toi qui les auras semées ; ces cris de joie et d'amour, c'est toi qui les
« exciteras. Qu'est-ce que le sacrifice d'une passion, que le temps doit éteindre,
« auprès de ces plaisirs puisés dans la plus grande des vertus ? Peux-tu ba-
« lancer ? peux-tu consentir à n'être qu'une femme vulgaire dans ta passion,
« qu'une femme criminelle dans ta conduite, quand tu peux te donner en
« exemple à l'univers ? »

Outougamiz avait écouté dans un sombre silence ; Céluta paraissait suspendue entre la mort et la vie. « Que veux-tu de moi ? » dit-elle d'une voix tremblante. « Un serment pareil à celui de ton frère, répond Adario : jure entre
« mes mains que tu garderas le secret ; que tu ne le révéleras pas au coupable,
« qui le divulguerait, à un homme dont tu ne possèdes pas même l'amour, et
« qui te trahissait comme la patrie. »

Ces mots entrèrent profondément dans le cœur de Céluta ; mais la noble créature, s'élevant au-dessus de son malheur, répondit : « Pourquoi supposes-tu
« que je ne possède pas le cœur de mon époux ? crois-tu par là me déterminer
« à l'immoler à ma tendresse méconnue ? Si René ne m'aime pas, c'est que je
« ne suis pas digne de lui ; c'est une raison de plus de le sauver, et, par mon
« dévouement, de mériter son amour. »

Elle s'arrête, car ses larmes, qu'elle avait retenues, et qui coulaient intérieurement, l'étouffaient : « Adario, reprit-elle, tu es ingrat : René, à la cité des « blancs, proposa sa tête pour la tienne... »

— « Ne crois pas ce mensonge, » dit Adario en l'interrompant ; « cette scène « était arrangée entre nos ennemis pour nous inspirer plus de confiance dans « un traître. »

— « Malheureux René ! s'écria Céluta, quel fatal génie fait méconnaître jus« qu'à ta vertu ! »

— « Céluta, dit Adario, le temps s'écoule. Les jeux vont être proclamés ; es« tu amie ou ennemie ? Déclare-toi ; range-toi du côté des blancs, ou jure le « secret. »

La sœur d'Outougamiz regarde autour d'elle ; elle croit entendre des voix lamentables sortir des bocages de la mort ; la fille de René gémit dans son berceau. Après quelques moments de silence : « Voici l'arrêt, » dit Céluta. Adario et Outougamiz écoutent.

« Mon frère a pu jurer, parce qu'il ne savait pas à quoi l'engageait son ser« ment ; moi, qui connais d'avance les conséquences de ce serment, je serais « une femme dénaturée si je le prononçais. Je ne jurerai donc point ; mais pour « te consoler, Adario, sache que si ma vertu ne me fait garder le secret, tous « les serments de la terre seraient inutiles. »

En prononçant ces mots, Céluta parut transfigurée et rayonnante : « C'est « assez ! » s'écrie Adario pressant sur son sein la main de cette femme ; « je suis « satisfait, les sachems le seront. Tu viens de faire un serment plus redou« table que celui que je te demandais. »

Adario retourne au conseil des sachems, et Outougamiz prête encore au vieillard l'appui de son bras. Céluta reprend le chemin de la cabane de René : son âme était comme un abîme où les chagrins divers roulaient confondus.

La plaie la plus récente devint peu à peu la plus vive : lorsque l'épouse de René, descendue au fond de son cœur, commença à débrouiller le chaos de ses souffrances, celle que lui causait la perte de Mila se fit cruellement sentir. Céluta se représentait tout ce que valait sa sœur : quelle inépuisable gaieté avec un cœur profondément sensible ! l'oiseau chantait moins bien que Mila, et elle aimait mieux. Les peines même qu'elle donnait étaient mêlées de plaisirs, et elle donnait tant de plaisir sans mélange de peines ! Ces cheveux charmants sont maintenant souillés dans les limons du fleuve ! cette bouche, que l'amour semblait entr'ouvrir, est remplie de sable ! Cette femme qui était tout âme il y a quelques heures, cette femme que la vie animait de toute sa mobilité, maintenant froide, fixée à jamais dans les bras de la mort ! Qu'elle a été vite oubliée, la tendre amie qui n'existait que pour ses amis ! Sa famille n'y pense déjà plus ; Outougamiz même a été entraîné ailleurs : personne ne rendra les honneurs funèbres à la jeune, à l'innocente, à la courageuse Mila.

Ces réflexions, auxquelles s'abandonnait Céluta en retournant à sa cabane, la firent changer de route ; elle chemina vers le fleuve pour y chercher le corps de son amie. Céluta avait injustement accusé son frère ; Outougamiz n'avait point oublié Mila. Après avoir reconduit Adario, il descendit au rivage du Meschacébé ; il regarda d'abord passer l'eau, et côtoya ensuite le fleuve, attentif à chaque objet que le courant entraînait, il crut ouïr un murmure : « Est-ce toi « qui parles, Mila? dit-il; es-tu maintenant une vague légère, une brise habi-« tante des roseaux? Te joues-tu, poisson d'or et d'azur, à travers les forêts « de corail? Mobile hirondelle, traces-tu des cercles à la surface du fleuve? « Sous ta robe de plume, d'écaille ou de cristal, ton cœur aime encore et plaint « René. »

Un jeune magnolia, que le Meschacébé avait environné dans sa dernière inondation, fixa longtemps les regards d'Outougamiz : il lui semblait voir Mila debout dans l'onde.

Outougamiz s'assit sur la rive : « Pourquoi, dit-il, Mila, ne me réponds-tu « pas, toi qui parlais si bien? Quand tu pleurais sur René, tes yeux étaient « comme deux perles au fond d'une source; ton sein, mouillé de larmes, était « comme le duvet blanc du jonc sur lequel le vent a fait jaillir quelques gouttes « d'eau. Tu étais tout mon esprit : à présent que je suis seul, je ne saurai com-« ment enlever mon ami aux sachems : puis tu étais si sûre de son innocence ! »

Mila, avant de disparaître, avait dit au frère et à la sœur qu'ils cherchaient des moyens extraordinaires de sauver René, tandis qu'il y en avait un tout naturel, auquel ils ne songeaient pas : c'était d'aller au-devant du guerrier blanc, de le retenir loin des Natchez autant de jours qu'il serait nécessaire pour le soustraire au péril. Mila avait ajouté que si René résistait, ils l'attacheraient au pied d'un arbre ; car elle mêlait toujours les raisons de l'enfance aux inspirations de l'amour et aux conseils d'une sagesse prématurée. Outougamiz, au bord du fleuve, se souvint du dernier conseil de Mila. « Tu as raison, » s'écria-t-il. Il jette au loin tout ce qui peut retarder la rapidité de sa course, et, trompant la vigilance des Allouez attachés à ses pas, il vole comme une flèche lancée par la main du chasseur.

A peine avait-il quitté le fleuve, que Céluta parut sur le rivage. Elle s'arrêtait à chaque pas, regardait parmi les roseaux, s'avançait sur la dernière pointe des promontoires, cherchait, comme on cherche un trésor, la dépouille de sa jeune amie; elle ne trouva rien. « Le Meschacébé est aussi contre nous, » dit-elle ; et elle retourna à sa cabane, épuisée de fatigue et de douleur.

Revenu de son ivresse, le jongleur avait conservé le sentiment confus de son indiscrétion : il courut en faire l'aveu au tuteur du Soleil.

Ondouré, après s'être emporté contre le prêtre, se hâta de rassembler le conseil. Il déclara qu'il était très-probable que Mila, instruite du secret, l'aurait révélé à Céluta; il annonça en même temps aux sachems qu'il n'y avait plus rien à craindre de Mila, car déjà elle n'existait plus. Adario s'opposa à tout arrêt de sang contre sa nièce, et s'engagea à obtenir d'elle un serment qu'elle tiendrait aussi religieusement qu'Outougamiz. Les vieillards cédèrent au désir d'Adario, il fut pourtant résolu que si le frère et la sœur laissaient échapper la moindre parole, on les immolerait à la sûreté de tous.

On mit aussi en délibération la mort immédiate de René, en cas qu'il revînt avant le jour du massacre; mais Adario fit remarquer que si l'on frappait ce traître isolément, on alarmerait les blancs ses complices; qu'on s'exposerait surtout aux effets du désespoir d'Outougamiz et de Céluta, lorsque ce désespoir pourrait encore nuire à l'exécution générale du complot. On trouva donc plus prudent de laisser les choses telles qu'elles étaient, et de ne faire aucun mouvement.

Il ne manquait au succès des plans d'Ondouré que la mort de Chactas, et les divers messagers commençaient à apporter la nouvelle de cette perte irréparable. Quant à la profanation de Céluta dans les bras d'un monstre, Ondouré se croyait déjà sûr de sa proie. Ces ressorts si compliqués, ces plans si tortueux, cette double intrigue dans le conseil aux Natchez et dans le conseil au fort Rosalie; cette trame si laborieusement ourdie et néanmoins si fragile; tout avait été imaginé et conduit par Ondouré, afin de satisfaire une passion criminelle et d'atteindre, par le triomphe de l'amour, au plus haut degré de l'ambition. Mais l'excès de l'orgueil et de la joie fut encore au moment de perdre Ondouré; il ne put s'empêcher d'aller insulter sa victime. Délivré de la présence de Mila, il osa paraître dans la solitude sacrée de Céluta; il osa prononcer des paroles de tendresse à la plus misérable des femmes, à celle dont presque tous les malheurs étaient son ouvrage. Ondouré oubliait que la jalousie comptait ses pas, et qu'il pouvait être puni par la passion même, cause première de tous ses crimes.

Or, des hérauts allaient publiant l'ouverture des grands jeux et la durée de ces jeux, qui devait être de douze jours. Tout était en mouvement parmi les Natchez et dans la colonie; car les Français, avides de plaisirs, même dans les bois, se promettaient d'assister à une fête pour eux si funeste. Le commandant, invité, regardant désormais les Natchez comme les sujets du roi de France, accordait toute sa protection à cette pompe nationale. Il avait reçu plusieurs fois des avis salutaires; mais Fébriano et les autres créatures d'Ondouré maintenaient Chépar dans son aveuglement; la fête même contribuait à le rassurer. « Des gens qui conspirent, disait-il, ne jouent pas à la balle et aux osselets. » Il y a un bon sens vulgaire qui perd les hommes communs.

De toutes parts des groupes, joyeusement assemblés, riaient, chantaient et dansaient en attendant l'ouverture des jeux. Les Chicassaws, les Yazous, les Miamis, tous les peuples entrés dans la conspiration, arrivaient au grand village. Là était campée une famille dont les femmes, encore chargées de bagages, déposaient à terre leur fardeau ou suspendaient aux arbres le berceau de leurs enfants. Ici, des Indiens allumaient le feu de leur camp et préparaient leur repas. Plus loin, des voyageurs lavaient leurs pieds dans un ruisseau, ou se délassaient étendus sur l'herbe. Au détour d'un bois paraissait une tribu qui s'avançait, couverte de poussière, dans l'ordre de marche : les oiseaux s'envolaient, les chevreuils s'enfuyaient ou s'arrêtaient curieusement sur les collines à regarder ce rassemblement d'hommes. Les colons, quittant leurs habitations, venaient jouir des préparatifs des jeux : ils ignoraient quelle couronne était promise aux vainqueurs.

La gerbe de roseaux avait été déposée dans le temple d'Athaënsic, sous l'autel de ce génie des vengeances. Un jongleur veillait à sa garde. Le premier roseau devait être retiré par trois sorcières dans la nuit qui suivait l'ouverture des jeux : partout où des colonies européennes étaient établies, même chose devait s'accomplir.

Un rayon d'espoir se glissait au fond du cœur de Céluta. René n'arrivait pas : encore quatorze jours d'absence, et il échappait à sa destinée. Quelque accident l'aurait-il retenu ? Outougamiz l'aurait-il rencontré, car Céluta ne doutait point que son frère, qu'on avait vu passer dans les bois, n'eût volé au-devant de son ami. Se laissant aller un moment à ces rêves de bonheur qui nous poursuivent jusqu'au sein de l'infortune, l'Indienne oubliait et les périls de chaque heure et les torts que pouvait avoir René : elle s'élevait en pensée au séjour des anges, tandis qu'elle était attachée à la terre, semblable au palmier qui réjouit sa tête dans la rosée du ciel, mais dont le pied s'enfonce dans un sable aride.

Les espérances de Céluta auraient été des craintes pour Ondouré, s'il n'avait su que le frère d'Amélie revenait après avoir échoué dans ses négociations, ce qui rendait l'auteur de la guerre avec les Illinois plus suspect que jamais aux Natchez. Ondouré savait encore qu'Outougamiz n'avait point rencontré René : les Allouez envoyés sur les traces du jeune Sauvage ne laissaient rien ignorer au tuteur du Soleil. Le bruit du prochain retour de René se répandit bientôt au grand village, et, en dissipant la dernière illusion de Céluta, acheva d'accabler cette femme déjà trop malheureuse.

Le jour de l'ouverture des jeux était enfin arrivé. A quelque distance du grand village s'étendait une vallée tout environnée de bois qui croissaient en amphithéâtre sur les collines, et qui formaient les entours de cette belle salle bâtie des mains de la nature : là devaient se célébrer les jeux; le jeu de la balle et ensuite celui des osselets. La fête commença au lever du soleil.

Le grand-prêtre s'avançait à la tête des joueurs : il tenait en main une crosse peinte en bleu, ornée de banderoles, de joncs et de queues d'oiseaux; des jongleurs, couronnés de lierre, suivaient le grand-prêtre. Venait ensuite Ondouré, conduisant son pupille, le jeune Soleil, âgé de huit ans : là Femme-Chef, le front pâle, accompagnait son fils. Derrière elle, rangés deux à deux, paraissaient les vieillards des Chicassaws, des Yazous, et des autres alliés. Une bande nombreuse de musiciens avec des conques, des fifres et des tambourins, escortait les sachems. Les jeunes guerriers demi-nus, et armés de raquettes, se pressaient pêle-mêle sur les pas de leurs pères. Une foule immense, composée d'enfants, de femmes, de colons, de soldats, de nègres, remplissait les bois de l'amphithéâtre. Chépar lui-même était là, entouré de ses officiers. Toutes les cabanes étaient désertes : la douleur seule était restée au foyer de René.

Les joueurs descendus dans l'arène, le grand-prêtre frappe des mains, et l'hymne des jeux est entonné en chœur. La première acclamation de cinq ou six peuples réunis fut étonnante : Céluta l'entendit sous son toit abandonné; c'était la voix de la mort appelant le frère d'Amélie.

CHOEUR GÉNÉRAL.

« Est-ce l'aile de l'oiseau qui fend l'air ? Est-ce la flèche qui siffle à mon
« oreille ? Non, c'est la balle qui fuit devant la raquette. O mon œil ! sois at-
« tentif à la balle, où je l'arracherai. Que dirait la raquette si elle restait veuve
« de la balle qu'elle aime ? »

LES JEUNES GUERRIERS.

« Empruntons les pieds du chevreuil pour marier la raquette à la balle. »

UN PRÊTRE.

« Les femmes étaient nées d'abord sans la moitié de leurs grâces : un jour
« le génie de l'Amour jouait à la balle dans les bois du ciel ; la balle va frapper
« à la poitrine la plus jeune des épouses du génie ; brisé par le coup, le globe
« se transforme en un double sein, dont la bouche d'un nouveau-né fit éclore
« le dernier charme. »

UN GUERRIER.

« La balle est un jeu noble et viril ; mais qui pourrait chanter les osselets ?
« c'est aux osselets que l'on gagne les richesses, c'est aux osselets qu'on ob-
« tient une tendre épouse. »

LES SACHEMS.

« C'est aux osselets qu'on perd la raison ; c'est aux osselets qu'on vend sa
« liberté. »

LES JONGLEURS.

« Deux parts ont été faites de nos destinées : l'une bonne, l'autre mauvaise.
« Le Grand-Esprit mit la première dans un osselet blanc, la seconde, dans un
« osselet noir. Chaque homme en naissant, avant qu'il ait les yeux ouverts,
« prend son osselet dans la main du Grand-Esprit. »

LES SACHEMS.

« Qu'importe que l'osselet de notre destinée soit noir ou blanc, nous jouons
« dans la vie assis sur une tombe : à peine avons-nous tiré notre osselet heu-
« reux ou fatal, la Mort, qui marque la partie, nous le redemande. »

Les joueurs se séparent en deux bandes ; les Natchez d'un côté, les Chicasaws de l'autre. A un signal donné, le plus adroit des guerriers natchez, placé à son poteau, frappe d'un coup de raquette la balle qui fuit, comme le plomb sort du tube enflammé des chasseurs ; un Chicassaws la reçoit et la renvoie avec la même rapidité. Elle est repoussée vers les Chicassaws, qui la reprennent de nouveau. Un mouvement général commence ; la balle est chassée et rechassée : tantôt elle vole horizontalement, et vous verriez les joueurs se baisser tour à tour comme des épis sous le passage d'une brise ; tantôt elle est lancée au ciel à perte de vue : tous les yeux sont levés pour la découvrir dans les airs, toutes les mains tendues pour la recevoir dans sa chute. Soudain des guerriers se jettent à l'écart, se groupent, s'entremêlent, se déploient, se rassemblent encore ; la balle saute à petits bonds sur leurs raquettes jusqu'au moment où un bras vigoureux, la dégageant du conflit, la reporte au centre de l'arène. Les cris d'espérance ou de crainte, les applaudissements et les risées, le bruit de la course, le sifflement de la balle, les coups de raquettes, la voix des marqueurs, les ronflements de la conque, font retentir les bois.

Au milieu de ce bruit et de ce mouvement les âmes étaient diversement occupées : les Français jouissaient en pleine confiance de ce spectacle, tandis que les conjurés comptaient leurs victimes. Il n'y avait rien de plus affreux que ces plaisirs qui couvraient le massacre de toute une colonie. Que d'hommes ont pris pour un jour de fête celui qui devait leur apporter la mort.

Les jeux furent suspendus pour le festin, servi à l'ombre d'une futaie d'érables, au bord d'un courant d'eau; ils recommencèrent ensuite : on ne savait de quel côté se déciderait la victoire, dont le prix était réglé à mille peaux de bêtes sauvages. Tout à coup le spectacle est interrompu; les sachems se lèvent, la foule se porte vers la colline du nord, on entend répéter ces mots : « Voici
« notre père, voici Chactas! Hélas! il est mourant! Outougamiz vient d'an-
« noncer son arrivée. »

En effet, Outougamiz, qui n'avait pas rejoint René, avait rencontré le sachem, que portait une troupe de jeunes Chéroquois. La réputation de Chactas était telle, que le commandant français lui-même suit la multitude pour aller au-devant du vieillard. La foule poussait des cris d'amour sur le passage de l'homme vénérable; mais les yeux étaient remplis de larmes, car on voyait que Chactas n'avait plus que quelques heures à vivre : son visage toujours serein annonçait l'extrême fatigue et la décrépitude; sa voix était si faible, qu'on avait de la peine à l'entendre. Cependant le sachem répondait avec sa bonté et son calme ordinaires à ceux qui lui adressaient la parole. Un jeune guerrier remarquant que les cheveux argentés du vieillard avaient encore blanchi : « C'est
« vrai, mon enfant, dit Chactas; j'ai pris ma parure d'hiver, et je vais m'en-
« fermer dans la caverne. » Un sachem du parti d'Ondouré lui parlait des jeux et de la paix de la patrie; il répondit : « L'eau est paisible au-dessus de la ca-
« taracte; elle n'est troublée qu'au-dessous. »

Outougamiz, qui marchait auprès du lit de feuillage sur lequel les Chéroquois portaient Chactas, passait d'un profond abattement à une incompréhensible joie : « Ah! disait-il tout haut, c'est ainsi que j'ai vu porter René quand je l'ai-
« mais, et que je ne le voulais pas tuer, avant que Mila m'eût quitté pour toujours. »

Ces deux noms frappèrent l'oreille de Chactas. « Mon excellent Outougamiz,
« lui dit-il, tu parles de René et de Mila; et Céluta, où est-elle? où sont mes
« chers enfants, pour que je les embrasse avant de mourir? »

— « Chêne protecteur! s'écria Outougamiz, nous allons tous nous mettre à
« l'abri sous ton ombre, excepté Mila, qui s'est fait une couche au fond des
« eaux. » — « Héroïque et bon jeune homme, dit Chactas, je crains que le
« chêne ne soit tombé avant qu'il t'ait pu garantir de l'orage. » Chactas demanda où était Adario; on lui dit qu'il habitait les forêts.

Ondouré, à ce triomphe de la vertu, éprouvait de mortelles inquiétudes. L'arrivée inattendue et la prolongation de la vie de Chactas semblaient déranger les projets du conspirateur. Il craignait que le sachem ne découvrît ses trames, et qu'un entretien secret d'un moment avec Céluta et Outougamiz ne détruisît l'œuvre de deux années. Désirant séparer le plus tôt possible Outougamiz de Chactas, Ondouré eut l'imprudence de s'avancer jusqu'à la couche du vieillard, pour le supplier de se livrer au repos. Chactas, le reconnaissant à la voix, lui dit :

« O le plus faux des hommes! tu n'as donc pas encore appris à rougir? »
— « Courage, Chactas! s'écria Outougamiz, tu parles tout comme Mila! »
Ondouré, balbutiant, avait perdu son effronterie accoutumée.

« Mes enfants! » dit Chactas, élevant la voix et s'adressant à la foule qu'il entendait autour de lui, mais qu'il ne voyait pas; « voilà un des plus dange-
« reux scélérats que la terre ait produits. C'est notre faiblesse qui fait sa ty-
« rannie; il y a longtemps que j'ai deviné les secrets de ce traître. »

Ces paroles violentes, dans la bouche d'un vieillard si modéré et si sage, produisirent un effet extraordinaire. Ondouré se crut perdu. Outougamiz encourageait le tumulte : « Allez chercher Céluta, s'écriait-il; voici que tout est
« arrangé : René est sauvé! Je ne le tuerai pas! Quel dommage que Mila soit
« morte! »

Quelques sachems restés fidèles à Chactas racontaient qu'Ondouré était vraisemblablement le meurtrier du vieux Soleil; qu'il avait séduit la Femme-Chef; qu'il s'était emparé de l'autorité par violence; qu'il méditait dans ce moment même d'autres forfaits. Les Sauvages étrangers paraissaient troublés. Le commandant français commençait à s'étonner de ce mot de complot redit de toutes parts. La destinée d'Ondouré ne semblait plus tenir qu'à un fil, lorsque les prêtres et les sachems du parti du traître répétèrent l'histoire du maléfice jeté par un magicien de la chair blanche sur Outougamiz et sur le vénérable Chactas. Les absurdités religieuses employées précédemment dans des occasions pareilles eurent leur succès accoutumé; la foule superstitieuse les crut de préférence à la vérité. Chactas fut porté à sa cabane. Chépar retourna au fort, toujours disposé par Fébriano à se confier à Ondouré, et à soupçonner le frère d'Amélie. Le soleil étant couché, les Sauvages remirent au lendemain la continuation des jeux.

Mais l'orage conjuré pour un moment menaçait d'éclater de nouveau. Chactas, à peine déposé dans sa cabane, avait demandé la convocation d'un conseil, désirant s'entretenir avec les sachems avant d'expirer. Il était impossible aux conjurés de se refuser au dernier vœu de l'illustre vieillard, sans se rendre suspects et odieux à la nation. Ondouré s'empressa de chercher Adario, et de lui parler de Chactas, dont la tête, disait-il, était affaiblie par les approches de la mort. Adario, regardant de travers le Sauvage : « Il te convient bien,
« misérable guerrier, de t'exprimer de la sorte sur le plus grand des sachems
« et sur l'ami d'Adario! Ote-toi de devant mes yeux, si tu ne veux que je pu-
« nisse tes paroles insensées. »

Ces deux vieillards étaient le désespoir d'Ondouré : Chactas ne connaissait point les desseins du scélérat, et les aurait renversés s'il les eût connus; Adario méprisait le tuteur du Soleil, et l'aurait poignardé s'il avait pu croire que, par le massacre des blancs, il aspirait à la tyrannie. Les sachems s'empressèrent de tenir le conseil dans la cabane de Chactas; Adario s'y rendit le premier.

Outougamiz était allé trouver sa sœur. Assise à ses foyers solitaires, et descendue dans son propre cœur, Céluta y avait remué, pour ainsi dire, tous ses chagrins; elle les en avait tirés l'un après l'autre : sa fille, Mila, Outougamiz, René, s'étaient tour à tour présentés à ses craintes et à ses regrets; elle n'avait oublié de pleurer que sur elle. Les grandes douleurs abrégent le temps comme les grandes joies; et les larmes qui coulent avec abondance emportent rapidement les heures dans leur cours. Céluta ignorait l'interruption des jeux, le retour de son frère, et l'arrivée de Chactas. Outougamiz se précipite dans la cabane et s'écrie :

« Me voici ! le voilà ! Chactas, Chactas lui-même ! Je l'ai trouvé au lieu de
« René; il est arrivé ! Nous serons tous sauvés ! Ah ! si Mila n'était pas morte !
« Elle s'est trop pressée ! Allons, prends ton manteau et ta fille, allons vite voir
« Chactas. Il est peut-être mort à présent, mais nous n'en sommes pas moins
« sauvés. »

A ces paroles inintelligibles pour tout autre que pour Céluta, l'Indienne éleva son cœur vers le Grand-Esprit et se hâta de chercher son manteau. Outougamiz lui ordonnait d'aller vite, prétendait l'aider, et ne faisait que retarder ses apprêts. Quand le frère et la sœur sortirent de la cabane, la nuit atteignait le milieu de son cours. Dans ce moment même les trois vieilles femmes attachées au culte d'Athaënsic entraient dans le temple, et, en présence du chef des prêtres, brûlaient un des roseaux de la gerbe : on aurait dit des Parques coupant le premier fil de la vie de René.

Outougamiz et Céluta arrivèrent à la cabane de Chactas : le conseil n'était pas fini, et les Allouez placés alentour les empêchèrent d'approcher. On n'a jamais su ce qui se passa dans ce conseil assemblé au bord du lit funèbre de Chactas, et présidé par la vertu mourante. Les gardes les plus voisins de la porte saisirent seulement quelques mots lorsque les voix s'élevaient au milieu d'une discussion animée. Une fois Chactas répondit à Adario :

« Je crois aimer la patrie autant que toi ; mais je l'aime moins que la vertu. »

Quelque temps après il dit : « J'ignore ce que vous prétendez ; mais quiconque
« est obligé de cacher ses actions ne fait rien d'agréable au Grand-Esprit. »

On entendit ensuite la Femme-Chef discourir d'un ton passionné, sans pouvoir recueillir ses paroles. Chactas dit après elle :

« Vous le voyez, cette femme est en proie aux remords ; elle ne dit pas tout ;
« mais sa conscience lui pèse : pourquoi son complice, l'infâme Ondouré, n'est-
« il pas ici ? »

Sur une observation qu'on lui faisait, sans doute, Chactas repartit :

« Je le sais : les jeunes guerriers doivent préférer les conseils d'Adario aux
« miens ; la jeunesse aime les brasiers qui se font sentir à une grande distance,
« et qui la forcent à reculer. Elle dédaigne ces feux mourants dont il se faut
« approcher pour recueillir une chaleur prête à s'éteindre. »

Adario répliqua quelque chose.

« Mon vieil ami, répondit Chactas, nous avons parcouru ensemble un long
« chemin. Je vous aime et vais vous attendre. Ne calomniez pas René : par-
« donnez-lui l'excès dans le bien, et ni vous ni moi ne vaudrons mieux que lui. »

Ici le trouble parut régner dans le conseil : les sachems parlaient ensemble ; la voix de Chactas ramena le silence ; il disait :

« Qu'entends-je ? il y a eu une assemblée générale des Natchez au rocher du
« lac ! Mila s'est précipitée dans le fleuve ! René est absent, et on l'accuse sans

« l'entendre ! Céluta est plongée dans la douleur ! Outougamiz paraît insensé
« Akansie se repent ! Les jeux proclamés semblent cacher quelque résolution
« funeste. On m'a éloigné, et mon retour jette de la confusion parmi vous !...
« Grand-Esprit ! tu me rappelles à toi avant que j'aie pu pénétrer ces mystères !
« que ta volonté soit faite : prends dans ta main puissante ce qui échappe à ma
« faible main. Adieu, chère patrie, je dois à mon âme le dernier moment
« qui me reste. Ici finissent entre moi et les hommes les scènes de la vie. Sa-
« chems, vous me donnez mon congé en me cachant vos secrets : je vais ap-
« prendre ceux de l'éternité. »

Après ces paroles, on n'entendit plus rien. Les sachems sortirent bientôt en silence, les yeux baissés et chargés de pleurs : ainsi de vieux chênes laissent tomber de leurs feuilles flétries les gouttes de rosée qu'y déposa une belle nuit. L'aube blanchissait l'horizon, et la Femme-Chef envoya chercher le tuteur du Soleil.

Outougamiz et Céluta entrèrent alors dans la cabane de Chactas. Le vieillard éprouvait dans ce moment une défaillance. Il avait prié, avant son évanouissement, qu'on le portât au pied d'un arbre, et qu'on lui tournât le visage vers l'orient, pour mourir. Quand il reprit ses sens, il reconnut à la voix Outougamiz et Céluta ; mais il ne leur put parler.

Adario n'était point sorti de la cabane avec les autres sachems ; il y était resté afin de faire exécuter la dernière volonté de son ami. Chactas fut porté sous un tulipier planté au sommet d'un tertre d'où l'on découvrait le fleuve et tout le désert.

L'aurore entr'ouvrait le ciel ; à mesure que la terre accomplissait sa révolution d'occident en orient, il sortait de dessous l'horizon des zones de pourpre et de rose, magnifiques rubans déroulés de leur cylindre. Du fond des bois s'élevaient les vapeurs matinales ; elles se changeaient en fumée d'or, en atteignant les régions éclairées par la lumière du jour. Les oiseaux-moqueurs chantaient ; les colibris voltigeaient sur la tige des anémones sauvages, tandis que les cigognes montaient au haut des airs pour découvrir le soleil. Les cabanes des Indiens, dispersées sur les collines et dans les vallées, se peignaient des rayons du levant : jusqu'aux bocages de la mort, tout riait dans la solitude.

Outougamiz et Céluta se tenaient à genoux à quelque distance de l'arbre sous lequel le sachem rendait le dernier soupir. Un peu plus loin, Adario debout, les bras croisés, le vêtement déchiré, le poil hérissé, regardait mourir son ami ; Chactas était assis et appuyé contre le tronc du tulipier : la brise se jouait dans sa chevelure blanchie, et le reflet des roses de l'aurore colorait son front pâlissant.

Faisant un dernier effort, le sachem tira de son sein un crucifix que lui avait donné Fénelon. « Atala, dit-il d'une voix ranimée, que je meure dans ta reli-
« gion ! que j'accomplisse ma promesse au père Aubry ! Je n'ai point été purifié
« par l'eau sainte ; mais je demande au ciel le baptême de désir. Vertueux
« chef de la prière, qui remis dans mes mains ce signe de mon salut, viens me
« chercher aux portes du ciel. Je donnerai peu de peine à la mort ; une partie
« de son ouvrage est déjà faite : elle n'aura point à clore mes paupières comme
« celles des autres hommes : je vais au contraire ouvrir à la clarté divine des
« yeux fermés depuis longtemps à la lumière terrestre. »

Chactas exhala la vertu avec son dernier soupir : l'arbre parfumé des forêts américaines embaume l'air quand le temps ou l'orage l'ont renversé sur son sol natal. Outougamiz et Céluta, ayant vu le sachem s'affaisser, se levèrent, s'approchèrent du tulipier et embrassèrent les pieds déjà glacés du vieillard : ils perdaient en lui leur dernière espérance. Adario s'éloigna sans prononcer un mot, comme le voyageur qui va bientôt rejoindre son compagnon parti quelques heures avant lui.

Les Sauvages étaient déjà rassemblés dans la vallée des Bois pour recommencer la partie de balle, lorsque la nouvelle du trépas de Chactas se répandit parmi la foule. On disait de toutes parts : « La gloire des Natchez est éteinte ! « Chactas, le grand sachem, n'est plus ! » Les jeux furent interrompus de nouveau ; la douleur était universelle. Quelques tribus indiennes, frappées de ce deuil qui venait se mêler à des fêtes, commencèrent à craindre la colère du ciel ; elles plièrent leurs tentes de peaux, et reprirent le chemin de leur pays.

Tout menaçait de ruine, encore une fois, les desseins d'Ondouré ; ses messagers secrets avaient perdu les traces du frère d'Amélie ; le conseil rassemblé autour de Chactas avait montré de l'hésitation ; la Femme-Chef, qui s'était presque dénoncée, ne voulait plus qu'une entrevue avec son complice pour céder ou pour résister aux remords. Au fort Rosalie, Chépar, malgré son aveuglement, ne se pouvait empêcher de réfléchir sur les avis que lui transmettaient chaque jour le père Souël, le gouverneur général de la Louisiane, et même le capitaine d'Artaguette ; avis que paraissait confirmer la désertion d'un grand nombre de nègres réfugiés dans les bois. Le ciel semblait enfin se déclarer pour l'innocence.

Les plus vieux parents de Chactas vinrent enlever son corps ; la cérémonie funèbre fut fixée au lendemain à la troisième heure du jour. Céluta, comme femme du fils adoptif de Chactas ; Outougamiz, comme frère de ce fils absent, furent prévenus qu'ils seraient chargés des fonctions d'usage ; ils reçurent l'ordre de s'y préparer.

Céluta passa sa solitaire journée à déplorer dans sa cabane la nouvelle perte qu'elle venait de faire. Ce retour continuel à un foyer désert, où elle ne trouvait personne pour la consoler, remplissait son imagination de terreur et son âme de tristesse. Où étaient René, Mila, Chactas, ces parents, ces amis, qui la soutenaient autrefois? Adario n'habitait plus que les lieux sauvages ; Outougamiz, chargé de sa propre douleur, jouissait à peine de sa raison. Dans la foule, aucun signe de pitié et de bienveillance ; partout des visages ennemis ou des sentiments pires que la haine.

René cependant ne paraissait point, bien que son retour fût annoncé ; et dans cette absence prolongée, Céluta entrevoyait une lueur d'espérance. Le malheur est religieux ; la solitude appelle la prière : Céluta pria donc. Tantôt elle demandait des conseils au Grand-Esprit des Indiens, tantôt elle s'adressait au Grand-Esprit des blancs : elle présentait à celui-ci l'innocente Amélie que l'eau du baptême avait rendue chrétienne, et qui pouvait invoquer mieux que sa mère le Dieu de René. Une idée frappe tout à coup Céluta, elle se lève, elle s'écrie : « Manitou protecteur de René, est-ce toi qui m'inspires ? »

CHATEAUBRIAND CHEVALIER DE MALTE.

LES NATCHEZ. 237

... première émotion afin de mieux réfléchir à son

Céluta s'efforce de calmer sa première émotion afin de mieux réfléchir à son dessein : plus elle l'examine, plus elle le trouve propice ; elle n'attend plus que la nuit pour l'exécuter.

Les ombres régnaient sur la terre ; la lune n'était point dans le ciel ; on distinguait seulement les grandes masses des bois et des rochers qui se dessinaient sur le fond bleu du firmament comme des découpures noires. Céluta sort de sa cabane avec une petite lumière enfoncée dans un nœud de roseau ; elle portait en outre des cordons de lin sauvage et un rouleau d'étoffe de mûrier. Plus légère qu'une ombre, elle vole à la caverne des Reliques ; elle y descend sans crainte, elle se pare des débris de la mort qu'elle attache autour d'elle et sur son front, comme une jeune fille ornerait sa tête et son sein pour plaire dans l'éclat d'une fête. Elle s'enveloppe ensuite du long voile de mûrier blanc, et, sous ce voile, elle cache sa lampe de roseau.

Quittant l'asile funèbre, elle traverse les campagnes que couvrait un brouillard ; elle dirigeait ses pas vers le temple d'Athaënsic pour dérober la gerbe fatale.

« Si j'enlève la gerbe, s'était-elle dit, les conjurés aux Natchez ne sauront
« plus à quoi se résoudre ; ils se croiront découverts ; ils se diviseront ; les uns
« voudront hâter l'exécution du complot, les autres l'abandonner : il faudra en-
« voyer des messagers aux nations qui doivent de leur côté exécuter le mas-
« sacre, afin de les prévenir de l'accident arrivé aux Natchez. Quelques rumeurs
« confuses parviendront aux oreilles des Français. Il est impossible que le
« projet n'avorte pas au milieu de cette confusion. Céluta, tu épargneras ainsi
« un crime à ta patrie, ou, si le meurtre général a lieu, René arrivera quand
« le coup sera porté : tu auras sauvé ton mari sans avoir révélé le secret, sans
« avoir menti à la promesse que tu as faite à Adario. »

Le temple d'Athaënsic était bâti au milieu d'une cyprière qui lui servait de bois sacré. Les révélations de Mila avaient appris à Céluta que la gerbe de roseaux était déposée sous l'autel. Dans l'intérieur du temple, un jongleur, remplacé de deux heures en deux heures par un autre jongleur, veillait au trésor de la vengeance ; au dehors une garde d'Allouez avait ordre de tuer quiconque s'approcherait du fatal édifice. Que ne peut l'amour dans le cœur d'une femme, même lorsqu'elle n'est pas aimée ! C'était cet amour qui avait inspiré à l'épouse de René l'idée d'emprunter la forme d'un fantôme. Intrépides sur le champ de bataille, les Sauvages prennent dans le silence ou le bruit de leurs forêts la croyance et la frayeur des apparitions. Leurs prêtres même, par une justice divine, éprouvent les terreurs superstitieuses qu'ils emploient pour tromper les hommes.

Arrivée à la cyprière, Céluta, se glissant d'arbre en arbre, se trouve bientôt à quelques pas du temple ; elle entr'ouvre son voile blanc, et laisse voir la figure de la mort à l'aide de la petite lampe. Le froissement du linceul qui traînait sur les feuilles parvient à l'oreille des Allouez : ils tournent les yeux du côté du bruit et aperçoivent le spectre. Les armes échappent à leurs mains ; les uns fuient, les autres, sentant défaillir leurs genoux, ont à peine assez de force pour se traîner dans les buissons voisins.

Céluta marche au temple, ouvre une des portes, se place sur le seuil. Le prêtre gardien était assis à terre ; l'apparition le frappe tout à coup : ses prunelles se dilatent, sa bouche s'entr'ouvre, sa peau frémit. L'Indienne franchit le seuil ; elle s'avance à pas mesurés, s'arrête, s'avance encore, et étend la main d'un squelette sur la tête du jongleur. Celui-ci veut crier, et ne peut trouver de voix : une sueur froide inonde son corps, ses dents claquent dans le frisson de la peur. Céluta achève sa victoire, touche d'une main glacée le front du prêtre : la victime tombe évanouie.

La fille de Tabamica est à l'autel ; elle en cherche de toutes parts l'ouverture ; vingt fois elle fait le tour de la pierre sans rien découvrir ; elle essaie de soulever la table sacrée, se baisse, se relève, porte la lampe à tous les points du tabernacle, renverse l'idole : le dépôt mystérieux échappe à ses perquisitions !

Le temps presse, les gardes et le jongleur peuvent revenir de leur épouvante. La sœur d'Outougamiz croit entendre des pas et des voix au dehors ; elle adresse des prières à l'Amour et à la Patrie ; elle promet des dons, des offrandes : s'il faut du sang pour celui qu'elle veut épargner, elle offre le sien. Les yeux obscurcis par les larmes du désespoir, l'Indienne tantôt regarde vers la porte du temple, tantôt examine de nouveau l'autel. N'a-t-elle pas senti fléchir une des marches de cet autel ? Son cœur bat ; elle s'agenouille, presse le cèdre obéissant, l'ébranle : la planche fuit horizontalement sous sa main. Joie et terreur ! espérance et crainte ! Céluta plonge son bras nu dans l'ouverture, et touche du bout des doigts la gerbe de roseaux.

Mais comment la retirer ? l'ouverture n'est pas assez large, et la planche arrêtée refuse de s'écarter. Il ne reste qu'un seul moyen, c'est de saisir les roseaux un à un ; trois fois Céluta plonge son bras dans l'ouverture, trois fois elle ramène quelques roseaux, comme si elle arrachait les jours de René à la destinée ! mais elle ne peut tout enlever ; les roseaux du dessous de la gerbe sont hors de la portée de sa main. La pieuse sacrilége se détermine à fuir avec son larcin : elle avait retiré huit roseaux, il n'en restait plus que trois dans l'habitacle, le douzième ayant été déjà brûlé. Elle sort du temple au moment même où le prêtre revenait de son évanouissement. Bientôt, enfoncée dans l'endroit le plus épais de la cyprière, elle détache son effroyable parure, roule son voile, rend les ossements à la terre, leur demandant pardon d'avoir troublé leur repos éternel. « Dépouille sacrée, leur dit-elle, vous apparteniez peut-« être à un infortuné, et vous avez secouru l'infortune ! »

Son succès n'était pas complet, mais du moins Céluta croyait avoir augmenté les chances de salut pour René. Si le massacre était avancé de huit jours, c'était huit jours à retrancher du nombre de ceux qui menaçaient la vie du frère d'Amélie. Il n'y avait plus que trois jours de péril : qui sait si l'absence de l'homme menacé ne se prolongerait pas au delà d'un terme désormais si court? Céluta, rentrée dans sa cabane, jette aux flammes les roseaux, s'approche de sa fille endormie sur un lit de mousse, la regarde à la lumière de cette même lampe qui avait servi à éclairer les ossements des morts. L'enfant s'éveille et sourit à sa mère ; la mère se penche sur l'enfant, le couvre de baisers : elle prenait le sourire de l'innocence pour une approbation de l'enlèvement des roseaux. Céluta n'avait d'autre conseil que cette petite Amélie qui, en venant au monde, n'avait pas réjoui le cœur paternel; que cette Amélie dont René voulait rester à jamais inconnu. C'était sur un berceau délaissé qu'une femme abandonnée consultait le ciel pour un époux malheureux, et interrogeait l'avenir.

Outougamiz se fait entendre et paraît sur le seuil de la cabane. Il avait passé le jour précédent et une grande partie de la nuit à explorer les chemins par où son ami pouvait revenir. Rien ne s'était présenté à sa vue. Il remarqua quelque chose de plus animé dans les regards de sa sœur. « Tu prends courage, « lui dit-il, pour assister aux funérailles de notre père. Dépêchons-nous, il est « temps de partir. »

Céluta ne crut pas devoir révéler à Outougamiz le larcin qu'elle venait de commettre, ni embarrasser son frère d'un nouveau secret. Elle se hâta de prendre ses habits de deuil. En se rendant de bonne heure au lit funèbre de Chactas, elle espérait éloigner encore les soupçons qui pourraient planer sur elle lorsque la disparition des roseaux serait connue.

Quand le frère et la sœur arrivèrent à la cabane de Chactas, le jour naissait. Les parents allument un grand feu; on purifie la hutte avec l'eau lustrale; on revêt le corps du sachem d'une superbe tunique et d'un manteau qui n'avait jamais été porté. Dans la chevelure blanche du vieillard on place une couronne de plumes cramoisies. Céluta et Outougamiz furent chargés de peindre les traits du décédé. Quel triste devoir! ils se mirent à genoux des deux côtés du corps étendu sur une natte. Lorsque les deux orphelins vinrent à se pencher sur le visage de leur père, leurs têtes charmantes se touchèrent et formèrent une voûte au-dessus du front de Chactas.

Un sachem, maître de la cérémonie funèbre, donnait les couleurs et en expliquait les allégories : le rouge étendu sur les joues devait être de différentes nuances, selon les morts : l'amour ne se colore pas du même vermillon que la pudeur, et le crime rougit autrement que la vertu. L'azur appliqué aux veines est la couleur du dernier sommeil; c'est aussi celle de la sérénité. Les pleurs de Céluta effaçaient son ouvrage. Il fallut finir par le terrible baiser d'adieu : les lèvres de l'amitié et de l'amour vinrent toucher ensemble celles de la mort.

Cela étant fait, des matrones donnèrent au vieillard l'attitude que l'enfant a dans le sein de sa mère; ce qui voulait dire que la mort nous rend à la terre, notre première mère, et qu'elle nous enfante en même temps à une autre vie.

Déjà la foule s'assemblait : les congrégations des prêtres, des sachems, des guerriers, des matrones, des jeunes filles, des enfants, arrivaient tour à tour et prenaient leur rang. Les sachems avaient tous un bâton blanc à la main; leurs têtes étaient nues, et leurs cheveux, négligés : Adario menait ces vieillards. Les Français et le commandant du fort se joignirent à la pompe funèbre, comme ils s'étaient mêlés aux jeux : le cortége, attendant la marche, formait un vaste demi-cercle à la porte de la cabane.

Alors on enleva les écorces de cette cabane du côté qui touchait au cortége, et l'on aperçut Chactas assis sur un lit de parade : derrière lui était couché, en travers, son cercueil, fait de bois de cèdre et de petits ossements entrelacés. Debout, derrière cette redoutable barrière, se tenait un sachem représentant Chactas lui-même, et qui devait répondre aux harangues qu'on lui allait adresser.

Les deux chiens favoris du mort étaient enchaînés à ses pieds; on ne les avait point égorgés selon l'usage, parce que le sachem abhorrait le sang ; d'ailleurs, il n'aurait aucun besoin de ses dogues pour chasser dans le pays des âmes; car il y serait employé, disait la foule, à gouverner les ombres. Le calumet de paix du vieillard reposait pareillement à ses pieds ; à sa gauche on voyait ses armes, honneur de sa jeunesse; à sa droite, le bâton sur lequel il appuyait ses vieux ans. Comme on est plus touché des vertus du sage que de celles du héros, la vue de ce simple bâton portait l'attendrissement dans tous les cœurs.

Adario commença les discours au nom des sachems; il s'avança à pas lents dans le cercle des spectateurs. Les bras croisés et le visage tourné vers son ami, il lui dit :

« Frère, vous aimâtes la patrie; frère, vous combattîtes pour elle; frère,
« vous l'enseignâtes de votre sagesse. Dire ce que vous avez fait est inutile :
« ennemi de l'oppresseur, vengeur de l'opprimé, tout en vous était indépen-
« dance. Votre pied était celui du chevreuil qui ne connaît point de barrière
« dont il ne puisse franchir la hauteur ; votre bras était un rameau de chêne qui
« se raidit aux coups de la tempête ; votre voix était la voix du torrent que rien
« ne peut forcer au silence. Ceux qui ont habité votre cœur savent qu'il était
« trop grand pour être resserré dans la petite main de la servitude. Quant à
« votre âme, c'était un souffle de liberté. »

Le sachem représentant Chactas répondit de derrière le cercueil :

« Frère, je vous remercie : je fus libre et le suis encore ; si mon corps vous
« semble enchaîné, vos yeux vous trompent : il est sans mouvement, mais on
« ne le peut faire souffrir ; il est donc libre. Quant à mon âme, je garde le secret.
« Adieu, frère ! »

— « Vous n'avez point parlé de votre amitié mutuelle ! » s'écria Outougamiz en se levant, à la grande surprise des spectateurs.

Adario et le sachem représentant Chactas se regardèrent sans répliquer une parole.

Le tuteur du Soleil s'avança pour prononcer un discours au nom des jeunes guerriers; mais un des bras de Chactas, plié de force, s'échappa comme pour repousser Ondouré. Une voix s'élève : « Il est désagréable aux morts, qu'il « s'éloigne ! »

Céluta, fille adoptive de Chactas, fut chargée de rattacher le bras du vieillard. Dans sa tunique noire et sa beauté religieuse on l'eût prise pour une de ces femmes qui se consacrent en Europe aux œuvres les plus pénibles de la charité.

Céluta, s'adressant au mort, lui dit : « Mon père, êtes-vous bien ? »

— « Oui, ma fille, » répliqua le sachem interprète ; « si dans le tombeau je
« me retourne pour me délasser, ma main s'étendra sur toi. »

Le représentant de Chactas répondit aux discours des mères, des veuves, des jeunes filles et des enfants.

Ces harangues extraordinaires finies, les parents poussèrent trois cris; trois sons des conques funèbres annoncèrent la levée du corps. Les huit sachems les plus âgés, au nombre desquels était Adario, s'avancèrent en exécutant la marche de la mort pour emporter Chactas : ils imitaient le bûcheron, le moissonneur, le chasseur, qui coupe l'arbre, rompt l'épi, perce l'oiseau. Adario dit à Chactas : « Frère, voulez-vous vous coucher ? »

Le truchement de la tombe répondit : « Frère, j'ai besoin de sommeil. »

Alors quatre des huit sachems de la mort formèrent en s'agenouillant un carré étroit; les autres sachems prennent le lit où reposait le défunt, le posent sur les quatre épaules des quatre sachems à genoux; ceux-ci se relèvent, et montrent à la foule ce qui n'était plus qu'une idole pour la patrie. Les quatre vieillards libres appuyaient de leurs bâtons, comme avec des arcs-boutants, le lit de Chactas : le cercueil, traîné sur des roues, suivait son maître comme le char vide du triomphateur. On marche aux bocages de la mort.

La tombe avait été marquée près du ruisseau de la Paix; la fosse était large et profonde, les parois en étaient tapissées des plus belles pelleteries. Les huit sachems de la mort déposèrent leur frère dans le cercueil, que l'on planta debout à la tête de la fosse ouverte. Le vieillard ainsi placé ressemblait à une statue dans un tabernacle. Les jeux funèbres commencèrent le long d'une vallée verte qui se prolonge à travers les bocages.

Ces jeux s'ouvrirent par la lutte des jeunes filles; la course des guerriers suivit la lutte; et le combat de l'arc, la course.

A un poteau peint de diverses couleurs était attaché par un pied, au bout d'une longue corde, un écureuil, symbole de la vie chez les Sauvages. L'animal agile tournait autour du poteau, descendait, remontait, descendait encore, sautait, courait sur le gazon, puis regagnait le haut du poteau, où il se tenait planté sur les pieds de derrière, en se couvrant de sa queue de soie : c'était le but que la flèche devait atteindre, et dont la mobilité fatiguait les regards. Un arc de bois de cyprès était le prix désigné au vainqueur.

Ce prix, ainsi que celui de la course, fut remporté par Outougamiz, qui disait à Céluta : « A qui l'offrirai-je? Mila est morte, René est absent, et je dois tuer
« mon ami s'il revient. »

Tandis qu'on était occupé de ces jeux, on vit arriver le grand-prêtre, l'air effaré, le vêtement en désordre, cherchant et demandant partout le tuteur du Soleil; on le lui montra dans la foule. Il courut à lui, l'entraîna au fond d'un des bocages, d'où il sortit avec lui quelque temps après. Ondouré paraissait ému; on le vit se pencher à l'oreille d'Adario et parler à plusieurs autres sachems. Le jongleur déclara qu'il avait vu des signes dans le ciel, que les augures n'étaient pas favorables, qu'il fallait abréger la cérémonie.

On se hâta de faire au trépassé les présents d'usage. Chactas fut descendu dans son dernier asile; et tandis qu'on élevait le mont du tombeau, le jongleur entonnait l'hymne à la mort.

LE GRAND-PRÊTRE.

« Est-ce un fantôme que j'aperçois, ou n'est-ce rien? C'est un fantôme! A
« moitié sorti d'une tombe fermée, il s'élève de la pierre sépulcrale comme
« une vapeur. Ses yeux sont le vide, sa bouche est sans langue et sans lèvres;
« il est muet, et pourtant il parle; il respire, et il n'a point d'haleine : quand
« il aime, au lieu de donner l'être, il donne le néant. Son cœur ne bat point.
« Fantôme, laisse-moi vivre! »

UNE JEUNE FILLE.

« Ma sœur, vois-tu ce petit ruisseau qui se perd tout à coup dans le sable ?
« comme il est charmant le long de ses rivages semés de fleurs ; mais comme
« il disparaît vite ! Entre son berceau caché sous les aunes et son tombeau sous
« l'érable, on compte à peine seize pas. »

CHOEUR DES JEUNES FILLES.

« Nous avons vu la jeune Ondoïa : ses lèvres étaient pâles, ses yeux ressem-
« blaient à deux gouttes de rosée troublées par le vent sur une feuille d'azaléa.
« Nous la vîmes entr'ouvrir un peu la bouche et rester la tête penchée. Nos
« mères nous dirent que c'était là mourir, qu'une seule nuit avait ainsi fané la
« jeune fille. Mères, est-ce qu'il est doux de mourir ? »

LES JEUNES GUERRIERS.

« Qu'il est insensé celui qui s'écrie : Sauvez-moi de la mort ! Il devrait plutôt
« dire : Sauvez-moi de la vie ! O mort que tu es belle au milieu des combats !
« que tu nous paraissais éloquente lorsque tu nous parlais de la patrie, en nous
« montrant la gloire ! »

LES ENFANTS.

« Il nous faut un berceau de trois pieds ; notre tombeau n'est pas plus long.
« Notre mère nous suffit pour nous porter dans ses bras aux bocages de la mort.
« Nous tomberons de son sein sur le gazon de la tombe, comme une larme du
« matin tombe de la tige d'un lis parmi l'herbe où elle se perd. »

LES SACHEMS.

« La mort est un bien pour les sages ; lui plaire est leur unique étude ; ils
« passent toute leur vie à en contempler les charmes. Cet infortuné se roule sur
« sa couche ; ses yeux sont ardents, jamais ses paupières ne les recouvrent ;
« son cœur est plein de soupirs : mais tout à coup les soupirs de son cœur
« s'exhalent ; ses yeux se ferment doucement, il s'allonge sur sa couche. Qu'est-
« il arrivé ? la mort. Infortuné, où sont tes douleurs ? »

CHOEUR DES PRÊTRES.

« La vie est un torrent : ce torrent laisse après lui, en s'écoulant, une ra-
« vine plus ou moins profonde, que le temps finit par effacer. »

L'hymne de la mort était à peine achevé que la foule se dispersa. Les paroles du grand-prêtre, au milieu de la pompe funèbre, faisaient le sujet de tous les entretiens et l'objet de toutes les inquiétudes. Mais déjà les sachems et les chefs des jeunes gens qui connaissaient le secret étaient convoqués au rocher du Conseil : le jongleur leur raconte l'apparition du fantôme, et la soustraction d'une partie des épis de la gerbe.

Les conjurés pâlissent. Outougamiz se lève ; il s'écrie :

« Vous le voyez, sachems, jamais complot plus impie ne fut formé par des
« hommes. Le Grand-Esprit le désapprouve ; il rappelle de la mort un de nos
« ancêtres pour enlever les roseaux sanglants. Le ciel a parlé, abandonnons

« un projet funeste. Quoi! ce sont ces hommes que vous avez invités à vos
« fêtes, qui, aujourd'hui même, ont rendu les derniers honneurs à Chactas;
« ce sont ces hommes que vous prétendez égorger! Ils avaient partagé vos plai-
« sirs et vos douleurs ; leurs rires et leurs larmes étaient sincères, et vous leur
« répondiez par de faux sourires et des larmes feintes! Sachems! Outougamiz
« ne sait point savourer le meurtre et le crime : il n'est point un vieillard, il
« n'est point un oracle ; mais il vous annonce, par la voix de ce manitou d'or
« qu'il porte sur son cœur, qu'un pareil forfait, s'il est exécuté, amènera
« l'extermination des Natchez et la ruine de la patrie. »

Ce discours étonna le conseil : on ne savait où Outougamiz le Simple avait trouvé de telles paroles ; mais, à l'exception de deux ou trois sachems, tous les autres repoussèrent l'opinion généreuse du jeune guerrier. Adario donna des louanges aux sentiments de son neveu; mais il s'éleva avec force contre les étrangers.

« Cessons, s'écria-t-il, de nous apitoyer sur le sort des blancs. A entendre
« Outougamiz, ne dirait-on pas que notre pays est libre, que nous cultivons
« en paix nos champs? Qu'est-il donc arrivé? quel heureux soleil a tout à coup
« brillé sur nos destinées? J'en appelle à tous les guerriers ici présents, ne
« sommes-nous pas dépouillés et plus opprimés que jamais? Il suffirait donc
« que ces étrangers qui ont tué mon fils, qui ont massacré la vieille compagne
« de mes jours, qui ont réduit ma fille au dernier degré de misère; il suffirait
« que ces étrangers vinssent se promener au milieu de nos fêtes, pour qu'A-
« dario oubliât ce qu'il a perdu, pour qu'il renonçât à une vengeance légitime,
« pour qu'il consentît à la servitude de sa patrie, pour qu'il trompât tant de
« nations associées à notre cause, et dont l'indépendance a été confiée à nos
« mains! Puisse la terre dévorer les Natchez avant qu'ils se rendent coupables
« d'une telle lâcheté, d'un aussi abominable parjure ! »

Adario fut interrompu par les acclamations les plus vives et par le cri répété de *mort aux blancs!*

Aussitôt que le vieillard se put faire entendre de nouveau, il reprit la parole :
« Sachems, abandonner l'entreprise est impossible ; mais exécuterons-nous
« notre dessein le jour où le dernier des trois roseaux qui restent sera brûlé;
« attendrons-nous le jour qui avait été marqué avant l'enlèvement des huit
« roseaux? Sachems, prononcez. »

Une violente agitation se manifesta dans l'assemblée : les uns demandaient que le massacre eût lieu aussitôt que les roseaux restants seraient brûlés ; ils prétendaient que telle était la volonté des génies, puisqu'ils avaient permis qu'une partie de la gerbe fût ravie sous l'autel; les autres insistaient pour qu'on ne frappât le grand coup qu'à l'expiration du terme primitivement fixé.

« Quelle folie! s'écriait le chef des Chicassaws, d'entreprendre la destruction
« de vos ennemis avant que toutes les chairs rouges soient arrivées! Il nous
« manque encore cinq tribus des plus puissantes. D'ailleurs ne ferons-nous pas
« avorter le dessein général en commençant trop tôt? Si le plan est exécuté ici
« huit jours avant qu'il le soit ailleurs, n'est-il pas certain que les autres co-
« lonies de nos oppresseurs échapperont à la vengeance commune, et que,

« bientôt réunies, elles viendront nous exterminer? Pour attaquer nos ennemis
« dans trois jours, il faudrait pouvoir prévenir de cette nouvelle résolution les
« divers peuples conjurés : or, trois jours suffisent-ils aux plus rapides messa-
« gers pour se rendre chez tous ces peuples? »

Ondouré appuya l'opinion des Chicassaws : René n'était pas arrivé ; le serait-il dans trois jours, et, si l'on précipitait le massacre, n'y pourrait-il pas échapper? Le tuteur du Soleil rejeta avec mépris l'idée que le Grand-Esprit avait envoyé un mort dérober les roseaux du temple ; il accusa de lâcheté les gardiens, et déclara que bientôt il connaîtrait le prétendu fantôme.

Le jongleur repoussa vivement cette attaque : soit qu'il crût ou ne crût pas au fantôme, il lui importait de défendre son art et de soutenir l'honneur des prêtres. Les Yazous, les Miamis et une partie des Natchez combattirent à leur tour l'avis des Chicassaws et d'Ondouré. Tous les guerriers parlaient à la fois ; des contradictions on en vint aux insultes : les conjurés se levaient, se rasseyaient, criaient, se saisissaient les uns les autres par le manteau, se menaçaient du geste, des regards et de la voix ; enfin, un sachem yazou, renommé parmi les Sauvages, parvint à se faire écouter : il combattit l'avis des Chicassaws.

Il soutint d'abord qu'il était possible qu'avant l'enlèvement d'une partie de la gerbe, il y eût déjà erreur ou dans le nombre des roseaux aux Natchez, ou dans celui des roseaux placés chez les autres nations; qu'ainsi rien ne prouvait que la vengeance pût être exécutée partout le même jour. Ensuite il ajouta que la disparition des huit roseaux dans le temple des Natchez était certainement un effet de la volonté des génies; que cette même volonté aurait aussi retiré le même nombre de roseaux chez tous les peuples conjurés, et que par conséquent l'extermination aurait lieu partout le même jour. A ces raisons politiques et religieuses le chef des Yazous joignit une raison d'intérêt, qui, faisant varier les Chicassaws, fixa l'opinion du conseil :

« Des pirogues chargées de grandes richesses pour les blancs du haut fleuve
« se sont, dit le sachem, arrêtées au fort Rosalie ; elles n'y resteront que quel-
« ques jours : si nous exterminons les Français avant le départ de ces pirogues,
« nous nous emparerons de ce trésor. »

Les Chicassaws, dont la cupidité était connue de tous les Indiens, feignirent d'être convaincus par l'éloquence du Yazou ; ils ne l'étaient que par leur avarice : ils revinrent à l'avis d'exécuter le plan arrêté dans la nuit où serait brûlé le dernier des trois roseaux restés sous l'autel. L'immense majorité du conseil adopta cette résolution.

On convint de continuer les grands jeux, comme si Chactas n'était pas mort, et comme si le jour de l'exécution n'était pas avancé. On convint encore de n'instruire les jeunes guerriers de la conjuration que quelques heures avant le massacre.

Ces délibérations prises, l'assemblée se sépara : Outougamiz sortit du conseil avec une espèce de joie. En traversant les forêts, au milieu de la nuit, pour retourner à la cabane de Céluta, il se disait : « Si René n'arrive pas dans trois « jours, il est sauvé ! » Mais bientôt il vint à penser que si René revenait avant l'expiration de ces trois jours, l'heure de sa mort serait considérablement avancée, et que l'on aurait huit jours de moins pour profiter des chances favorables.

Le jeune Sauvage se mit alors à compter le peu de moments que le frère d'Amélie avait peut-être à passer sur la terre; la nouvelle détermination du conseil avait forcé ses idées de se fixer sur un objet affreux; elle avait ravivé ses blessures; elle avait fait sortir son âme de l'engourdissement de la douleur. Le désespoir d'Outougamiz lui arracha des cris épouvantables, les échos répétèrent ses cris, et les Natchez, qui les entendirent, crurent ouïr le dernier soupir de la patrie.

Céluta reconnut la voix de son frère; elle sort précipitamment de son foyer, elle court dans les bois, elle appelle l'ami de René, elle le suit au cri de sa douleur.

« Qui m'appelle? » dit Outougamiz.

« C'est ta sœur, » répond Céluta.

« Céluta! » dit Outougamiz, s'approchant d'elle; si c'est toi, Céluta, oh! que « tu es malheureuse! »

— « René est-il mort! » s'écria Céluta en arrivant à son frère.

« Non, » repartit Outougamiz; mais l'heure de sa mort est avancée. C'est « dans trois jours le jour fatal! Dans trois jours c'en est fait de René, de moi, « de toi, de toute la terre. »

A peine avait-il prononcé ces mots, que Céluta, d'une voix extraordinaire et étouffée, murmura ces mots : « C'est moi qui le tue ! »

Par les paroles de son frère, Céluta avait tout à coup compris l'autre conséquence de l'anticipation du jour du massacre. En effet, si René, au lieu de prolonger son absence, reparaissait tout à coup aux Natchez, c'était sa femme alors qui, au lieu de le sauver par l'enlèvement des roseaux, aurait précipité sa perte. Longtemps Céluta, affaissée par la douleur, fit de vains efforts pour parler; enfin, la voix s'échappant en sanglots du fond de sa poitrine :

« C'est moi qui ai dérobé les roseaux! »

— « Malheureuse! s'écrie son frère, c'est toi!... toi! sacrilége, parjure, ho-« micide! »

— « Oui, reprit Céluta désespérée, c'est moi, moi qui ai tout fait! punis-« moi; dérobe-moi pour jamais à la lumière du jour, rends-moi ce service fra-« ternel. Les tourments de ma vie sont maintenant au-dessus de mon courage.»

Outougamiz anéanti s'appuyait contre le tronc d'un arbre : il ne parlait plus, sa douleur le submergeait : Il rompt enfin le silence :

« Ma sœur, dit-il, vous êtes très-malheureuse! très-malheureuse! plus mal-« heureuse que moi! »

Céluta restait muette comme le rocher. Outougamiz reprit : «Vous êtes obli-« gée en conscience d'être une seconde fois parjure, de révéler le secret à « René : ce secret est maintenant le vôtre; c'est vous qui assassinez mon ami; « mais je dois aussi vous dire une chose, c'est que moi me voilà forcé d'avertir « les sachems : vous ne voulez pas que je sois votre complice, que je trahisse « mon serment. »

Outougamiz s'arrêta un moment après ces mots; puis ajouta : « Oui, c'est « là notre devoir à tous deux : dites le secret à René, quand René reviendra, « moi je dirai votre secret aux sachems : si mon ami a le temps de se sauver,

« ma joie sera comme celle du ciel ; mais soyez prompte, car il faut que je
« révèle ce que vous allez faire. »

Le simple et sublime jeune homme s'éloigna.

Ondouré était revenu du conseil l'esprit agité : la majorité de l'assemblée s'était prononcée contre son opinion. Le crime perdait aux yeux de cet homme la plus grande partie de son charme, si René n'était enveloppé dans le massacre, et si Céluta n'était le prix du forfait. Il résolut de se rendre à la demeure de cette femme, que tout semblait abandonner, jusqu'à Outougamiz lui-même. Peut-être Céluta avait-elle reçu quelques nouvelles de René ; peut-être était-ce cette épouse ingénieuse et fidèle qui avait dérobé les roseaux du temple : il importait au tuteur du Soleil de s'éclairer sur ces deux points.

Il arriva à la cabane de Céluta au moment où la sœur d'Outougamiz venait d'en sortir, attirée au dehors par les cris de son frère. L'intérieur de la hutte était à peine éclairé par une lampe suspendue au foyer. Ondouré visita tous les coins de cet asile de la douleur; il ne trouva personne, excepté la fille de René, qui dormait dans un berceau auprès du lit de sa mère, et qu'il fut tenté de plonger dans un éternel sommeil.

La couche de la veuve et de l'enfant, au lieu d'appeler dans le cœur du monstre la pitié et le remords, n'y réveilla que les feux de l'amour et de la jalousie. Ondouré sentit une flamme rapide courir dans la moelle de ses os : ses yeux se chargèrent de voluptés, ses sens s'embrasèrent : l'obscurité, la solitude et le silence sollicitaient le désir. Ondouré se précipite sur la couche pudique de Céluta et lui prodigue les embrassements et les caresses; il y cherche l'empreinte des grâces d'une femme ; il y colle ses lèvres avides et couvre de baisers ardents les plis du voile qui avaient pu toucher ou la bouche ou le sein de la beauté. Dans sa frénésie, il jure qu'il périra ou qu'il obtiendra la réalité des plaisirs dont la seule image allume le désir des passions dans son âme. Mais Céluta, qui pleure au fond des bois avec son frère, ne reparaît pas, et Ondouré, dont tous les moments sont comptés, est obligé de quitter la cabane.

Une femme, ou plutôt un spectre, s'avance vers lui : à peine eut-il quitté le toit souillé de sa présence, qu'il se trouve face à face d'Akansie.

« J'ai trop longtemps, » dit la mère du jeune Soleil, « j'ai trop longtemps
« supporté mes tourments. Lorsque après avoir appris ta visite à ma rivale,
« je t'ai ordonné de comparaître devant moi, tu ne m'as pas obéi. Je te re-
« trouve sortant encore de ce lieu où tes pas et les miens sont enchaînés par
« Athaënsic : misérable ! je ne t'adresse plus de reproches, l'amour s'éteint
« dans mon cœur ; tu es au-dessous du mépris ; mais j'ai des crimes à expier,
« une vengeance à satisfaire. Je t'en ai prévenu, je vais me dénoncer aux sa-
« chems et te dénoncer avec moi : tes complots, tes forfaits, les miens, vont
« être révélés ; justice sera faite pour tous. »

Ondouré fut d'autant plus effrayé de ces paroles, qu'à la lumière du jour naissant il n'aperçut point sur le visage d'Akansie cette langueur qui lui apprenait autrefois combien la femme jalouse était encore amante : il n'y avait que sécheresse et désespoir dans l'expression des traits d'Akansie. Ondouré prend aussitôt son parti.

Non loin de la cabane de Céluta était un marais, repaire impur des serpents. Ondouré affecte un violent repentir; il feint d'adorer celle qu'il n'a jamais aimée; il l'entoure de ses bras suppliants, la conjure de l'écouter. Akansie se débat entre les bras du scélérat, l'accable de ces reproches que la passion trahie, que le mépris longtemps contenu, savent si bien trouver : « Si vous ne « voulez pas m'entendre, s'écrie le tuteur du Soleil, je vais me donner la mort. »

Akansie était bien criminelle, mais elle avait tant aimé! il lui restait de cet amour une certaine complaisance involontaire; elle se laisse entraîner vers le marais, prêtant l'oreille à des excuses qui ne la trompaient plus, mais qui la charmaient encore. Ondouré, toujours se justifiant et toujours marchant avec sa victime, la conduit dans un lieu écarté. Il affecte le langage de la passion : que son amante offensée daigne seulement lui sourire, et il va passer à ses pieds une vie de reconnaissance et d'adoration! Akansie sent expirer sa colère ; Ondouré, feignant un transport d'amour, se prosterne devant son idole.

Akansie se trouvait alors sur une étroite levée qui séparait des eaux stagnantes, où une multitude de serpents à sonnettes se jouaient avec leurs petits aux derniers feux de l'automne. Ondouré embrasse les pieds d'Akansie, les attire à lui; l'infortunée tombe en arrière, et roule dans l'onde empoisonnée ; elle y plonge de tout son poids. Les reptiles, dont le venin augmente de subtilité quand ils ont une famille à défendre, font entendre le bruit de la mort; s'élançant tous à la fois, ils frappent de leur tête aplatie et de leur dent creuse l'ennemie qui vient troubler leurs ébats maternels.

La joie du crime rayonna sur le front d'Ondouré. Akansie luttant contre un double trépas, au milieu des serpents et de l'onde, s'écriait : « Je l'ai bien mé- « rité! homme affreux! couronne tes forfaits; va immoler tes dernières vic- « times, mais sache que ton heure est aussi arrivée. »

— « Eh bien ! » répondit l'infâme, jetant le masque, « oui, c'est moi qui « te tue, parce que tu me voulais trahir. Meurs, tous mes forfaits sont les « tiens. Je brave tes menaces! désormais il n'est plus de rémission pour moi ; « mon dernier soupir sera pour un nouveau crime et pour un amour qui fait « ton supplice. Tu n'auras pas la tête de Céluta, mais je lui prodiguerai les « baisers que tu m'as permis de donner à cette tête charmante! »

Ondouré, mugissant comme s'il eût déjà habité l'enfer, abandonne la femme qui lui avait fait tous les sacrifices.

Dieu fit sentir à l'instant même à ce réprouvé un avant-goût des vengeances éternelles. Quelques chasseurs se montrèrent sur la levée; ils avaient reconnu le tuteur du Soleil, et s'avançaient rapidement vers lui. Akansie flottait encore sur les eaux : il était impossible de la dérober à la vue des chasseurs ; ils allaient s'empresser de la secourir : ne pouvait-elle pas conserver assez de vie pour parler quand elle serait déposée sur le rivage? L'effroi d'Ondouré glaça un moment son cœur; mais il revint bientôt à lui, et se montra digne de son crime. Le moyen de tromper qu'il prit n'était pas complétement sûr, mais il était le seul qui lui restât à prendre; il l'aurait du moins opposé à une accusation d'assassinat. Ondouré appelle donc les guerriers avec tous les signes du plus violent désespoir : « A moi, s'écriait-il, aidez-moi à sauver la

« Femme-Chef qui vient de tomber dans cet abîme; » et feignant de secourir Akansie, il essayait de lui plonger la tête dans l'eau.

Les chasseurs se précipitent, écartent les serpents avec des branches de tamarin, et retirent du marais la mère du jeune Soleil.

Elle ne donna dans le premier moment aucun signe de vie; mais bientôt quelques mouvements se manifestèrent, ses yeux s'ouvrirent, son regard fixe tomba sur Ondouré, qui recula trois pas, comme sous l'œil du Dieu vengeur.

Des cris étouffés, qui ressemblaient au râle de la mort, s'échappèrent peu à peu du sein d'Akansie. Elle s'agite et rampe sur la terre; on eût dit des reptiles qui l'avaient frappée. Sa peau, par l'effet ordinaire de la morsure du serpent à sonnettes, était marquée de taches noires, vertes et jaunes; une teinte livide et luisante couvre ces taches, comme le vernis couvre un tableau. Les doigts de la femme coupable étaient crevés; une écume impure sortait de sa bouche : les chasseurs contemplaient avec horreur le vice châtié de la main du Grand-Esprit.

Céluta, qui revenait des bois voisins, et qui regagnait sa cabane par la levée du marais, fut un nouveau témoin envoyé du ciel à cette scène. A l'aspect de la femme punie, elle fut saisie d'une pitié profonde et lui prodigua des soins et des secours. Akansie, reconnaissant la généreuse Indienne, fit des efforts extraordinaires pour parler, mais sa langue enflée ne laissait sortir de sa bouche que des sons inarticulés. Lorsqu'elle s'aperçut qu'elle ne se pouvait faire entendre, le désespoir s'empara d'elle; elle se roula sur la terre, qu'elle mordait dans les convulsions de la mort.

« Grand-Esprit, s'écria Céluta, accepte le repentir de cette pauvre femme! « pardonne-lui comme je lui pardonne, si jamais elle m'a offensée! »

A cette prière, des espèces de larmes voulurent couler des yeux d'Akansie; il se répandit sur son front une sérénité qui l'aurait embellie, si quelque chose avait pu effacer l'horreur de ses traits. Ses lèvres ébauchèrent un sourire d'admiration et de gratitude : elle expira sans douleur, mais en emportant le fatal secret. Ondouré, délivré de ses craintes, remercia intérieurement le ciel épouvanté de sa reconnaissance. Céluta, reprenant le chemin de sa retraite, disait au soleil qui se levait : « Soleil, tu viens de voir en deux matins la mort « de Chactas et celle d'Akansie; rends la mienne semblable à la première. »

Ondouré fit avertir les parents de la Femme-Chef d'enlever le corps d'Akansie : afin de ne pas effrayer l'imagination des conjurés par le spectacle d'une seconde pompe funèbre, les sachems décidèrent que les funérailles (qui ne devaient jamais être célébrées) n'auraient lieu qu'après le massacre.

Devenu plus puissant que jamais par la mort de la Femme-Chef, le tuteur du Soleil ne se souvenant ni d'avoir été aimé d'Akansie, ni de l'avoir assassinée, se rendit à la vallée des Bois. Les jeux avaient recommencé : Outougamiz, par ordre des vieillards, s'était venu mêler à ces jeux. Quelques moments de réflexion lui avaient suffi pour le tranquilliser sur le pieux larcin de sa sœur; il lui semblait moins nécessaire d'en instruire immédiatement le conseil, puisque René n'était pas arrivé, et que Céluta ne pouvait confier le secret à René absent. En supposant même le retour du frère d'Amélie, Outougamiz avait une telle confiance dans la vertu de Céluta, qu'il était sûr qu'elle se tairait, même après avoir rendu le secret plus fatal. Enfin, quand Outougamiz se hâterait de tout apprendre aux sachems, les sachems feraient peut-être mourir Céluta sans utilité pour personne; car le massacre n'en aurait pas moins lieu. Et qui pouvait dire s'il était bon ou mauvais que le jour de ce massacre fût retardé ou avancé pour le destin du guerrier blanc?

Telles étaient les réflexions d'Outougamiz. Le frère et la sœur comptaient maintenant chaque heure écoulée; ils regardaient si le soleil baissait à l'horizon, si l'éphémère, qui sort des eaux à l'approche du soir, commençait à voler dans les prairies; ils se disaient : « Encore un moment passé, et René n'est « pas revenu ! » Nos illusions sont sans terme ; détrompés mille fois par l'amertume du calice, nous y reportons sans cesse nos lèvres avides.

Les ennemis s'étant refusés à recevoir le calumet de paix, René avait renvoyé les guerriers porteurs des présents pour les Illinois, et il revenait seul aux Natchez. Accablé du passé, n'espérant rien de l'avenir, insensible à tout, hors à la raison de Chactas, à l'amitié d'Outougamiz et à la vertu de Céluta, il ne soupçonnait pas qu'on en voulût à sa vie; ses ennemis étaient loin de savoir à leur tour à quel point il y tenait peu. Les Natchez l'accusaient de crimes imaginaires; ils l'avaient condamné pour ces crimes, et il ne pensait pas plus aux Natchez qu'au reste du monde; ses idées comme ses désirs habitaient une région inconnue.

Un jour, dans la longue route qu'il avait à parcourir, il arriva à une grande prairie dépouillée d'arbres; on n'y voyait qu'une vieille épine couverte de fleurs tardives, qui croissait sur le bord d'un chemin indien. Le soleil approchait de son couchant lorsque le frère d'Amélie parvint à cette épine. Résolu de passer la nuit dans ce lieu, il aperçut un gazon sur lequel étaient déposées des gerbes de maïs; il reconnut la tombe d'un enfant et les présents maternels. Remerciant la Providence de l'avoir appelé au festin des morts, il s'assit entre deux grosses racines de l'épine, qui se tordaient au-dessus de la terre. La brise du soir soufflait par intervalles dans le feuillage de l'arbre ; elle en détachait les fleurs, et ces fleurs tombaient sur la tête de René en pluie argentée. Après avoir pris son repas, le voyageur s'endormit au chant du grillon.

La mère, qui avait couché l'enfant sous l'herbe au bord du chemin, vint à minuit apporter des dons nouveaux et humecter de son lait le gazon de la tombe. Elle crut distinguer une espèce d'ombre ou de fantôme étendu sur la terre; la frayeur la saisit, mais l'amour maternel, plus fort que la frayeur, l'empêche de reculer. S'avançant à pas silencieux vers l'objet inconnu, elle vit un jeune blanc qui dormait la face tournée vers les étoiles, un bras jeté sur sa tête. L'Indienne se glisse à genoux jusqu'au chevet de l'étranger, qu'elle prenait pour une divinité propice. Quelques insectes voltigeant autour du front de René, elle les chassait doucement dans la crainte de réveiller l'esprit, et dans la crainte aussi d'éloigner l'âme de l'enfant, qui pouvait errer autour du bon génie. La rosée descendait avec abondance : la mère étendit son voile sur ses deux bras, et le soutint ainsi au-dessus de la tête de René : « Tu réchauffes « mon enfant, » disait-elle en elle-même, « il est juste que je te fasse un abri. »

Quelques sons confus et bientôt quelques paroles distinctes échappent aux lèvres du frère d'Amélie ; il rêvait de sa sœur : les mots qu'il laissait tomber étaient tour à tour prononcés dans sa langue maternelle et dans la langue des Sauvages. L'Indienne voulut profiter de cet oracle ; elle répondait à René à mesure qu'il murmurait quelque chose. Il s'établit entre elle et lui un dialogue :

« Pourquoi m'as-tu quitté ? » dit René en natchez.

« Qui ? » demanda l'Indienne.

René ne répondit point.

« Je l'aime, » dit le frère d'Amélie un moment après.

« Qui ? » dit encore l'Indienne.

« La mort, » repartit René en français.

Après un assez long silence, René dit : « Est-ce là le corps que je portais ? » Et il ajouta d'une voix plus élevée : « Les voici tous : Amélie, Céluta, Mila, Ou-« tougamiz, Chactas, d'Artaguette. »

René poussa un soupir, se tourna du côté du cœur et ne parla plus.

Le bruit que l'Indienne fit malgré elle, en se voulant retirer, réveilla le frère d'Amélie. Il fut d'abord étonné de voir une femme à ses côtés, mais il comprit bientôt que c'était la mère de l'enfant dont il foulait le tombeau. Il lui imposa les mains, poussa les trois cris de douleur, et lui dit : « Pardonne-moi, j'ai « mangé une partie de la nourriture de ton fils ; mais j'étais voyageur, et j'a-« vais faim ; ton fils m'a donné l'hospitalité. »

— « Et moi, dit l'Indienne, je croyais que tu étais un génie, et je t'ai in-« terrogé pendant ton sommeil. »

— « Que t'ai-je dit ? » demanda René. « Rien, » repartit l'Indienne.

René s'était égaré : il s'enquit du chemin qu'il devait suivre : « Tu tournes « le dos aux Natchez, » répondit la femme sauvage ; en continuant à marcher « vers le nord, tu n'y arriveras jamais. » Destinée de l'homme ! si René n'eût point rencontré cette femme, il se fût éloigné de plus en plus du lieu fatal. L'Indienne lui montra sa route, et le quitta après lui avoir recommandé l'enfant qu'elle avait perdu.

Il se leva enfin le jour qui devait être suivi d'une nuit si funeste ! Céluta et son frère le passèrent à parcourir les bois, toujours dans la crainte d'y rencontrer René, toujours dans l'espoir de l'arrêter s'ils le rencontraient, toujours regrettant Mila, si légère dans sa course, si heureuse dans ses recherches.

Le jeu des osselets, commencé après la partie de la balle, gagnée par les Natchez, avait continué dans la vallée des Bois. Une heure avant le coucher du soleil, la sachem d'ordre se présente aux différents groupes des joueurs, et dit à voix basse :

« Quittez le jeu, retournez à vos tentes ; attendez-y le sachem de votre nation. »

Les jeunes gens se regardent avec étonnement, et, laissant tomber les osselets, se retirent. La nuit vint. Le ciel se couvrit d'un voile épais : toutes les brises expirèrent ; des ténèbres muettes et profondes enveloppèrent le désert.

Après mille courses inutiles, Céluta était rentrée dans sa cabane : quelques heures de plus écoulées, et René était mort ou sauvé ! L'amante qui tant de fois avait désiré le retour de son bien-aimé, l'épouse qui si souvent s'était levée avec joie, croyant reconnaître les pas de son époux, tremblait à présent au moindre bruit, et n'implorait que le silence. Naguère Célula eût donné tout son sang pour épargner la plus petite douleur au frère d'Amélie ; maintenant elle eût béni un accident malheureux qui, sans être mortel, eût arrêté le guerrier blanc loin des Natchez.

Au fort Rosalie on était loin d'être rassuré : Chépar seul s'obstinait à ne vouloir rien voir. De nouveaux courriers du gouverneur général, du capitaine d'Artaguette et du père Souël annonçaient l'existence d'un complot. Le conseil était rassemblé, et le nègre Imley, saisi dans les bois, avait été amené devant ce conseil.

Les renseignements envoyés par le missionnaire étaient exacts et détaillés, ils désignaient Ondouré comme chef de la conjuration. Imley interrogé nia tout, hors ce qu'il ne pouvait nier, sa propre fuite. Il dit qu'il avait quitté son maître comme l'oiseau reprend sa liberté quand il trouve la porte de sa cage ouverte. Pressé par des questions insidieuses, et certain qu'il était d'être condamné à mort, le nègre, au lieu de répondre, se prit à railler ses juges : il répétait leurs gestes, affectait leur air, contrefaisait leur voix avec un talent d'imitation extraordinaire. Fébriano surtout excitait sa verve comique, et il fit du commandant une copie si ressemblante, qu'un rire involontaire bouleversa le conseil. Chépar, furieux, ordonna d'appliquer l'esclave à la torture, ce qui fut sur-le-champ exécuté. L'Africain brava les tourments avec une constance héroïque, continuant ses moqueries au milieu des douleurs, et ne laissant pas échapper un mot qui pût compromettre le secret des Sauvages. On le retira de la gêne pour le réserver au gibet. Alors il se mit à chanter Izéphar, à rire, à tourner sur lui-même, à frapper des mains, à gambader malgré le disloquement de ses membres, et tout à coup il tomba mort : il s'était étouffé avec sa langue, genre de suicide connu de plusieurs peuplades africaines. Mélange de force et de légèreté, le caractère d'Imley ne se démentit pas un moment : ce noir n'aima que l'amour et la liberté, et il traita l'un et l'autre avec la même insouciance que la mort et la vie.

Le commandant regarda l'aventure d'Imley comme celle d'un esclave fugitif qui n'avait aucun rapport avec les desseins qu'on supposait aux Sauvages. Il traita les missionnaires de poltrons ; il accusa les colons de répandre inconsidérément des alarmes aussitôt qu'ils perdaient un nègre. Poussé par Fébriano, vendu aux intérêts d'Ondouré, mais qui ignorait le complot, Chépar s'emporta jusqu'à faire mettre aux fers des habitants qui demandaient à s'armer et parlaient de se retrancher sur les concessions. Il refusait de croire à une conjuration qui s'achevait en ce moment même sous ses pas, dans le sein de la terre.

Les jeunes guerriers, après avoir quitté les jeux, s'étaient armés. Le sachem d'ordre avait reparu : heurtant doucement dans les ténèbres à la porte de chaque cabane, il avait dit :

« Que les jeunes guerriers se rendent par des chemins divers au lac souter« rain, ils y trouveront les sachems ; que les femmes, après le départ des guer« riers, s'enferment dans leurs cabanes ; qu'elles y veillent en silence et sans
« lumière. »

Aussitôt les jeunes guerriers se glissent à travers les ténèbres jusqu'au lieu du rendez-vous. Les portes des huttes se referment sur les femmes et sur les enfants ; les lumières s'éteignent : tous les Sauvages quittent le désert, hors quelques sentinelles placées çà et là derrière les arbres. Outougamiz, avec le reste de sa tribu, descendit au lac souterrain.

A l'orient du grand village des Natchez, dans la même cyprière où s'élevait le temple d'Athaënsic, s'ouvre perpendiculairement, comme le soupirail d'une mine, une caverne profonde. On n'y peut pénétrer qu'à l'aide d'une échelle et d'un flambeau. A la profondeur de cent pieds se trouve une grève qui borde un lac. Sur ce lac, semblable à celui de l'empire des ombres, quelques Sauvages, pourvus de torches et de fanaux, eurent un jour l'audace de s'embarquer. Autour du gouffre ils n'aperçurent que des rochers stériles hérissant des côtes ténébreuses, ou suspendues en voûtes au-dessus de l'abîme. Des bruits lamentables, d'effrayantes clameurs, d'affreux rugissements, assourdissaient les navigateurs à mesure qu'ils s'enfonçaient dans ces solitudes d'eau et de nuit. Entraînés par un courant rapide et tumultueux, ce ne fut qu'après de longs efforts que ces audacieux mortels parvinrent à regagner le rivage, épouvantant de leurs récits quiconque serait tenté d'imiter leur exemple.

Tel était le lieu que les conjurés avaient fixé pour celui de leur assemblée. C'était de cette demeure souterraine que la liberté du Nouveau-Monde devait s'élancer, qu'elle devait rappeler à la lumière du jour ces peuples ensevelis par les Européens dans les entrailles de la terre. Déjà les jeunes guerriers étaient réunis et attendaient la révélation du mystère que les sachems leur avaient promise.

Au bord du lac était un grand fragment de rocher ; les jongleurs l'avaient transformé en autel. On y voyait, à la lueur d'une torche, trois hideux marmousets de tailles inégales. Celui du centre, manitou de la liberté, surpassait les autres de toute la tête ; dans ses traits grossièrement sculptés on reconnaissait le symbole d'une indépendance rude, ennemie du joug des lois, impatiente même des chaînes de la nature. Les deux autres figures représentaient, l'une les chairs rouges, l'autre les chairs blanches. Un feu d'ossements brûlait devant ces idoles, en jetant une lumière enfumée et une odeur pénétrante. Du sang humain, des poisons exprimés de divers serpents, des herbes vénéneuses, cueillies avec des paroles cabalistiques, remplissaient un vase de cyprès. Un vent nocturne se leva sur le lac, dont les flots montèrent aux voûtes de l'abîme ; la tempête dans les flancs de la terre, les idoles menaçantes, le bassin de sang, le feu mortuaire, les prêtres agitant des vipères avec des évocations épouvantables, la foule des Sauvages, dans leurs habillements bizarres et divers ; toute cette scène, entourée par les masses des rochers souterrains, donnait une idée du Tartare.

Soudain un des jongleurs, les bras tendus vers le lac, s'écrie « : Divinité de la « vengeance, est-ce toi qui sors de l'abîme avec cet orage ? Oui, tu viens : re- « çois nos vœux ! »

Le jongleur lance une vipère dans les flots ; un autre prêtre répand le bassin de sang sur le feu : une triple nuit s'étend sous les voûtes.

Quelques minutes s'écoulent dans l'obscurité, puis tout à coup une vive clarté illumine les vagues orageuses et les rochers fantastiques. Les idoles ont disparu ; on n'aperçoit plus sur la pierre, autel de la vengeance, que le vieillard Adario vêtu de la tunique de guerre, appuyé d'une main sur son casse-tête, tenant de l'autre un flambeau.

« Guerriers, dit-il, la liberté se lève, le soleil de l'indépendance, resté de-
« puis deux cent cinquante neiges sous l'horizon, va éclairer de nouveau nos
« forêts. Jour sacré, salut ! Mon cœur se réjouit à tes rayons, comme le chêne
« décrépit au premier sourire du printemps ! Pour toi Adario a dépouillé ses
« lambeaux, il a lavé sa chevelure comme un jeune homme, il renaît au souffle
« de la liberté.

« Donnez trois poignards. »

Le sachem jette trois poignards du haut du roc.

« Jeunes guerriers, vous n'êtes pas assemblés ici pour délibérer; vos sa-
« chems ont prononcé pour vous au rocher du lac, dans le conseil général des
« peuples ; ils ont juré de purger nos déserts des brigands qui les infestent.
« Vous êtes venus seulement pour dévorer les ours étrangers. Le moment du
« festin est arrivé. Vous ne quitterez ces voûtes que pour marcher à la mort ou
« à la liberté. C'est la dernière fois que vous aurez été obligés de vous cacher
« dans les profondeurs de la terre, pour parler le langage des hommes.

« Donnez la hache. »

Adario jette à ses pieds une hache teinte de sang.

Un cri de surprise mêlé de joie échappe au bouillant courage des jeunes guerriers. Adario reprend la parole :

« Tout est réglé par vos pères. Plongés dans le sommeil, nos oppresseurs ne
« soupçonnent pas la mort. Nous allons sortir de cette caverne divisés en trois
« compagnies : je conduirai les Natchez, et les mènerai, au travers des ombres,
« à l'escalade du fort. Vous, Chicassaws, sous la conduite de vos sachems, vous
« formerez le second corps; vous attaquerez le village des blancs, au fort Rosalie.
« Vous, Miamis et Yazous, composant le troisième corps, guidés dans vos ven-
« geances par Ondouré et par Outougamiz, vous détruirez les blancs dont les
« demeures sont dispersées dans les campagnes. Les esclaves noirs, qui comme
« nous vont briser leurs chaînes, seconderont nos efforts.

« Tels sont, ô jeunes guerriers ! les devoirs que vous êtes appelés à remplir.
« Il ne s'agit pas de la cause particulière des Natchez : le coup que vous allez
« porter sera répété dans un espace immense. A l'instant où je vous parle,
« mille nations, comme vous cachées dans les cavernes, vont en sortir comme
« vous, pour exterminer la race étrangère; le reste des chairs rouges ne tar-
« dera pas à vous imiter.

« Quant à moi, je n'ai plus qu'un jour à vivre : la nuit prochaine j'aurai
« rejoint Chactas, ma femme et mes enfants : il ne m'a été permis de leur sur-
« vivre que pour les venger. Je vous recommande ma fille. »

Il dit, et jette son casse-tête au milieu des jeunes guerriers.

Une acclamation générale ébranle les dômes funèbres : « Délivrons la patrie ! »

On vit alors un jeune guerrier monter sur la pierre auprès d'Adario : c'était Outougamiz ; il dit ;

« Vous avez voulu me faire tuer le guerrier blanc, mon ami. Il n'est point
« arrivé ; ainsi je ne le tuerai pas, mais je tuerai quiconque le tuera ! Vous
« voulez que j'égorge des chevreuils étrangers pendant la nuit ; je n'assassi-
« nerai personne. Quand le jour sera venu, si l'on combat, je combattrai.
« J'avais promis le secret, je l'ai tenu : dans quelques heures la borne de mon
« serment sera passée, je serai libre; j'userai de ma liberté comme il me plaira.
« Guerriers, je ne sais point parler, parce que je n'ai point d'esprit; mais si je
« suis comme un ramier timide pendant la paix, je suis comme un vautour pen-
« dant la guerrre : Ondouré, c'est pour toi que je dis cela : souviens-toi des
« paroles d'Outougamiz le Simple. »

Outougamiz saute en bas du rocher, comme un plongeur qui se précipite dans les vagues; quelque temps après on le chercha, et on ne le trouva plus.

Ondouré n'avait remarqué du discours du frère de Céluta que le passage où le jeune homme s'était applaudi de l'absence de René. Le tuteur du Soleil ressentait de cette absence les plus vives alarmes; il se voyait au moment d'exécuter le dessein qu'il avait conçu sans atteindre le principal but de ce dessein. Céluta, en dérobant les roseaux, pouvait s'applaudir d'avoir obtenu ce qu'elle avait désiré, d'avoir sauvé son époux. Il n'y avait aucun moyen pour Ondouré de reculer la catastrophe; et, comme dans toutes les choses humaines, il fallait prendre l'événement tel que le ciel l'avait fait.

Les guerriers sortirent du lac souterrain, et, cachés dans l'épaisseur de la cyprière, ils se divisèrent en trois corps. Assis à terre dans le plus profond silence, ils attendirent l'ordre de la marche. Minuit approchait; le dernier roseau allait être brûlé dans le temple.

Que différemment occupée était Céluta dans sa cabane ! Tressaillant au plus léger murmure des feuilles, les yeux constamment fixés sur la porte, comptant, par les battements de son cœur, toutes les minutes de cette dernière heure, elle n'aurait pu supporter longtemps de telles angoisses sans mourir. A force d'avoir écouté le silence, ce silence s'était rempli pour elle de bruits sinistres : tantôt elle croyait ouïr des voix lointaines; tantôt il lui semblait entendre des pas précipités. Mais n'est-ce point en effet des pas qui font retentir le sentier désert? ils approchent rapidement. Céluta ne peut plus se tromper; elle se veut lever, les forces lui manquent; elle reste enchaînée sur sa natte, le front couvert de sueur. Un homme paraît sur le seuil de la porte : ce n'est pas René! c'est le bon grenadier de la Nouvelle-Orléans, le fils de la vieille hôtesse de Céluta, le soldat du capitaine d'Artaguette.

Il apportait un billet écrit du poste des Yazous par son capitaine. Quel bonheur, quel soulagement, dans la crainte et l'attente d'une grande catastrophe, de voir entrer un ami au lieu de la victime ou de l'ennemi que l'on attendait ! Céluta retrouve ses forces, se lève, court les bras ouverts au grenadier; mais tout à coup elle se souvient du péril général; René n'est pas le seul Français menacé, tous les blancs sont sous le poignard; un moment encore et Jacques peut être égorgé. « Fils de ma vieille mère de la chair blanche, s'écrie-t-elle,
« celui que vous cherchez n'est pas ici ; retournez vite sur vos pas, vous n'êtes pas
« en sûreté dans cette cabane ; au nom du Grand-Esprit, retirez-vous ! »

Le grenadier n'entendait point ce qu'elle disait; il lui montrait le billet, qui n'était point pour René, mais pour elle-même. Céluta ne pouvait lire ce billet. Jacques et Céluta faisaient des gestes multipliés, tâchaient de se faire comprendre l'un de l'autre sans y pouvoir réussir. Dans ce moment un sablier qui appartenait à René, et avec lequel l'Indienne avait appris à diviser le temps, laisse échapper le dernier grain de sable qui annonçait l'heure expirée. Céluta voit tomber dans l'éternité la minute fatale : elle jette un cri, arrache le billet de la main de Jacques, et pousse le soldat hors de sa cabane. Celui-ci ayant rempli son message, et ne se pouvant expliquer les manières extraordinaires de Céluta, court à travers les bois afin de gagner le fort Rosalie avant le lever du jour.

Que contenait le billet du capitaine? On l'a toujours ignoré. A force de regarder la lettre, de se souvenir des paroles et des gestes du soldat, qui n'avait pas l'air triste, Céluta laisse pénétrer dans son cœur un rayon d'espérance; pâle crépuscule bientôt éteint dans cette sombre nuit.

Maintenant chaque minute aux Natchez appartenait à la mort : quelques heures de plus d'absence, et René était à l'abri de la catastrophe, déjà commencée peut-être pour ses compatriotes. Ah! si Céluta, aux dépens de sa vie, eût pu précipiter la fuite du temps! Un nouveau bruit se fait entendre : sont-ce les meurtriers qui viennent chercher René dans sa cabane? Ils ne l'y trouveront pas! Serait-ce le frère d'Amélie lui-même? Céluta s'élance à la porte : ô prodige! Mila! Mila échevelée, pâle, amaigrie, recouverte de lambeaux comme si elle sortait du sépulcre, et charmante encore! Céluta recule au fond de la cabane; elle s'écrie : « Ombre de ma sœur, me viens-tu chercher? le « moment fatal est-il arrivé? »

— « Je ne suis point un fantôme, » répondit Mila, déjà tombée dans le sein de son amie; « je suis ta petite Mila. »

Et les deux sœurs entrelaçaient leurs bras, mêlaient leurs pleurs, confondaient leurs âmes. Mila dit rapidement :

« Après la découverte du secret, Ondouré me fit enlever. Ils m'ont enfermée
« dans une caverne et m'ont fait souffrir toutes sortes de maux; mais je me
« suis ri des Allouez : cette nuit, je ne sais pourquoi, mes geôliers se sont
« éloignés de moi un moment; ils étaient armés, et ils sont allés parler à d'au-
« tres guerriers sous des arbres. Moi, qui cherchais toujours les moyens de
« me sauver, j'ai suivi ces méchants. Je me suis glissée derrière eux : une fois
« échappée, ils auraient plutôt attrapé l'oiseau dans la nue que Mila dans le bois.
« J'accours. Où est Outougamiz? Le guerrier blanc est-il arrivé? Lui as-tu dit le
« secret, comme je le lui vais dire? Il y a encore huit nuits avant la catastrophe,
« si ce beau jongleur amoureux m'a dit vrai sur le nombre des roseaux. »

— « Oh! Mila! s'écrie Céluta, je suis la plus coupable, la plus infortunée des
« créatures! J'ai avancé la mort de René; j'ai dérobé huit roseaux; c'est à
« l'heure même où je te parle que le coup est porté. »

— « Tu as fait cela? dit Mila; je ne t'aurais pas crue si courageuse! René
« est-il arrivé? »

— « Non, » repartit Céluta. « Eh bien! dit Mila, que te reproches-tu? Tu

« as sauvé mon libérateur; tu n'as plus que quelques heures à attendre. Mais
« que fais-tu? que fait Outougamiz pendant ces heures? Tu commences tou-
« jours bien, Céluta, et tu finis toujours mal. Crois-tu que tu sauveras René
« en te contentant de pleurer sur ta natte? Je ne sais point demeurer ainsi
« tranquille; je ne sais point sacrifier mes sentiments; je ne sais point douter de
« la vertu de mes amis, les soupçonner, m'attendrir sur une patrie impitoyable,
« et garder le secret des assassins. Méchants, vous m'avez laissée échapper
« de mon tombeau, je viens révéler vos iniquités! je viens sauver mon libé-
« rateur, s'il n'est point encore tombé entre vos mains ! » Mila, échappée aux
bras de sa sœur, fuit en s'écriant : « Nous perdons des moments irréparables.»

Depuis le jour où René avait rencontré l'Indienne qui lui enseigna sa route, il s'était avancé paisiblement vers le pays des Natchez. A mesure qu'il marchait, il se trouvait moins triste; ses noirs chagrins paraissaient se dissiper; il touchait au moment de revoir sa femme et sa fille, objets charmants qui n'avaient contre eux que le malheur dont le frère d'Amélie avait été frappé. René se reprochait sa lettre; il se reprochait cette sorte d'indifférence qu'un chagrin dévorant avait laissée au fond de son cœur : démentant son caractère, il se laissait aller peu à peu aux sentiments les plus tendres et les plus affectueux; retour au calme qui ressemblait à ce soulagement que le mourant éprouve avant d'expirer. Céluta était si belle! Elle avait tant aimé René! elle avait tant souffert pour lui! Outougamiz, Chactas, d'Artaguette, Mila attendaient René. Il allait retrouver cette petite société supérieure à tout ce qui existait sur la terre; il allait élever sur ses genoux cette seconde Amélie qui aurait les charmes de la première, sans en avoir le malheur.

Ces idées, si différentes de celles qu'il nourrissait habituellement, amenèrent René jusqu'à la vue des bois des Natchez; il sentit quelque chose d'extraordinaire en découvrant ces bois. Il en vit sortir une fumée qu'il prit pour celle de ses foyers; il était encore assez loin, et il précipita sa marche. Le soleil se coucha dans les nuages d'une tempête, et la nuit la plus obscure (celle même du massacre) couvrit la terre.

René fit un long détour afin d'arriver chez lui par la vallée. La rivière qui coulait dans cette vallée ayant grossi, il eut quelque peine à la traverser; deux heures furent ainsi perdues dans une nuit dont chaque minute était un siècle. Comme il commençait à gravir la colline sur le penchant de laquelle était bâtie sa cabane, un homme s'approcha de lui dans les ténèbres, pour le reconnaître, et disparut.

Le frère d'Amélie n'était plus qu'à la distance d'un trait d'arc de la demeure qu'il s'était bâtie : une faible clarté s'échappant par la porte ouverte en dessinait le cadre au dehors sur l'obscurité du gazon. Aucun bruit ne sortait du toit solitaire. René hésitait maintenant à entrer; il s'arrêtait à chaque demi-pas; il ne savait pourquoi il était tenté de retourner en arrière, de s'enfoncer dans les bois, et d'attendre le retour de l'aurore. René n'était plus le maître de ses actions; une force irrésistible le soumettait aux décrets de la Providence : poussé presque malgré lui jusqu'au seuil qu'il redoutait de franchir, il jette un regard dans la cabane.

Céluta, la tête baissée dans son sein, les cheveux pendants et rabattus sur son front, était à genoux, les mains croisées, les bras levés dans le mouvement de la prière la plus humble et la plus passionnée. Un maigre flambeau, dont la mèche allongée par la durée de la veille obscurcissait la clarté, brûlait dans un coin du foyer. Le chien favori de René, étendu sur la pierre de ce foyer, aperçut son maître et donna un signe de joie; mais il ne se leva point, comme s'il eût craint de hâter un moment fatal. Suspendue dans son berceau à l'une des solives sculptées de la cabane, la fille de René poussait de temps en temps une petite plainte, que Céluta, absorbée dans sa douleur, n'entendait pas.

René, arrêté sur le seuil, contemple en silence ce triste et touchant spectacle; il devine que ces vœux adressés au ciel sont offerts pour lui : son cœur s'ouvre à la plus tendre reconnaissance; ses yeux, dans lesquels un brûlant chagrin avait depuis longtemps séché les larmes, laissent échapper un torrent de pleurs délicieux. Il s'écrie : « Céluta! ma Céluta! » et il vole à l'infortunée, qu'il relève, qu'il presse avec ardeur. Céluta veut parler, l'amour, la terreur, le désespoir, lui ferment la bouche; elle fait de violents efforts pour trouver des accents; ses bras s'agitent, ses lèvres tremblent, enfin un cri aigu sort de sa poitrine, et lui rendant la voix : « Sauvez-le, sauvez-le! Esprits secourables, emportez-le « dans votre demeure! »

Céluta jette ses bras autour de son époux, l'enveloppe, et semble vouloir le faire entrer dans son sein pour l'y cacher.

René prodigue à son épouse des caresses inaccoutumées. « Qu'as-tu, ma « Céluta? lui disait-il; rassure-toi. Je viens te protéger et te défendre. »

Céluta, regardant vers la porte, s'écrie : « Les voilà! les voilà! » Elle se place devant René pour le couvrir de son corps. « Barbares, vous n'arriverez à lui « qu'à travers mon sein. »

— « Ma Céluta, dit René, il n'y a personne; qui te peut troubler ainsi? »

Céluta, frappant la terre de ses pieds : « Fuis, fuis! tu es mort! Non, viens; « cache-toi sous les peaux de ma couche; prends des vêtements de femme. » L'épouse désolée, arrachant ses voiles, en veut couvrir son époux.

« Céluta, disait celui-ci, reprends ta raison; aucun péril ne me menace. »

— « Aucun péril! dit Céluta l'interrompant. N'est-ce pas moi qui te tue? « n'est-ce pas moi qui hâte ta mort? n'est-ce pas moi qui en ai fixé le jour en « dérobant les roseaux?... Un secret..... O ma patrie! »

— « Un secret? » repartit René. « Je ne te l'ai pas dit! s'écrie Céluta. Oh! ne « perds pas ce seul moment laissé à ton existence! Fuyons tous deux! viens te « précipiter avec moi dans le fleuve! »

Céluta est aux genoux de René; elle baise la poussière de ses pieds, elle le conjure par sa fille de s'éloigner seulement pour quelques heures : « Au lever « du soleil, dit-elle, tu seras sauvé; Outougamiz viendra; tu sauras tout ce que « je ne puis te dire dans ce moment! »

— « Eh bien! dit René, si cela peut guérir ton mal, je m'éloigne; tu m'expli-« queras plus tard ce mystère, qui n'est sans doute que celui de ta raison trou-« blée par une fièvre ardente. »

Céluta ravie s'élance au berceau de sa fille, présente Amélie au baiser de son père, et avec ce même berceau pousse René vers la porte. René va sortir : un bruit d'armes retentit au dehors. René tourne la tête ; la hache lancée l'atteint et s'enfonce dans son front, comme la cognée dans la cime du chêne, comme le fer qui mutile une statue antique, image d'un Dieu et chef-d'œuvre de l'art. René tombe dans sa cabane : René n'est plus !

Ondouré a fait retirer ses complices : il est seul avec Céluta évanouie, étendue dans le sang et auprès du corps de René. Ondouré rit d'un rire sans nom. A la lueur du flambeau expirant, il promène ses regards de l'une à l'autre victime. De temps en temps il foule aux pieds le cadavre de son rival et le perce à coups de poignard. Il dépouille en partie Céluta et l'admire. Il fait plus... Éteignant ensuite le flambeau, il court présider à d'autres assassinats, après avoir fermé la porte du lieu témoin de son double crime.

Heureuse, mille fois heureuse, si Céluta n'avait jamais rouvert les yeux à la lumière ! Dieu ne le voulut pas. L'épouse de René revint à la vie quelques instants après la retraite d'Ondouré. D'abord elle étend les bras, et trempe ses mains dans le sang répandu autour d'elle, sans savoir ce que c'était. Elle se met avec effort sur son séant, secoue la tête, cherche à rassembler ses souvenirs, à deviner où elle est, ce qu'elle est. Par un bienfait de la Providence, l'Indienne n'avait pas sa raison : elle ne se formait qu'une idée confuse de quelque chose d'effroyable. Elle plia ses bras devant elle, promena ses regards dans la cabane, où les ténèbres étaient profondes. Le silence de la mort n'était interrompu de temps en temps que par les hurlements du chien. Céluta voulut inutilement murmurer quelques mots.

Dans ce moment elle crut voir Tabamica sa mère. Les mamelles qui nourrirent Céluta avaient disparu ; les lèvres de la femme des morts s'étaient retirées et laissaient à découvert des dents nues ; elle était sans nez et sans yeux : d'une main décharnée, Tabamica semblait presser des entrailles qu'elle n'avait pas. Céluta veut s'avancer vers sa mère : elle se lève, retombe sur ses genoux, et se traîne au hasard dans sa cabane : ses vêtements, à demi détachés, faisaient entendre le froissement d'une draperie pesante et mouillée. Elle rencontra le corps de René ; épuisée par ses efforts, elle s'assied, sans le reconnaître, sur ce siége : elle s'y trouva bien, et s'y reposa.

Au bout de quelque temps la porte de la cabane s'entr'ouvrit, et une voix dit tout bas :

« Es-tu là ? » Céluta, rappelée par cette voix à une demi-existence, répondit : « Oui, je suis là. »

— « Ah ! dit Mila, est-il venu ? »

— « Qui ? » demanda Céluta.

— « René ? » repartit Mila.

— « Je ne l'ai pas vu, » dit Céluta.

— « Et moi, je ne l'ai pu trouver, » dit Mila toujours à voix basse. « Les « assassins n'ont donc pas encore paru ? Ton mari n'est donc pas revenu ? Il est « donc sauvé ? » Céluta ne répondit rien.

« Pourquoi, reprit Mila, es-tu sans lumière ? J'ai peur et je n'ose entrer. » Céluta répondit qu'elle ne savait pourquoi elle était sans lumière.

« Comme ta voix est extraordinaire ! » s'écria Mila ; « es-tu malade ? La
« cabane sent le carnage ; attends, je viens à toi. »

Mila franchit le seuil et laissa retomber la porte : « Qu'as-tu répandu sur les
« nattes ? » dit-elle en marchant dans l'obscurité ; « mes pieds s'attachent à la
« terre ? Où es-tu ? tends-moi la main. »

— « Ici, » dit Céluta.

— « Je ne puis aller plus loin, repartit Mila ; je me sens défaillir. »

La porte de la cabane s'entr'ouvrit de nouveau : la voix d'Outougamiz appelle Céluta. « C'est Outougamiz ! s'écria Mila, Dieu soit loué ! nous sommes
« sauvés ! »

— « Qui parle ? » dit Outougamiz saisi de terreur ; « n'est-ce pas Mila ? Cher
« fantôme, es-tu venu sauver René ? »

— « Oui, repartit Mila ; mais entre vite, Céluta n'est pas bien. »

Outougamiz, croyant entendre le fantôme de Mila, entre en frissonnant dans
la cabane : « Donne-moi la main, dit Mila ; appuie-la sur mon cœur ; tu verras
« que je ne suis pas un spectre : on m'avait enfermée dans une caverne, je me
« suis échappée. »

Mila avait saisi la main d'Outougamiz étendue dans les ténèbres, et avait
posé cette main sur son cœur.

« C'est comme la vie, dit Outougamiz ; mais je sais bien que tu es morte ; je te
« sais toujours gré d'être revenue pour sauver René. Mais, Céluta, parle donc. »

— « M'appelle-t-on ? » dit Céluta.

« Est-ce que tu réponds du fond d'une tombe ? » s'écria Outougamiz, frappé
de la voix sépulcrale de sa sœur ; « je respire un champ de bataille ; j'ai du
« sang sous mes pieds. »

— « Du sang ! s'écria Mila ; allume donc un flambeau. »

— « Fantôme, répond Outougamiz, donne-moi la lumière des morts. »

Outougamiz cherche en tâtonnant le foyer ; il y trouve de la mousse de
chêne et deux pierres à feu ; il frappe ces deux pierres l'une contre l'autre :
une étincelle tombe sur la mousse, et soudain une flamme s'élève au milieu
du foyer. Trois cris horribles s'échappent à la fois du sein de Céluta, de Mila et
d'Outougamiz.

La cabane inondée de sang, quelques meubles renversés par les dernières
convulsions du cadavre, les animaux domestiques montés sur les siéges et sur
les tables pour éviter la souillure de la terre, Céluta assise sur la poitrine de
René, et portant les marques de deux crimes qui auraient fait rebrousser l'astre
du jour ; Mila debout, les yeux à moitié sortis de leur orbite ; Outougamiz le
front sillonné comme par la foudre ; voilà ce qui se présentait aux regards !

Mila rompt la première le silence ; elle se précipite sur le cadavre de René,
le serre dans ses bras, le presse de ses lèvres.

« C'en est donc fait ! s'écrie-t-elle. O mon libérateur, faut-il que je te revoie
« ainsi ! Lâches amis, cœurs pusillanimes, c'est vous qui l'avez assassiné par
« vos indignes soupçons, par vos irrésolutions éternelles ! Félicite-toi, Outou-
« gamiz, d'avoir bien gardé ton secret. Mais, à présent, ranime donc ce cœur
« qui palpitait pour toi d'une amitié si sainte ! Oh ! tu es un sublime guerrier !

« Je reconnais ta vertu; mais ne m'approche jamais : je préférerais à tes em-
« brassements ceux du monstre dont tu vois l'œuvre dans cette cabane. »

Le désespoir ôtait la raison à la jeune Indienne, d'abord amante et ensuite amie de René. Outougamiz l'écoutait, muet comme la pierre du sépulcre; puis tout à coup : « Hors d'ici, fantôme exécrable, ombre sinistre, ombre qui veux
« dévorer mon ami ! »

— « Ton ami! dit Mila en relevant la tête : tu oses te dire l'ami de René !
« ne devrais-tu pas plutôt, comme cette femme sans amour, évanouie main-
« tenant sur cette dépouille sanglante; ne devrais-tu pas supplier la terre de
« t'engloutir? Moi seule j'ai aimé René ! En vain tu feins de me croire un
« fantôme : j'existe, je sors de la caverne où m'avaient plongée les scélérats
« dont j'allais révéler les desseins. As-tu pu jamais croire que tu étais obligé
« au secret? As-tu pu te figurer que la liberté serait le fruit du crime? »

Ici Céluta parut revenir à la vie; elle ouvrit les yeux et se souleva; ses idées se débrouillèrent : elle se ressouvient de ses malheurs; elle reconnaît Mila et Outougamiz; elle reconnaît la dépouille mortelle du plus infortuné des hommes. La douleur lui rend les forces; elle se lève, elle s'écrie : « C'est moi qui l'ai assassiné!»

— « Oui, c'est toi ! » s'écrie à son tour Mila devenue cruelle par le désespoir.

« René, dit Céluta du ton le plus passionné, parlant au cadavre de son époux,
« je te voulais dire, avant de mourir, que mon âme t'adorait comme elle
« adore le Grand-Esprit; que ta lettre n'avait rien changé au fond de mon
« cœur; que je te révérais comme la lumière du matin; que je te croyais aussi
« innocent que l'enfant qui n'a fait encore que sourire à sa mère. »

— « Pourquoi donc, dit Mila, as-tu gardé le secret? Que n'en instruisais-tu
« les Français, puisque tu ne pouvais l'apprendre à ton mari absent? »

Mila pousse des sanglots, et ses larmes descendent à flots pressés comme la pluie de l'orage.

Le frère de Céluta, s'approchant alors avec respect du corps de son ami: « Mila dit que tu n'étais pas coupable; quel bonheur ! Tu as donc pu mourir. »

Malgré son désespoir, Mila comprit ce mot, et tendit une main désarmée au jeune Sauvage.

Outougamiz continuant : « Je leur avais bien dit que je n'aimais point, que
« j'étais un mauvais ami, que je te tuerais. Je suis pourtant sorti du lac souter-
« rain pour te sauver; j'ai couru de toutes parts; des guerriers qui prétendaient
« t'avoir vu m'ont égaré : je suis simple, on me trompe toujours. Tu es mort
« seul, je mourrai aussi; mais il faut auparavant... J'attendrai pourtant que la
« patrie n'ait plus besoin de lui, car il faudra maintenant défendre la patrie. »

Dans ce moment Céluta fut saisie de convulsions. Un ruisseau de sueur glacée sillonne son front : elle cherche à s'étrangler, se roule d'un côté sur l'autre, pousse des espèces de mugissements. Outougamiz et Mila volent à son secours. Céluta les regarde et leur dit en pressant ses flancs : « Le savez-vous?
« La mort m'a-t-elle fait violence ? »

Mila jette un cri; elle a deviné ! Outougamiz, qui n'a pas compris, veut parler encore : « Tu ne sais rien, lui dit Mila en l'interrompant; le cadavre
« de ton ami est un spectacle délicieux auprès de ce que j'entrevois! »

Le jour commençait à poindre; le canon se fait entendre du côté du fort Rosalie; les parentes de Chactas arrivent à la cabane de René; elles venaient féliciter Céluta de l'absence de son mari; elles rencontrent cette scène épouvantable.

« Femmes, dit Outougamiz, on se bat : je dois mon sang à mon pays, quel« que coupable qu'il puisse être. Je laisse entre vos mains ce que j'ai de plus « cher au monde : ma femme, qui n'est point morte comme on l'avait dit, ma « sœur si misérable, et les restes de mon ami. Je reviendrai bientôt. » Il sort et marche vers le lieu où l'appelait le bruit des armes.

Les femmes enlevèrent Céluta et Mila, qu'elles placèrent dans les bras l'une de l'autre sur un lit de feuillages. Elles laissèrent le corps de René dans la cabane, qu'elles fermèrent. Elles portèrent les deux amies à l'ancienne demeure de Chactas, et leur prodiguèrent les soins les plus tendres : il eût été plus humain de les laisser mourir.

Tous les colons périrent aux Natchez; dix-sept personnes seulement échappèrent au massacre. Parmi les soldats blessés qui se défendirent et se sauvèrent se trouva le grenadier Jacques. Le fort avait été escaladé dans les ténèbres, et les sentinelles égorgées avant qu'on sût que les Indiens étaient en armes. Par l'imprudence du commandant, la garnison était à peine d'une centaine d'hommes, tout le reste ayant été dispersé dans différents postes le long du fleuve. Chépar, qui n'avait jamais voulu croire à la conjuration, accourut au bruit qui se faisait sur les remparts, et tomba sous la hache d'Adario. Fébriano, qui fut rencontré par Ondouré, reçut la mort de la main de ce Sauvage, son corrupteur et son complice. Il n'y eut de résistance chez les Français que dans une maison particulière. Adario, qui commandait l'attaque, y fut tué : il expira plein d'une grande joie; il crut avoir délivré sa patrie et vengé ses enfants. Les coups de canon entendus d'Outougamiz avaient été tirés en signal de victoire par les Indiens eux-mêmes, après la conquête du fort.

Le frère de Céluta, trouvant que son bras était inutile, retourna à la cabane de René. Il s'assit auprès des restes inanimés du guerrier blanc. D'un air de mystère, il approcha l'œil d'une des blessures de son ami, comme pour voir dans le sein de René. Joignant les mains avec admiration, l'insensé dit quelques mots d'une tendresse passionnée. Il prit ensuite un petit vase de pierre sur une table, recueillit du sang de René qu'il réchauffa avec le sien, après s'être ouvert une veine. Il trempa le manitou d'or dans le filtre de l'amitié, et il remit la chaîne à son cou.

La rage d'Ondouré était assouvie, mais non sa passion. Sortant d'une épouvantable orgie, enivré de vin, de succès, d'ambition et d'amour, il voulut revoir Céluta. Dans toute la pompe du meurtre et de la débauche, il s'avance au sanctuaire de la douleur; ses crimes marchaient avec lui, comme les bourreaux accompagnent le condamné. Les bruyants éclats de rire du tuteur du Soleil et de ses satellites se faisaient entendre au loin.

Ondouré arrive à la cabane : il avait ordonné à ses amis de se tenir à quelque distance, car il avait ses desseins. Il recule quelques pas lorsque, au lieu de Céluta, il n'aperçoit qu'Outougamiz. Reprenant bientôt son assurance : « Que « fais-tu là ! » dit-il à l'Indien.....

« Je t'attendais, répondit celui-ci ; j'étais sûr que tu viendrais avec tes enfants
« célébrer le festin du prisonnier de guerre. Apportes-tu la chaudière du sang?
« C'est un excellent mets qu'une chair blanche! Ne dévore pas tout : je ne te
« demande que le cœur de mon ami. »

— « C'est juste, dit l'atroce Ondouré, nous te le réserverons. »

De nouveaux rires accompagnèrent ces paroles.

« Mais, dis-moi, » continua le pervers à qui la vapeur du vin ôtait la pré-
voyance, « où est ta sœur? Comme elle a été fidèle cette nuit à ce beau guer-
« rier blanc! Elle a perdu pour moi toute sa haine; elle m'a pardonné mon
« amour pour Akansie. Viens, ma charmante colombe; où es-tu donc? m'ac-
« corderas-tu un second rendez-vous? » et Ondouré entra dans la cabane.

Outougamiz se lève, s'appuyant sur un fusil de chasse que lui avait donné
René : « Illustre chef, dit-il, changeant tout à coup de langage et de conte-
« nance, tous nos ennemis sont-ils morts? »

— « En doutes-tu? » s'écria Ondouré.

« Ainsi, dit Outougamiz, la patrie est sauvée ; elle n'a plus besoin de dé-
« fenseurs? Tout est-il en sûreté pour l'avenir? Peux-tu, fameux guerrier,
« te reposer en paix? »

— « Oui, mon cher Outougamiz, » répondit le tuteur du Soleil, qui n'avait pas
ce qu'il fallait pour comprendre à la fois et le danger et la magnanimité de la
question; « oui, je puis me reposer cent neiges avec ta sœur sur la natte du plaisir. »

Le corps de René séparait Ondouré d'Outougamiz : « La nuit, dit celui-ci, a
« été fatigante pour toi, Ondouré : va donc à ton repos, puisque ton bras n'est
« plus nécessaire à la patrie. Je te vais rendre ta hache. »

Outougamiz relève la hache avec laquelle le tuteur du Soleil avait frappé
René ; elle était restée dans la cabane. Ondouré avance le bras pour la reprendre.
« Non pas comme cela, » dit Outougamiz; et, levant la hache avec les deux
mains, il fend d'un seul coup la tête du monstre, qui tombe sur le corps de
René, sans avoir le temps de proférer un blasphème. Outougamiz sort, couche
en joue les satellites d'Ondouré, et leur crie de cette voix de l'homme de bien
si foudroyante pour le méchant : « Disparaissez, race impure, ou je vous immole
« auprès de votre maître! » Ces misérables, qui voyaient s'avancer une troupe
de jeunes guerriers, amis du frère de Céluta, prennent la fuite.

Les guerriers survenus déplorèrent de si grands malheurs. Allons, leur dit
« Outougamiz, je reviendrai bientôt ici; mais il faut que j'aille dire à Mila et
« à ma sœur ce que le manitou d'or a fait. »

Céluta ne put entendre le récit de son frère; à chaque instant on craignait
de la voir expirer. Mila apprit la mort d'Ondouré avec indifférence. « C'était
« plus tôt, dit-elle, que tu devais donner cette pâture aux chiens. »

Outougamiz revint la nuit suivante chercher les restes sacrés du frère d'A-
mélie ; il les porta sur ses épaules au bas de la colline, creusa dans un endroit
écarté une fosse qu'il ne voulut montrer à personne : il y déposa le corps de
celui qui, pendant sa vie, n'avait cherché que la solitude. « Je sais, » dit-il en
se retirant, « que je suis un faux ami : je t'ai tué; mais attends-moi, nous nous
expliquerons dans le pays des âmes. »

Le frère de Céluta n'avait plus rien à faire de la vie ; mais il se voulait assurer que sa sœur n'avait plus besoin de lui, et que Mila se pouvait passer d'un protecteur.

Déjà la lune avait parcouru trois fois sa carrière depuis la catastrophe tragique, et Céluta, toujours près de rendre le dernier soupir, semblait sans cesse revivre. La coupe de la colère céleste n'était point épuisée ; le génie fatal de René poursuivait encore Céluta, comme ces fantômes nocturnes qui vivent du sang des mortels. Elle refusait pourtant toute nourriture : ses barbares amis étaient obligés de lui faire prendre de force quelques gouttes d'eau d'érable. Son corps, modèle de grâce et de beauté, n'était plus qu'un léger squelette, semblable à un jeune peuplier mort sur sa tige. Les longues paupières de Céluta n'avaient pas la force de se replier et de découvrir ses yeux éteints dans les larmes.

Quand la veuve infortunée recouvrait la raison, elle était muette ; quand elle tombait dans la folie de la douleur, elle poussait des cris. Alors elle faisait des efforts pour écarter deux spectres qui voulaient la dévorer à la fois, Ondouré et le frère d'Amélie ; elle voyait aussi une femme qui lui était inconnue, et qui lui souriait d'un air de pitié du haut du ciel.

Témoin des maux de son amie, la courageuse Mila avait eu honte de ses propres chagrins : elle passait ses jours auprès de sa sœur, veillant à ses souffrances, la retournant sur sa couche, servant de mère à la fille de René. La tendre orpheline était déjà belle, mais sérieuse ; dans le sein de Mila, elle avait l'air d'une petite colombe blanche, sous l'aile du plus brillant oiseau des forêts américaines.

De temps en temps Outougamiz venait voir sa femme et sa sœur ; il s'asseyait au bord de la couche, prenait la main de Céluta, ou faisait danser Amélie sur ses genoux. Il se levait bientôt après, remettait l'enfant dans les bras de Mila, et se retirait en silence. Le jeune homme dépérissait : chaque jour son front devenait plus pâle et son air plus languissant : il ne parlait ni de René, ni de Céluta, ni de Mila. Tous les soirs il visitait la petite urne de pierre remplie du sang de René, et l'on remarquait avec surprise que ce sang ne se desséchait point. Outougamiz laissait suspendu autour de l'urne le manitou d'or qu'il ne portait plus.

Un soir il était venu rendre sa visite accoutumée à sa sœur. Mila et plusieurs Indiennes étaient rangées autour du lit des tribulations : tout à coup, à leur profond étonnement, Céluta se soulève et s'assied d'elle-même sur sa couche. On ne lui avait point encore vu l'air qu'elle avait dans ce moment : c'était pour la douleur et la beauté quelque chose de surhumain. Elle baissa d'abord la tête dans son sein ; mais relevant bientôt son front pâle où s'évanouissait une faible rougeur, elle dit d'une voix assurée : « Je voudrais manger. »

Ces mots surprirent Outougamiz : c'étaient les premiers que Céluta eût prononcés depuis la nuit de ses malheurs, et elle avait constamment repoussé toute nourriture. Pensant qu'elle revenait de son désespoir, et qu'elle se déterminait à vivre, les matrones firent une exclamation de joie et s'empressèrent de lui porter du maïs nouveau. Mais Mila, regardant Céluta, lui dit : « Tu veux manger ?»

— « Oui, » repartit Céluta la regardant à son tour; « il faut à présent que
« je vive. »

Mila lève les mains au ciel et s'écrie : « O vertu ! »

Outougamiz, rompant lui-même son silence obstiné, dit : « Qu'avez-vous? »

— « Adore, reprit Mila : ce que tu vois ici n'est pas une femme; c'est la com-
« pagne d'un génie. »

— « Pourquoi le tromper? dit Céluta. Mon ami, ajouta-t-elle en se tournant
« vers son frère, ma destinée s'accomplit au delà de moi; je viens de découvrir
« dans mon sein un fantôme né de la mort. » Outougamiz s'enfuit.

Céluta était mère : elle se résigna à la vie, dernier degré de vertu et de malheur où jamais fille d'Adam soit parvenue. Mais la nature ne s'élève pas ainsi
au-dessus d'elle-même sans souffrir jusque dans sa source : le lendemain, aux
rayons du jour, on s'aperçut que le visage de la veuve de René était devenu
de la couleur de l'ébène, et ses cheveux, de celle du cygne. Quelques soleils
éclaircirent les ombres du front de Céluta, mais ne firent point disparaître de
sa chevelure la vieillesse de l'adversité.

Lorsque le capitaine d'Artaguette apprit la catastrophe des Natchez, l'assassinat de René et les misères de Céluta, il se sentit frappé au cœur : il était attaché au frère d'Amélie par une noble amitié; il avait nourri en secret une tendre
passion pour la femme qui lui conserva la vie, en lui donnant le doux nom de
frère. Rappelé à la Nouvelle-Orléans, il pleura avec Adélaïde, Harlay, le grenadier Jacques et sa vieille mère. Outougamiz avait caché la tombe de René;
d'Artaguette fit célébrer un service à la mémoire du frère d'Amélie : il pria Dieu
de se souvenir de celui qui avait voulu être oublié.

Cependant des troupes se rassemblaient de toutes parts pour aller châtier
les Indiens. Les huit roseaux retirés du temple avaient fait avorter le complot
général chez les autres nations conjurées, excepté chez les Yazous, où le père
Souël fut massacré. L'armée française arriva au fort Rosalie. Bien que divisés
entre eux, les Natchez se défendirent avec courage, et Outougamiz, qui pouvait
à peine porter le poids de ses armes, fit admirer de nouveau sa valeur. Mais
enfin il fallut céder au torrent, et quitter à jamais la patrie.

Une nuit les Natchez déterrèrent les os de leurs pères, les chargèrent sur
leurs épaules, et, mettant au milieu des jeunes guerriers les femmes, les
vieillards et les enfants, ils prirent la route du désert, sans savoir où ils trouveraient un asile. Le capitaine d'Artaguette se trouvait dans la division des
troupes chargées d'attaquer les Chicassaws; il exécuta devant l'ennemi une
retraite où il s'acquit la plus grande gloire, mais où il perdit la vie avec son
fidèle grenadier. Comme il ne périt qu'après avoir sauvé l'armée, on crut géné-
ralement qu'il avait cherché la mort. Adélaïde et Harlay avaient quitté l'Amérique; la mère de Jacques s'était éteinte dans sa vieillesse.

Le faible reste des Natchez exilés était déjà loin dans la solitude. Outougamiz
expira cinq lunes après avoir quitté la terre de la patrie. On sut alors qu'il avait
continué à s'ouvrir les veines toutes les nuits pour rafraîchir l'urne du sang;
son sang s'épuisa avant son amitié. Il montra une joie excessive de mourir, et
laissa en héritage (c'était tout son bien) l'urne du sang et le manitou d'or à la fille

de René. On l'enterra, comme il avait enseveli son ami, sous un arbre inconnu.

Quelques jours après sa mort, Céluta mit au monde une fille : elle ferma les yeux en la portant à son sein ; et quand elle l'eut allaitée, elle la suspendit à ses épaules. Elle continua d'en agir ainsi dans la suite, de sorte qu'elle ne vit jamais l'enfant qu'elle n'appelait que le fantôme.

Mila, devenue veuve à son tour, portait toujours la fille de René, que Céluta ne voulut plus toucher de peur de la flétrir, après avoir enfanté une autre fille. Céluta ne pressait jamais sur son cœur cette autre fille sans éprouver des convulsions. L'amour maternel demandait des baisers que l'amour conjugal refusait : dans les plaintes de l'innocence, Céluta entendait la voix du crime. Quelquefois l'épouse de René était prête à déchirer l'enfant ; un sentiment plus fort, celui de la mère, rendait ses mains impuissantes. Qui pourrait peindre de pareils combats, de tels supplices ?

Mila faisait l'admiration des exilés. A peine ornée de dix-sept printemps, elle déployait un courage et une raison extraordinaires. Elle ne vivait que pour Céluta ; elle préparait sa couche, ses vêtements, sa nourriture ; elle était devenue la mère de la fille de René. Ses manières vives n'étaient point changées ; mais elle gardait le silence, et ne parlait plus que par signes et par sourires.

Les Natchez trouvèrent enfin l'hospitalité chez une nation autrefois alliée de la leur. Un exilé, commençant la danse du suppliant, présenta le calumet des bannis ; il fut accepté. Un enfant apporta en échange une calebasse pleine du jus de l'érable et couronnée de fleurs. Alors les tentes de la patrie furent plantées dans la terre étrangère, et les ossements des aïeux déposés à ces nouveaux foyers.

Pour premier bienfait du ciel, la seconde fille de Céluta mourut. Le fantôme se replongea dans la nuit éternelle. Aucune mère n'alla répandre son lait sur le gazon funèbre : Céluta eût encore rempli ce pieux devoir, si elle n'avait pas craint que le fantôme ne rentrât dans son sein avec le parfum des fleurs. La fille de René avait trouvé une patrie ; la fille d'Ondouré était retournée à la terre : on s'aperçut que Céluta ne se croyait plus obligée de vivre, et l'on devina que Mila ne quitterait pas son amie.

Un soir, lorsque les bannis prenaient leur repas à la porte de leurs tentes, Céluta sortit de la sienne. Elle était vêtue d'une robe de peaux d'oiseaux et de quadrupèdes cousues ensemble, ouvrage ingénieux de Mila : ses cheveux blancs flottaient en boucles sur sa jeune tête ornée d'une couronne de ronces à fleurs bleues ; elle portait dans ses bras la fille de René, et Mila, à moitié nue, suivait sa compagne. Les bannis, étonnés et charmés de les voir, se levèrent, les comblèrent de bénédictions, et leur formèrent un cortège. Ils arrivèrent tous ainsi au bord d'une cataracte dont on entendait de loin les mugissements. Cette cataracte, qu'aucun voyageur n'avait visitée, tombait entre deux montagnes dans un abîme. Céluta donna un baiser à sa fille, la déposa sur le gazon, mit sur les genoux de l'enfant le manitou d'or et l'urne où le sang s'était desséché. Mila et Céluta, se tenant par la main, s'approchèrent du bord de la cataracte comme pour regarder au fond, et, plus rapides que la chute du fleuve, elles accomplirent leur destinée. Céluta s'était souvenue que René, dans sa lettre, avait regretté de ne s'être pas précipité dans les ondes écumantes.

Les femmes prirent dans leurs bras la fille de René laissée sur la rive ; elles la portèrent au plus vieux sachem, qui en confia le soin à une matrone renommée. Cette matrone suspendit au cou de l'enfant le manitou d'or comme une parure. Le nom français d'Amélie étant ignoré des Sauvages, les sachems en imposèrent un autre à l'orpheline, qui vit ainsi périr jusqu'à son nom.

Lorsque la fille de Céluta eut atteint sa seizième année, on lui raconta l'histoire de sa famille. Elle parut triste le reste de sa vie, qui fut courte. Elle eut elle-même, d'un mariage sans amour, une fille plus malheureuse encore que sa mère. Les Indiens, chez lesquels les Natchez s'étaient retirés, périrent presque tous dans une guerre contre les Iroquois, et les derniers enfants de la nation du Soleil se vinrent perdre dans un second exil au milieu des forêts du Niagara.

Il y a des familles que la destinée semble persécuter : n'accusons pas la Providence. La vie et la mort de René furent poursuivies par des feux illégitimes qui donnèrent le ciel à Amélie et l'enfer à Ondouré : René porta le double châtiment de ses passions coupables. On ne fait point sortir les autres de l'ordre sans avoir en soi quelque principe de désordre ; et celui qui, même involontairement, est la cause de quelque malheur ou de quelque crime, n'est jamais innocent aux yeux de Dieu.

Puisse mon récit avoir coulé comme tes flots, ô Meschacébé !

NOTE.

J'avais renvoyé, dans la Préface des *Natchez*, les lecteurs à l'*Histoire de la Nouvelle-France*, par le père Charlevoix ; mais, en y réfléchissant, j'ai pensé qu'il était plus simple de leur éviter cette recherche, s'ils avaient envie de la faire, en insérant ici quelques pages de Charlevoix.

Le premier extrait de cet auteur renferme la description du pays et des mœurs des Natchez. On verra que je n'ai été, sous ce rapport, qu'*historien* fidèle ; Charlevoix n'a pas été d'ailleurs le seul historien et le seul voyageur que j'aie consulté.

Le second extrait contient la relation de la conspiration des Natchez et de leurs alliés. On reconnaîtra ce que le *poëte* a ajouté à la vérité.

Le père Charlevoix ne parle point des *roseaux* ou *bûchettes* déposés dans le temple pour fixer le jour du massacre, mais j'ai lu cette circonstance dans un voyageur dont je ne puis plus me rappeler le nom, si ce n'est Carter. Ce voyageur disait qu'une partie des *bûchettes* avait été dérobée par une jeune Sauvage, amoureuse d'un Français.

Le chevalier d'Artaguette, frère du général Diron d'Artaguette, est, comme le commandant du fort Rosalie, M. de Chépar, un personnage historique. Le chevalier d'Artaguette fut réellement tué dans une retraite devant les Sauvages.

Je n'ai point, au reste, exagéré l'état de civilisation des Natchez ; cette civilisation était très-avancée chez ce peuple. J'ai seulement donné le nom d'*édile* à un Natchez qui remplissait les fonctions attribuées à l'édile chez les

Romains. Il m'eût été difficile de conserver dans un *poëme* le titre de *Chef de la farine*, que l'édile portait chez la nation du Soleil.

Ce *Chef de la farine*, au moment de la conspiration contre les Français, était un homme qui avait une partie des vices, de la capacité et du caractère que j'ai attribués à Ondouré.

On trouvera dans mon *Voyage en Amérique* la description générale des mœurs des Sauvages de l'Amérique septentrionale. Elle servira de commentaire aux *Natchez* : je dois dire seulement ici que quelques-uns des traits que j'ai ajoutés à la peinture des usages des Esquimaux sont empruntés aux derniers Voyages du capitaine Parry et du capitaine Lyon.

DESCRIPTION DU PAYS DES NATCHEZ.

(PREMIER EXTRAIT DE CHARLEVOIX.)

Ce canton, le plus beau, le plus fertile et le plus peuplé de toute la Louisiane, est éloigné de quarante lieues des Yazous, et sur la même main. Le débarquement est vis-à-vis une butte assez haute et fort escarpée, au pied de laquelle coule un petit ruisseau qui ne peut recevoir que des chaloupes et des pirogues. De cette première butte on monte à une seconde, ou plutôt sur une colline dont la pente est assez douce, et au sommet de laquelle on a bâti une espèce de redoute fermée par une simple palissade. On a donné à ce retranchement le nom de *fort*.

Plusieurs monticules s'élèvent au-dessus de cette colline, et, quand on les a passés, on aperçoit de toutes parts de grandes prairies séparées par de petits bouquets de bois qui font un très-bel effet. Les arbres les plus communs dans ces bois sont le noyer et le chêne, et partout les terres sont excellentes. Feu M. d'Iberville, qui le premier entra dans le Mississipi par son embouchure, étant monté jusqu'aux Natchez, trouva ce pays si charmant et si avantageusement situé, qu'il crut ne pouvoir mieux placer la métropole de la nouvelle colonie. Il en traça le plan et lui destina le nom de *Rosalie*, qui était celui de madame la chancelière de Pont-Chartrain. Mais ce projet ne paraît pas devoir s'exécuter si tôt, quoique nos géographes aient toujours à bon compte marqué sur leurs cartes la ville de Rosalie aux Natchez.

Il est certain qu'il faut commencer par un établissement plus près de la mer; mais, si la Louisiane devient jamais une colonie florissante, comme il peut fort bien arriver, il me semble qu'on ne peut mieux placer sa capitale qu'en cet endroit. Il n'est point sujet au débordement du fleuve, l'air y est pur; le pays, fort étendu; le terrain, propre à tout et bien arrosé : il n'est pas trop loin de la mer, et rien n'empêche les vaisseaux d'y monter; enfin, il est à portée de tous les lieux où l'on paraît avoir dessein de s'établir. La compagnie y a un magasin, et y entretient un commis principal qui n'a pas encore beaucoup d'occupation.

Parmi un grand nombre de concessions particulières, qui sont déjà ici en état de rapporter, il y en a deux de la première grandeur, je veux dire de quatre lieues en carré; l'une appartient à une société de Malouins, qui l'ont achetée de M. Hubert, commissaire ordonnateur et président du conseil de la Louisiane; l'autre est à la compagnie, qui y a envoyé des ouvriers de Clairac pour y faire du tabac. Ces deux concessions sont situées de manière qu'elles forment un triangle parfait avec le fort, et la distance d'un angle à l'autre est d'une lieue. A moitié chemin des deux concessions est le grand village des Natchez. J'ai visité avec soin tous ces lieux, et voici ce que j'y ai remarqué de plus considérable.

La concession des Malouins est bien placée; il ne lui manque, pour tirer parti de tout son terrain, que des nègres ou des *engagés*. J'aimerais encore mieux les seconds que les premiers; le temps de leur service expiré, ils deviennent des habitants, et augmentent le nombre des sujets naturels du roi, au lieu que ceux-là sont toujours étrangers : et qui peut s'assurer qu'à force de se multiplier dans nos colonies, ils ne deviendront pas un jour des ennemis redoutables? Peut-on compter sur des esclaves qui ne nous sont attachés que par la crainte, et pour qui la terre même où ils naissent n'a jamais le doux nom de patrie?

La première nuit que je passai dans cette habitation il y eut, vers les neuf heures du soir, une grande alarme; j'en demandai le sujet, et on me répondit qu'il y avait dans le voisinage une bête d'une espèce inconnue, d'une grandeur extraordinaire, et dont le cri ne ressemblait à celui d'aucun animal que nous connaissions. Personne n'assurait pourtant l'avoir vue, et on ne jugeait de sa taille que par sa force : elle avait déjà enlevé des moutons et des veaux, et étranglé quelques vaches. Je dis à ceux qui me faisaient ce récit qu'un loup enragé pouvait faire tout cela, et, quant au cri, qu'on s'y trompait tous les jours. Je ne persuadai personne : on voulait que ce fût une bête monstrueuse, on venait de l'entendre; on y courut armé de tout ce qu'on trouva sous sa main, mais ce fut inutilement.

La concession de la compagnie est encore plus avantageusement située que celle des Malouins. Une même rivière arrose l'une et l'autre, et va se décharger dans le fleuve à deux lieues de celle-là, à laquelle une magnifique cyprière de six lieues d'étendue fait un rideau qui en couvre tous les derrières. Le tabac y a très-bien réussi, mais les ouvriers de Clairac s'en sont presque tous retournés en France.

J'ai vu dans le jardin du sieur Le Noir, commis principal, de fort beau coton sur l'arbre, et un peu plus bas on commence à voir de l'indigo sauvage. On n'en a pas encore fait l'épreuve, mais il y a beaucoup d'apparence qu'il ne réussira pas moins que celui qu'on a trouvé dans l'île de Saint-Domingue, où il est aussi estimé que celui qu'on y a transplanté d'ailleurs; et puis l'expérience nous apprend qu'une terre qui produit naturellement cette plante est fort propre à porter l'étrangère qu'on y veut semer.

Le grand village des Natchez est aujourd'hui réduit à fort peu de cabanes : la raison qu'on m'en a apportée est que les Sauvages, à qui leur grand chef a droit d'enlever tout ce qu'ils ont, s'éloignent de lui le plus qu'ils peuvent, et

DESCRIPTION DU PAYS DES NATCHEZ.

par là plusieurs bourgades de cette nation se sont formées à quelque distance de celle-ci. Les Sioux, leurs alliés et les nôtres, en ont aussi établi une dans leur voisinage.

Les cabanes du grand village des Natchez, le seul que j'aie vu, sont en forme de pavillon carré, fort basses, et sans fenêtres; le faîte est arrondi à peu près comme un four. La plupart sont couvertes de feuilles et de paille de maïs; quelques-unes sont construites d'une espèce de torchis qui me parut assez bon, et qui est revêtu en dehors et en dedans de nattes fort minces. Celle du grand chef est fort proprement crépie en dedans; elle est aussi plus grande et plus haute que les autres, placée sur un terrain un peu élevé, et isolée de toutes parts. Elle donne sur une grande place, qui n'est pas des plus régulières, et a son aspect au nord. J'y trouvai pour tout meuble une couche de planches fort étroites, élevée de terre de deux ou trois pieds; apparemment que quand le grand chef veut se coucher, il y étend une natte ou quelque peau.

Il n'y avait pas une âme dans le village : tout le monde était allé dans une bourgade voisine, où il y avait une fête, et toutes les portes étaient ouvertes; mais il n'y avait rien à craindre des voleurs, car il ne restait partout que les quatre murailles. Ces cabanes n'ont aucune issue pour la fumée; néanmoins, toutes celles où j'entrai étaient assez blanches. Le temple est à côté de celle du grand chef, tourné vers l'orient, et à l'extrémité de la place. Il est composé des mêmes matériaux que les cabanes, mais sa figure est différente; c'est un carré long, d'environ quarante pieds sur vingt de large, avec un toit tout simple, de la figure des nôtres. Il y a aux deux extrémités comme deux girouettes de bois, qui représentent fort grossièrement deux aigles.

La porte est au milieu de la longueur du bâtiment, qui n'a point d'autres ouvertures; des deux côtés il y a des bancs de pierre. Les dedans répondent parfaitement à ces dehors rustiques. Trois pièces de bois, qui se joignent par les bouts, et qui sont placées en triangle, ou plutôt également écartées les unes des autres, occupent presque tout le milieu du temple, et brûlent lentement. Un Sauvage, que l'on appelle le gardien du temple, est obligé de les attiser et d'empêcher qu'elles ne s'éteignent. S'il fait froid, il peut avoir son feu à part, mais il ne lui est pas permis de se chauffer à celui qui brûle en l'honneur du Soleil. Ce gardien était aussi à la fête, du moins je ne le vis point, et ses tisons jetaient une fumée qui nous aveuglait.

D'ornements, je n'en vis aucuns, ni rien absolument qui dût me faire connaître que j'étais dans un temple. J'y aperçus seulement trois ou quatre caisses rangées sans ordre, où il y avait quelques ossements secs, et par terre quelques têtes de bois un peu moins mal travaillées que les deux aigles du toit. Enfin, si je n'y eusse pas trouvé du feu, j'eusse cru que ce temple était abandonné depuis longtemps, ou qu'il avait été pillé. Ces cônes enveloppés de peaux, dont parlent quelques relations; ces cadavres des chefs, rangés en cercle dans un temple tout rond, et terminé en manière de dôme; cet autel, etc.; je n'ai rien vu de tout cela : si les choses étaient ainsi du temps passé, elles ont bien changé depuis.

Peut-être aussi, car il ne faut condamner personne que quand il n'y a aucun moyen de l'excuser, peut-être, dis-je, que le voisinage des Français a fait craindre aux Natchez que les corps de leurs chefs et tout ce que leur temple avait de plus précieux ne courussent quelque risque s'ils ne les transportaient pas ailleurs, et que le peu d'attention qu'on apporte présentement à bien garder ce temple vient de ce qu'on l'a dépouillé de ce qu'il avait de plus sacré pour ces peuples. Il est pourtant vrai que, contre la muraille, vis-à-vis de la porte, il y avait une table dont je ne pris pas la peine de mesurer les dimensions, parce que je ne soupçonnais point que ce fût un autel : on m'a assuré depuis qu'elle a trois pieds de haut, cinq de long et quatre de large.

On m'a ajouté qu'on y fait un petit feu avec des écorces de chêne, et qu'il ne s'éteint jamais ; ce qui est faux, car il n'y avait alors ni feu, ni rien qui fît connaître qu'on y en eût jamais fait. On dit encore que quatre vieillards couchent tour à tour dans le temple pour entretenir ce feu ; que celui qui est de garde ne doit point sortir pendant les huit jours qu'il doit être en faction ; qu'on a soin de prendre de la braise allumée des bûches qui brûlent au milieu du temple pour mettre sur l'autel ; qu'il y a douze hommes entretenus pour fournir des écorces de chêne ; qu'il y a des marmousets de bois et une figure de serpent à sonnettes, aussi de bois, qu'on met sur l'autel, et auxquels on rend de grands honneurs ; que, quand le chef meurt, on l'enterre d'abord, et que, quand on juge que les chairs sont consumées, le gardien du temple les exhume, lave les ossements, les enveloppe de ce qu'il peut avoir de plus précieux, et les met dans de grands paniers faits de cannes, qu'il ferme bien ; qu'il enveloppe ces paniers de peaux de chevreuil très-propres, et les place devant l'autel, où ils restent jusqu'à la mort du chef régnant ; qu'alors il renferme ces ossements dans l'autel même, pour faire place au dernier mort.

Je ne puis rien dire sur ce dernier article, sinon que je vis quelques ossements dans une ou deux caisses, mais qu'ils ne faisaient pas la moitié d'un corps humain, qu'ils me paraissaient bien vieux, et qu'ils n'étaient point sur la table qu'on dit être l'autel. Quant aux autres articles, 1° comme je n'ai été que de jour dans le temple, j'ignore ce qui s'y passe la nuit ; 2° il n'y avait aucun garde dans ce temple quand je l'ai visité. J'y aperçus bien, comme je l'ai déjà dit, quelques marmousets, mais je n'y remarquai point de figure de serpent.

Quant à ce que j'ai vu dans ces relations, que ce temple est tapissé et son pavé couvert de nattes de cannes ; qu'on y met ce qu'on a de plus propre, et qu'on y apporte tous les ans les prémices de toutes les récoltes, il en faut assurément rabattre beaucoup : je n'ai jamais rien vu de plus maussade, de plus malpropre, qui fût plus en désordre : les bûches brûlaient sur la terre nue, et je n'y aperçus point de nattes, non plus qu'aux murailles. M. Le Noir, avec qui j'étais, me dit seulement que tous les jours on mettait au feu une nouvelle bûche, et qu'au commencement de chaque lune on en faisait la provision pour tout le mois. Il ne le savait pourtant que par ouï-dire, car c'était la première fois qu'il voyait ce temple, aussi bien que moi.

Pour ce qui regarde la nation des Natchez en général, voici ce que j'en puis apprendre. On ne voit rien dans leur extérieur qui les distingue des autres Sauvages du Canada et de la Louisiane. Ils font rarement la guerre, et ne mettent point leur gloire à détruire des hommes. Ce qui les distingue plus particulièrement, c'est la forme de leur gouvernement, tout à fait despotique; une grande dépendance, qui va même jusqu'à une espèce d'esclavage dans les sujets; plus de fierté et de grandeur dans les chefs; et leur esprit pacifique, qui cependant s'est un peu démenti depuis plusieurs années.

Les Hurons croient aussi bien qu'eux leurs chefs héréditaires issus du Soleil; mais il n'y en a pas un qui voulût être son valet, ni le suivre dans l'autre monde pour y avoir l'honneur de le servir, comme il arrive souvent parmi les Natchez. Garcilasso de La Vega parle de cette nation comme d'un peuple puissant, et il n'y a pas six ans qu'on y comptait quatre mille guerriers. Il paraît qu'elle était encore plus nombreuse du temps de M. de La Salle, et même lorsque M. d'Iberville découvrit l'embouchure du Mississipi. Aujourd'hui les Natchez ne pourraient pas mettre sur pied deux mille combattants. On attribue cette diminution à des maladies contagieuses, qui, ces dernières années, ont fait parmi eux de grands ravages.

Le grand chef des Natchez porte le nom de *Soleil*, et c'est toujours, comme parmi les Hurons, le fils de sa plus proche parente qui lui succède. On donne à cette femme la qualité de Femme-Chef; et quoique pour l'ordinaire elle ne se mêle pas du gouvernement, on lui rend de grands honneurs. Elle a même, aussi bien que le Soleil, droit de vie et de mort : dès que quelqu'un a eu le malheur de déplaire à l'un ou à l'autre, ils ordonnent à leurs gardes, qu'on nomme *Allouez*, de le tuer. *Va me défaire de ce chien*, disent-ils; et ils sont obéis sur-le-champ. Leurs sujets et les chefs mêmes des villages ne les abordent jamais qu'ils ne les saluent trois fois, en jetant un cri qui est une espèce de hurlement; ils font la même chose en se retirant, et se retirent en marchant à reculons. Lorsqu'on les rencontre, il faut s'arrêter, se ranger du chemin, et jeter les mêmes cris dont j'ai parlé, jusqu'à ce qu'ils soient passés. On est aussi obligé de leur porter ce qu'il y a de meilleur dans les récoltes, dans le produit de la chasse et dans celui de la pêche. Enfin personne, non pas même leurs plus proches parents et ceux qui composent les familles nobles, lorsqu'ils ont l'honneur de manger avec eux, n'a droit de boire dans le même vase, ni de mettre la main au plat.

Tous les matins, dès que le soleil paraît, le grand chef se met à la porte de sa cabane, se tourne vers l'orient, et hurle trois fois en se prosternant jusqu'à terre. On lui apporte ensuite un calumet, qui ne sert qu'en cette occasion; il fume et pousse la fumée de son tabac vers l'astre du jour, puis il fait la même chose vers les trois autres parties du monde. Il ne reconnaît sur la terre de maître que le soleil, dont il prétend tirer son origine, exerce un pouvoir sans borne sur ses sujets, peut disposer de leurs biens et de leur vie, et, quelques travaux qu'il leur commande, ils n'en peuvent exiger aucun salaire.

Lorsque le chef ou la Femme-Chef meurent, tous leurs Allouez sont obligés de les suivre en l'autre monde : mais ils ne sont pas les seuls qui ont cet honneur, car c'en est un et fort recherché. Il y a tel chef dont la mort coûte la vie à plus de cent personnes, et on m'a assuré qu'il meurt peu de Natchez considérables, à qui quelques-uns de leurs parents, de leurs amis ou de leurs serviteurs, ne fassent pas cortége dans le pays des âmes. Il paraît, par les diverses relations que j'ai vues de ces horribles cérémonies, qu'elles varient beaucoup. En voici une des obsèques d'une Femme-Chef, que je tiens d'un voyageur qui en fut témoin, et sur la sincérité duquel j'ai tout lieu de compter.

Le mari de cette femme n'étant pas noble, c'est-à-dire de la famille du Soleil, son fils aîné l'étrangla selon la coutume; on vida ensuite la cabane de tout ce qui y était, et on y construisit une espèce de char de triomphe, où le corps de la défunte et celui de son époux furent placés. Un moment après on rangea autour de ces cadavres douze petits enfants que leurs parents avaient aussi étranglés par ordre de l'aînée des filles de la Femme-Chef, et qui succédait à la dignité de sa mère. Cela fait, on dressa dans la place publique quatorze échafauds ornés de branches d'arbres et de toiles, sur lesquelles on avait peint différentes figures. Ces échafauds étaient destinés pour autant de personnes qui devaient accompagner la Femme-Chef dans l'autre monde. Leurs parents étaient tous autour d'elles, et regardaient comme un grand honneur pour leurs familles la permission qu'elles avaient eue de se sacrifier ainsi. On s'y prend quelquefois dix ans auparavant pour obtenir cette grâce, et il faut que ceux ou celles qui l'ont obtenue filent eux-mêmes la corde avec laquelle ils doivent être étranglés.

Ils paraissent sur leurs échafauds revêtus de leurs plus riches habits, portant à la main droite une grande coquille. Leur plus proche parent est à leur droite, ayant sous son bras gauche la corde qui doit servir à l'exécution, et à la main droite un casse-tête. De temps en temps il fait le cri de mort, et à ce cri les quatorze victimes descendent de leurs échafauds, et vont danser toutes ensemble au milieu de la place, devant le temple et devant la cabane de la Femme-Chef. On leur rend ce jour-là et les suivants de grands respects : ils ont chacun cinq domestiques et leur visage est peint en rouge. Quelques-uns ajoutent que pendant les huit jours qui précèdent leur mort ils portent à la jambe un ruban rouge, et que, pendant tout ce temps-là, c'est à qui les régalera. Quoi qu'il en soit, dans l'occasion dont je parle, les pères et les mères qui avaient étranglé leurs enfants les prirent entre leurs mains, et se rangèrent des deux côtés de la cabane; les quatorze personnes qui étaient aussi destinées à mourir s'y placèrent de la même manière, et ils étaient suivis des parents et des amis de la défunte, tous en deuil, c'est-à-dire les cheveux coupés. Tous faisaient retentir les airs de cris si affreux, qu'on eût dit que tous les diables étaient sortis des enfers pour venir hurler en cet endroit. Cela fut suivi de danses de la part de ceux qui devaient mourir, et de chants de la part des parents de la Femme-Chef.

Enfin on se mit en marche : les pères et mères qui portaient leurs enfants morts paraissaient les premiers, marchant deux à deux; ils précédaient immédiatement le brancard où était le corps de la Femme-Chef, que quatre hommes portaient sur leurs épaules. Tous les autres venaient après dans le même ordre que les premiers. De dix pas en dix pas ceux-ci laissaient tomber leurs enfants par terre; ceux qui portaient le brancard marchaient dessus, puis tournaient tout autour d'eux; en sorte que quand le convoi arriva au temple, ces petits corps étaient en pièces.

Tandis qu'on enterrait dans le temple le corps de la Femme-Chef, on déshabilla les quatorze personnes qui devaient mourir, on les fit asseoir par terre devant la porte, chacune ayant deux Sauvages, dont l'un était assis sur ses genoux, et l'autre lui tenait les bras par derrière. On leur passa une corde au cou, on leur couvrit la tête d'une peau de chevreuil, on leur fit avaler trois pillules de tabac et boire un verre d'eau, et les parents de la Femme-Chef tirèrent des deux côtés les cordes en chantant jusqu'à ce qu'elles fussent étranglées. Après quoi on jeta tous ces cadavres dans une même fosse qu'on couvrit de terre.

Quand le grand chef meurt, s'il a encore sa nourrice, il faut qu'elle meure aussi. Mais il est arrivé plusieurs fois que les Français, ne pouvant empêcher cette barbarie, ont obtenu la permission de baptiser les petits enfants qui devaient être étranglés, et qui, par conséquent, n'accompagnaient pas ceux en l'honneur desquels on les immolait dans leur prétendu paradis.

Nous ne connaissons point de nation, dans ce continent, où le sexe soit plus débordé que dans celle-ci. Il est même forcé par le Soleil et les chefs subalternes à se prostituer à tout venant; et une femme, pour être publique, n'en est pas moins estimée. Quoique la polygamie soit permise, et que le nombre des femmes qu'on peut avoir ne soit pas limité, ordinairement chacun n'a que la sienne; mais il peut la répudier quand il veut, liberté dont il n'y a pourtant guère que les chefs qui fassent usage. Les femmes sont assez bien faites pour des Sauvages, et assez propres dans leur ajustement et dans tout ce qu'elles font. Les filles de la famille noble ne peuvent épouser que des hommes obscurs, mais elles sont en droit de congédier leur mari quand bon leur semble, et d'en prendre un autre, pourvu qu'il n'y ait point d'alliance entre eux.

Si leurs maris leur font une infidélité, elles peuvent leur faire casser la tête, et elles ne sont point sujettes à la même loi. Elles peuvent même avoir autant de galants qu'elles le jugent à propos sans que le mari puisse le trouver mauvais : c'est un privilége attaché au sang du Soleil. Il se tient debout, en présence de sa femme, dans une posture respectueuse ; il ne mange point avec elle ; il la salue du même ton que ses domestiques : le seul privilége que lui procure une alliance si onéreuse, c'est d'être exempt de travail et d'avoir autorité sur ceux qui servent son épouse.

Les Natchez ont deux chefs de guerre, deux maîtres des cérémonies pour le temple, deux officiers pour régler ce qui se doit pratiquer dans les traités de paix ou de guerre ; un qui a l'inspection sur les ouvrages, et quatre autres qui sont chargés d'ordonner tout dans les festins publics. C'est le grand chef qui donne ces emplois, et ceux qui en sont revêtus sont respectés et obéis comme il le serait lui-même. Les récoltes se font en commun ; le Soleil en marque le jour et convoque le village. Vers la fin de juillet, il indique un autre jour pour le commencement d'une fête qui en dure trois, et qui se passe en jeux et en festins.

Chaque particulier y contribue de sa chasse, de sa pêche et de ses autres provisions, qui consistent en maïs, fèves et melons. Le Soleil et la Femme-Chef y président, dans une loge élevée et couverte de feuillages : on les y porte dans un brancard, et le premier tient en sa main une manière de sceptre orné de pluimages de diverses couleurs. Tous les nobles sont autour d'eux dans une posture respectueuse. Le dernier jour, le Soleil harangue l'assemblée : il exhorte tout le monde à remplir exactement ses devoirs, surtout à avoir une grande vénération pour les esprits qui résident dans le temple, et à bien instruire les enfants. Si quelqu'un s'est signalé par quelque action de zèle, il fait son éloge. Il y a vingt ans que le feu du ciel ayant réduit le temple en cendres, sept ou huit femmes jetèrent leurs enfants au milieu des flammes pour apaiser les génies; le Soleil fit aussitôt venir ces héroïnes, leur donna publiquement de grandes louanges, et finit son discours en exhortant les autres femmes à imiter dans l'occasion un si bel exemple.

Les pères de famille ne manquent jamais d'apporter au temple les prémices de tout ce qu'ils recueillent, et on fait de même de tous les présents qui sont offerts à la nation. On les expose à la porte du temple, dont le gardien, après les avoir présentés aux esprits, les porte chez le Soleil, qui les distribue à qui bon lui semble. Les semences sont pareillement offertes devant le temple avec de grandes cérémonies, mais les offrandes qui s'y font, de pains et de farine, à chaque nouvelle lune, sont pour le profit des gardiens du temple.

Les mariages des Natchez ne diffèrent presque pas de ceux des Sauvages du Canada : la principale différence qui s'y trouve consiste en ce qu'ici le futur époux commence par faire aux parents de la fille les présents dont on est convenu, et que les noces sont suivies d'un grand festin. La raison pour laquelle il n'y a guère que les chefs qui aient plusieurs femmes, c'est que, pouvant faire cultiver leurs champs par le peuple, sans qu'il leur en coûte rien, le nombre de leurs épouses ne leur est point à charge. Les chefs se marient avec encore moins de cérémonie que les autres. Ils se contentent de faire avertir les parents de la fille sur laquelle ils ont jeté les yeux, qu'ils la mettent au nombre de leurs femmes; mais ils n'en gardent qu'une ou deux dans leurs cabanes; les autres restent chez leurs parents, où leurs maris les visitent quand il leur plaît. La jalousie ne règne point dans ces mariages; les Natchez se prêtent même sans façon leurs femmes, et c'est apparemment de là que vient la facilité avec laquelle ils les congédient pour en prendre d'autres.

Lorsqu'un chef de guerre veut lever un parti, il plante dans un endroit marqué pour cela deux arbres ornés de plumes, de flèches et de casse-têtes, le tout peint en rouge aussi bien que les arbres, qui sont encore piqués du côté où l'on veut porter la guerre. Ceux qui veulent s'enrôler se présentent au chef, bien parés, le visage barbouillé de différentes couleurs, et lui déclarent le désir qu'ils ont de pouvoir apprendre sous ses ordres le métier des armes ; qu'ils sont disposés à endurer toutes les fatigues de la guerre, et prêts à mourir, s'il le faut, pour la patrie.

Quand le chef a le nombre de soldats que demande l'expédition qu'il médite, il fait préparer chez lui un breuvage qui se nomme la *médecine de la guerre*. C'est un vomitif fait avec une racine bouillie dans l'eau : on en donne à chacun deux pots, qu'il faut avaler tout de suite, et que l'on rend presque aussitôt avec les plus violents efforts. On travaille ensuite aux préparatifs, et, jusqu'au jour fixé pour le départ, les guerriers se rendent soir et matin dans une place où, après avoir bien dansé et raconté leurs beaux faits d'armes, chacun chante sa chanson de mort. Ce peuple n'est pas moins superstitieux sur les songes que les Sauvages du Canada : il n'en faut qu'un de mauvais augure pour rebrousser chemin quand on est en marche.

Les guerriers marchent avec beaucoup d'ordre et prennent de grandes précautions pour camper et pour se rallier. On envoie souvent à la découverte, mais on ne pose point de sentinelles pendant la nuit : on éteint tous les feux, on se recommande aux esprits, et on s'endort avec sécurité, après que le chef a averti tout le monde de ne point ronfler trop fort et d'avoir toujours, près de soi ses armes en bon état. Les idoles sont exposées sur une perche penchée du côté des ennemis ; et tous les guerriers, avant que de s'aller coucher, passent les uns après les autres, le casse-tête à la main, devant ces prétendues divinités. Ils se tournent ensuite vers le pays ennemi, et font de grandes menaces que le vent emporte souvent d'un autre côté.

Il ne paraît pas que les Natchez exercent sur leurs prisonniers, durant la marche, les cruautés qui sont en usage dans le Canada. Lorsque ces malheureux sont arrivés au grand village, on les fait chanter et danser plusieurs jours de suite devant le temple, après quoi ils sont livrés aux parents de ceux qui ont été tués durant la campagne. Ceux-ci, en les recevant, fondent en pleurs ; puis, après avoir essuyé leurs larmes avec les chevelures que les guerriers ont rapportées, ils se cotisent pour récompenser ceux qui leur ont fait présent de leurs esclaves, dont le sort est toujours d'être brûlés.

Les guerriers changent de nom à mesure qu'ils font de nouveaux exploits ; ils les reçoivent des anciens chefs de guerre, et ces noms ont toujours quelque rapport à l'action par laquelle on a mérité cette distinction ; ceux qui, pour la première fois, ont fait un prisonnier ou enlevé une chevelure, doivent pendant un mois s'abstenir de voir leurs femmes et de manger de la viande. Ils s'imaginent que, s'ils y manquaient, les âmes de ceux qu'ils ont tués ou brûlés les feraient mourir, ou que la première blessure qu'ils recevraient serait mortelle, ou du moins qu'ils ne remporteraient plus aucun avantage sur leurs ennemis. Si le Soleil commande ses sujets en personne, on a grand soin qu'il ne s'expose pas trop, moins peut-être par zèle pour sa conservation, qu'à cause que les autres chefs de guerre et les principaux du parti seraient mis à mort pour ne l'avoir pas bien gardé.

Les jongleurs des Natchez ressemblent assez à ceux du Canada, et traitent les malades à peu près de la même façon. Ils sont bien payés quand le malade guérit ; mais, s'il meurt, il leur en coûte souvent à eux-mêmes la vie. Il y a, dans cette nation, une autre espèce de jongleurs qui ne courent pas moins de risques que ces médecins : ce sont certains vieillards fainéants, qui, pour faire subsister leurs familles sans être obligés de travailler, entreprennent de procurer la pluie ou le beau temps, selon les besoins. Vers le printemps on se cotise pour acheter de ces prétendus magiciens un temps favorable aux biens de la terre. Si c'est de la pluie qu'on demande, ils se remplissent la bouche d'eau, et avec un chalumeau dont l'extrémité est percée de plusieurs trous comme un entonnoir, ils soufflent en l'air du côté où ils aperçoivent quelque nuage, tandis que, le chichikoué d'une main et leur manitou de l'autre, ils jouent de l'un et lèvent l'autre en l'air, invitant, par des cris affreux, les nuages à arroser les campagnes de ceux qui les ont mis en œuvre.

S'il est question d'avoir du beau temps, ils montent sur le toit de leurs cabanes, font signe aux nuages de passer outre ; et, si les nuages passent et se dissipent, ils dansent et chantent autour de leurs idoles, puis avalent de la fumée de tabac, et présentent au ciel leurs calumets. Tout le temps que durent ces opérations, ils observent un jeûne rigoureux, et ne font que danser et chanter ; si on obtient ce qu'ils ont promis, ils sont bien récompensés ; s'ils ne réussissent pas, ils sont mis à mort sans miséricorde. Mais ce ne sont pas les mêmes qui se mêlent de procurer la pluie et le beau temps : leurs génies, disent-ils, ne peuvent donner que l'un ou l'autre.

Le deuil, parmi ces Sauvages, consiste à se couper les cheveux, à ne se point peindre le visage, et à ne se point trouver aux assemblées ; mais j'ignore combien il dure. Je n'ai pu savoir non plus s'ils célèbrent la grande Fête des Morts dont je vous ai donné la description ; il paraît que, dans cette nation, où tout est en quelque façon esclave de ceux qui commandent, tous les honneurs mortuaires sont pour ceux-ci, surtout pour le Soleil et pour la Femme-Chef.

Les traités de paix et d'alliance se font avec beaucoup d'appareil, et le grand chef y soutient toujours sa dignité en véritable souverain. Dès qu'il est averti du jour de l'arrivée des ambassadeurs, il donne ses ordres aux maîtres des cérémonies pour les préparatifs de leur réception, et nomme ceux qui doivent nourrir tour à tour ces envoyés ; car c'est aux dépens de ses sujets qu'il fait tous les frais de l'ambassade. Le jour de l'entrée des ambassadeurs, chacun a sa place marquée selon son rang ; et, quand ces ministres sont à cinq cents pas du grand chef, ils s'arrêtent et chantent la paix.

Ordinairement l'ambassade est composée de trente hommes et de six femmes. Six des meilleures voix marchent à la tête du cortège et entonnent ; les autres suivent, et le chichikoué sert à régler la mesure. Quand le Soleil fait signe aux ambassadeurs d'approcher, ils se remettent en marche ; ceux qui portent le calumet dansent en chantant, se tournent de tous côtés, se donnent de grands mouvements, et font quantité de grimaces et de contorsions. Ils recommencent le même manége autour du grand chef, quand ils sont arrivés auprès de lui ; ils le frottent ensuite avec leur calumet depuis les pieds jusqu'à la tête, puis ils vont rejoindre leur troupe.

Alors ils remplissent un calumet de tabac, et, tenant du feu d'une main, ils avancent tous ensemble vers le grand chef, et lui présentent le calumet allumé. Ils fument avec lui, poussent vers le ciel la première vapeur de leur tabac, la seconde vers la terre, et la troisième autour de l'horizon. Cela fait, ils présentent leurs calumets aux parents du Soleil et aux chefs subalternes. Ils vont ensuite frotter de leurs mains l'estomac du Soleil, puis ils se frottent eux-mêmes tout le corps ; enfin ils posent leurs calumets sur des fourches, vis-à-vis le grand chef, et l'orateur de l'ambassade commence sa harangue, qui dure une heure.

Quand il a fini, on fait signe aux ambassadeurs, qui jusque-là étaient demeurés debout, de s'asseoir sur des bancs placés pour eux près du Soleil, lequel répond à leurs discours, et parle aussi une heure entière. Ensuite un maître des cérémonies allume un grand calumet de paix, et y fait fumer les ambassadeurs, qui avalent la première gorgée. Alors le Soleil leur demande des nouvelles de leur santé; tous ceux qui assistent à l'audience leur font le même compliment; puis on les conduit dans la cabane qui leur est destinée, et où on leur donne un grand repas. Le soir du même jour le Soleil leur rend visite; mais, quand ils le savent prêt à sortir de chez lui pour leur faire cet honneur, ils le vont chercher, le portent sur leurs épaules dans leur logis, et le font asseoir sur une grande peau. L'un d'eux se place derrière lui, appuie ses deux mains sur ses épaules, et le secoue assez longtemps, tandis que les autres, assis en rond par terre, chantent leurs belles actions à la guerre.

Ces visites recommencent tous les matins et tous les soirs, mais à la dernière le cérémonial change. Les ambassadeurs plantent un poteau au milieu de leur cabane, et s'asseyent tout autour : les guerriers qui accompagnent le Soleil, parés de leurs plus belles robes, dansent, et tour à tour frappent le poteau, et racontent leurs plus beaux faits d'armes; après quoi ils font des présents aux ambassadeurs. Le lendemain ceux-ci ont, pour la première fois, la permission de se promener dans le village, et tous les soirs on leur donne des fêtes qui ne consistent que dans des danses. Quand ils sont sur leur départ, les maîtres de cérémonies leur font fournir toutes les provisions dont ils ont besoin pour leur voyage, et c'est toujours aux dépens des particuliers.

La plupart des nations de la Louisiane avaient autrefois leur temple aussi bien que les Natchez, et dans tous ces temples il y avait un feu perpétuel. Il semble même que les Maubiliens avaient sur tous les peuples de cette partie de la Floride une espèce de primatie de religion, car c'était à leur feu qu'il fallait rallumer celui que, par négligence ou par malheur, on avait laissé éteindre. Mais aujourd'hui le temple des Natchez est le seul qui subsiste, et il est en grande vénération parmi tous les Sauvages qui habitent dans ce vaste continent, et dont la diminution est aussi considérable et a été encore plus prompte que celle des peuples du Canada, sans qu'il soit possible d'en savoir la véritable raison. Des nations entières ont absolument disparu depuis quarante ans au plus. Celles qui subsistent encore ne sont plus que l'ombre de ce qu'elles étaient lorsque M. de La Salle découvrit ce pays.

DEUXIÈME EXTRAIT DE CHARLEVOIX.)

Il y avait déjà plusieurs années que les Chichacas, à l'instigation de quelques Anglais, avaient formé le dessein de détruire de telle sorte toute la colonie de la Louisiane, qu'il n'y restât pas un seul Français. Ils avaient conduit leur intrigue avec un si grand secret, que les Illinois, les Ancansas et les Thonicas, à qui ils n'avaient pas osé le communiquer, parce qu'ils savaient que leur attachement pour nous était à toute épreuve, n'en avaient pas eu le moindre vent.

Toutes les autres nations y étaient entrées; chacune devait faire main-basse sur tous les habitants qu'on lui avait marqués, et toutes devaient frapper le même jour, à la même heure. Les Techactas même, la plus nombreuse nation de ce continent, et de tout temps nos alliés, avaient été gagnés, du moins ceux de l'est, qu'on appelle la grande nation ; ceux de l'ouest, ou la petite nation, n'y avaient point pris de part, mais ils gardèrent longtemps le secret, et ce ne fut que par hasard qu'ils le découvrirent, et lorsqu'il était déjà trop tard pour donner avis à tout le monde de se tenir sur ses gardes.

M. Perrier ayant appris que les premiers avaient quelque démêlé avec M. Diron d'Artaguette, lieutenant du roi et commandant au fort de la Maubile, fit inviter les chefs de toute la nation à le venir trouver à la Nouvelle-Orléans, leur faisant espérer une entière satisfaction sur tous leurs griefs. Ils y vinrent, et après qu'ils se furent expliqués sur le sujet qui les avait fait appeler, ils dirent au commandant général que la nation était charmée qu'il lui eût envoyé un officier pour résider dans leur pays, et qu'il les eût invités à le venir voir. Ils n'en dirent pas davantage, mais ils s'en retournèrent fort disposés, 1° à manquer de parole aux Chichacas à qui ils avaient promis de détruire toutes les habitations qui dépendaient du fort de la Maubile ; en second lieu à faire en sorte que les Natchez exécutassent leur projet. C'est ce que les Natchez leur ont depuis reproché en face et en présence des Français, sans qu'ils aient osé le nier. On n'a jamais douté que leur dessein n'ait été de nous obliger d'avoir recours à eux, et par ce moyen de profiter et de ce que nous leur donnerions pour les engager à nous secourir, et du butin qu'ils feraient sur les Natchez.

Ainsi le commandant général était, sans le savoir, à la veille de voir une partie de la colonie détruite par des ennemis dont il ne se défiait point, et trahi par les alliés sur lesquels il croyait pouvoir compter, et qui étaient en effet une de ses grandes ressources, mais qui voulaient profiter de nos malheurs. Au reste, il était d'autant plus aisé à ceux que les Chichacas avaient mis dans leurs intérêts de réussir dans leurs projets, qu'aucune habitation française n'était à l'épreuve d'une surprise et d'un coup de main. Il y avait bien en quelques endroits des forts, mais, à l'exception de celui de la Maubile, ils n'étaient que de pieux dont les deux tiers étaient pourris ; et, eussent-ils été en état de défense, ils ne pouvaient garantir de la fureur des Sauvages qu'un petit nombre d'habitations voisines. On était d'ailleurs partout dans une sécurité qui aurait mis ces Barbares en état de massacrer tous les Français jusque dans les places les mieux gardées, comme il arriva le 28 de novembre aux Natchez, de la manière que je vais dire.

M. de Chépar, qui commandait dans ce poste, s'était un peu brouillé avec ces Sauvages ; mais il paraît que ceux-ci avaient porté la dissimulation jusqu'à lui persuader que les Français n'avaient point d'alliés plus fidèles qu'eux.

Le jour destiné pour l'exécution du complot général n'était point encore venu ; mais deux choses déterminèrent les Natchez à l'anticiper : la première est qu'il venait d'arriver au débarquement quelques bateaux assez bien pourvus de marchandises pour la garnison de ce poste, pour celle des Yazous, et pour plusieurs habitants, et qu'ils voulaient s'en emparer avant que la distribution s'en

DESCRIPTION DU PAYS DES NATCHEZ.

fit : la seconde, que le commandant avait reçu la visite de MM. Kolly père et fils, dont la concession n'était pas éloignée de là, et de plusieurs autres personnes considérables; car ils comprirent d'abord qu'en prétextant d'aller à la chasse pour donner à M. de Chépar de quoi régaler ses hôtes, ils pourraient s'armer tous sans qu'on se défiât de rien. Ils en firent la proposition au commandant; elle fut agréée avec joie, et sur-le-champ ils allèrent traiter avec les habitants pour avoir des fusils, des balles et de la poudre, qu'ils payèrent comptant.

Cela fait, ils se répandirent, le lundi 28, de grand matin, dans toutes les habitations, publiant qu'ils allaient partir pour la chasse, observant d'être partout en plus grand nombre que les Français. Ils chantèrent ensuite le calumet en l'honneur du commandant et de sa compagnie, après quoi ils retournèrent chacun à leur poste. Un moment après, au signal de trois coups de fusil tirés consécutivement à la porte du logis de M. de Chépar, ils firent main-basse en même temps partout. Le commandant et M. Kolly furent tués des premiers. Il n'y eut de résistance que dans la maison de M. de La Loire des Ursins, commis principal de la compagnie des Indes, où il y avait huit hommes. On s'y battit bien. Huit Natchez y furent tués, six Français le furent aussi; les deux autres se sauvèrent. M. de La Loire venait de monter à cheval : au premier bruit qu'il entendit, il voulut retourner chez lui, mais il fut arrêté par une troupe de Sauvages, contre lesquels il se défendit assez longtemps, jusqu'à ce que, percé de plusieurs coups, il tomba mort, après avoir tué quatre Natchez. Ainsi, ces Barbares perdirent en cet endroit douze hommes; mais ce fut tout ce que leur coûta leur trahison.

Avant que d'exécuter leur coup, ils s'étaient assurés de plusieurs nègres, entre lesquels étaient deux commandants.

Ceux-ci avaient persuadé aux autres qu'ils seraient libres avant les Sauvages; que nos femmes et nos enfants seraient leurs esclaves, et qu'ils n'auraient rien à craindre des Français des autres postes, parce que le massacre se ferait en même temps partout. Il paraît néanmoins que le secret n'avait été confié qu'à un petit nombre.

FIN DES NATCHEZ.

POÉSIES.

PREFACE.

Dans l'avertissement placé à la tête du premier volume des Œuvres complètes (édition de 1829), j'ai dit : « J'ai longtemps fait des vers avant de des-
« cendre à la prose. Ce n'était qu'avec regret que M. de Fontanes m'avait vu
« renoncer aux Muses : moi-même je ne les ai quittées que pour exprimer plus
« rapidement des vérités que je croyais utiles. »

Dans la préface des ouvrages politiques j'ai dit : « Les Muses furent l'objet
« du culte de ma jeunesse; ensuite je continuai d'écrire en prose avec un pen-
« chant égal sur des sujets d'imagination, d'histoire, de politique, et même
« de finances. Mon premier ouvrage, l'*Essai historique*, est un long traité
« d'histoire et de politique. Dans le *Génie du Christianisme*, la politique se
« retrouve partout, et je n'ai pu me défendre de l'introduire jusque dans l'*I-*
« *tinéraire* et dans les *Martyrs*. Mais, par l'impossibilité où sont les hommes
« d'accorder deux aptitudes à un même esprit, on ne voulut sortir pour moi
« du préjugé commun qu'à l'apparition de la *Monarchie selon la Charte*.»

Vous avez fait beaucoup de vers, me dira-t-on : soit; mais sont-ils bons ? voilà toute la question pour le public.

Je sais fort bien que ce n'est pas à moi, mais au public, à trancher cette question. Je ne pourrais appuyer mes espérances que sur une autorité grave à la vérité, mais peut-être fascinée par les illusions de l'amitié. Je vais présenter quelques observations dont je ne prétends faire aucune application à ma personne : je le dis avec sincérité, et j'espère qu'on le croira.

Les grands poëtes ont été souvent de grands écrivains en prose; qui peut le plus peut le moins; mais les bons écrivains en prose ont été presque toujours de méchants poëtes. La difficulté est de déterminer, lorsqu'on écrit aussi facilement en prose qu'en vers, et en vers qu'en prose, si la nature vous avait fait poëte d'abord et prosateur ensuite, ou prosateur en premier lieu, et poëte après.

Si vous avez écrit plus de vers que de prose, ou plus de prose que de vers, on vous range dans la catégorie des écrivains en vers ou en prose, d'après le nombre et le succès de vos ouvrages.

Si l'un des deux talents domine chez vous, vous êtes vite classé.

Si les deux talents sont à peu près sur la même ligne, à l'instant on vous en refuse un, par *cette impossibilité où sont les hommes d'accorder deux aptitudes à un même esprit*, comme je l'ai déjà remarqué. On vous loue même excessivement de ce que vous avez, pour déprécier ce que vous avez encore, mais ce qu'on ne veut pas reconnaître ; on vous élève aux nues, pour vous rabaisser au-dessous de tout. L'envie est fort embarrassée, car elle se voit obligée d'accroître votre gloire pour la détruire ; et si le résultat lui fait plaisir, le moyen lui fait peine.

Répétez, par exemple, jusqu'à satiété que presque tous les grands talents politiques et militaires de la Grèce, de l'Italie ancienne, de l'Italie moderne, de l'Allemagne, de l'Angleterre, ont été aussi de grands talents littéraires ; vous ne parviendrez jamais à convaincre de cette vérité de fait la partie médiocre et envieuse de notre société. Ce préjugé barbare qui sépare les talents n'existe qu'en France, où l'amour-propre est inquiet, où chacun croit perdre ce que son voisin possède, où enfin on avait divisé les facultés de l'esprit comme les classes des citoyens. Nous avions nos trois ordres intellectuels, le génie politique, le génie militaire, le génie littéraire, comme nous avions nos trois ordres politiques, le clergé, la noblesse et le tiers état ; mais dans la constitution des trois ordres intellectuels, *il était de principe* qu'ils ne pouvaient jamais se trouver réunis dans la même chambre, c'est-à-dire dans la même tête.

Le gouvernement public dont nous jouissons maintenant fera disparaître peu à peu ces notions dignes des Welches. Il était tout simple que dans une monarchie militaire, où l'on n'avait besoin ni de l'étude politique ni de l'éloquence de la tribune, les lettres parussent un amusement de cabinet ou une occupation de collége. Force sera aujourd'hui de reconnaître que le consul Cicéron était non-seulement un grand orateur, mais encore un grand écrivain, comme César était un grand historien et un grand poëte.

De ces considérations (que, pour le dire encore une fois, je présente dans un intérêt général, nullement dans celui de ma vanité) je passe à l'*historique* de mes poésies.

Si j'avais voulu tout imprimer, le public n'en aurait pas été quitte à moins de deux ou trois gros volumes. Je faisais des vers au collége, et j'ai continué d'en faire jusqu'à ce jour : *Je me suis gardé de les montrer aux gens*. Les Muses ont été pour moi des divinités de famille, des lares que je n'adorais qu'à mes foyers.

Les poésies, en très-petit nombre, que je me suis déterminé à conserver, sont divisées en deux classes, savoir : les poésies échappées à ma première jeunesse, et celles que j'ai composées aux différentes époques de ma vie. J'en ai marqué les dates autant que possible, afin qu'on pût suivre dans mes vers, comme on a suivi dans ma prose, l'ordre chronologique des idées, et le développement graduel de l'art.

Tous mes premiers vers, sans exception, sont inspirés par l'amour des champs ; ils forment une suite de petites idylles sans *moutons*, et où l'on trouve à peine un *berger*. J'ai compris les vers de 1784 à 1790, sous ce titre : *Tableaux de la nature*. Je n'ai rien ou presque rien changé à ces vers : composés à une époque où Dorat avait gâté le goût des jeunes poëtes, ils n'ont rien de maniéré, quoique la langue y soit quelquefois fortement invertie ; ils sont d'ailleurs coupés avec une liberté de césure que l'on ne se permettait guère alors. Les rimes sont soignées, les mètres, variés, quoique disposés à se former en dix syllabes. On retrouve dans ces essais de ma Muse des descriptions que j'ai transportées depuis dans ma prose.

C'est dans ces idylles d'une espèce nouvelle que le lecteur rencontrera les premières lignes qui aient jamais été imprimées de moi. Le neuvième tableau fut inséré dans l'*Almanach des Muses* de 1790 ; il y figure à la page 205, sous ce titre que je lui ai conservé : *l'Amour de la campagne*, par le chevalier de C***. On en parla dans la société de Ginguené, de Le Brun, de Chamfort, de Parny, de Flins, de La Harpe et de Fontanes, avec lesquels j'avais des liaisons plus ou moins étroites. Je prenais mal mon temps pour faire *ma veille des armes* dans l'*Almanach des Muses;* on était déjà en pleine révolution, et ce n'était plus avec des quatrains qu'on pouvait aller à la renommée.

Voici ce que je lis dans les Mémoires inédits de ma vie, au sujet de mon début dans la carrière littéraire. Après avoir fait le tableau des diverses sociétés de Paris à cette époque et le portrait de leurs principaux acteurs, je dis :

« On me demandera : Et l'histoire de votre présentation, que devint-elle ?
« — Elle resta là. — Vous ne chassâtes donc plus avec le roi après avoir
« monté dans les carrosses ? — Pas plus qu'avec l'empereur de la Chine. —
« Vous ne retournâtes donc plus à la cour ? — J'allai deux fois jusqu'à Sèvres,
« et revins à Paris. — Vous ne tirâtes donc aucun parti de votre position et de
« celle de votre frère ? — Aucun. — Que faisiez-vous donc ? — Je m'ennuyais.
« — Ainsi vous ne sentiez aucune ambition ? — Si fait : à force d'intrigues et
« de soucis, je parvins, par la protection de Delisle de Sales, à la gloire de
« faire insérer dans l'*Almanach des Muses* une idylle (*l'Amour de la campagne*)
« dont l'apparition me pensa faire mourir de crainte et d'espérance. »

Au retour de l'émigration, mon ami M. de Fontanes, qui connaissait mes secrets poétiques, m'engagea à laisser insérer dans le *Mercure* les vers intitulés *la Forêt*. Tandis que j'étais à Londres, M. Peltier avait publié dans son journal mon imitation de l'élégie de Gray sur un *Cimetière de Campagne*. Cette imitation a été réimprimée en 1828 dans les *Annales romantiques*. Les autres pièces ont été publiées pour la première fois en 1828, dans l'édition de mes Œuvres complètes.

POËMES DIVERS

TABLEAUX DE LA NATURE.
(De 1784 a 1790.)

PREMIER TABLEAU.
INVOCATION.

Je voudrais célébrer dans des vers ingénus
Les plantes, leurs amours, leurs penchants inconnus,
L'humble mousse attachée aux voûtes des fontaines,
L'herbe qui d'un tapis couvre les vertes plaines,
Sur ces monts exaltés le cèdre précieux
Qui parfume les airs et s'approche des cieux
Pour offrir son encens au Dieu de la nature,
Le roseau qui frémit au bord d'une onde pure,
Le tremble au doux parler, dont le feuillage frais
Remplit de bruits légers les antiques forêts,
Et le pin qui, croissant sur des grèves sauvages,
Semble l'écho plaintif des mers et des orages :
L'innocente nature et ses tableaux touchants
Ainsi qu'à mon amour auront part à mes chants.

SECOND TABLEAU.
LA FORÊT.

Forêt silencieuse, aimable solitude,
Que j'aime à parcourir votre ombrage ignoré!
Dans vos sombres détours en rêvant égaré,
J'éprouve un sentiment libre d'inquiétude.
Prestige de mon cœur! je crois voir s'exhaler
Des arbres, des gazons, une douce tristesse :
Cette onde que j'entends murmure avec mollesse,
Et dans le fond des bois semble encor m'appeler.
Oh! que ne puis-je, heureux, passer ma vie entière
Ici, loin des humains! — Au bruit de ces ruisseaux,
Sur un tapis de fleurs, sur l'herbe printanière,
Qu'ignoré je sommeille à l'ombre des ormeaux!
Tout parle, tout me plaît sous ces voûtes tranquilles :
Ces genêts, ornements d'un sauvage réduit;

Ce chèvrefeuille atteint d'un vent léger qui fuit,
Balancent tour à tour leurs guirlandes mobiles.
Forêts, dans vos abris gardez mes vœux offerts!
A quel amant jamais serez-vous aussi chères?
D'autres vous rediront des amours étrangères;
Moi, de vos charmes seuls j'entretiens vos déserts (1).

TROISIÈME TABLEAU.
LE SOIR, AU BORD DE LA MER.

Les bois épais, les sirtes mornes, nues,
Mêlent leurs bords dans les ombres chenues.
En scintillant dans le zénith d'azur,
On voit percer l'étoile solitaire;
A l'occident, séparé de la terre,
L'écueil blanchit sous un horizon pur,
Tandis qu'au nord, sur les mers cristallines,
Flotte la nue, en vapeurs purpurines.
D'un carmin vif les monts sont dessinés;
Du vent du soir se meurt la voix plaintive;
Et, mollement l'un à l'autre enchaînés,
Les flots calmés expirent sur la rive.
Tout est grandeur, pompe, mystère, amour :
Et la nature, aux derniers feux du jour,
Avec ses monts, ses forêts magnifiques,
Son plan sublime et son ordre éternel,
S'élève ainsi qu'un temple solennel,
Resplendissant de ses beautés antiques.
Le sanctuaire où le Dieu s'introduit
Semble voilé par une sainte nuit;
Mais dans les airs la coupole hardie,
Des arts divins gracieuse harmonie,
Offre un contour peint des fraîches couleurs
De l'arc-en-ciel, de l'aurore et des fleurs.

QUATRIÈME TABLEAU.
LE SOIR, DANS UNE VALLÉE.

Déjà le soir de sa vapeur bleuâtre
Enveloppait les champs silencieux;

(1) Vers imprimés dans le *Mercure*. Voyez la Préface.

Par le nuage étaient voilés les cieux :
Je m'avançais vers la pierre grisâtre.

Du haut d'un mont une onde, rugissant,
S'élançait : sous de larges sycomores,
Dans ce désert d'un calme menaçant,
Roulaient les flots agités et sonores.
Le noir torrent, redoublant de vigueur,
Entrait fougueux dans la forêt obscure
De ces sapins, au port plein de langueur,
Qui, négligés comme dans la douleur,
Laissent tomber leur longue chevelure,
De branche en branche errant à l'aventure.
Se regardant dans un silence affreux,
Des rochers nus s'élevaient ténébreux.
Leur front aride et leurs cimes sauvages
Voyaient glisser et fumer les nuages :
Leurs longs sommets, en prisme partagés,
Étaient des eaux et des mousses rongés.
Des liserons, d'humides capillaires,
Couvraient les flancs de ces monts solitaires ;
Plus tristement des lierres encor
Se suspendaient aux rocs inaccessibles ;
Et contrasté, teint de couleurs paisibles,
Le jonc, couvert de ses papillons d'or,
Riait au vent sur des sites terribles.

Mais tout s'efface ; et, surpris de la nuit,
Couché parmi des bruyères laineuses,
Sur le courant des ondes orageuses
Je vais pencher mon front chargé d'ennui.

CINQUIÈME TABLEAU.
NUIT DE PRINTEMPS.

Le ciel est pur, la lune est sans nuage :
Déjà la nuit au calice des fleurs
Verse la perle et l'ambre de ses pleurs ;
Aucun zéphyr n'agite le feuillage.
Sous un berceau, tranquillement assis,
Où le lilas flotte et pend sur ma tête,
Je sens couler mes pensers rafraîchis
Dans les parfums que la nature apprête.
Des bois dont l'ombre, en ces prés blanchissants,

Avec lenteur se dessine et repose,
Deux rossignols, jaloux de leurs accents,
Vont tour à tour réveiller le printemps
Qui sommeillait sous ces touffes de rose.
Mélodieux, solitaire Ségrais,
Jusqu'à mon cœur vous portez votre paix !
Des prés aussi traversant le silence,
J'entends au loin, vers ce riant séjour,
La voix du chien qui gronde et veille autour
De l'humble toit qu'habite l'innocence.
Mais quoi, déjà, belle nuit, je te perds!
Parmi les cieux à l'aurore entr'ouverts,
Phébé n'a plus que des clartés mourantes;
Et le zéphyr, en rasant le verger,
De l'orient, avec un bruit léger,
Se vient poser sur ces tiges tremblantes.

SIXIÈME TABLEAU.

NUIT D'AUTOMNE.

Mais des nuits d'automne
Goûtons les douceurs;
Qu'aux aimables fleurs
Succède Pomone!
Le pâle couchant
Brille encore à peine;
De Vénus, qu'il mène,
L'astre va penchant;
La lune, emportée
Vers d'autres climats
Ne montrera pas
Sa face argentée.
De ces peupliers,
Au bord des sentiers,
Les zéphyrs descendent,
Dans les airs s'étendent,
Effleurent les eaux,
Et de ces ormeaux
Ranimant la sève :
Comme une vapeur,
La douce fraîcheur
De ces bois s'élève.
Sous ces arbres verts,

Qu'un vent frais balance,
J'entends en silence
Leurs légers concerts :
Mollement bercée,
La voûte pressée
En dôme orgueilleux
Serre son ombrage,
Et puis s'entr'ouvrant,
Du ciel lentement
Découvre l'image.
Là, des nuits l'azur
Dans un cristal pur
Déroule ses voiles
Et le flot brillant
Coule en sommeillant
Sur un lit d'étoiles.

O charme nouveau !
Le son du pipeau
Dans l'air se déploie,
Et du fond des bois
M'apporte à la fois
L'amour et la joie.
Près des ruisseaux clairs,
Au chaume d'Adèle
Le pasteur fidèle
Module ses airs.
Tantôt il soupire,
Tantôt il désire,
Se tait : tour à tour
Sa simple cadence
Me peint son amour
Et son innocence.
Dans son lit heureux
La pauvre attentive
Écoute, pensive,
Ces sons dangereux :
Le drap qui la couvre
Loin d'elle a roulé,
Et son œil troublé
Mollement s'entr'ouvre.
Tout entière au bruit
Qui, pendant la nuit,
La charme et l'accuse,
Adèle au vainqueur

Son aveu refuse,
Et donne son cœur.

SEPTIÈME TABLEAU.
LE PRINTEMPS, L'ÉTÉ ET L'HIVER.

Vallée au nord, onduleuse prairie,
Déserts charmants, mon cœur, formé pour vous,
Toujours vous cherche en sa mélancolie.
A ton aspect, solitude chérie,
Je ne sais quoi de profond et de doux
Vient s'emparer de mon âme attendrie.
Si l'on savait le calme qu'un ruisseau
En tous mes sens porte avec son murmure,
Ce calme heureux que j'ai sur la verdure
Goûté cent fois seul au pied d'un coteau,
Les froids amants du froid séjour des villes
Rechercheraient ces voluptés faciles.

Si le printemps les champs vient émailler,
Dans un coin frais de ce vallon paisible
Je lis assis sous le rameux noyer,
Au rude tronc, au feuillage flexible.
Du rossignol le suave soupir
Enchaîne alors mon oreille captive,
Et, dans un songe au-dessus du plaisir,
Laisse flotter mon âme fugitive.
Au fond d'un bois quand l'été va durant,
Est-il une onde aimable et sinueuse
Qui, dans son cours, lente et voluptueuse,
A chaque fleur s'arrête en soupirant?
Cent fois au bord de cette onde infidèle
J'irai dormir sous le coudre odorant,
Et disputer de paresse avec elle.

Sous le saule nourri de ta fraîcheur amie,
    Fleuve témoin de mes soupirs,
Dans ces prés émaillés, au doux bruit des zéphyrs,
Ton passage offre ici l'image de la vie.
En des vallons déserts, au sortir de ces fleurs,
    Tu conduis tes ondes errantes :
    Ainsi nos heures inconstantes
    Passent des plaisirs aux douleurs.

Mais si voluptueux, du moins dans notre course,
  Du printemps nous savons jouir,
Nos jours plus doucement s'éloignent de leur source,
Emportant avec eux un tendre souvenir :
Ainsi tu vas moins triste au rocher solitaire
  Vers ces bois où tu fuis toujours,
  Si de ces prés ton heureux cours
  Entraîne quelque fleur légère.

De mon esprit ainsi l'enchantement
Naît et s'accroît pendant tout un feuillage.
L'aquilon vient, et l'on voit tristement
L'arbre isolé, sur le coteau sauvage,
Se balancer au milieu de l'orage.
De blancs oiseaux en troupes partagés
Quittent les bords de l'Océan antique :
Tous, en silence à la file rangés,
Fendent l'azur d'un ciel mélancolique.
J'erre aux forêts où pendent les frimas :
Interrompu par le bruit de la feuille
Que lentement je traîne sous mes pas,
Dans ses pensers mon esprit se recueille.

Qui le croirait ? plaisirs solacieux,
Je vous retrouve en ce grand deuil des cieux :
L'habit de veuve embellit la nature.
Il est un charme à des bois sans parure :
Ces prés riants entourés d'aulnes verts,
Où l'onde molle énerve la pensée,
Où sur les fleurs l'âme rêve, bercée
Aux doux accords du feuillage et des airs ;
Ces prés riants que l'aquilon moissonne
Plaisent aux cœurs. Vers la terre courbés,
Nous imitons, ou flétris ou tombés,
L'herbe en hiver et la feuille en automne.

HUITIÈME TABLEAU.

LA MER.

Des vastes mers tableau philosophique ;
Tu plais au cœur de chagrins agité :
Quand de ton sein par les vents tourmenté,
Quand des écueils et des grèves antiques
Sortent des bruits, des voix mélancoliques,

L'âme attendrie en ses rêves se perd,
Et, s'égarant de penser en penser,
Comme les flots de murmure en murmure,
Elle se mêle à toute la nature :
Avec les vents, dans le fond des déserts,
Elle gémit le long des bois sauvages,
Sur l'Océan vole avec les orages,
Gronde en la foudre, et tonne dans les mers.
Mais quand le jour sur les vagues tremblantes
S'en va mourir; quand, souriant encor,
Le vieux soleil glace de pourpre et d'or
Le vert changeant des mers étincelantes,
Dans des lointains fuyants et veloutés,
En enfonçant ma pensée et ma vue,
J'aime à créer des mondes enchantés,
Baignés des eaux d'une mer inconnue.
L'ardent désir, des obstacles vainqueur,
Trouve, embellit des rives bocagères,
Des lieux de paix, des îles de bonheur,
Où transporté par les douces chimères,
Je m'abandonne aux songes de mon cœur.

NEUVIÈME TABLEAU.
L'AMOUR DE LA CAMPAGNE.

Que de ces prés l'émail plaît à mon cœur!
Que de ces bois l'ombrage m'intéresse!
Quand je quittai cette onde enchanteresse,
L'hiver régnait dans toute sa fureur.

Et cependant mes yeux demandaient ce rivage;
Et cependant d'ennuis, de chagrins dévoré,
Au milieu des palais, d'hommes froids entouré,
Je regrettais partout mes amis du village.
Mais le printemps me rend mes champs et mes beaux jours.
Vous m'allez voir encore, ô verdoyantes plaines,
Assis nonchalamment auprès de vos fontaines,
Un Tibulle à la main, me nourrissant d'amours.
Fleuve de ces vallons, là, suivant tes détours,
J'irai seul et content gravir ce mont paisible;
Souvent tu me verras, inquiet et sensible,
Arrêté sur tes bords en regardant ton cours.

J'y veux terminer ma carrière;

Rentré dans la nuit des tombeaux,
Mon ombre, encor tranquille et solitaire,
Dans les forêts cherchera le repos.
Au séjour des grandeurs mon nom mourra sans gloire;
Mais il vivra longtemps sous les toits de roseaux;
Mais d'âge en âge, en gardant leurs troupeaux,
Des bergers attendris feront ma courte histoire :

« Notre ami, diront-ils, naquit sous ce berceau;
« Il commença sa vie à l'ombre de ces chênes;
   « Il la passa couché près de cette eau,
   « Et sous les fleurs sa tombe est dans ces plaines (1). »

DIXIÈME ET DERNIER TABLEAU.

LES ADIEUX.

Le temps m'appelle : il faut finir ces vers.
A ce penser défaillit mon courage.
Je vous salue, ô vallons que je perds!
Écoutez-moi : c'est mon dernier hommage.
Loin, loin d'ici, sur la terre égaré,
Je vais traîner une importune vie;
Mais, quelque part que j'habite ignoré,
Ne craignez point qu'un ami vous oublie.
Oui, j'aimerai ce rivage enchanteur,
Ces monts déserts qui remplissaient mon cœur
Et de silence et de mélancolie;
Surtout ces bois chers à ma rêverie,
Où je voyais, de buisson en buisson,
Voler sans bruit un couple solitaire,
Dont j'entendais, sous l'orme héréditaire,
Seul, attendri, la dernière chanson.
Simples oiseaux, retiendrez-vous la mienne?
Parmi ces bois, ah! qu'il vous en souvienne.
En te quittant je chante tes attraits,
Bord adoré de ton maître fidèle
Si les talents égalaient les regrets,
Ces derniers vers n'auraient point de modèle.
Mais aux pinceaux de la nature épris
La gloire échappe et n'en est point le prix.
Ma Muse est simple, et rougissante, et nue;

---

(1) Vers imprimés dans l'*Almanach des Muses*, année 1790, pag. 205. Voyez la Préface.

Je dois mourir ainsi que l'humble fleur
Qui passe à l'ombre et seulement connue
De ces ruisseaux qui faisaient son bonheur.

LES TOMBEAUX CHAMPÊTRES.

ÉLÉGIE IMITÉE DE GRAY (1).

Londres, 1796.

Dans les airs frémissants j'entends le long murmure
De la cloche du soir qui tinte avec lenteur.
Les troupeaux en bêlant errent sur la verdure;
Le berger se retire, et livre la nature
A la nuit solitaire, à mon penser rêveur.

Dans l'orient d'azur l'astre des nuits s'avance,
Et tout l'air se remplit d'un calme solennel.
Du vieux temple, verdi sous ce lierre immortel,
L'oiseau de la nuit seul trouble le grand silence.
On n'entend que le bruit de l'insecte incertain,
Et quelquefois encore, au travers de ces hêtres,
Les sons interrompus des sonnettes champêtres
Du troupeau qui s'endort sur le coteau lointain.

Dans ce champ où l'on voit l'herbe mélancolique
Flotter sur les sillons que forment ces tombeaux,
Les rustiques aïeux de nos humbles hameaux,
Au bruit du vent des nuits, dorment sous l'if antique.
De la jeune Progné le ramage confus,
Du zéphyr, au matin, la voix fraîche et céleste,
Les chants perçants du coq ne réveilleront plus
Ces bergers endormis sous cette couche agreste.
Près de l'âtre brûlant une épouse modeste
N'apprête plus pour eux le champêtre repas;
Jamais à leur retour ils ne verront, hélas!
D'enfants au doux parler une troupe légère,
Entourant leurs genoux et retardant leurs pas,
Se disputer l'amour et les baisers d'un père.

Souvent, ô laboureurs! Cérès mûrit pour vous
Les flottantes moissons dans les champs qu'elle dore
Souvent avec fracas tombèrent sous vos coups
Les pins retentissants dans la forêt sonore.
En vain l'ambition, qu'enivre ses désirs,

(1) Cette imitation a été imprimée à Londres, dans le journal de Poitier. Voyez la Préface.

Méprise et vos travaux et vos simples loisirs :
Eh ! que sont les honneurs? l'enfant de la victoire,
Le paisible mortel qui conduit un troupeau,
Meurent également; et les pas de la gloire,
Comme ceux du plaisir, ne mènent qu'au tombeau.
Qu'importe que pour nous de vains panégyriques
D'une voix infidèle aient enflé les accents?
Les bustes animés, les pompeux monuments
Font-ils parler des morts les muettes reliques?

Jetés loin des hasards qui forment la vertu,
Glacés par l'indigence aux jours qu'ils ont vécu,
Peut-être ici la mort enchaîne en son empire
De rustiques Newtons de la terre ignorés,
D'illustres inconnus dont les talents sacrés
Eussent charmé les dieux sur le luth qui respire :
Ainsi brille la perle au fond des vastes mers;
Ainsi meurent aux champs des roses passagères
Qu'on ne voit point rougir, et qui, loin des bergères,
D'inutiles parfums embaument les déserts.

Là, dorment dans l'oubli des poëtes sans gloire,
Des orateurs sans voix, des héros sans victoire :
Que dis-je! des Titus faits pour être adorés.
Mais si le sort voila tant de vertus sublimes
Sous ces arbres en deuil, combien aussi de crimes
Le silence et la mort n'ont-ils point dévorés!
Loin d'un monde trompeur, ces bergers sans envie,
Emportant avec eux leurs tranquilles vertus,
Sur le fleuve du temps passagers inconnus,
Traversèrent sans bruit les déserts de la vie.
Une pierre, aux passants demandant un soupir,
Du naufrage des ans a sauvé leur mémoire;
Une muse ignorante y grava leur histoire,
Et le texte sacré qui nous aide à mourir.

En fuyant pour toujours les champs de la lumière,
Qui ne tourne la tête au bout de la carrière?
L'homme qui va passer cherche un secours nouveau :
Que la main d'un ami, que ses soins chers et tendres
Entr'ouvrent doucement la pierre du tombeau !
Le feu de l'amitié vit encor dans nos cendres.

Pour moi, qui célébrai ces tombes sans honneurs,
Si quelque voyageur, attiré sur ces rives
Par l'amour du rêver et le charme des pleurs,
S'informe de mon sort dans ses courses pensives,

Peut-être un vieux pasteur, en gardant ses troupeaux,
Lui fera simplement mon histoire en ces mots :

« Souvent nous l'avons vu, dans sa marche posée,
« Au souris du matin, dans l'orient vermeil,
« Gravir les frais coteaux à travers la rosée,
« Pour admirer au loin le lever du soleil.
« Là-bas, près du ruisseau, sur la mousse légère,
« A l'ombre du tilleul que baigne le courant,
« Immobile il rêvait, tout le jour demeurant
« Les regards attachés sur l'onde passagère.
« Quelquefois dans les bois il méditait ses vers
« Au murmure plaintif du feuillage et des airs.
« Un matin nos regards, sous l'arbre centenaire
« Le cherchèrent en vain au repli du ruisseau ;
« L'aurore reparut; et l'arbre et le coteau,
« Et la bruyère ncore, tout était solitaire.
« Le jour suivant, hélas! à la file allongé,
« Un convoi s'avança par le chemin du temple.
« Approche, voyageur! lis ces vers, et contemple
« Ce triste monument que la mousse a rongé. »

ÉPITAPHE.

Ici dort, à l'abri des orages du monde,
Celui qui fut longtemps jouet de leur fureur.
Des forêts il chercha la retraite profonde,
Et la mélancolie habita dans son cœur.
De l'amitié divine il adora les charmes ;
Aux malheureux donna tout ce qu'il eut, des larmes,
Passant, ne porte point un indiscret flambeau
Dans l'abîme où la mort le dérobe à ta vue ·
Laisse-le reposer sur la rive inconnue,
    De l'autre côté du tombeau.

A LYDIE.

IMITATION D'ALCÉE, POËTE GREC.

Londres 1797.

Lydie, es-tu sincère? excuse mes alarmes :
    Tu t'embellis en accroissant mes feux ;
Et le même moment qui t'apporte des charmes
    Ride mon front et blanchit mes cheveux.

Au matin de tes ans, de la foule chérie,
    Tout est pour toi joie, espérance, amour :
Et moi, vieux voyageur, sur ta route fleurie
    Je marche seul et vois finir le jour.

Ainsi qu'un doux rayon, quand ton regard humide
    Pénètre au fond de mon cœur ranimé,
J'ose à peine effleurer d'une lèvre timide
    De ton beau front le voile parfumé.

Tout à la fois honteux et fier de ton caprice,
    Sans croire en toi je m'en laisse enivrer.
J'adore tes attraits, mais je me rends justice :
    Je sens l'amour, et ne puis l'inspirer.

Par quel enchantement ai-je pu te séduire?
    N'aurais-tu point, dans mon dernier soleil,
Cherché l'astre de feu qui sur moi semblait luire
    Quand de Sapho je chantais le réveil?

Je n'ai point le talent qu'on encense au Parnasse :
    Eussé-je un temple au sommet d'Hélicon,
Le talent ne rend point ce que le temps efface ;
    La gloire, hélas! ne rajeunit qu'un nom.

Le *Guerrier de Samos*, le *Berger d'Alphélie* (1),
    Mes fils ingrats, m'ont-ils ravi ta foi?
Ton admiration me blesse et m'humilie :
    Le croirais-tu? je suis jaloux de moi.

Que m'importe de vivre au delà de ma vie?
    Qu'importe un nom par la mort publié?
Pour moi-même un moment aime-moi, ma Lydie,
    Et que je sois à jamais oublié!

MILTON ET DAVENANT.

Londres, 1797.

Charles avait péri : des bourreaux-commissaires,
Des lois qu'on appelait révolutionnaires,
L'exil et l'échafaud, la confiscation...
C'était la France enfin sous la Convention.

Dans les nombreux suivants de l'étendard du crime,
L'Angleterre voyait un homme magnanime :

---

(1) Deux ouvrages d'Alcée.

Milton, le grand Milton (pleurons sur les humains!)
Prodiguait son génie à de sots puritains;
Il détestait surtout, dans son indépendance,
Ce parti malheureux qu'une noble constance
Attachait à son roi. Par ce zèle cruel,
Milton s'était flétri des honneurs de Cromwell.

Un matin que du sang il avait appétence,
Des prédicants-soldats traînent en sa présence
Un homme jeune encor, mais dont le front pâli
Est prématurément par le chagrin vieilli,
Un royaliste enfin. Dans le feu qui l'anime,
Milton d'un œil brûlant mesure sa victime,
Qui, loin d'être sensible à ses propres malheurs,
Semble admirer son juge et plaindre ses erreurs.
« Dis-nous quel est ton nom, sycophante d'un maître,
« Vassal au double cœur d'un esclave et d'un traître.
« Réponds-moi. — Mon nom est Davenant. » A ce nom
Vous eussiez vu soudain le terrible Milton
Tressaillir, se lever, et, renversant son siége,
Courir au prisonnier que la cohorte assiége.

« Ton nom est Davenant, dis-tu? ce nom chéri!
« Serais-tu ce mortel par les Muses nourri
« Qui, dans les bois sacrés égarant sa jeunesse,
« Enchanta de ses vers les rives du Permesse? »

Davenant repartit : « Il est vrai qu'autrefois
« La lyre d'Aoni a frémi sous mes doigts. »

A ces mots, répandant une larme pieuse,
Oubliant des témoins la présence envieuse,
Milton serre la main du poëte admiré.
Et puis de cette voix, de ce ton inspiré
Qui d'Ève raconta les amours ineffables :
« Tu vivras, peintre heureux des élégantes fables,
« J'en jure par les arts qui nous avaient unis,
« Avant que d'Albion le sort les eût bannis.
« A des cœurs embrasés d'une flamme si belle,
« Eh! qu'importe d'un Pym la vulgaire querelle?
« La mort frappe au hasard les princes, les sujets;
« Mais les beaux vers, voilà ce qui ne meurt jamais,
« Soit qu'on chante le peuple ou le tyran injuste :
« Virgile est immortel en célébrant Auguste?
« Quoi! la loi frapperait de son glaive irrité
« Un enfant d'Apollon?... Non, non, postérité!
« Soldats, retirez-vous; merci de votre zèle.

Cet homme est sûrement un citoyen fidèle,
« Un grand républicain : je sais de bonne part
« Qu'il s'est fort réjoui de la mort de Stuart.
 « — Non ! » criait Davenant que ce reproche touche.
Mais Milton, de sa main en lui couvrant la bouche,
Au fond d'un cabinet le pousse tout d'abord,
L'enferme à double tour, puis avec un peu d'or
Éconduit poliment la horde jacobine.

 Vers son hôte captif ensuite il s'achemine,
Fait apporter du vin qu'il lui verse à grands flots,
Sème le déjeuner d'agréables propos :
De politique point, mais beaucoup de critiques
Sur l'esprit des Latins et les grâces attiques.
Davenant récita l'idylle du *Ruisseau;*
Milton lui repartit par le vif *Allegro*,
Du doux *Penseroso* redit le chant si triste,
Et déclama les chœurs du *Samson agoniste.*
Les poëtes, charmés de leurs talents divers,
Se quittèrent enfin, en murmurant leurs vers.

 Cependant, fatigué de ces longues misères,
Le peuple soupirait pour les lois de ses pères :
Il rappela son roi ; les crimes refrénés
Furent par un édit sagement pardonnés.
On excepta pourtant quelques hommes perfides,
Complices et fauteurs des sanglants régicides :
Milton, au premier rang, s'était placé parmi.

 Dénoncé par sa gloire, au toit d'un vieil ami
Il avait espéré trouver ombre et silence.
De son sort une nuit il pesait l'inconstance :
D'une lampe empruntée à la tombe des morts,
La lueur pâlissante éclairait ses remords.
Il entend tout à coup vers la douzième heure
Heurter de son logis la porte extérieure ;
Les verrous sont brisés par de nombreux soldats.
La fille de Milton accourt ; on suit ses pas.
Dans l'asile secret un chef se précipite :
Un chapeau, de ses yeux venant toucher l'orbite,
Voile à demi ses traits ; il a les yeux remplis
De larmes qu'un manteau reçoit dans ses replis.

 Milton ne le voit point : privé de la lumière,
La nuit règne à jamais sous sa triste paupière.
 « Eh bien ! que me veut-on ? dit le chantre d'Adam.
« Parlez : faut-il mourir ? — C'est encor Davenant, »

Répond l'homme au manteau. Milton soudain s'écrie:
« O noire trahison ! moi qui sauvai ta vie !

« — Oui, repart le poëte interdit, rougissant;
« Mais vous êtes coupable, et j'étais innocent.
« Ferme stoïcien, montrez votre courage !
« Mon vieil ami, la mort est le commun partage:
« Ou plus tôt ou plus tard, le trajet est égal
« Pour tous les voyageurs. Voici l'ordre fatal. »
 La fille de Milton, objet rempli de charmes,
Ouvre l'affreux papier, qu'elle baigne de larmes:
C'est elle qui souvent dans un docte entretien
Relit le viel Homère à l'Homère chrétien;
Et des textes sacrés, interprète modeste,
A son père elle rend la lumière céleste,
En échange du jour qu'elle reçut de lui.
Au chevet paternel empruntant un appui,
D'une voix altérée elle lit la sentence:
« *Voulant à la justice égaler la clémence,*
« *Il nous plaît d'octroyer, de pleine autorité,*
« *A Davenant, pour prix de sa fidélité,*
« *La grâce de Milton.* CHARLES. »
               Qu'on se figure
Les transports que causa la touchante aventure,
Combien furent de pleurs dans Londres répandus
Pour les talents sauvés et les bienfaits rendus !

CLARISSE

IMITATION D'UN POETE ÉCOSSAIS.

Londres, 1797.

Oui, je me plais, Clarisse, à la saison tardive,
Image de cet âge où le temps m'a conduit;
Du vent à tes foyers j'aime la voix plaintive
    Durant la longue nuit.

Philomèle a cherché des climats plus propices;
Progné fuit à son tour: sans en être attristé,
Des beaux jours près de toi retrouvant les délices,
    Ton vieux cygne est resté.

Viens, dans ces champs déserts où la bise murmure,
Admirer le soleil qui s'éloigne de nous;
Viens goûter de ces bois qui perdent leur parure
    Le charme triste et doux.

Des feuilles que le vent détache avec ses ailes
Voltige dans les airs le défaillant essaim :
Ah ! puissé-je en mourant me reposer comme elles
    Un moment sur ton sein !

Pâle et dernière fleur qui survit à Pomone,
La Veilleuse (1) en ces prés peint mon sort et ma foi :
De mes ans écoulés tu fais fleurir l'automne,
    Et je veille pour toi.

Ce ruisseau sous tes pas cache au sein de la terre
Son cours silencieux et ses flots oubliés :
Que ma vie inconnue, obscure et solitaire,
    Ainsi passe à tes pieds !

Aux portes du couchant le ciel se décolore ;
Le jour n'éclaire plus notre aimable entretien :
Mais est-il un sourire aux lèvres de l'Aurore
    Plus charmant que le tien ?

L'astre des nuits s'avance en chassant les orages :
Clarisse, sois pour moi l'astre calme et vainqueur
Qui de mon front troublé dissipe les nuages,
    Et fait rêver mon cœur.

L'ESCLAVE.

Tunis, 1807.

Le vigilant derviche à la prière appelle
Du haut des minarets teints des feux du couchant.
Voici l'heure du lion qui poursuit la gazelle :
Une rose au jardin moi je m'en vais cherchant.
Musulmane aux longs yeux d'un maître que je brave,
Fille délicieuse, amante des concerts,
Est-il un sort plus doux que d'être ton esclave,
    Toi que je sers, toi que je sers ?

Jadis, lorsque mon bras faisait voler la prame
Sur le fluide azur de l'abîme calmé,
Du sombre désespoir les pleurs mouillaient ma rame :
Un charme m'a guéri, j'aime et je suis aimé.
Le noir rocher me plaît ; la tour que le flot lave
Me sourit maintenant aux grèves de ces mers :
Le flambeau du signal y luit pour ton esclave,
    Toi que je sers, toi que je sers !

(1) Nom populaire du Colchique.

Belle et divine es-tu dans toute ta parure,
Quand la nuit au harem je glisse un pied furtif!
Les tapis, l'aloès, les fleurs et l'onde pure
Sont par toi prodigués à ton jeune captif.
Quel bonheur! au milieu du péril que j'aggrave,
T'entourer de mes bras, te parer de mes fers,
Mêler à tes colliers l'anneau de ton esclave,
    Toi que je sers, toi que je sers!

Dans les sables mouvants, de ton blanc dromadaire
Je reconnais de loin le pas sûr et léger;
Tu m'apparais soudain : un astre solitaire
Est moins doux sur la vague au pauvre passager;
Du matin parfumé le souffle est moins suave,
Le palmier moins charmant au milieu des déserts.
Quel sultan glorieux égale ton esclave,
    Toi que je sers, toi que je sers!

Mon pays, que j'aimais jusqu'à l'idolâtrie,
N'est plus dans les soupirs de ma simple chanson :
Je ne regrette plus ma mère et ma patrie;
Je crains qu'un prêtre saint n'apporte ma rançon.
Ne m'affranchis jamais! laisse-moi mon entrave!
Oui, sois ma liberté, mon Dieu, mon univers!
Viens sous tes beaux pieds nus, viens fouler ton esclave,
    Toi que je sers, toi que je sers!

NOUS VERRONS.

Paris, 1810.

    Le passé n'est rien dans la vie,
    Et le présent est moins encor :
    C'est à l'avenir qu'on se fie
    Pour nous donner joie et trésor.
    Tout mortel dans ses vœux devance
    Cet avenir où nous courons;
    Le bonheur est en espérance;
    On vit en disant : Nous verrons.

    Mais cet avenir plein de charmes,
    Qu'est-il lorsqu'il est arrivé?
    C'est le présent qui de nos larmes
    Matin et soir est abreuvé!
    Aussitôt que s'ouvre la scène
    Qu'avec ardeur nous désirons,

On bâille, on la regarde à peine;
On voit en disant : Nous verrons.

Ce vieillard penche vers la terre;
Il touche à ses derniers instants :
Y pense-t-il? Non, il espère
Vivre encor soixante et dix ans.
Un docteur, fort d'expérience
Veut lui prouver que nous mourons,
Le vieillard rit de la sentence,
Et meurt en disant : Nous verrons.

Valère et Damis n'ont qu'une âme;
C'est le modèle des amis.
Valère en un malheur réclame
La bourse et les soins de Damis :
« Je viens à vous, ami sincère,
« Ou ce soir au fond des prisons...
« Quoi! ce soir même? — Oui! — Cher Valère,
« Revenez demain : nous verrons. »

Gare! faites place aux carrosses
Où s'enfle l'orgueilleux manant
Qui jadis conduisait deux rosses
A trente sous, pour le passant!
Le peuple, écrasé par la roue,
Maudit l'enfant des Porcherons.
Moi, du prince évitant la boue,
Je me range, et dis : Nous verrons.

Nous verrons est un mot magique
Qui sert dans tous les cas fâcheux :
Nous verrons, dit le politique;
Nous verrons, dit le malheureux.
Les grands hommes de nos gazettes,
Les rois du jour, les fanfarons,
Les faux amis et les coquettes,
Tout cela vous dit : Nous verrons.

PEINTURE DE DIEU.

TIRÉ DE L'ÉCRITURE.

Paris, 1810.

Savez-vous, ô pécheur! quel est ce Dieu jaloux
Quand l'œuvre de l'impie allume son courroux?

POÉSIES. 303

Sur un char foudroyant il roule dans l'espace;
La Mort et le Démon volent devant sa face;
Les trois cieux dont il fait trembler l'immensité
S'abaissent sous les pas de son éternité;
Le soleil pâlissant et la lune sanglante
Marchent à la lueur de sa lance brûlante;
Des gouffres de l'enfer il fait sortir la nuit;
Il parle, et tout se tait; la mer le voit et fuit,
Et l'Abîme, du fond des vagues tourmentées,
Lève en criant vers lui ses mains épouvantées.
Au crime couronné ce Dieu redit : « Malheur ! »
Et c'est le même Dieu qui bénit la douleur.

POUR LE MARIAGE DE MON NEVEU.

Au Ménil, 1812.

L'autel est prêt, la foule l'environne :
Belle Zélie, il réclame ta foi.
Viens ! de ton front est la blanche couronne
Moins virginale et moins pure que toi.

J'ai quelquefois peint la grâce ingénue,
Et la pudeur sous ses voiles nouveaux :
Ah ! si mes yeux plus tôt t'avaient connue,
On aurait moins critiqué mes tableaux.

Mon cher Louis, chez la race étrangère
Tu n'iras point t'égarer comme moi :
A qui la suit la fortune est légère ;
Il faut l'attendre et l'enfermer chez soi.

Cher orphelin, image de ta mère,
Au ciel pour toi je demande ici-bas
Les jours heureux retranchés à ton père,
Et les enfants que ton oncle n'a pas.

Fais de l'honneur l'idole de ta vie ;
Rends tes aïeux fiers de leur rejeton,
Et ne permets qu'à la seule Zélie
Pour un moment de rougir à ton nom.

POUR LA FÊTE DE MADAME DE ***

Verneuil 1812.

De tes amis vois la troupe fidèle
Pour te fêter s'unir à tes enfants :

Tu nous parais toujours fraîche et nouvelle
Comme la fleur qu'ils t'offrent tous les ans.
Par la vertu quand la grâce est produite;
Son charme au temps ne peut être soumis ;
Des jours pour toi nous seuls marquons la fuite :
Tu restes jeune avec de vieux amis.

VERS TROUVÉS SUR LE PONT DU RHONE.

1812.

Il est minuit, et tu sommeilles ;
  Tu dors, et moi je vais mourir.
Que dis-je ? hélas ! peut-être que tu veilles!
  Pour qui ?... l'enfer me fera moins souffrir.
Demain, quand, appuyée au bras de ta conquête,
Lasse de trop d'amour et cherchant le repos,
Tu passeras ce fleuve, avance un peu la tête,
  Et regarde couler ces flots.

ODE.
LES MALHEURS DE LA RÉVOLUTION.

Paris, 1813.

Sors des demeures souterraines,
Néron, des humains le fléau !
Que le triste bruit de nos chaînes
Te réveille au fond du tombeau.
Tout est plein de trouble et d'alarmes;
Notre sang coule avec nos larmes;
Ramper est la première loi :
Nous traînons d'ignobles entraves;
On ne voit plus que des esclaves;
Viens, le monde est digne de toi.

Ils sont dévastés dans nos temples
Les monuments sacrés des rois :
Mon œil effrayé les contemple ;
Je tremble et je pleure à la fois.
Tandis qu'une fosse commune
Des grandeurs et de la fortune
Reçoit les funèbres lambeaux,
Un spectre, à la voix menaçante,
A percé la tombe récente
Qui dévora les vieux tombeaux.

Sa main d'une pique est armée,
Un bonnet cache son orgueil ;
Par la mort sa vue est charmée :
Il cherche un tyran (1) au cercueil.
Courbé sur la poudre insensible,
Il saisit un sceptre terrible
Qui du lis a flétri la fleur ;
Et d'une couronne gothique
Chargeant son bonnet anarchique,
Il se fait roi de la douleur.

Voilà le fantôme suprême,
Français, qui va régner sur vous.
Du républicain diadème
Portez le poids léger et doux,
L'anarchie et le despotisme
Au vil autel de l'athéisme
Serrent un nœud ensanglanté ;
Et, s'embrassant dans l'ombre impure,
Ils jouissent de la torture
De leur double stérilité.

L'échafaud, la torche fumante,
Couvrent nos campagnes de deuil :
La Révolution béante
Engloutit le fils et l'aïeul.
L'adolescent qu'atteint sa rage
Va mourir au champ du carnage,
Ou dans un hospice exilé ;
Avant qu'en la tombe il s'endorme,
Sur un appui de chêne ou d'orme
Il traîne un buste mutilé.

Ainsi quand l'affreuse Chimère (2)
Apparut non loin d'Ascalon,
En vain la tendre et faible mère
Cacha ses enfants au vallon.
Du Jourdain les roseaux frémirent,
Au Liban les cèdres gémirent
Les palmiers à Jézeraël,
Et le chameau, laissé sans guides,
Pleura dans les sables arides
Avec les femmes d'Ismaël.

---

(1) Louis XI. Ce roi ne fut point enterré à Saint-Denis : peu importe au poète. — (2) Prise ici pour le monstre marin d'Andromède.

Napoléon, de son génie,
Enfin écrase les pervers;
L'ordre renaît : la France unie
Reprend son rang dans l'univers.
Mais, géant, fils aîné de l'homme,
Faut-il d'un trône qu'on te nomme
Usurpateur? Mal fécondé,
L'illustre champ de ta victoire
Devait-il renier la gloire
Du vieux Cid et du grand Condé?

Racontez, nymphe de Vincenne,
Racontez des faits inouïs (1),
Vous qui présidiez sous un chêne
A la justice de Louis !
Oh! de la mort chantre sublime (2),
Toi qui d'un héros magnanime
Rends plus grand le grand souvenir,
Quels cris aurais-tu fait entendre,
Si, quand tu pleurais sur sa cendre,
Ton œil eût sondé l'avenir?

Le vieillard-roi, dont la clef sainte
De Rome garde les débris,
N'a pu, dans l'éternelle enceinte,
A son front trouver des abris.
On peut charger ses mains débiles
De fers ingrats (3) mais inutiles;
Car il reste au Juste nouveau
La force de sa croix divine,
Et de sa couronne d'épine,
Et de son sceptre de roseau.

Triomphateur, notre souffrance
Se fatigue de tes lauriers :
Loin du doux soleil de la France
Devais-tu laisser nos guerriers (4)?
La Duna, que tourmente Éole,
Au Neptune inconnu du pôle,
Roule leurs ossements blanchis,
Tandis que le noir Borysthène
Va conter le deuil de la Seine
Aux mers brillantes de Colchis.

A l'avenir ton âme aspire :
Avide encore du passé,

---

(1) Mort du duc d'Enghien. — (2) Bossuet. — (3) Le pape à Fontainebleau. — (4) Campagne de Moscou.

Tu veux Memphis ; du temps l'empire
Par l'aigle sera traversé.
Mais, Napoléon, ta mémoire
Ne se montrera dans l'histoire
Que sous le voile de nos pleurs ;
Lorsqu'à t'admirer tu m'entraînes,
La liberté me dit ses chaînes,
La vertu m'apprend ses douleurs.

VERS ÉCRITS SUR UN SOUVENIR (1) DONNÉ PAR MADAME LA MARQUISE DE GROLLIER A M. LE BARON DE HUMBOLDT.

Paris, 1818.

Vous qui vivrez toujours, comment pourrez-vous croire
Qu'on vous offre des fleurs si promptes à mourir ?
« Présentez, direz-vous, ces filles du zéphyr
« A la beauté, mais non pas à la gloire. »
Des dons de l'amitié connaissez mieux le prix ;
Dédaignez moins ces fleurs nouvelles :
En les peignant sur vos écrits,
J'ai trouvé le secret de les rendre immortelles.

CHARLOTTEMBOURG

ou

LE TOMBEAU DE LA REINE DE PRUSSE.

Berlin, 1821.

LE VOYAGEUR.
Sous les hauts pins qui protégent ces sources,
Gardien, dis-moi quel est ce monument nouveau ?
LE GARDIEN.
Un jour il deviendra le terme de tes courses :
O voyageur ! c'est un tombeau.
LE VOYAGEUR.
Qui repose en ces lieux ?
LE GARDIEN.
Un objet plein de charmes.
LE VOYAGEUR.
Qu'on aima ?
LE GARDIEN.
Qui fut adoré.

(1) Ce Souvenir renfermait des pensées de l'illustre voyageur, et était orné de fleurs peintes par madame de Grollier.

LE VOYAGEUR.
Ouvre-moi.
LE GARDIEN.
Si tu crains les larmes,
N'entre pas.
LE VOYAGEUR.
J'ai souvent pleuré.
(Le voyageur et le gardien entrent.)
LE VOYAGEUR.
De la Grèce ou de l'Italie
On a ravi ce marbre à la pompe des morts.
Quel tombeau l'a cédé pour enchanter ces bords?
Est-ce Antigone ou Cornélie?
LE GARDIEN.
La beauté dont l'image excite tes transports
Parmi nos bois passa sa vie.
LE VOYAGEUR.
Qui pour elle, à ces murs de marbre revêtus,
A suspendu ces couronnes fanées?
LE GARDIEN.
Les beaux enfants dont ses vertus
Ici-bas furent couronnées.
LE VOYAGEUR.
On vient.
LE GARDIEN.
C'est un époux; il porte ici ses pas,
Pour nourrir en secret un souvenir funeste.
LE VOYAGEUR.
Il a donc tout perdu ?
LE GARDIEN.
Non : un trône lui reste.
LE VOYAGEUR.
Un trône ne console pas.

LES ALPES OU L'ITALIE.

1825.

Donc reconnaissez-vous au fond de vos abîmes
  Ce voyageur pensif,
Au cœur triste, aux cheveux blanchis comme vos cimes,
  Au pas lent et tardif?

Jadis de ce vieux bois où fuit une eau limpide
  Je sondais l'épaisseur,
Hardi comme un aiglon, comme un chevreuil rapide,
  Et gai comme un chasseur.

Alpes, vous n'avez point subi mes destinées ;
　　Le temps ne vous peut rien ;
Vos fronts légèrement ont porté les années
　　Qui pèsent sur le mien.

Pour la première fois quand, rempli d'espérance,
　　Je franchis vos remparts,
Ainsi que l'horizon, un avenir immense
　　S'ouvrait à mes regards.

L'Italie à mes pieds, et devant moi le monde,
　　Quel champ pour mes désirs !
Je volai, j'évoquai cette Rome féconde
　　En puissants souvenirs.

Du Tasse une autre fois je revis la patrie :
　　Imitant Godefroi,
Chrétien et chevalier, j'allais vers la Syrie
　　Plein d'ardeur et de foi.

Ils ne sont plus ces jours que point mon cœur n'oublie !
　　Et ce cœur aujourd'hui,
Sous le brillant soleil de la belle Italie,
　　Ne sent plus que l'ennui.

Pompeux ambassadeurs que la faveur caresse,
　　Ministres, valez-vous
Les obscurs compagnons de ma vive jeunesse,
　　Et mes plaisirs si doux ?

Vos noms aux bords riants que l'Adige décore
　　Du temps seront vaincus,
Que Catulle et Lesbie enchanteront encore
　　Les flots du Benacus.

Politiques, guerriers, vous qui prétendez vivre
　　Dans la postérité,
J'y consens : mais on peut arriver sans vous suivre
　　A l'immortalité.

J'ai vu ces fiers sentiers tracés par la victoire
　　Au milieu des frimas,
Ces rochers du Simplon que le bras de la gloire
　　Fendit pour nos soldats :

Ouvrage d'un géant, monument du génie,
　　Serez-vous plus connus
Que la roche où Saint-Preux contait à Meillerie
　　Les tourments de Vénus ?

Je vous peignis aussi, chimère enchanteresse,
　　Fictions des amours !

Aux tristes vérités le temps qui fuit sans cesse
  Livre à présent mes jours.

L'histoire et le roman font deux parts de la vie,
  Qui si tôt se ternit :
Le roman la commence, et lorsqu'elle est flétrie
  L'histoire la finit.

LE DÉPART.

Paris, 1827.

Compagnons, détachez des voûtes du portique
Ces dons du voyageur, ce vêtement antique,
Que j'avais consacrés aux dieux hospitaliers.
Pour affermir mes pas dans ma course prochaine,
Remettez dans ma main le vieil appui de chêne;
  Qui reposait à mes foyers.

Où vais-je aller mourir? dans les bois des Florides?
Aux rives du Jourdain? Aux monts des Thébaïdes?
Ou bien irai-je encore à ce bord renommé,
Chez un peuple affranchi par les efforts du brave,
Demander le sommeil que l'Eurotas esclave
  M'offrit dans son lit embaumé?

Ah! qu'importe le lieu? Jamais un peu de terre,
Dans le champ du potier, sous l'arbre solitaire,
Ne peut manquer aux os du fils de l'étranger.
Nul ne rira du moins de ma mort advenue;
Du pèlerin assis sur ma tombe inconnue
  Du moins le poids sera léger.

FIN DES POÉSIES DIVERSES

TABLE DES MATIÈRES

CONTENUES DANS CE VOLUME.

	Pages.
Préface...	1
LES NATCHEZ. — Livre premier...	6
Livre deuxième...	15
Livre troisième...	26
Livre quatrième...	35
Livre cinquième...	43
Livre sixième...	53
Livre septième...	67
Livre huitième...	79
Livre neuvième...	91
Livre dixième...	100
Livre onzième...	112
Livre douzième...	118
Notes...	266
Description du pays des Natchez...	267
Poésies. Préface...	281
POEMES DIVERS...	284
Tableaux de la nature. Premier tableau. Invocation...	284
Second tableau. La forêt...	284
Troisième tableau. Le soir, au bord de la mer...	285
Quatrième tableau. Le soir, dans une vallée...	285
Cinquième tableau. Nuit de printemps...	286
Sixième tableau. Nuit d'automne...	287
Septième tableau. Le printemps, l'été et l'hiver...	289
Huitième tableau. La mer...	290
Neuvième tableau. L'amour de la campagne...	291
Dixième et dernier tableau. Les adieux...	292

TABLE DES MATIÈRES.

	Pages
Les tombeaux champêtres. Élégie imitée de Gray.	293
A Lydie. Imitation d'Alcée, poëte grec.	295
Milton et Davenant.	296
Clarisse. Imitation d'un poëte écossais.	299
L'esclave.	300
Nous verrns.	301
Peinture de Dieu. Tiré de l'Écriture.	302
Pour le mariage de mon neveu.	303
Pour la fête de madame de ***.	303
Vers trouvés sur le pont du Rhône.	304
Ode. Les malheurs de la révolution.	304
Vers écrits sur un souvenir donné par madame la marquise de Grollier à M. le baron de Humboldt.	307
Charlottembourg ou le tombeau de la reine de Prusse.	307
Les Alpes ou l'Italie.	308
Le départ.	310

FIN DE LA TABLE.

LAGNY. — Imprimerie de VIALAT et Cie.

En vente chez les mêmes éditeurs.

Louis XIV et son siècle, par A. Dumas, 60 gravures, 240 vignettes, 2 vol. grand in-8°.
Monte-Cristo, par A. Dumas, 2 vol. grand in-8°, 30 gravures sur acier.
Les Mousquetaires, par A. Dumas, 1 vol. grand in-8°, 33 gravures.
Vingt ans après, par le même, 1 vol., 37 gravures.
La Régence et Louis XV, par A. Dumas, 45 gravures et 60 vignettes.
Œuvres littéraires de M. A. de Lamartine, 6 vol. grand in-8°, 34 gravures.
Histoire de France, 6 beaux vol., 34 gravures.
Histoire de la Révolution, du Consulat et de l'Empire, par Dulaure, 1 vol. grand in-8°, 8 gravures.
Histoire de la Restauration, du règne de Louis-Philippe et de la Révolution de 1848 jusqu'à la nomination du Président de la République, par Paul Lacroix (Bibliophile Jacob), 4 vol. grand in-8°, 8 gravures.
La Collection de l'Écho des Feuilletons, 12 vol., 144 gravures sur acier, et 350 gravures sur bois.
Le Vicomte de Bragelonne par A. Dumas, 2 très-beaux vol. grand in-8°, 60 gravures.
Histoire maritime de France, par M. Léon Guérin, historien titulaire de la marine, 6 vol. grand in-8°, 40 gravures sur acier ou plans.
  Les deux derniers volumes, qui comprennent les événements maritimes depuis 1789 jusqu'en 1850, se vendent à part.
Histoire de Louis XVI et de la Révolution, par A. Dumas, 3 vol., 40 gravures.
Histoire de la vie de Louis-Philippe, par M. A. Dumas, 2 vol. grand in-8°, avec 20 gravures sur acier.

EN VENTE

Histoire de S. M. Napoléon III et de la Dynastie napoléonienne, par Paul Lacroix (Bibliophile Jacob), 4 vol. illustrés de 40 gravures inédites sur acier. 100 livraisons à 50 c.; 12 fr. 50 c. le volume. Les 10,000 premiers souscripteurs recevront en prime les bustes argentés et poinçonnés de LL. MM. l'Empereur et l'Impératrice.

LAGNY. — Typographie de VIALAT et Cie.

www.ingramcontent.com/pod-product-compliance
Lightning Source LLC
Chambersburg PA
CBHW060506170426
43199CB00011B/1342